BUCHNERS KOLLEG
THEMEN GESCHICHTE

China und die imperialistischen Mächte

Wechselwirkungen und Anpassungsprozesse

C.C.Buchner Verlag

Buchners Kolleg. Themen Geschichte

China und die imperialistischen Mächte
Wechselwirkungen und Anpassungsprozesse

Unterrichtswerk für die Oberstufe

Bearbeitet von Friedrich Anders, Stephan Kohser, Heike Krause-Leipoldt, Ulrich Mücke und Thomas Ott

---

Zu diesem Lehrwerk sind erhältlich:
- Digitales Lehrermaterial **click & teach** Einzellizenz, Bestell-Nr. 322571
- Digitales Lehrermaterial **click & teach** Box (Karte mit Freischaltcode), ISBN 978-3-661-32257-5

Weitere Materialien finden Sie unter www.ccbuchner.de.

Dieser Titel ist auch als digitale Ausgabe **click & study** unter www.ccbuchner.de erhältlich.

1. Auflage, 1. Druck 2022
Alle Drucke dieser Auflage sind, weil untereinander unverändert, nebeneinander benutzbar.

Das Werk folgt der reformierten Rechtschreibung und Zeichensetzung. Ausnahmen bilden Texte, bei denen künstlerische, philologische oder lizenzrechtliche Gründe einer Änderung entgegenstehen.

Auf verschiedenen Seiten dieses Buches finden sich Mediencodes. Sie verweisen auf optionale Unterrichtsmaterialien und Internetadressen (Links).
Haftungshinweis: Trotz sorgfältiger inhaltlicher Kontrolle wird die Haftung für die Inhalte externer Seiten ausgeschlossen.

© 2022 C.C. Buchner Verlag, Bamberg
Das Werk und seine Teile sind urheberrechtlich geschützt. Jede Nutzung in anderen als den gesetzlich zugelassenen Fällen bedarf der vorherigen schriftlichen Einwilligung des Verlags. Das gilt insbesondere auch für Vervielfältigungen, Übersetzungen und Mikroverfilmungen. Hinweis zu § 52 a UrhG: Weder das Werk noch seine Teile dürfen ohne eine solche Einwilligung eingescannt und in ein Netzwerk eingestellt werden. Dies gilt auch für Intranets von Schulen und sonstigen Bildungseinrichtungen.

Layout, Satz, Umschlaggestaltung und Grafiken: mgo360 GmbH & Co. KG, Bamberg
Druck und Bindung: mgo360 GmbH & Co. KG, Bamberg

www.ccbuchner.de

ISBN 978-3-661-**32207**-0

Zur Arbeit mit dem Buch 4

1. Wechselwirkungen und Anpassungsprozesse

1.1 **Kernmodul: Kulturkontakt und Kulturkonflikt** 8

1.2 **Kernmodul: Transformationsprozesse** 12

1.3 **Kernmodul: Migration** 16

1.4 **Pflichtmodul: China und die imperialistischen Mächte** 20
    Die Blütezeit der Qing-Dynastie 22
    China und Europa vom 18. zum 19. Jahrhundert 30
    Europäische Interventionen in China 38
    Methode: Mit Karten arbeiten 48
    Das Kaiserreich in der Krise 50
    Reformversuche 60
    Geschichte kontrovers: Cixi – Modernisiererin oder Bewahrerin der alten Ordnung? 72
    Das Ende des Kaiserreiches 74
    Methode: Autobiografien analysieren 84
    Kompetenzen anwenden: China – vom Kaiserreich zur Republik 86

1.5 **Wahlmodul: Romanisierung und Kaiserzeit** 88
    Kompetenzen anwenden: Säulen der Romanisierung im Kaiserreich 108

1.6 **Wahlmodul: Industrialisierung** 110
    Methode: Statistiken auswerten 134
    Kompetenzen anwenden: Industrialisierung 136

2. Abiturvorbereitung

2.1 Anforderungsbereiche und Operatoren 138
2.2 Hilfen zum richtigen Umgang mit den Operatoren 140
2.3 Gewusst wie: Lerntipps fürs Abitur 148
2.4 Präsentationsformen 149
2.5 Hinweise zur Bearbeitung von Klausuren 150
2.6 Formulierungshilfen für die Textanalyse 151
2.7 **Übungsklausur:** Wechselwirkungen und Anpassungsprozesse 152

Anhang

Quellen und Methoden 155
Musterlösungen zu den Methoden 156
Tipps und Anregungen für die Aufgaben 159
Lexikon zur Geschichte: Begriffe und Personen 163
Sach- und Personenregister 165
Bildnachweis 167

Hinweis: Die Inhalte des vorliegenden Lehrwerkes sind auf Kurse mit **erhöhtem Anforderungsniveau** abgestimmt. Bei den Arbeitsfragen zu den (Text-)Materialien finden Sie Vorschläge, wie Kurse auf **grundlegendem Anforderungsniveau** mit dem Band unterrichtet werden können. Die Aufgaben für die gA-Kurse sind speziell durch einen Unterstrich gekennzeichnet (z.B. **1.**, **2.**, **3.**, **4.**).

Zur Arbeit mit dem Buch

Das vorliegende **Lern- und Arbeitsbuch** wurde eigens nach den Vorgaben des Kerncurriculums für Niedersachsen und den fachbezogenen Hinweisen zur schriftlichen Abiturprüfung konzipiert.

Einführungsseiten leiten mit problemorientierten Bildern und Texten, einer **Lernstandserhebung** sowie den **Kompetenzerwartungen** in das Rahmenthema ein.

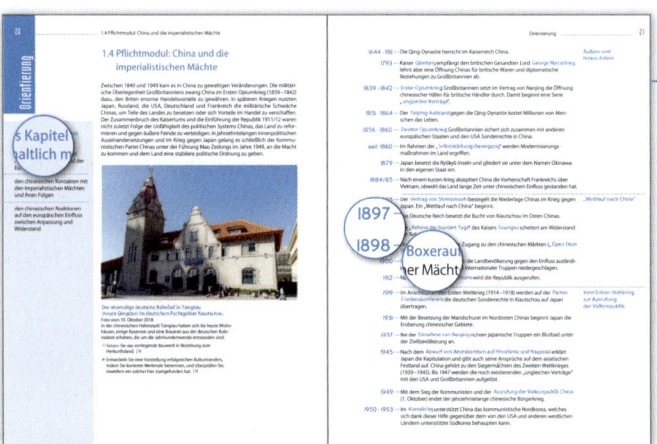

Orientierungsseiten informieren überblicksartig über das Thema des **Pflichtmoduls** (blau) bzw. die Themen der **Wahlmodule** (grün). Die Doppelseite umfasst ein Auftaktbild, einen kurzen Text zum Einstieg ins Thema, die **Lerninhalte** des jeweiligen Moduls sowie eine **Chronologie** mit zentralen Daten und Fakten.

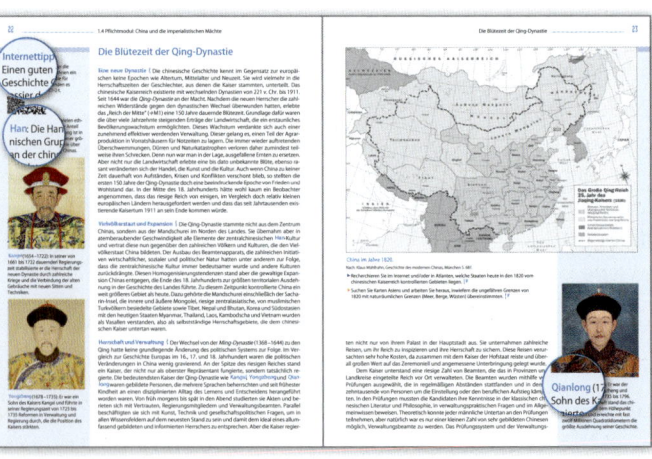

Darstellungen vermitteln ein Verständnis für historische Zusammenhänge und Strukturen. Sie sind mit den Materialien durch Querverweise vernetzt (→ M1, → M2 etc.). Die Randspalte enthält **Namens- und Begriffserklärungen**, weiterführende **Internettipps** sowie Hinweise auf „**A**nimierte **K**arten".

Materialien

vertiefen zentrale Themenaspekte und stellen kontroverse Sichtweisen dar. Die Aufgaben sind farblich je nach **Anforderungsbereich** gekennzeichnet. Erläuterungen dazu stehen auf Seite 138 f. im Buch. Tipps zum richtigen **Umgang mit den Operatoren** finden Sie ab Seite 140. Über Angebote zum Helfen (**H**) und Fordern (**F**) informieren die Seiten 159 bis 162.

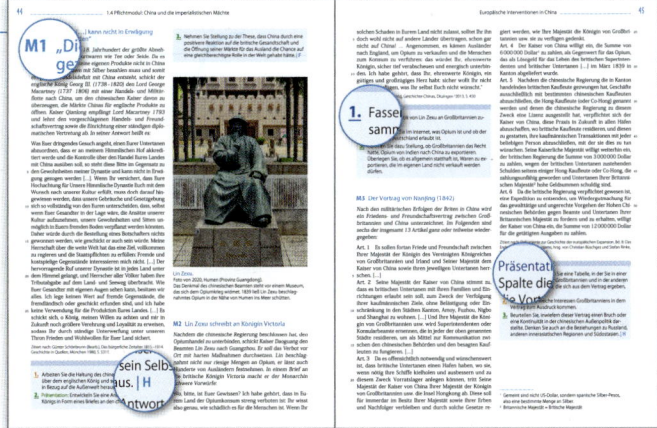

Weitere Hinweise

- Aufgaben, die eine **Partner-/Gruppenarbeit** sowie **Präsentationsformen** erfordern, sind zusätzlich ausgewiesen.
- Aufgaben für **gA-Kurse** sind durch einen Unterstrich (**1.**, **2.** etc.) gekennzeichnet.

Kernmodule

sind rot gekennzeichnet. Sie behandeln **historische Theorien und Erklärungsmodelle** und vernetzen zum Teil die Kapitel durch Querverweise und Aufgaben miteinander.

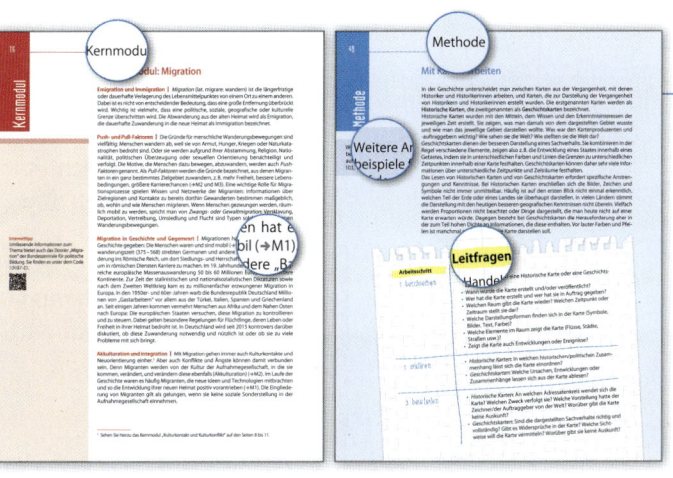

Methoden

erläutern **historische Arbeitstechniken** für die eigenständige Erarbeitung und Wiederholung an einem konkreten Beispiel.
Die **Musterlösungen** können Sie auf Seite 156 bis 158 nachlesen.
Zudem finden Sie auf Seite 155 **Hinweise zur methodischen Arbeit**.

Geschichte kontrovers

präsentiert Standpunkte vornehmlich von Fachwissenschaftlern, die zur Diskussion anregen und die eigene **Urteilskompetenz** fördern sollen.

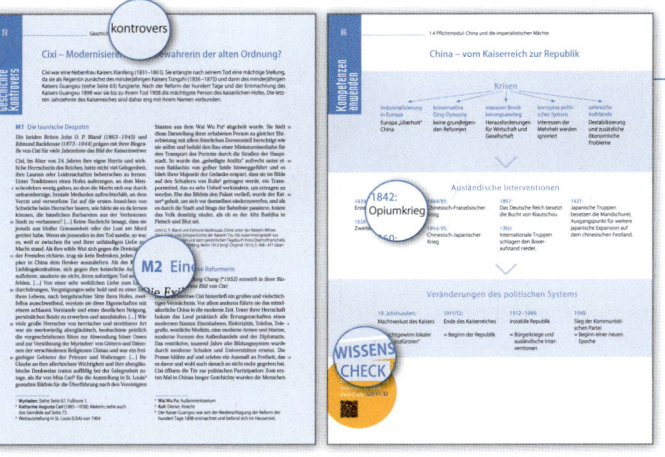

Kompetenzen anwenden

Auf dieser Doppelseite fasst ein **Schaubild** die wesentlichen Lerninhalte des Kapitels zusammen. Mithilfe von **Materialien** und Arbeitsaufträgen sowie einem **interaktiven Quiz** können das erworbene Wissen und die angeeigneten methodischen Kenntnisse getestet werden.

Koloniale Architektur an der Uferpromenade von Shanghai.
Foto vom 7. April 2010.
Nach Ende des Ersten Opiumkrieges 1842 mussten die Chinesen den Hafen Shanghais für den Handel mit Europa, später auch für die USA und Japan, öffnen. Die ausländischen Mächte prägten das Stadtbild bis heute.

„The Rocket".
Foto vom 28. Juni 2010.
Ein Besucher betrachtet im Londoner „Science Museum" die Dampflokomotive der britischen Ingenieure George und Robert Stephenson. Sie wurde 1829 gebaut und gilt als „Urahn" aller Lokomotiven.

Lateinunterricht an einem Bremer Gymnasium.
Foto vom 27. Januar 2006.
Im Schuljahr 2017/18 lernten in Deutschland laut Statistischem Bundesamt 613 755 Schülerinnen und Schüler Latein als Fremdsprache.

1. Wechselwirkungen und Anpassungsprozesse

Kein politisches, wirtschaftliches oder gesellschaftliches System ist von Dauer. Das lehrt uns die Geschichte. Wenn sich jedoch Strukturen ändern, müssen wir uns anpassen. Gleichzeitig beeinflusst unser Verhalten die weitere Entwicklung dieser Strukturen. Das muss nicht immer negativ sein, denn Wechselwirkungen und Anpassungsprozesse haben auch ihre guten Seiten. Denken wir an den kulturellen Austausch, an neue Handelsbeziehungen oder private Bekanntschaften. Ob Migration oder Flucht, Imperialismus oder Wettstreit, immer treffen unterschiedliche Menschen und Systeme aufeinander. Wir müssen lernen, mit dem Ungewohnten umzugehen, und im ständigen Miteinander neue Wege des Zusammenlebens finden. Dies ist ein langfristiger Prozess, der, soll er gelingen, sowohl Toleranz als auch Geduld und Flexibilität erfordert.

Kompetenzen

Am Ende des Rahmenthemas sollten Sie Folgendes können:

… Formen der Begegnung von unterschiedlichen Kulturen sowie die Auswirkungen von Inklusion und Exklusion untersuchen und beschreiben.

… Identitätsaufbau und -wandel von Gruppen sowie die in ihnen zum Ausdruck kommenden Mentalitäten und Weltbilder untersuchen.

… historische Transformationsprozesse analysieren sowie ihre wechselseitigen Auswirkungen beurteilen.

… das Gefüge von Gruppeninteressen, ökonomischen Entscheidungen und Strukturen sowie deren Auswirkungen auf Mensch und Umwelt erläutern und beurteilen.

… sich mit unterschiedlichen Ansätzen zur Deutung historischer Anpassungs- und Transformationsprozesse auseinandersetzen.

… Werturteile aus der Geschichte der eigenen und fremder Kulturen reflektieren sowie unterschiedliche Geschichtsbilder überprüfen.

Was wissen und können Sie schon?

Bilden Sie Kleingruppen und bearbeiten Sie die Bildmaterialien auf der linken Seite:

1. Beschreiben Sie in eigenen Worten die drei Fotos: Wer oder was ist dargestellt? Was wird thematisiert?
2. Ordnen Sie die drei Bilder in den historischen Kontext ein: Auf welche Geschehnisse bzw. Sachverhalte beziehen sich die Fotos? Welchen historischen Zeitabschnitten können sie zugeordnet werden?
3. Arbeiten Sie anhand der Fotos aus Shanghai und Bremen heraus, inwiefern die Bildinhalte die Auswirkungen der Begegnung von Kulturen repräsentieren.
4. Suchen Sie weitere Beispiele für Wechselwirkungen und Anpassungsprozesse in der Geschichte. Fertigen Sie eine Tabelle an, in der Sie den Verlauf und die Ergebnisse stichpunktartig festhalten.
5. Vergleichen und ergänzen Sie anschließend Ihre Tabelle im Kurs.

1.1 Kernmodul: Kulturkontakt und Kulturkonflikt

Kulturkontakt | Theorien zum *Kulturkontakt* gehen davon aus, dass jeder Mensch einer bestimmten Kultur bzw. einem Kulturkreis angehört. Die Menschheitsgeschichte lässt sich entsprechend als eine Abfolge von Kontakten verschiedener Kulturen betrachten. In unterschiedlichem Maße haben Kulturen in der Geschichte dabei offenbar den Antrieb und die Mittel, sich auszubreiten und so andere Kulturen zu beeinflussen. So lässt sich z. B. die Geschichte des Römischen Reiches als „Romanisierung"[1] der Mittelmeerwelt beschreiben. Die im späten Mittelalter einsetzende europäische Expansion nach Amerika, Afrika und Asien kann man als einen langen Prozess der „Europäisierung" der Welt verstehen. Und die Zeit nach dem Zweiten Weltkrieg könnte man als eine maßgeblich von den USA dominierte Phase der „Verwestlichung" der Welt interpretieren.

Allerdings betont die Wissenschaft auch, dass Kulturkontakte niemals nur in eine Richtung verlaufen: Kultur wird nicht einseitig „übertragen", sondern es gibt stets wechselseitige Beeinflussung und Vermischung (*Akkulturation*). Im Zuge der Romanisierung der Mittelmeerwelt veränderte sich also auch das Römische Reich, und der Kontakt mit außereuropäischen Kulturen hat auch Europa seit dem 15./16. Jahrhundert erheblich beeinflusst. Ebenso haben sich die USA durch ihre dominierende Rolle in der Welt stark verändert. Sinnvoll könnte es daher sein, von einer ununterbrochenen Geschichte des kulturellen Austausches zu sprechen. Das bedeutet dann auch, dass es keine unveränderlichen und „reinen" Kulturen gibt. Kulturen wären immer das Ergebnis von Kulturkontakten und stets im Wandel begriffen.[2] Am Beispiel der europäischen Expansion hat der Historiker *Urs Bitterli* eine entsprechende Theorie der Kulturbegegnung entwickelt (→M1), deren Grundgedanken sich auf andere historische Epochen und Prozesse übertragen lassen.

Kulturkonflikt | Nach dem Zusammenbruch der Sowjetunion 1991 und dem Ende des Kalten Krieges stellte der US-amerikanische Politikwissenschaftler *Samuel Phillips Huntington* die These auf, dass die Konflikte in der Welt in der Zukunft zwischen verschiedenen Großkulturen verlaufen würden. Die in seinem Modell wichtigsten Kulturen sind der Westen, der Islam und China. Um einen Dritten Weltkrieg zu vermeiden, müsste der Westen seine Kultur verteidigen und dürfe nicht darauf hoffen, dass die anderen Kulturen sich ihm annähern würden (→M2). Huntington widersprach damit der Vorstellung, die engere Verflechtung der Welt würde die Unterschiede zwischen den Kulturen abschwächen. Huntingtons Auffassung ist vielfach scharf kritisiert worden. Insbesondere ist dem Politikwissenschaftler vorgeworfen worden, dass die von ihm beschriebenen Kulturen gar nicht als Einheiten existierten, da sowohl der Westen als auch der Islam und China aus vielfältigen Gesellschaften bestünden, die nicht auf einen kulturellen Nenner reduziert werden könnten. Huntington vertrete eine Vorstellung vom Westen, die einen großen Teil der westlichen Bevölkerung ausschließe (→M3).

---

[1] Lesen Sie über den Prozess der Romanisierung das Wahlmodul auf den Seiten 88 bis 109.
[2] Vgl. dazu das Kernmodul „Transformationsprozesse" auf den Seiten 12 bis 15.

Bereiche des Kulturkontaktes/Kulturkonfliktes.

Schaubild nach: Matthias Knaut und Dieter Quast (Hrsg.), Die Völkerwanderung. Europa zwischen Antike und Mittelalter, Stuttgart 2005, S. 18

▶ Erklären Sie das Schaubild mit eigenen Worten.

▶ **Gruppenarbeit**: Diskutieren Sie in Gruppen Beispiele für die unterschiedlichen Bereiche des Kulturkontaktes/Kulturkonfliktes zwischen Einzelpersonen, Gruppen und Gesellschaften.

M1 Wie Kulturen einander begegnen

Der Schweizer Historiker Urs Bitterli (1935–2021) unterscheidet am Beispiel der europäischen Expansion ab dem 15. Jahrhundert verschiedene Formen der Kulturbegegnung:

Unter Kulturberührung verstehen wir das in seiner Dauer begrenzte erstmalige oder mit großen Unterbrüchen erfolgende Zusammentreffen einer kleinen Gruppe von Reisenden mit Vertretern einer geschlossenen archaischen
5 Bevölkerungsgruppe, wie es besonders den Charakter der frühen Entdeckungsfahrten bestimmt. [...] Solche Zusammentreffen hatten für beide Teile sowohl den Reiz wie die Bedrohlichkeit des Neuen und Überraschenden. [...]
Zum Kulturkontakt kam es in solchen Fällen, wenn die
10 rückwärtigen Verbindungen zum Mutterland sich sichern und ausbauen ließen und sich andererseits aus der ersten Berührung ein dauerhaftes Verhältnis wechselseitiger Beziehungen zur Eingeborenenbevölkerung ergab, ohne dass Landnahme und Kolonisation von europäischer Seite beab-
15 sichtigt gewesen wären. [...]
Kulturberührung und Kulturkontakt blieben bis zum Ende des achtzehnten Jahrhunderts die häufigsten Formen der kulturellen Begegnung zwischen Zivilisierten und Eingeborenen in Übersee. Wenn diese Begegnung einen besonders
20 aggressiven Charakter gewann und die Europäer sich entschlossen, ihre militärisch-technische Überlegenheit mehr oder weniger rücksichtslos so lange einzusetzen, bis die Ein-
25 geborenen entweder ausgerottet, in unwegsames Hinterland zurückgetrieben oder aber derart unterjocht waren, dass sie ihr kulturelles Eigenleben ei-
30 nem weite Daseinsbereiche erfassenden Abhängigkeitsverhältnis aufzuopfern hatten, wird man von einem Kulturzusammenstoß sprechen müssen. 35
[...]
Im Unterschied zu den bereits beschriebenen Formen der kulturellen Begegnung setzen Akkulturation[1] und vor allem Kul- 40
turverflechtung ein länger dauerndes Zusammenleben und Zusammenwirken von Bevölkerungsgruppen verschiedener Kulturen im selben geografischen Raum voraus. Während in der Beziehung, die wir als Kulturkontakt bezeichnet haben, Aspekte des Handels oder der Mission in der Regel im Vor- 45
dergrund stehen und die Permanenz des gegenseitigen Verhältnisses nicht so sehr durch Ansiedlung und Fortpflanzung der einen Partnergruppe, als vielmehr durch die laufende Ablösung ihrer Vertreter durch Neuankömmlinge gesichert wird, vollzieht sich besonders die Kulturverflechtung vor 50
dem Hintergrund einer intensiven gesellschaftlichen Durchdringung. Diese Durchdringung tritt dann an die Stelle des historisch häufiger zu beobachtenden Kulturzusammenstoßes, wenn sich zwischen zwei oder mehreren Kulturen die zwingende Notwendigkeit zur existenzsichernden Zusam- 55
menarbeit und das Bewusstsein einer verpflichtenden Aufeinanderangewiesenheit ergibt.

Urs Bitterli, Die „Wilden" und die „Zivilisierten". Grundzüge einer Geistes- und Kulturgeschichte der europäisch-überseeischen Begegnung, München ²1991, S. 81, 95, 130 und 161

1. **Präsentation**: Beschreiben Sie die von Urs Bitterli genannten Formen der Kulturbegegnung. Notieren Sie dazu die jeweiligen Merkmale in einem Schaubild. | **F**
2. Arbeiten Sie Stärken und Schwächen der von Bitterli entwickelten Kategorien heraus.
3. Überprüfen Sie anhand eines selbst gewählten historischen Beispieles, inwiefern die von Bitterli genannten Formen der Kulturbegegnung sich anwenden lassen.

---

[1] **Akkulturation**: kultureller Anpassungsprozess

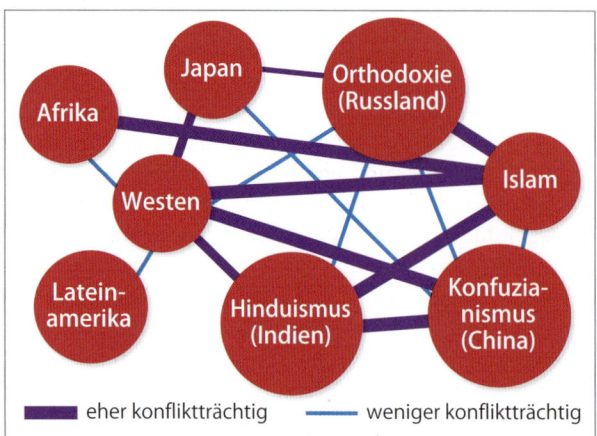

Kulturkreise nach Huntington.

Schaubild nach: Samuel P. Huntington, Kampf der Kulturen. Die Neugestaltung der Weltpolitik im 21. Jahrhundert, übersetzt von Holger Fliessbach, München ¹⁰2002, S. 398

M2 „Kampf der Kulturen"

In seinem 1996 erschienenen Buch „The Clash of Civilizations and the Remaking of World Order" äußert sich der amerikanische Politikwissenschaftler Samuel Phillips Huntington (1927–2008) über die Entwicklung der Kulturen:

Das zentrale Thema dieses Buches lautet: Kultur und die Identität von Kulturen […] prägen heute, in der Welt nach dem Kalten Krieg, die Muster von Kohärenz¹, Desintegration und Konflikt. Die fünf Teile dieses Buches entwickeln diese Hauptaussage weiter.

Teil Eins. Zum ersten Mal in der Geschichte ist globale Politik sowohl multipolar als auch multikulturell; Verwestlichung ist etwas anderes als Modernisierung; und wirtschaftliche und soziale Modernisierung erzeugt weder eine universale Kultur irgendeiner Art noch die Verwestlichung nichtwestlicher Gesellschaften.

Teil Zwei. Das Machtgleichgewicht zwischen den Kulturkreisen verschiebt sich: Der Westen verliert an relativem Einfluss; asiatische Kulturen verstärken ihre wirtschaftliche, militärische und politische Macht; der Islam erlebt eine Bevölkerungsexplosion mit destabilisierenden Folgen für muslimische Länder und ihre Nachbarn; und nichtwestliche Kulturen bekräftigen selbstbewusst den Wert ihrer eigenen Grundsätze.

Teil Drei. Eine auf kulturellen Werten basierende Weltordnung ist im Entstehen begriffen: Gesellschaften, die durch kulturelle Affinitäten² verbunden sind, kooperieren miteinander. Bemühungen, eine Gesellschaft von einem Kulturkreis in einen anderen zu verschieben, sind erfolglos; und Länder gruppieren sich um die Führungs- und Kernstaaten ihrer Kultur.

Teil Vier. Seine universalistischen Ansprüche bringen den Westen zunehmend in Konflikt mit anderen Kulturkreisen, am gravierendsten mit dem Islam und China. Auf lokaler Ebene bewirken Bruchlinienkriege (im Wesentlichen zwischen Muslimen und Nichtmuslimen) den „Schulterschluss verwandter Länder", die Gefahr einer breiteren Eskalation und damit Bemühungen von Kernstaaten um Eindämmung und Unterbindung dieser Kriege.

Teil Fünf. Das Überleben des Westens hängt davon ab, dass die Amerikaner ihre westliche Identität bekräftigen und die Westler sich damit abfinden, dass ihre Kultur einzigartig, aber nicht universal ist, und sich einigen, um diese Kultur zu erneuern und vor der Herausforderung durch nichtwestliche Gesellschaften zu schützen. Ein weltweiter Kampf der Kulturen kann nur vermieden werden, wenn die Mächtigen dieser Welt eine globale Politik akzeptieren und aufrechterhalten, die unterschiedliche kulturelle Wertvorstellungen berücksichtigt. […]

Weltpolitik wird heute nach Maßgabe von Kulturen und Kulturkreisen umgestaltet. In dieser Welt werden die hartnäckigsten, wichtigsten und gefährlichsten Konflikte nicht zwischen sozialen Klassen, Reichen und Armen oder anderen ökonomisch definierten Gruppen stattfinden, sondern zwischen Völkern, die unterschiedlichen kulturellen Einheiten angehören. […] Menschen, die durch Ideologien getrennt, aber durch eine Kultur geeint waren, finden zusammen […]. Gesellschaften, die durch Ideologie oder historische Umstände geeint, aber kulturell vielfältig waren, fallen […] auseinander […]. Länder mit kulturellen Affinitäten kooperieren miteinander auf wirtschaftlichem und politischem Gebiet. Internationale Organisationen, die auf Staaten mit kultureller Gemeinsamkeit basieren, wie etwa die Europäische Union, sind viel erfolgreicher als solche, die kulturelle Grenzen zu überschreiten suchen. Fünfundvierzig Jahre lang war der Eiserne Vorhang die zentrale Trennungslinie in Europa. Diese Linie hat sich um mehrere hundert Kilometer nach Osten verschoben. Heute ist es die Linie, die die Völker des westlichen Christentums auf der einen Seite von muslimischen und orthodoxen Völkern auf der anderen trennt.

Samuel P. Huntington, Kampf der Kulturen. Die Neugestaltung der Weltpolitik im 21. Jahrhundert, München ⁷2002, S. 19f. und 24f.

Samuel Phillips Huntington. Foto von 2004.

---

¹ **Kohärenz**: Zusammenhang
² **Affinität**: hier Ähnlichkeit

1. Geben Sie mit eigenen Worten die Thesen von Samuel Phillips Huntington wieder.
2. **Gruppenarbeit:** Bilden Sie Gruppen. Suchen und analysieren Sie historische und aktuelle Beispiele, die entweder die Argumentation von Huntington stützen oder sie infrage stellen könnten. Nutzen Sie dabei auch das Schaubild.
3. Vergleichen Sie Huntingtons Vorstellungen vom Verhältnis der Kulturen mit der Theorie der Kulturbegegnung von Urs Bitterli (M1).
4. Erörtern Sie, inwiefern Huntingtons Vorstellung abgeschlossener Kulturkreise Ihrer eigenen Erfahrung und den historischen Darstellungen in diesem Lehrbuch entspricht.

M3 Doch kein Kampf?

*Der deutsche Politikwissenschaftler Ulrich Menzel (*1947) kritisiert Huntingtons Vorstellung vom „Kampf der Kulturen":*

[Muss] das auch zwangsläufig heißen, dass die schiere Existenz unterschiedlicher Kulturen die einzig relevante oder zumindest die dominante Konfliktursache des 21. Jahrhunderts sein wird? […] Und selbst wenn es Kulturkonflikte gibt, was spricht dagegen, sie auf kooperative Weise lösen zu können? Ganz so wie die zweifellos immer vorhandenen unterschiedlichen wirtschaftlichen Interessen nicht zwangsläufig immer zu militärischen Konflikten geführt haben, sondern durchaus konsensual gelöst werden können und vielfach auch gelöst wurden. […]
Der gravierendste Einwand resultiert allerdings aus der Inkonsequenz, die in Huntingtons eigener Argumentation angelegt ist, und aus den normativen[1] Schlussfolgerungen, die daraus gezogen werden. Auf der einen Seite wird die Einzigartigkeit der westlichen Kultur betont, die es zu bewahren und neu zu stärken gilt. Andererseits wird einem Kulturrelativismus[2] und damit Einmischungsverbot gegenüber der übrigen Welt das Wort geredet. Dies übersieht aber zweierlei: Erstens ist die westliche Kultur keineswegs statisch, besteht nicht nur aus Elementen wie dem vormodernen Christentum, katholischer oder puritanischer Orthodoxie, Gegenreformation und Inquisition, sondern besteht auch aus Opposition und Gegenbewegungen wie Reformation, Humanismus, Aufklärung, Rationalismus, Säkularisierung und der Propagierung universalistischer Werte. Insofern ist der Westen zumindest beides, religiös und säkular[3] […], wobei letzteres sicher die stärkere Komponente bildet. […] Alle Menschen sind in der westlichen Vorstellung nicht nur gleich, sie haben auch gleiche Rechte, und zwar nicht nur gleiche soziale und ökonomische, sondern auch gleiche Freiheitsrechte. Und das heißt zweitens, dass die Bekräftigung und Verfolgung westlicher Werte eben gerade die Einmischung weltweit, die universale Deklaration der Menschenrechte, die Charta der Vereinten Nationen, den Idealismus, die Vorstellung der one world, der global governance, das „Projekt Weltethos" […] als paradigmatischen Gegenentwurf zu Huntington, die Ausweitung der westlichen Wertegemeinschaft verlangt.
Geradezu grotesk wird die Argumentation Huntingtons, wenn er zwar das heutige Griechenland aus dem Westen ausgrenzen will, gleichzeitig aber das klassische, d.h. in erster Linie das griechische Erbe zu den Wurzeln der christlichen Kultur zählt, jedoch die orientalischen Wurzeln des Christentums unterschlägt bzw. geflissentlich übersieht oder auch übersieht, dass die westliche Kultur sehr viel germanisches und keltisches und damit heidnisches, also keinesfalls aufklärerisches oder christliches Kulturgut inkorporiert hat.

Ulrich Menzel, Globalisierung versus Fragmentierung, Frankfurt am Main 1998, S. 87–90

1. Fassen Sie die wesentlichen Aspekte der Argumentation von Ulrich Menzel zusammen.
2. Vergleichen Sie die Vorstellungen von Kultur bei Menzel und Huntington (M2). Erläutern Sie die Unterschiede.
3. Entwickeln Sie eigene Definitionen von „Kulturkontakt" und „Kulturkonflikt".

---

[1] **normativ:** maßgebend, als Leitsatz dienend
[2] **Kulturrelativismus:** Diese Richtung betrachtet die Kulturen als ganzheitliche Systeme. Sie sind nicht miteinander zu vergleichen, sondern können nur in ihrem jeweiligen kulturellen Kontext betrachtet werden.
[3] **säkular:** weltlich

1.2 Kernmodul: Transformationsprozesse

Wechselspiel von Wandel und Kontinuität | Geschichte handelt von Wandel und Kontinuität. Die Beschäftigung mit der Vergangenheit steht daher immer vor der Frage, wie das gleichzeitige Sich-Verändern und Gleichbleiben beschrieben und erklärt werden kann. Dies ist auch der Hintergrund vieler historischer Debatten, wenn z. B. danach gefragt wird, ob der Nationalsozialismus ein Bruch in der deutschen Geschichte war oder in der Kontinuität langfristiger Entwicklungen stand. Häufig laufen solche Diskussionen darauf hinaus, die Frage nach Wandel und Kontinuität weniger allgemein zu stellen, sondern vielmehr einzelne Bereiche der Geschichte zu betrachten. Eine radikale Veränderung des politischen Systems muss keine Veränderung der sozialen Schichtung bedeuten. Der Ausgang eines Krieges mag die internationalen Machtverhältnisse beeinflussen; aber hat er zwingenderweise auch Konsequenzen für die Geschlechtergeschichte?

Für die wissenschaftliche Auseinandersetzung mit Wandel und Kontinuität ist vor allem der französische Historiker *Fernand Braudel* von großer Bedeutung. In seinem 1949 erschienenen und 1966 grundlegend überarbeiteten Werk über „Das Mittelmeer und die mediterrane Welt in der Epoche Philipps II." unterschied er zwischen drei verschiedenen Zeitebenen: „Strukturen" mit einer „langen Dauer" (*longue durée*) von mehreren Jahrhunderten, „Konjunkturen" mit einer mittleren Dauer von einigen Jahrzehnten und kurzfristigen „Ereignissen" (→M1). Seit Braudel ist somit klar, dass historische Zeit relativ ist und von den Themen, die uns beschäftigen, abhängt.

Fernand Braudel zählte zu einer Gruppe französischer Historiker, die der „Schule der Annales" („Ecole des Annales") angehören. Sie ist eine bedeutende, über mehrere Generationen wirkende Historikerschule, die Methoden aus der Soziologie und der Geografie für die Geschichtswissenschaft nutzbar macht und auch Disziplinen wie Psychologie, Linguistik und Wirtschaftswissenschaften einbezieht. Die „Ecole des Annales" beschäftigt sich u. a. auch mit der Erforschung der Kultur- und Mentalitätsgeschichte. Ihr Name leitet sich von der seit 1929 erscheinenden geschichtswissenschaftlichen Zeitschrift „Annales" (franz.: „Chronik") ab.

Zahlreiche Schlüsselbegriffe der Geschichte bezeichnen Veränderungen unterschiedlichster Natur. Dazu gehören u. a. Begriffe wie Revolution, Reform und Krise, aber auch Industrialisierung, Urbanisierung und Europäisierung sowie Expansion, Kolonisation oder Romanisierung. „Transformation" (lat. transformare: umgestalten, verwandeln) bezieht sich ähnlich wie der Begriff „Revolution" nicht auf eine konkrete historische Entwicklung. Er ist vielmehr ein Oberbegriff, der tief greifende Veränderungen (Trans-Formierungen) bezeichnet. Sprechen wir von *Transformationsprozessen*, so meinen wir also nicht eine langsame Veränderung eines bestimmten Aspekts einer Gesellschaft, sondern wir beziehen uns auf einen Wandel, durch den grundlegende Strukturen einer Gesellschaft innerhalb eines überschaubaren Zeitraums verändert werden. Einer der wichtigsten Begriffe, um solche Veränderungen der letzten Jahrhunderte zu beschreiben, ist „Modernisierung" (→M2). Denn Modernisierung bezieht sich nicht auf einen Teilaspekt des Wandels (in der Politik oder Wirtschaft), sondern auf alle Bereiche menschlichen Lebens (einschließlich der Wertvorstellungen und Weltanschauungen). Gegen die Modernisierungstheorien ist in den letzten Jahren eingewandt worden, sie seien zu stark auf Europa ausgerichtet und berücksichtigten nicht die Rolle Lateinamerikas, Afrikas und Asiens. Daher gewann der Begriff „Globalisierung" an Bedeutung, da man hofft, mit ihm die weltweiten Verflechtungen der Veränderungen der letzten Jahrzehnte und Jahrhunderte besser beschreiben zu können (→M3).

M1 „Geschichte in mehrere Etagen [...] zerlegen"

Der Historiker Fernand Braudel (1902–1985) entwickelt in der Mitte des 20. Jahrhunderts die Vorstellung verschiedener Zeitebenen. Im Vorwort zu seinem Werk „Das Mittelmeer und die mediterrane Welt in der Epoche Philipps II." schreibt er:

Dieses Buch zerfällt in drei Teile, von denen jeder den Versuch einer Gesamterklärung unternimmt.

Der erste führt eine gleichsam unbewegte Geschichte vor, die des Menschen in seinen Beziehungen zum umgebenden
5 Milieu; eine träge dahinfließende Geschichte, die nur langsame Wandlungen kennt, in der die Dinge beharrlich wiederkehren und die Kreisläufe immer wieder neu beginnen. Diese fast außer der Zeit liegende, dem Unbelebten benachbarte Geschichte wollte ich weder vernachlässigen noch
10 sie, wie es traditionell in so vielen Büchern geschieht, als nutzlose geografische Einführung an die Schwelle der eigentlichen Darstellung verbannen: jene Geschichte mit ihren mineralischen Landschaften, Äckern und Blumen, die man rasch vorzeigt und von der dann nie mehr die Rede ist,
15 als ob die Blumen nicht in jedem Frühling wiederkämen, als ob die Herden in ihren Wanderungen innehielten, als ob die Schiffe nicht auf einem realen Meer segeln müssten, das sich mit den Jahreszeiten verändert.

Oberhalb dieser unbewegten Geschichte lässt sich eine
20 Geschichte langsamer Rhythmen ausmachen; man möchte fast sagen – wäre dem Ausdruck sein voller Sinn nicht verloren gegangen – eine soziale Geschichte, die der Gruppen und Gruppierungen. Wie diese Grundsee das mediterrane Leben als Ganzes aufwühlt, das ist die Frage, die ich
25 mir im zweiten Teil meines Buches gestellt habe. Dort werden nacheinander die Ökonomien, die Staaten, die Gesellschaften und die Zivilisationen untersucht; und damit mein Verständnis der Geschichte deutlicher wird, versuchte ich schließlich zu zeigen, wie all diese aus der Tiefe wirkenden
30 Kräfte im komplexen Bereich des Krieges am Werk sind. Denn der Krieg ist, wie wir wissen, keine reine Domäne individueller Verantwortlichkeiten.

Der dritte Teil endlich ist der der traditionellen Geschichte; wenn man so will, der Geschichte nicht im Maßstab des
35 Menschen, sondern des Individuums; der Ereignisgeschichte [...]. Eine ruhelos wogende Oberfläche, vom Strom der Gezeiten heftig erregte Wellen. Eine Geschichte kurzer, rascher und nervöser Schwankungen. Überempfindlich, wie sie ist, versetzt der geringste Schritt all ihre Messinst-
40 rumente in Alarm. So ist sie von allen die leidenschaftlichste, menschlich reichste, doch die gefährlichste auch. Misstrauen wir dieser Geschichte, deren Glut noch nicht abgekühlt ist, der Geschichte, wie sie die Zeitgenossen im
45 Rhythmus ihres Lebens – das kurz war wie das unsere – empfunden, beschrieben, erlebt haben. Sie hat
50 die Ausmaße ihres Zorns, ihrer Träume und ihrer Illusionen. Im 16. Jahrhundert folgt der eigentlichen
55 Renaissance die Renaissance der Armen, Bescheidenen, die begierig sind zu schreiben, von sich zu
60 erzählen, zu den anderen zu sprechen. Diese kostbaren Berge von Papier geben ein ziemlich verzerrtes Bild, verdecken die verlorene Zeit, stehen außerhalb der Wahrheit. Der Historiker, der die Papiere Philipps II.[1] liest, gleichsam an seinem Platz und an seiner Stelle, fühlt sich in eine bi-
65 zarre, dimensionslose Welt versetzt. Eine Welt heftiger Leidenschaften, gewiss; blind wie jede lebendige Welt, wie die unsere, unbekümmert um die geschichtlichen Tiefen, um jene lebhaften Gewässer, auf denen unser Boot dahinzieht wie das trunkenste aller Schiffe. Eine gefährliche
70 Welt, deren Zauber wir jedoch gebannt haben werden, sobald wir die großen, lautlosen Strömungen in der Tiefe erkennen, deren Richtung sich nur feststellen lässt, wenn man große Zeiträume umfasst. Die dröhnenden Ereignisse sind oft nur Augenblicke, nur Erscheinungen jener großen
75 Schicksale und erklären sich nur aus diesen.

So sind wir dahin gelangt, die Geschichte in mehrere Etagen zu zerlegen oder, wenn man will, in der Zeit der Geschichte eine geografische, eine soziale und eine individuelle Zeit zu unterscheiden.
80

Fernand Braudel, Das Mittelmeer und die mediterrane Welt in der Epoche Philipps II., Bd. 1, Frankfurt am Main ²2001, S. 20 f.

Fernand Braudel. Foto von 1984.

---

1. Fassen Sie die Thesen von Fernand Braudel zu den verschiedenen historischen Zeitebenen mit eigenen Worten zusammen. | F

2. Erläutern Sie die Aussagen Braudels anhand eines selbst gewählten historischen Beispiels.

3. Erörtern Sie, inwiefern der Klimawandel in Braudels Vorstellungen von Geschichte zu integrieren ist.

---

[1] **Philipp II.** (1527–1598): seit 1556 König von Spanien, seit 1580 auch König von Portugal

M2 Modernisierungstheorie

Der Historiker Hans-Ulrich Wehler (1931–2014) erläutert den Begriff „Modernisierung", indem er die Vorstellungen anderer Wissenschaftler darlegt, und begründet den Vorteil einer „historischen Modernisierungstheorie":

Modernisierung sei ein revolutionärer, unausweichlicher, irreversibler, globaler, komplexer, systemischer, langwieriger, aber in Phasen unterteilbarer, tendenziell homogenisierender und – last not least – progressiver Prozess.
In diesem Modernisierungsprozess setzen sich angeblich vor allem sechs Subprozesse durch:

1. Wirtschaftliches Wachstum als eine kumulative Dauerbewegung industrieller Expansion; sie soll hier nicht weiter verfolgt werden.

2. „Strukturelle Differenzierung", wie sie Herbert Spencer oder vor ihm Adam Smith als Basisaxiom[1] entwickelt hat. Aus dem alteuropäischen „ganzen Haus" gliedert sich eine zunehmend arbeitsteilige Wirtschaft, aus Herrschaft als individueller Verfügungsgewalt über einen Personenverband die überindividuelle Staatsorganisation eines Territoriums, aus dem öffentlichen Leben die bürgerliche Privat- und Intimsphäre aus. Auf einer Integrationsebene müssen dann, ganz à la Spencer, die Differenzierungen wieder vermittelt werden, etwa im Konsens über allgemein akzeptierte Werte.

3. Wertewandel, z. B. […] als Übergang von partikularistischen, diffusen, unspezifischen zu universalistischen, funktional spezifizierten Wertemustern, die in Sozialisationsprozessen verinnerlicht und handlungsleitend werden.

4. Mobilisierung. Sie wird verstanden als Erzeugung von räumlicher und sozialer Mobilität, aber auch als Erhöhung der Erwartungen (kulturelle Mobilisierung, Revolution of Rising Expectations) und als Verfügbarmachung von Ressourcen und Mitteln.

5. Partizipation. Je komplizierter die Differenzierung, umso mehr – so der Gedankengang – seien Vermittlungsmechanismen erforderlich, die Teilnahme unabweisbar machen. Und je erfolgreicher die Mobilisierung von Ressourcen sei, umso wichtiger würden Entscheidungsgremien, in denen zur Legitimierung von Präferenzentscheidungen Mitwirkung notwendig werde.

6. Institutionalisierung von Konflikten. Um die Tradition ungeregelter Konflikte überwinden zu können, die noch im 19. Jahrhundert (z.B. im Konflikt zwischen Kapital und Arbeit) tendenziell an die Grenze des Bürgerkrieges führen konnten, sei eine Vermeidungsstrategie erforderlich, die Konflikte dadurch einhegt, dass sie organisations- und verfahrensabhängig gemacht werden. Der gezähmte Konflikt kann fortab zum konfliktimitierenden Ritual werden, bei dem Drohgebärde und Imponiergehabe die potenziell systemsprengende Wirkung ersetzen (Tarifkonflikt).

Den Hauptgewinn des Modernisierungsprozesses sehen viele Theoretiker […] in der anwachsenden Herrschaft des Menschen über seine natürliche und soziale Umwelt, anders gesagt: in der anhaltenden Ausweitung der Steuerungs- und Leistungskapazitäten. […]

[…] Die historische Modernisierungstheorie trägt dazu bei:
a) die Voraussetzungen für den epochalen Einschnitt im ausgehenden 18. Jahrhundert weiter zu klären,
b) die Zäsur, den Durchbruch der „Moderne" genauer zu bestimmen,
c) die Folgewirkungen im Okzident und dann für die Welt, die Epoche der Modernisierung präziser als bisher zu analysieren. In diesem Sinn beansprucht sie tendenziell, die moderne Epoche allmählich auf eine adäquate historische Theorie zu bringen. Sie begreift mithin, um es zu wiederholen, Modernisierung als einen auf ganz spezifischen Ausgangskonstellationen beruhenden „bestimmten Typ des sozialen Wandels, der im 18. Jahrhundert eingesetzt hat …, der seinen Ursprung hat in der englischen Industriellen Revolution … und in der politischen Französischen (und Amerikanischen) Revolution; er besteht im wirtschaftlichen und politischen Vorangang einiger Pioniergesellschaften und den darauf folgenden Wandlungsprozessen der Nachzügler"; diese stehen vor dem Problem, „ihre historisch überkommene Struktur und ihre typischen Spannungen (einschließlich des Impulses zur Modernisierung) mit den Einwirkungen der von außen kommenden Ideen und Techniken in einen Zusammenhang zu bringen" [Reinhard Bendix].

[…] Für die Analyse dieses okzidentalen Modernisierungsprozesses bietet die historische Modernisierungstheorie mit der Summe aller ihrer Überlegungen und Begriffe, Theoreme[2] und Ergebnisse das zurzeit wahrscheinlich differenzierteste Instrumentarium an.

Hans-Ulrich Wehler, Modernisierungstheorie und Geschichte, Göttingen 1975, S. 16f. und 59

---

1. Geben Sie wieder, was Hans-Ulrich Wehler unter „Modernisierung" und unter „Modernisierungstheorie" versteht.
2. Erklären Sie, warum der Begriff „Modernisierung" mehr umfasst als z. B. der Begriff „Industrialisierung".
3. Überprüfen Sie, ob sich Braudels Vorstellungen von Zeit (M1) in dem von Wehler beschriebenen Begriff der „Modernisierung" finden.

---

[1] **Axiom**: Grundsatz, der keines Beweises bedarf
[2] **Theorem**: Lehrsatz

M3 Globalisierung

*Die Historiker Jürgen Osterhammel (*1952) und Niels P. Petersson (*1968) erläutern den Begriff „Globalisierung":*

„Globalisierung" scheint sich schon von der Wortform her für einen Platz unter den Makroprozessen der modernen Welt zu qualifizieren. Man muss den Begriff nicht gleich auf die oberste Ebene, also direkt neben (oder gar über)
5 „Modernisierung", stellen und in der zunehmenden Verdichtung ferner Zusammenhänge das Hauptmerkmal der Weltentwicklung sehen. Es genügt zu fragen, ob „Globalisierung" möglicherweise so aussagekräftig und so wichtig sein könnte wie etwa „Industrialisierung". Das wäre schon
10 eine ganze Menge und würde das Deutungsrepertoire der Geschichtswissenschaft deutlich bereichern. Es wäre umso willkommener, als sich keine der oben genannten „Ierungen" auf Zusammenhänge zwischen Völkern, Staaten und Zivilisationen bezieht. Sie alle machen sich im nationalen
15 und regionalen Rahmen bemerkbar und werden auch auf diese Weise wissenschaftlich untersucht. Sollte „Globalisierung" sich einen Rang unter den großen Entwicklungsbegriffen verdienen, dann wäre damit endlich eine breite Lücke gefüllt. Es gäbe dann eine Stelle, an der alles In-
20 ter-Kontinentale, Inter-Nationale, Inter-Kulturelle (usw.) untergebracht werden könnte, das gegenwärtig zwischen den etablierten „Diskursen" der Historiker heimatlos herumvagabundiert.

Dass aber überhaupt eine solche Lücke existiert, liefert
25 uns den Ausgangspunkt für die folgenden Überlegungen. Wir schlagen nicht vor, die bisherige Geschichtsschreibung in Bausch und Bogen zu verwerfen, und hüten uns vor dem albernen Anspruch, die Geschichte der Neuzeit als eine der Globalisierung neu schreiben zu wollen. Wir wer-
30 den vielmehr versuchen, aus der *Perspektive* von Globalisierung einen neuen Blick auf die Vergangenheit zu werfen. Man kann es auch anders sagen: Dass viele Aspekte unseres Daseins heute nur noch im Zusammenhang weltweiter Verflechtungen verstanden werden können, ist ein
35 Gemeinplatz. Haben solche Verflechtungen aber nicht auch in der Vergangenheit eine größere Rolle gespielt, als es im gängigen Geschichtsbild zum Ausdruck kommt? Welcher Art waren diese Verflechtungen, wie funktionierten sie, und summierten sie sich wirklich zu einem Prozess
40 eigenen Charakters, der es rechtfertigt, den neu geschaffenen Begriff der „Globalisierung" dafür zu verwenden? Schließlich: Wenn sich die letzte Frage bejahen lässt – kann man dann eine Zeitenwende gegen Ende des 20. Jahrhunderts identifizieren, an der Globalisierungstenden-
45 zen so dramatisch und dominant wurden, dass man es wagen kann, von einer tiefen Zäsur, also dem Beginn einer neuen Epoche zu sprechen, eines „globalen Zeitalters" (Martin Albrow), einer „Zweiten Moderne" (Ulrich Beck, Anthony Giddens) oder welches Etikett man auch immer wählen mag?
50

Jürgen Osterhammel und Niels P. Petersson, Geschichte der Globalisierung. Dimensionen. Prozesse. Epochen, München 2003, S. 9f.

---

1. Charakterisieren Sie den Begriff „Globalisierung" nach Jürgen Osterhammel und Niels P. Petersson.
2. Erläutern Sie, was Osterhammel und Petersson mit der „oberste[n] Ebene" (vgl. Zeile 4) meinen und wie sich in ihrer Darstellung „Globalisierung" dazu verhält.
3. Nehmen Sie dazu Stellung, ob die „Globalisierung" heute etwas grundlegend Neues ist. | H

1.3 Kernmodul: Migration

Emigration und Immigration | *Migration* (lat. migrare: wandern) ist die längerfristige oder dauerhafte Verlagerung des Lebensmittelpunktes von einem Ort zu einem anderen. Dabei ist es nicht von entscheidender Bedeutung, dass eine große Entfernung überbrückt wird. Wichtig ist vielmehr, dass eine politische, soziale, geografische oder kulturelle Grenze überschritten wird. Die Abwanderung aus der alten Heimat wird als Emigration, die dauerhafte Zuwanderung in die neue Heimat als Immigration bezeichnet.

Push- und Pull-Faktoren | Die Gründe für menschliche Wanderungsbewegungen sind vielfältig: Menschen wandern ab, weil sie von Armut, Hunger, Kriegen oder Naturkatastrophen bedroht sind. Oder sie werden aufgrund ihrer Abstammung, Religion, Nationalität, politischen Überzeugung oder sexuellen Orientierung benachteiligt und verfolgt. Die Motive, die Menschen dazu bewegen, abzuwandern, werden auch *Push-Faktoren* genannt. Als *Pull-Faktoren* werden die Gründe bezeichnet, aus denen Migranten in ein ganz bestimmtes Zielgebiet zuwandern, z.B. mehr Freiheit, bessere Lebensbedingungen, größere Karrierechancen (→M2 und M3). Eine wichtige Rolle für Migrationsprozesse spielen Wissen und Netzwerke der Migranten: Informationen über Zielregionen und Kontakte zu bereits dorthin Gewanderten bestimmen maßgeblich, ob, wohin und wie Menschen migrieren. Wenn Menschen gezwungen werden, räumlich mobil zu werden, spricht man von *Zwangs- oder Gewaltmigration*: Versklavung, Deportation, Vertreibung, Umsiedlung und Flucht sind Typen solcher erzwungenen Wanderungsbewegungen.

Migration in Geschichte und Gegenwart | Migrationen hat es zu allen Zeiten der Geschichte gegeben: Die Menschen waren und sind mobil (→M1). Während der Völkerwanderungszeit (375–568) strebten Germanen und andere „Barbaren" nach Zuwanderung ins Römische Reich, um dort Siedlungs- und Herrschaftsgebiete zu finden oder um in römischen Diensten Karriere zu machen. Im 19. Jahrhundert führte eine umfangreiche europäische Massenauswanderung 50 bis 60 Millionen Europäer auf andere Kontinente. Zur Zeit der stalinistischen und nationalsozialistischen Diktaturen sowie nach dem Zweiten Weltkrieg kam es zu millionenfacher erzwungener Migration in Europa. In den 1950er- und 60er-Jahren warb die Bundesrepublik Deutschland Millionen von „Gastarbeitern" vor allem aus der Türkei, Italien, Spanien und Griechenland an. Seit einigen Jahren kommen vermehrt Menschen aus Afrika und dem Nahen Osten nach Europa: Die europäischen Staaten versuchen, diese Migration zu kontrollieren und zu steuern. Dabei gelten besondere Regelungen für Flüchtlinge, deren Leben oder Freiheit in ihrer Heimat bedroht ist. In Deutschland wird seit 2015 kontrovers darüber diskutiert, ob diese Zuwanderung notwendig und nützlich ist oder ob sie zu viele Probleme mit sich bringt.

Akkulturation und Integration | Mit Migration gehen immer auch Kulturkontakte und Neuorientierung einher.[1] Aber auch Konflikte und Ängste können damit verbunden sein. Denn Migranten werden von der Kultur der Aufnahmegesellschaft, in die sie kommen, verändert, und verändern diese ebenfalls (Akkulturation) (→M2). Im Laufe der Geschichte waren es häufig Migranten, die neue Ideen und Technologien mitbrachten und so die Entwicklung ihrer neuen Heimat positiv vorantrieben (→M1). Die Eingliederung von Migranten gilt als gelungen, wenn sie keine soziale Sonderstellung in der Aufnahmegesellschaft einnehmen.

Internettipp
Umfassende Informationen zum Thema bietet auch das Dossier „Migration" der Bundeszentrale für politische Bildung. Sie finden es unter dem Code 32037-23.

---

[1] Sehen Sie hierzu das Kernmodul „Kulturkontakt und Kulturkonflikt" auf den Seiten 8 bis 11.

Germanen während der Völkerwanderungszeit.
Holzstich von 1880 nach einer Zeichnung von Otto Knille (1832–1898); spätere Kolorierung.

Auswanderung über See.
Holzstich von 1870. Das Bild zeigt das Zwischendeck eines Auswandererschiffes im 19. Jahrhundert.

▶ Charakterisieren Sie die Formen von Migration, die in den Bildern dargestellt werden. Nutzen Sie dazu auch M1 bis M3.

M1 Mobilität als „Wesenseigenheit" des Menschen

Der italienische Demograf und Politiker Massimo Livi Bacci (*1936) skizziert Geschichte und Bedeutung menschlicher Migration:

Sich räumlich zu bewegen ist eine „Wesenseigenheit" des Menschen, ein Bestandteil seines „Kapitals", eine zusätzliche Fähigkeit, um seine Lebensumstände zu verbessern. Es ist diese tief im Menschen verwurzelte Eigenschaft, die das
5 Überleben der Jäger und Sammler, die Verbreitung der menschlichen Spezies über die Kontinente, die Verbreitung des Ackerbaus, die Besiedlung leerer Räume, die Integration der Welt und die erste Globalisierung im 19. Jahrhundert ermöglichte. Dieselbe Eigenschaft lässt sich auch er-
10 klären als „Anpassungsfähigkeit" des Migranten, auf Englisch *fitness* genannt. Diese *fitness* – ein Gemisch biologischer, psychologischer und kultureller Eigenschaften – war in den verschiedenen historischen Epochen und den Umständen der Migration entsprechend nicht immer von
15 derselben Art. [...]
Mit der Entstehung von Staatswesen und den daraus folgenden internationalen Migrationen entwickelte sich dann auch eine „Migrationspolitik". Dabei griff die Regierung, entweder ein weltlicher Fürst oder mächtige Institutionen,
20 ein, um die Migrationsströme zu steuern, zu planen, im Voraus zu ordnen und zu unterstützen. Die Politik entzieht den beteiligten Personen einiges ihrer Entscheidungsfreiheit, ob viel oder wenig, ist situationsabhängig. Sie glaubt, besser als die Einzelpersonen beurteilen zu können, über
25 welche Art von Anpassungsfähigkeit der Migrant angesichts der Umstände verfügen muss. Manchmal trifft sie Vorkehrungen, welche die Anpassungsfähigkeit des Migranten „verbessern" sollen, indem sie ihm die notwendigen Ressourcen und Kenntnisse oder besondere Vor-
30 rechte mitgibt. [...]
Mit der Neuzeit nehmen, noch vor der industriellen Revolution, die Fähigkeiten zur räumlichen Bewegung zu: Die Ressourcen vermehren, die Techniken verbessern, die Infrastrukturen konsolidieren sich. Binnenländische und in-
35 ternationale Migrationssysteme werden geschaffen. Die Schifffahrt verbindet Eurasien, Afrika und Amerika eng miteinander. Von 1500 an exportiert Europa Humanressourcen, nachdem es jahrtausendelang Ziel von Einwanderungen und Invasionen gewesen war. Der Wille und die
40 Fähigkeit der Staaten, auf die individuellen Entscheidungen der Mobilität Einfluss zu nehmen, steigern sich. Die Migrationen beschleunigen ihren Rhythmus, der sich im 19. Jahrhundert überstürzt [...].
Das vorige Jahrhundert war vom Ersten Weltkrieg bis
45 heute geprägt von einer widersprüchlichen Politik, von der Schockwirkung der großen Kriege auf den Ortswechsel der Menschen, von der Trennung des europäischen Ostens vom Rest Europas, von der Umkehrung des migratorischen Zyklus – das exportierende Europa beginnt wieder zu im-
50 portieren –, vom tief greifenden Einfluss des demografischen Zyklus.
In der letzten Zeit wurde die Migrationspolitik restriktiver und selektiver, während sich der Druck aus demografischen und ökonomischen Ursachen, die durch die Kluft
55 zwischen Nord und Süd erzeugt wurden, vermehrte. Die Vorrechte der Migranten werden schwächer. Die Migratio-

nen werden empfunden als ein Tribut, der dem demografischen Wandel zu entrichten ist, als ein Heilmittel gegen die Engpässe des Arbeitsmarktes, als ein zu behebender
60 Notstand, als eine unmittelbar bevorstehende Gefahr. [...] Die Interessenkonflikte zwischen den Herkunftsländern, den Aufnahmeländern sowie den Migranten, den wahren Protagonisten[1], waren noch nie so evident wie heute. [...] Doch besteht gerade ein wachsender Bedarf an einer Ko-
65 operation [...], wenn die widerstreitenden Interessen ausgeglichen werden sollen und wenn man den Migrationen ihre positive Funktion in der Entwicklung von Gesellschaften wiedergeben will.

Massimo Livi Bacci, Kurze Geschichte der Migration, übersetzt von Marianne Schneider, Berlin 2015, S. 8–10

1. Arbeiten Sie historische Phasen der menschlichen Migration nach Massimo Livi Bacci heraus. | H
2. Erklären Sie, inwieweit Mobilität nach Bacci ein wichtiges „Kapital" des Menschen ist. Welche Arten von „fitness" könnten dabei von Nutzen sein?
3. Erläutern Sie, was man unter „Migrationspolitik" versteht. Welche migrationspolitischen Regelungen gelten aktuell in Deutschland?
4. Bacci schreibt Migrationen eine „positive Funktion in der Entwicklung von Gesellschaften" (vgl. Zeile 67) zu. Setzen Sie sich mit dieser These auseinander.

M2 Migration und Integration

Der Historiker Jochen Oltmer (*1965) benennt zentrale Merkmale von Migration und Integration:

Migrationen sind räumliche Bewegungen von Menschen. Jedoch wird keineswegs jede dieser Bewegungen als Migration verstanden, touristische Unternehmungen, Reisen oder das tägliche Pendeln zwischen Wohn- und Arbeitsort etwa
5 zählen nicht dazu. Gemeint sind vielmehr jene Formen regionaler Mobilität, die weitreichende Konsequenzen für die Lebensverläufe der Wandernden haben und aus denen sozialer Wandel resultiert. Migration kann das Überschreiten politisch-territorialer Grenzen bedeuten. Aber auch räumli-
10 che Bewegungen innerhalb eines staatlichen Gebildes lassen sich als Migration fassen; denn selbst sie können es erfordern, dass Migranten sich mit wirtschaftlichen Gegebenheiten und Ordnungen, kulturellen Mustern sowie gesellschaftlichen Normen und Strukturen auseinandersetzen, die sich
15 zum Teil erheblich von denen des Herkunftsortes unterscheiden. Migration kann unidirektional eine Bewegung von einem Ort zu einem anderen meinen, umfasst aber nicht selten auch Zwischenziele, die häufig dem Erwerb von Mitteln zur Weiterreise dienen. Fluktuation, beispielsweise zirkuläre Bewegung oder Rückwanderung, bildete immer ein 20 zentrales Element von Migration. Die dauerhafte Ansiedlung andernorts stellt also nur eines der möglichen Ergebnisse von Wanderungsbewegungen dar. [...]
Der Prozess der Migration bleibt grundsätzlich ergebnisoffen, denn das Wanderungsergebnis entspricht bei Weitem 25 nicht immer der Wanderungsintention: Eine geplante Rückkehr wird aufgeschoben, die Ferne schließlich zur Heimat, und die alte Heimat erscheint fern. Räumliche Bewegungen werden abgebrochen, weil bereits ein zunächst nur als Zwischenstation gedachter Ort unverhofft neue Chancen 30 bietet. Umgekehrt kann sich das geplante Ziel als ungeeignet oder wenig attraktiv erweisen, woraus eine Weiterwanderung resultiert. Zudem vermag der Erfolg im Zielgebiet die Rückkehr in die Heimat möglich oder der Misserfolg sie nötig machen. [...] 35
Migrationsentscheidungen unterliegen in der Regel multiplen Antrieben. Meist sind wirtschaftliche, soziale, politische, religiöse und persönliche Motive in unterschiedlichen Konstellationen mit je verschiedenem Gewicht eng miteinander verflochten. Hoffnungen und Erwartungen hinsicht- 40
lich einer Verbesserung der Situation nach der Abwanderung können dabei immer auch Enttäuschungen über die individuelle Lage in der Herkunftsgesellschaft widerspiegeln. Sieht man von den Gewaltmigrationen ab, streben Migranten danach, durch den temporären oder dauerhaften 45 Aufenthalt andernorts Erwerbs- oder Siedlungsmöglichkeiten, Arbeitsmarkt-, Bildungs-, Ausbildungs- oder Heiratschancen zu verbessern und sich neue Chancen durch eigene Initiative zu erschließen. Die räumliche Bewegung soll ihnen zu vermehrter Handlungsmacht verhelfen. [...] 50
In der historischen Lebenswirklichkeit war Integration weder für die Zuwanderer noch für die Mehrheitsbevölkerung *ein Globalereignis der* Anpassung an *eine* Gesellschaft. Integration bedeutet vielmehr das langwährende, durch Kooperation und Konflikt geprägte Aushandeln von Chancen 55 der ökonomischen, politischen, religiösen oder rechtlichen Teilhabe. Sie wird von Individuen, Gruppen oder Organisationen in der Zuwanderer- wie in der Mehrheitsbevölkerung in ihren je verschiedenen Stadien unterschiedlich wahrgenommen und vermittelt. Die lange Dauer des Pro- 60
zesses bedingt, dass er zugleich Teil eines mehr oder minder tief greifenden Wandels von Wirtschaft und Gesellschaft, Politik und Kultur im Ankunftsraum ist. Dabei verblassen als distinkt[2] verstandene Unterschiede zwischen Einwanderern und länger Eingesessenen in der Wahrneh- 65
mung der Einwanderungsgesellschaft immer weiter: ethnische Zugehörigkeit, kulturelle Muster, nationale oder regionale Identitäten, Sprache. [...]
In den Zielländern werden Migranten nicht selten als Konkurrenten um begehrte Ressourcen (etwa Erwerbsmöglich- 70

---

[1] **Protagonist:** Hauptperson, hauptsächlich Handelnder

[2] **distinkt:** klar und deutlich

keiten, Versorgungsgüter oder Sozialleistungen) wahrgenommen und müssen deshalb mit Ablehnung bis hin zu Hass rechnen. Außerdem gelten sie nicht selten als Gefahr für die innere und äußere Sicherheit und für gesellschaftliche Gewissheiten, wie beispielsweise Vorstellungen über die Homogenität von Bevölkerungen oder Kulturen.

Jochen Oltmer, Migration. Geschichte und Zukunft der Gegenwart, Darmstadt 2017, S. 18–40

> **1.** Geben Sie wieder, wie Jochen Oltmer den Begriff „Migration" erklärt. | H
> **2.** Analysieren Sie Oltmers Definition von Integration.
> **3.** Erörtern Sie Chancen und Herausforderungen von Migration für die Migranten und ihre Zielländer.

M3 Dimensionen von Migration

*Die Sozialgeografin Felicitas Hillmann (*1964) stellt wichtige Dimensionen zur Beschreibung von Migration vor:*

Kriterien		Merkmal	Ausprägung
	räumlich	Distanz	Nahwanderungen, Fernwanderungen, Binnenmigration grenzüberschreitend (international/interkontinental)
		Richtung (= Unterscheidung nach Herkunfts- und Zielregion)	Peripherie – Zentrum, Land – Stadt/Stadt – Land
	zeitlich	Permanent, dauerhaft	Langfristige Verlagerung des Lebensmittelpunkts (i. d. R. länger als ein Jahr)
		Kurzfristig	Zeitlich begrenzter Aufenthalt mit Verlagerung des Lebensmittelpunktes
		Langfristig, aber nicht-permanent	Saisonal (wiederkehrend, episodisch), Tourismus (ohne Veränderung des Lebensmittelpunktes)
Rechtlicher Status		Legal	Unterschiedliche Formen der Aufenthaltsberechtigung, Duldung (z. B. Familiennachzug, anerkannte Flüchtlinge, Asylsuchende, Gastarbeiter, Saisonarbeitnehmer, angeworbene Fachkräfte)
		Illegal	Einwanderer ohne registrierten und gültigen Aufenthaltsstatus/Visum
Motivation: Grad der Freiwilligkeit/ des Zwanges		Freiwilligkeit	z. B. Ruhesitzwanderung oder Bildungstourismus (Schüleraustausch, Praktika, Auslandsstudium)
		Unfreiwilligkeit	Gewaltmigration (z. B. Flucht, Vertreibung, Deportation)
Migrationsauslösende Faktoren (i. d. R. Motivbündel)		Ökonomische Faktoren	z. B. Einkommenseinbußen, Verarmung, Verschwinden lokaler und traditioneller Wirtschaftskreisläufe, Nahrungsunsicherheit
		Politische Faktoren	z. B. politische Unruhen, Konflikte, Umsiedlungsmaßnahmen
		Soziale Faktoren	Migrationsnetzwerke, soziale Konflikte
		Psychologische Faktoren	Migrationsmythen, Traum vom besseren Leben
		Kulturelle und religiöse Faktoren	z. B. Verfolgung von Minderheiten, Diskriminierung, Veränderung traditioneller Lebensformen
		Ökologische Faktoren	z. B. Landflucht, Umwelthavarien (z. B. Tschernobyl, Fukushima), Extremwetterlagen (z. B. Dürren, Überschwemmungen)
Umstände der Migranten		Individuelle Merkmale und Merkmale der Familie/ des Haushalts	Vermögen und Einkommen, Alter, Geschlecht und Familienstand, Bildung, soziale Vernetzung, Migrationserfahrungen (in der Familie), Gesundheit

Tabelle nach: Felicitas Hillmann, Migration. Eine Einführung aus sozialgeographischer Perspektive, Stuttgart 2016, S. 19

> **1.** Fassen Sie die Dimensionen von Migration nach Felicitas Hillmann in eigenen Worten zusammen.
> **2.** Suchen und analysieren Sie Ihnen bekannte historische und aktuelle Migrationsprozesse mit den von Hillmann genannten Dimensionen.
> **3.** Vergleichen Sie Hillmanns Dimensionen von Migration mit den Merkmalen von Migration nach Jochen Oltmer (M2).

1.4 Pflichtmodul: China und die imperialistischen Mächte

Zwischen 1840 und 1949 kam es in China zu gewaltigen Veränderungen. Die militärische Überlegenheit Großbritanniens zwang China im Ersten Opiumkrieg (1839–1842) dazu, den Briten enorme Handelsvorteile zu gewähren. In späteren Kriegen nutzten Japan, Russland, die USA, Deutschland und Frankreich die militärische Schwäche Chinas, um Teile des Landes zu besetzen oder sich Vorteile im Handel zu verschaffen. Der Zusammenbruch des Kaisertums und die Einführung der Republik 1911/12 waren nicht zuletzt Folge der Unfähigkeit des politischen Systems Chinas, das Land zu reformieren und gegen äußere Feinde zu verteidigen. In jahrzehntelangen innenpolitischen Auseinandersetzungen und im Krieg gegen Japan gelang es schließlich der Kommunistischen Partei Chinas unter der Führung Mao Zedongs im Jahre 1949, an die Macht zu kommen und dem Land eine stabilere politische Ordnung zu geben.

Das Kapitel beschäftigt sich inhaltlich mit ...

dem Selbstverständnis und Weltbild der Chinesen und der Europäer

den chinesischen Kontakten mit den imperialistischen Mächten und ihren Folgen

den chinesischen Reaktionen auf den europäischen Einfluss zwischen Anpassung und Widerstand

Der ehemalige deutsche Bahnhof in Tsingtau (heute Qingdao) im deutschen Pachtgebiet Kiautschou.
Foto vom 10. Oktober 2018.
In der chinesischen Hafenstadt Tsingtau haben sich bis heute Wohnhäuser, einige Kasernen und eine Brauerei aus der deutschen Kolonialzeit erhalten, die um die Jahrhundertwende entstanden sind.

▶ Setzen Sie das vorliegende Bauwerk in Beziehung zum Herkunftsland. | H

▶ Entwickeln Sie eine Vorstellung erfolgreichen Kulturtransfers, indem Sie konkrete Merkmale benennen, und überprüfen Sie, inwiefern ein solcher hier stattgefunden hat. | H

1644 - 1911	Die Qing-Dynastie herrscht im Kaiserreich China.	**Äußere und innere Krisen**
1793	Kaiser Qianlong empfängt den britischen Gesandten Lord George Macartney, lehnt aber eine Öffnung Chinas für britische Waren und diplomatische Beziehungen zu Großbritannien ab.	
1839 - 1842	Erster Opiumkrieg; Großbritannien setzt im Vertrag von Nanjing die Öffnung chinesischer Häfen für britische Händler durch. Damit beginnt eine Serie „ungleicher Verträge".	
1851 - 1864	Der Taiping-Aufstand gegen die Qing-Dynastie kostet Millionen von Menschen das Leben.	
1856 - 1860	Zweiter Opiumkrieg; Großbritannien sichert sich zusammen mit anderen europäischen Staaten und den USA Sonderrechte in China.	
seit 1860	Im Rahmen der „Selbststärkungsbewegung" werden Modernisierungsmaßnahmen im Land ergriffen.	
1879	Japan besetzt die Ryūkyū-Inseln und gliedert sie unter dem Namen Okinawa in den eigenen Staat ein.	
1884/85	Nach einem kurzen Krieg akzeptiert China die Vorherrschaft Frankreichs über Vietnam, obwohl das Land lange Zeit unter chinesischem Einfluss gestanden hat.	
1895	Der Vertrag von Shimonoseki besiegelt die Niederlage Chinas im Krieg gegen Japan. Ein „Wettlauf nach China" beginnt.	**„Wettlauf nach China"**
1897	Das Deutsche Reich besetzt die Bucht von Kiautschou im Osten Chinas.	
1898	Die „Reform der hundert Tage" des Kaisers Guangxu scheitert am Widerstand der Reformgegner.	
1899	Die USA fordern den freien Zugang zu den chinesischen Märkten („Open Door Policy").	
1900	Im Boxeraufstand erhebt sich die Landbevölkerung gegen den Einfluss ausländischer Mächte. Er wird mithilfe internationaler Truppen niedergeschlagen.	
1912	Nach dem Ende des Kaisertums wird die Republik ausgerufen.	
1919	Im Anschluss an den Ersten Weltkrieg (1914–1918) werden auf der Pariser Friedenskonferenz die deutschen Sonderrechte in Kiautschou auf Japan übertragen.	**Vom Ersten Weltkrieg zur Ausrufung der Volksrepublik**
1931	Mit der Besetzung der Mandschurei im Nordosten Chinas beginnt Japan die Eroberung chinesischer Gebiete.	
1937	Bei der Einnahme von Nanjing richten japanische Truppen ein Blutbad unter der Zivilbevölkerung an.	
1945	Nach dem Abwurf von Atombomben auf Hiroshima und Nagasaki erklärt Japan die Kapitulation und gibt auch seine Ansprüche auf dem asiatischen Festland auf. China gehört zu den Siegermächten des Zweiten Weltkrieges (1939–1945). Bis 1947 werden die noch existierenden „ungleichen Verträge" mit den USA und Großbritannien aufgelöst.	
1949	Mit dem Sieg der Kommunisten und der Ausrufung der Volksrepublik China (1. Oktober) endet der jahrzehntelange chinesische Bürgerkrieg.	
1950 - 1953	Im Koreakrieg unterstützt China das kommunistische Nordkorea, welches sich dank dieser Hilfe gegenüber dem von den USA und anderen westlichen Ländern unterstützte Südkorea behaupten kann.	

Internettipp

Einen guten Überblick über die Geschichte Chinas bietet Ihnen ein Dossier der Bundeszentrale für politische Bildung. Sie finden es unter dem Code **32037-24**.

Han: Die Han sind eine von vielen ethnischen Gruppen in China. Ihr Anteil an der chinesischen Bevölkerung ist in den letzten Jahrhunderten immer größer geworden. Heute stellen sie über 90 Prozent der Bevölkerung Chinas.

Kangxi (1654–1722): In seiner von 1661 bis 1722 dauernden Regierungszeit stabilisierte er die Herrschaft der neuen Dynastie durch zahlreiche Kriege und die Verbindung der alten Gebräuche mit neuen Sitten und Techniken.

Yongzheng (1678–1735): Er war ein Sohn des Kaisers Kangxi und führte in seiner Regierungszeit von 1723 bis 1735 Reformen in Verwaltung und Regierung durch, die die Position des Kaisers stärkten.

Die Blütezeit der Qing-Dynastie

Eine neue Dynastie | Die chinesische Geschichte kennt im Gegensatz zur europäischen keine Epochen wie Altertum, Mittelalter und Neuzeit. Sie wird vielmehr in die Herrschaftszeiten der Geschlechter, aus denen die Kaiser stammten, unterteilt. Das chinesische Kaiserreich existierte mit wechselnden Dynastien von 221 v. Chr. bis 1911. Seit 1644 war die *Qing-Dynastie* an der Macht. Nachdem die neuen Herrscher die zahlreichen Widerstände gegen den dynastischen Wechsel überwunden hatten, erlebte das „Reich der Mitte" (→M1) eine 150 Jahre dauernde Blütezeit. Grundlage dafür waren die über viele Jahrzehnte steigenden Erträge der Landwirtschaft, die ein erstaunliches Bevölkerungswachstum ermöglichten. Dieses Wachstum verdankte sich auch einer zunehmend effektiver werdenden Verwaltung. Dieser gelang es, einen Teil der Agrarproduktion in Vorratshäusern für Notzeiten zu lagern. Die immer wieder auftretenden Überschwemmungen, Dürren und Naturkatastrophen verloren daher zumindest teilweise ihren Schrecken. Denn nun war man in der Lage, ausgefallene Ernten zu ersetzen. Aber nicht nur die Landwirtschaft erlebte eine bis dato unbekannte Blüte, ebenso rasant veränderten sich der Handel, die Kunst und die Kultur. Auch wenn China zu keiner Zeit dauerhaft von Aufständen, Krisen und Konflikten verschont blieb, so stellten die ersten 150 Jahre der Qing-Dynastie doch eine beeindruckende Epoche von Frieden und Wohlstand dar. In der Mitte des 18. Jahrhunderts hätte wohl kaum ein Beobachter angenommen, dass das riesige Reich von einigen, im Vergleich doch relativ kleinen europäischen Ländern herausgefordert werden und dass das seit Jahrtausenden existierende Kaisertum 1911 an sein Ende kommen würde.

Vielvölkerstaat und Expansion | Die Qing-Dynastie stammte nicht aus dem Zentrum Chinas, sondern aus der Mandschurei im Norden des Landes. Sie übernahm aber in atemberaubender Geschwindigkeit alle Elemente der zentralchinesischen Han-Kultur und vertrat diese nun gegenüber den zahlreichen Völkern und Kulturen, die den Vielvölkerstaat China bildeten. Der Ausbau des Beamtenapparats, die zahlreichen Initiativen wirtschaftlicher, sozialer und politischer Natur hatten unter anderem zur Folge, dass die zentralchinesische Kultur immer bedeutsamer wurde und andere Kulturen zurückdrängte. Diesen Homogenisierungstendenzen stand aber die gewaltige Expansion Chinas entgegen, die Ende des 18. Jahrhunderts zur größten territorialen Ausdehnung in der Geschichte des Landes führte. Zu diesem Zeitpunkt kontrollierte China ein weit größeres Gebiet als heute. Dazu gehörte die Mandschurei einschließlich der Sacharin-Insel, die innere und äußere Mongolei, riesige zentralasiatische, von muslimischen Turkvölkern besiedelte Gebiete sowie Tibet. Nepal und Bhutan, Korea und Südostasien mit den heutigen Staaten Myanmar, Thailand, Laos, Kambodscha und Vietnam wurden als Vasallen verstanden, also als selbstständige Herrschaftsgebiete, die dem chinesischen Kaiser untertan waren.

Herrschaft und Verwaltung | Der Wechsel von der *Ming-Dynastie* (1368–1644) zu den Qing hatte keine grundlegende Änderung des politischen Systems zur Folge. Im Vergleich zur Geschichte Europas im 16., 17. und 18. Jahrhundert waren die politischen Veränderungen in China wenig gravierend. An der Spitze des riesigen Reiches stand ein Kaiser, der nicht nur als oberster Repräsentant fungierte, sondern tatsächlich regierte. Die bedeutendsten Kaiser der Qing-Dynastie wie Kangxi, Yongzheng und Qianlong waren gebildete Personen, die mehrere Sprachen beherrschten und seit frühester Kindheit an einen disziplinierten Alltag des Lernens und Entscheidens herangeführt worden waren. Von früh morgens bis spät in den Abend studierten sie Akten und berieten sich mit Vertrauten, Regierungsmitgliedern und Verwaltungsbeamten. Parallel beschäftigten sie sich mit Kunst, Technik und gesellschaftspolitischen Fragen, um in allen Wissensfeldern auf dem neuesten Stand zu sein und damit dem Ideal eines allumfassend gebildeten und informierten Herrschers zu entsprechen. Aber die Kaiser regier-

Die Blütezeit der Qing-Dynastie

China im Jahre 1820.

Nach: Klaus Mühlhahn, Geschichte des modernen Chinas, München S. 68 f.

▶ Recherchieren Sie im Internet und/oder in Atlanten, welche Staaten heute in den 1820 vom chinesischen Kaiserreich kontrollierten Gebieten liegen. | F

▶ Suchen Sie Karten Asiens und arbeiten Sie heraus, inwiefern die ungefähren Grenzen von 1820 mit naturräumlichen Grenzen (Meer, Berge, Wüsten) übereinstimmten. | F

ten nicht nur von ihrem Palast in der Hauptstadt aus. Sie unternahmen zahlreiche Reisen, um ihr Reich zu inspizieren und ihre Herrschaft zu sichern. Diese Reisen verursachten sehr hohe Kosten, da zusammen mit dem Kaiser der Hofstaat reiste und überall großen Wert auf das Zeremoniell und angemessene Unterbringung gelegt wurde.

Dem Kaiser unterstand eine riesige Zahl von Beamten, die das in Provinzen und Landkreise eingeteilte Reich vor Ort verwalteten. Die Beamten wurden mithilfe von Prüfungen ausgewählt, die in regelmäßigen Abständen stattfanden und in denen zehntausende von Personen um die Einstellung oder den beruflichen Aufstieg kämpften. In den Prüfungen mussten die Kandidaten ihre Kenntnisse in der klassischen chinesischen Literatur und Philosophie, in verwaltungspraktischen Fragen und im Allgemeinwissen beweisen. Theoretisch konnte jeder männliche Untertan an den Prüfungen teilnehmen, aber natürlich war es nur einer kleinen Zahl von sehr gebildeten Chinesen möglich, Verwaltungsbeamte zu werden. Das Prüfungssystem und der Verwaltungs-

Qianlong (1711–1799): Er war der Sohn des Kaisers Yongzheng und regierte offiziell von 1735 bis 1796. Unter seiner Herrschaft stand das chinesische Reich auf dem Höhepunkt seiner Macht und erreichte mit fast zwölf Millionen Quadratkilometern die größte Ausdehnung seiner Geschichte.

apparat organisierten also keinen sozialen Aufstieg für alle, führten aber zumindest zu einer Bestenauslese innerhalb der gebildeten Elite des Kaiserreiches. Später sollte das Prüfungssystem stark kritisiert werden, weil es zu langsam neue wissenschaftliche Erkenntnisse als prüfungsrelevant aufnahm. Für viele Jahrhunderte war es aber erfolgreich in der Auswahl und Kontrolle der Beamtenschaft.

Die Wirtschaft | Eine der Hauptaufgaben der kaiserlichen Regierung bestand darin, die Ernährung der Bevölkerung sicherzustellen. Die überwiegende Mehrheit der Bevölkerung Chinas war in der Landwirtschaft tätig, aber die landwirtschaftlichen Erträge litten immer wieder unter Dürren oder Überschwemmungen. Unter den Qing wurden daher unzählige Maßnahmen ergriffen, um die Folgen von Naturkatastrophen zu lindern. Dazu gehörte der Bau von Dämmen, um Überflutungen zu verhindern, aber auch die Anlage von riesigen Getreidedepots, welche bei Ausfall von Ernten die Ernährung der betroffenen Menschen sicherstellten (→M2). Das Bevölkerungswachstum in China während der jahrhundertelangen Qing-Herrschaft zeigt deutlich, wie groß die Fortschritte in der Landwirtschaft waren.

Es wäre aber falsch, China als ein ausschließlich agrarisch geprägtes Land zu beschreiben. Die chinesische Gesellschaft hatte schon lange vor den Konflikten mit den Europäern im 19. Jahrhundert begonnen, sich deutlich zu verändern. Es gab unzählige kleinere und größere Dörfer und Städte mit ihren lokalen oder regionalen Märkten, mit Handwerkern und Händlern, die im Austausch mit anderen Händlern in China standen. Gleichzeitig wuchsen die großen Städte. Bis zu Beginn des 19. Jahrhunderts war *Beijing* (*Peking*) die größte Stadt der Welt mit rund einer Million Einwohnerinnen und Einwohner. Diese Größe erreichte zu diesem Zeitpunkt lediglich London, das dann im 19. Jahrhundert schnell wuchs und an Beijing vorbeizog. Vor allem die Städte waren die Abnehmer der wachsenden Textilindustrie und Porzellanmanufakturen, die auf eine jahrtausendealte Geschichte zurückblicken konnten und immer größere Mengen an ausgefallenen und einzigartigen Produkten herstellten und auch exportierten. Die zahlreichen Veränderungen führten auch zu neuen Chancen für Frauen aus den besser gestellten Schichten (→M3). Die wirtschaftliche Blüte des Landes erlaubte den Kaisern, die Steuern niedrig zu halten, was den Lebensstandard im Land wiederum erhöhte. Gleichzeitig verstärkte sich ein Selbstverständnis, demzufolge China sich selbst genug war, da im Land alles hergestellt wurde, was man benötigte.

Tributsystem und Handel | Im Selbstverständnis der chinesischen Kaiser schuldeten ausländische Regierungen an den Grenzen des Reiches China Tribut. Aus Korea, Vietnam, Siam oder Burma kamen daher in regelmäßigen Abständen Tributmissionen nach China, die aus Hunderten von zum Teil sehr hochrangigen Personen bestehen konnten und Luxuswaren als Geschenke mitführten. Gleichzeitig war diesen Missionen aber auch in einem klar definierten Umfang der Handel mit zahlreichen Waren gestattet. Die Tributmissionen spielten daher eine wichtige Rolle für den chinesischen Außenhandel, da sie in China schwer erhältliche Waren einführten und chinesische Produkte ausführten. Parallel zu dieser Art von offiziellem und legalem Handel existierten aber auch verzweigte Handelsnetze zwischen China auf der einen Seite und Korea, Südostasien, den ostasiatischen Inseln und Zentralasien auf der anderen Seite. China exportierte vor allem Tee, Seide und Porzellan und importierte im Gegenzug Gewürze, Arzneimittel und andere Waren. Auch wenn dieser Handel von vielen chinesischen Beamten als Schmuggel betrachtet wurde, so war er doch von großer Bedeutung für die chinesische Wirtschaft, da dadurch eine auswärtige Nachfrage nach hochwertigen chinesischen Produkten entstand. Der Handel im asiatischen Raum war eng verbunden mit Europa, da viele der chinesischen Produkte nicht bei den asiatischen Abnehmern verblieben, sondern nach Europa weiterverkauft wurden. Einen solchen internationalen Handel konnte es nur geben, weil eine weltweit akzeptierte Währung existierte: Silber. Die wichtigsten Silberminen lagen seit dem 16. Jahrhundert in den spanischen Kolonien in Mexiko und Südamerika. Von dort wanderte das Silber zunächst nach Spanien, um

Porzellanvase aus der Qing-Dynastie.
Ende des 17./Anfang des 18. Jahrhunderts entstanden, Höhe 45,7 cm. Die Vase ist unter einer transparenten Glasur mit Pflanzen und Vögeln in Kobaltblau bemalt worden.

dann über England oder Frankreich schließlich nach China zu gelangen. Lange bevor also europäische Kriegsschiffe für die Öffnung der chinesischen Märkte für europäische Waren sorgten, war China Teil eines globalen Handelssystems, das nur deshalb funktionierte, weil Chinas Textil- und Porzellanproduktion auf der Welt einzigartig war (→M4).

Bildung und Wissenschaft | Die Machtübernahme der Qing fiel in eine Zeit, in der sich chinesische Gelehrte zunehmend von philosophischen Spekulationen distanzierten und Tatsachen untersuchen wollten. Die erste Phase dieser kritischen Gelehrsamkeit beschäftigte sich intensiv mit Textkritik. Sie fragte also danach, ob die Texte, auf denen das Wissen der Zeit beruhte, tatsächlich von alten anerkannten Philosophen stammten oder viel später verfasst und den Philosophen untergeschoben worden waren. Darüber hinaus begannen die kritischen Gelehrten, die Bedeutung der alten Texte neu zu erforschen, indem sie danach fragten, was denn eigentlich in den Texten stand. Diese philologische – also sprachkritische – Methode führte zu Neuinterpretationen der Lehre von Konfuzius, die einen Bruch mit alten Vorstellungen bedeutete (→M5).

Die Qing-Kaiser betätigten sich von Beginn an als große Förderer der Wissenschaften. Sie verstanden Forschung und Bildung als Pfeiler sowohl des Wohlstands des Reiches als auch ihrer eigenen Macht. Die Unterstützung von Akademien und Gelehrten diente also immer sowohl der Bildung und Forschung als auch der Sicherung der eigenen Herrschaft. Dies wird besonders deutlich an zwei der größten Forschungsprojekte, welche unter den Qing durchgeführt wurden. 1739 erteilte Kaiser Qianlong einer gigantischen Geschichte Chinas unter der Ming-Dynastie die Druckerlaubnis. Tausende von Wissenschaftlern hatten fast 60 Jahre an diesem Werk mitgearbeitet und alles bekannte Wissen über die Zeit zusammengetragen. Die umfassende Darstellung von fast dreihundert Jahren chinesischer Geschichte stellte eine herausragende Leistung kollektiver Gelehrsamkeit dar. Gleichzeitig legte sie aber auch die von nun an einzig erlaubte Darstellung der Zeit vor Machtübernahme der Qing fest. Der Inhalt des Werkes war streng kontrolliert worden, damit die Legitimität des gewaltsamen Dynastiewechsels auch nicht ansatzweise infrage gestellt werden würde. Nach Publikation des Werkes gab es in China eine offizielle Darstellung der Vergangenheit, welche allgemein akzeptiert und verbreitet werden musste.

Noch deutlicher wird der Zusammenhang zwischen Forschung und Bildung auf der einen Seite und Herrschaftssicherung auf der anderen bei einem zweiten, noch größeren Projekt. 1773 bis 1782 ließ Kaiser Qianlong sämtliche in China jemals geschriebenen Werke erfassen, um eine Bibliothek des chinesischen Wissens zu erstellen. Von den über 10 000 Werken, die schließlich gelistet wurden, wurden mehr als 3 400 für eine Neuveröffentlichung ausgewählt. Tatsächlich wurden nur sieben handschriftliche Kopien dieser 3 400 Schriften verfasst. Diese stellten nun das offizielle Gesamtwissen Chinas dar. Die strenge Auswahl diente gerade auch dazu, wichtige Werke, die dem Kaiser nicht gefielen, auszusortieren und als nicht zum chinesischen Wissen gehörig zu klassifizieren. Das Projekt diente also gerade auch dem Ausschluss von Meinungen und Ansichten und nicht nur der Zusammentragung von Wissen. Diese Zensur betraf sogar jene 3 400 Texte, die von nun an das chinesische Gesamtwissen darstellen sollten. Viele dieser Texte wurden verändert, damit sie den Vorstellungen des Kaisers entsprachen.

Krisen und Kriege | Ganz im Gegensatz zum Ideal einer harmonischen, friedlichen und gerechten Ordnung war China unter den Qing-Kaisern immer auch ein Reich der Gewalt, der Krisen und der Kriege. Die lange Zeit des Bevölkerungswachstums und des wirtschaftlichen Aufschwungs konnte nicht darüber hinwegtäuschen, dass Millionen Chinesinnen und Chinesen auf dem Land in bitterster Armut und häufig hoch verschuldet in einer Art Leibeigenschaft lebten. Die Machtübernahme der Qing ging mit jahrzehntelangen Kriegen einher, der Hunderttausende von Chinesen zum Opfer fielen. Noch bis 1662 leistete ein Thronfolger der Ming-Dynastie im benachbarten Burma Widerstand gegen die neue Ordnung. Er wurde schließlich gefangengenommen, nach China gebracht und hingerichtet. Dies bedeutete aber nicht, dass das Land zur Ruhe

Konfuzius (ca. 551 v. Chr. – ca. 479 v. Chr.): Konfuzius ist der bedeutendste chinesische Philosoph, auch wenn von ihm selbst keine Schriften überliefert sind. Etwa 100 Jahre nach seinem Tod begannen seine Schüler, seine Lehren aufzuschreiben. Konfuzius' Vorstellungen vom richtigen Leben hatten unter den Qing und im 20. Jahrhundert große Bedeutung für Geschichte, Gesellschaft und Politik Chinas.

kam. Schon schnell brachen Differenzen innerhalb der neuen Herrscher auf. 1673 erhoben sich im Süden des Landes hochrangige Generäle, die zusammen mit der neuen Dynastie an die Macht gekommen waren und sich nun nicht ausreichend berücksichtigt glaubten. Die blutige Niederschlagung dieses Aufstandes dauerte fast zehn Jahre. Selbst am kaiserlichen Hof fanden Machtkämpfe statt. Da Kangxi, der zweite Qing-Kaiser, noch ein Kind war, als er die Amtsgeschäfte 1661 übernahm, wurde eine Regentschaft eingesetzt, die an seiner statt herrschte. Aber die Regenten stritten untereinander und wollten die Macht nicht teilen. Diesen Zustand beendete der noch jugendliche Kaiser 1669, indem er selbst die Herrschaft übernahm.

Am Ende seiner über 65-jährigen Regierungszeit 1796 dachte Kaiser Qianlong zwar, dass sein Reich so gut geordnet sei wie nie zuvor. Tatsächlich aber waren die Krisensymptome unübersehbar. Die wirtschaftliche Entwicklung hielt schon seit Langem nicht mehr mit dem Bevölkerungswachstum Schritt, sodass immer mehr Menschen auf dem Land und in der Stadt von Armut und Elend bedroht waren. 1774 machte ein Aufstand von Bauern und Händlern auf deren Nöte aufmerksam, und als Qianlong zurücktrat, brach aufgrund der großen Steuerlasten eine Rebellion aus, die erst nach acht Jahren unterdrückt werden konnte. Viele der einfachen Bauern und Arbeiter kämpften im Namen der buddhistischen *Weißer-Lotus-Sekte*, die an die unmittelbar bevorstehende Ankunft eines neuen Buddhas glaubte. Die schlechte Organisation der kaiserlichen Truppen, der fanatische Glauben der Aufständischen und die Brutalität der Auseinandersetzungen waren Vorzeichen für die Erschütterungen der kommenden 100 Jahre.

Kaiser Qianlong bei einem Siegesfest nach dem Feldzug gegen die Westmongolen (Ausschnitt).
Chinesisches Rollenbild von Lang Shihning, 1760.

▶ Erläutern Sie, woran die herausragende Stellung des Kaisers zu erkennen ist.

M1 Über den Begriff „Reich der Mitte"

*Der Sinologe[1] und Publizist Marcus Hernig (*1968) schreibt:*

Ursprünglich war der Begriff „Reich der Mitte" ein Plural und bezeichnete die geografische Lage kleiner Fürstentümer am Gelben Fluss, die als „Staaten der Mitte" den Kern des heutigen Chinas bildeten. Im Laufe der Jahrhunderte entstanden weitere Staaten um diese geografischen Kerne herum. Sie wurden schließlich vom Potentaten Qin Shi Huang (259–210 v. Chr.), der sich als „erster Kaiser von Qin" bezeichnete, im Jahr 221 v. Chr. geeint. So wurden die „Länder in der Mitte" zum „Reich der Mitte".

Der geografische Begriff „Reich der Mitte" wurde sehr bald zu einem kulturellen: Das, was in der Mitte lag und ein geeintes Reich bildete, galt als höherstehender und entwickelter als die meist nomadisierenden „Barbarenländer" an der Peripherie. Wer „in der Mitte" lebte, der war gewiss, in einer Region zu leben, die laut Selbstwahrnehmung als politisches und kulturelles Zentrum der Welt galt, ohne dass diese Region viel von der „Außenwelt", besonders jener in Europa, wusste.

Zitiert nach: https://www.bpb.de/apuz/32505/grossartiges-reich-der-mitte-zur-aktualitaet-chinesischer-mythen (Zugriff: 17. Januar 2022)

1. Beschreiben Sie ausgehend vom Text, was unter „Reich der Mitte" verstanden wurde.
2. Erläutern Sie, warum man begann, mit „Reich der Mitte" eine höherwertige Gesellschaft zu bezeichnen. | H
3. **Gruppenarbeit:** Diskutieren Sie in der Klasse, warum heute kaum noch vom „Reich der Mitte" gesprochen wird.

M2 Steigerung der landwirtschaftlichen Erträge

*Der Sinologe Klaus Mühlhahn (*1963) beschreibt die Leistungen der Landwirtschaft während der Qing-Dynastie:*

Etwa 80 bis 85 Prozent der Bevölkerung lebten am Ende der Qing-Dynastie auf dem Land, und die meisten Menschen hatten mit der Landwirtschaft oder dem einen oder anderen Nebenprodukt der Landwirtschaft zu tun. Die landwirtschaftlichen Methoden waren auf einem beeindruckend hohen Niveau. Ein hoher Einsatz von Arbeitskraft und natürlichem Dünger intensivierte das Pflügen und führte zu höheren Erträgen – zu dieser Zeit weltweit den höchsten. Ebenso wichtig für das landwirtschaftliche Wachstum in der späten Kaiserzeit war die Einführung vieler neuer Getreidepflanzen. Die wichtigsten zu dieser Zeit importierten Lebensmittel waren Süßkartoffeln (oder Yamswurzel), Mais (zea mays) und Erdnüsse. Diese Saaten wurden im 16. Jahrhundert von Amerika nach Südostasien eingeführt, und einige Jahrzehnte später gelangten sie nach China, wo sie sich sowohl im Norden als auch im Süden erstaunlich schnell verbreiteten. Aufgrund ihrer unterschiedlichen Anbaubedingungen ermöglichten sie in vielen Gebieten, die vorher nicht für den Getreideanbau geeignet waren, reiche Ernten. So verbesserte sich die landwirtschaftliche Entwicklung dank der Vergrößerung der Anbauflächen, aber auch dank der Einführung neuer Kulturen aus der neuen Welt und verbesserter Samen (insbesondere früh reifende und ertragreiche Champa-Reissorten aus Vietnam). Landwirtschaftliche Geräte wurden weiterentwickelt und spezialisiert, und diese Effizienz sorgte für niedrige Lebensmittelpreise.

Klaus Mühlhahn, Geschichte des modernen China. Von der Qing-Dynastie bis zur Gegenwart, München 2021, S. 73

1. Fassen Sie in eigenen Worten die zentralen Aussagen des Textes zusammen.
2. Erläutern Sie, welche Rolle laut Mühlhahn die internationalen Verbindungen für die steigenden Erträge in der Landwirtschaft spielten.
3. Finden Sie durch eine Internetrecherche heraus, welcher Anteil der Bevölkerung in Deutschland in der Landwirtschaft tätig ist. Vergleichen Sie die Zahl mit der Angabe Mühlhahns zu China unter den Qing.

M3 Die Stellung der Frauen

*Die Historikerin Sabine Dabringhaus (*1962) schildert, wie sich die Stellung der Frauen im 17. und 18. Jahrhundert entwickelte:*

Die gesellschaftliche Dynamik der frühen Qing-Zeit erfasste auch das Schicksal der Frauen. Auf den Herrschaftswechsel in der Mitte des 17. Jahrhunderts hatten die Frauen der chinesischen Oberschicht mit aktivem Widerstand gegenüber der Fremddynastie reagiert: Zahlreiche mingloyale Kurtisanen[2] und Frauen aus Gelehrten- und Beamtenfamilien nahmen sich aus Verzweiflung das Leben, Mütter berühmter Gelehrter wie Gu Yanwu[3] verpflichteten ihre Söhne auf dem Sterbebett zum Widerstand gegen die Qing, und viele Chinesinnen hielten trotz des durch die Qing ausgesprochenen Verbots an der Tradition des Füßebindens fest. Langfristig verbesserte sich jedoch die physi-

---

[1] **Sinologe:** Chinawissenschaftler, also jemand, der sich wissenschaftlich mit der Sprache und Kultur Chinas beschäftigt
[2] **Kurtisane:** Der Kaiser, Adlige und reiche chinesische Männer hatten mehrere, manchmal viele Frauen. Der Begriff Kurtisane bezeichnet hier Frauen von hochgestellten Chinesen.
[3] **Gu Yanwu** (1613–1682): chinesischer Gelehrter

sche Situation der Frauen in der Qing-Zeit erheblich. Die seit dem 16. Jahrhundert fortschreitende Vertiefung medizinischer Kenntnisse erhöhte die Überlebenschancen für Mutter und Kind bei der Geburt. Frauen fanden zudem in der medizinischen Behandlung und Pflege neue berufliche Möglichkeiten. Ihr immer wichtiger werdendes Kommunikationsmedium wurde die Literatur. Dichterinnen korrespondierten miteinander oder gründeten eigene Vereinigungen. Der Kreis ihrer Leserinnen nahm dank besserer Bildungsmöglichkeiten für Frauen zu. Innerhalb der streng nach konfuzianischen[1] Hierarchievorstellungen organisierten Familie stieg der weibliche Einfluss. Denn die Kommerzialisierung der Qing-Gesellschaft wertete das von ihnen organisierte häusliche Handwerk auf. Mütter unterwiesen ihre Töchter im Spinnen, Weben und Sticken und ermöglichten den Familien ein zusätzliches Einkommen. Dank der neuen (ökonomischen) Wertschätzung von Töchtern ging die Zahl der Mädchenmorde zurück. Besser gestellte Haushalte beschäftigten sogar zusätzliches Personal für die Heimproduktion, das der Kontrolle der Hausherrin unterstand und ihr Prestige weiter stärkte. Ungeachtet dieses vielseitigen Wandels im Frauenleben des 18. Jahrhunderts, blieb der traditionell patrilinear[2] strukturierte Familienhaushalt in seiner Bedeutung als Grundeinheit der Sozialordnung, des Eigentumsrechts und der ökonomischen Produktion erhalten.

Sabine Dabringhaus, Geschichte Chinas. 1279–1949, Berlin/Boston ³2015, S. 46 f.

1. Geben Sie die wichtigsten Veränderungen für Frauen in der frühen Qing-Zeit, also der zweiten Hälfte des 18. Jahrhunderts, wieder.
2. Arbeiten Sie Veränderungen und Kontinuitäten heraus, die für die Stellung der Frauen von Bedeutung waren.
3. **Gruppenarbeit:** Diskutieren Sie in der Klasse, ob die dargestellten Entwicklungen als Emanzipation der Frau bezeichnet werden könnten. | H

M4 Chinesisches Porzellan

In Europa weiß man bis zum Beginn des 18. Jahrhunderts nicht, wie Porzellan hergestellt wird. Daher stammt Porzellan aus dem fernen Osten, vor allem aus China. Denn chinesisches Porzellan wird schon seit vielen Jahrhunderten exportiert:

Im islamischen Orient sammelt man chinesisches Porzellan sehr viel früher, als das Interesse dafür in den westlichen Ländern einsetzt. Im 8. Jahrhundert wird die chinesische Keramik in den gesamten Osten exportiert. [...] Marco Polo (1254–1324), der lange Zeit am Hofe des Kublai Khaan[3] verbrachte, berichtet, dass er Keramik gesehen habe, die durch ihre glänzende Oberfläche an eine „porcella" genannte Muschel erinnert habe. Diesem Vergleich verdankt das Porzellan seinen Namen. [...] Man weiß auch, dass die ägyptischen Sultane dem venezianischen Dogen[4] Pasquale Malipiero und Lorenzo de Medici[5] in Florenz fernöstliches Porzellan zum Geschenk machten. Die „Blau-Weiß-Porzellane" werden in China seit dem 14. Jahrhundert hergestellt. Vom Beginn des 15. Jahrhunderts an sind einige dazu bestimmt, nach Europa exportiert zu werden, wo man sie sehr schätzt. [...] In der Mitte des 17. Jahrhunderts erscheint das mehrfarbige Porzellan auf dem europäischen Markt, zunächst das der „grünen Familie", dann der „rosa Familie". [...] Im 18. Jahrhundert passen sich die Chinaporzellane immer mehr den Forderungen des Abendlandes an. Außer den Modellen in Holz, Fayence[6], Porzellan, Glas werden Metallmodelle aus Zinn und sogar aus Silber nach China zum Kopieren geschickt. Im Laufe des Jahrhunderts wurde England der Hauptkäufer und Kunde für China. Daraus folgte eine wachsende Nachahmung typisch englischer Modelle. [...] Der Tee wird eines der beliebtesten Getränke in Europa, und die Teekanne aus rotbraunem Steinzeug aus Yixing hat in Holland seit 1635 Einzug gehalten, ebenso wie die Tassen und Töpfe aus Porzellan, die von den Chinesen wahrscheinlich für Wein benutzt wurden. Unter abendländischem Einfluss werden die Tassen mit einem Henkel versehen. Seit dem Anfang des 18. Jahrhunderts finden wir Teegeschirre aus Teekanne, Zuckerdose, Teebüchse und Spülkumme[7] in zusammengehörigen Formen und Mustern.

Madeleine Jarry, China und Europa. Der Einfluss Chinas auf die angewandten Künste Europas, Stuttgart 1981, S. 63–65

1. Fassen Sie den Text mit eigenen Worten zusammen.
2. Erläutern Sie, wie der zunehmende Teekonsum die Nachfrage nach Porzellan beeinflusste und wie europäische Händler Einfluss auf die Porzellanproduktion in China nahmen. | F
3. In Europa wurden Fayencen (porzellanähnliche Keramiken) und ab dem 18. Jahrhundert auch Porzellan häufig mit asiatischen Motiven verziert. Beurteilen Sie, warum dies der Fall war. | F

---

[1] Zu Konfuzius bzw. dem Konfuzianismus siehe Seite 25 und M5.
[2] **patrilinear:** Vererbung von Vermögen, Status, Namen und Titeln allein über den Vater. Der Vater ist Haushaltsvorstand, Herrscher und Repräsentant der Familie.
[3] **Kublai Khaan:** mongolischer Herrscher, lebte von 1215 bis 1294
[4] **Doge:** Oberhaupt von Venedig
[5] Die Medicis waren die wichtigste Herrscherfamilie in Florenz.
[6] **Fayence:** porzellanähnliche Keramik
[7] **Spülkumme:** henkellose Schale, in der Teeblätter gespült wurden

M5 Der Konfuzianismus

Als „Konfuzianismus" bezeichnet man die Lehren, die sich auf den chinesischen Philosophen Konfuzius (vermutlich 551–479 v. Chr.) berufen. Der Historiker Thoralf Klein (*1967) beschreibt Grundelemente des Konfuzianismus und erläutert dessen Bedeutung:

Vom Beginn des 2. vorchristlichen Jahrhunderts bis zum Aufkommen moderner Ideologien stellte das philosophische System des Konfuzianismus, wenn auch mit gewissen Unterbrechungen, die weltanschauliche Grundlage des chinesischen politischen Systems bereit. Wie bei allen großen Weltanschauungen handelte es sich um ein widersprüchlich überliefertes und heterogenes Gedankengebäude, das internen Richtungsstreitigkeiten ausgesetzt und überdies einem zeitlichen Wandel unterworfen war. Zwar stand die Autorität der insgesamt 13 klassischen Texte […] außer Frage. Doch wurden sie immer wieder neu ausgelegt und kommentiert, wobei sie auch Einflüsse anderer Lehren (wie etwa Buddhismus und Daoismus[1]) aufnahmen. Dies gilt insbesondere für den Neokonfuzianismus, der in der Song-Zeit (960–1279) seine höchste Blüte erreichte. Zwar ist es eine unzulässige Vereinfachung, den Konfuzianismus mit der chinesischen Tradition gleichzusetzen und zur einzigen Grundlage der chinesischen Kultur zu erheben. Als offiziell vom Staat propagierter Weltanschauung und geistigem Fundament der Beamtenschaft sowie der Literaten – mithin der politischen und kulturellen Elite Chinas – kam dieser Lehre jedoch während der gesamten Kaiserzeit eine fundamentale Bedeutung für die Stabilität des Reiches zu.

In seiner ursprünglichen Gestalt im chinesischen Altertum war der Konfuzianismus eine Mischung aus individueller Moralphilosophie und politischer Theorie, die sich vorrangig auf die Stellung des Menschen innerhalb der Gesellschaft konzentrierte. Schon die klassischen Texte erblickten einen engen Zusammenhang zwischen der moralischen Selbstkultivierung des Einzelnen und der Herstellung politisch und sozial stabiler Verhältnisse. Ethisch richtiges Handeln fand seinen Ausdruck in der korrekten Einhaltung von grundsätzlich hierarchisch gedachten sozialen Beziehungen. Dass unter den Fünf Grundbeziehungen (Wu lun) des Konfuzianismus nach derjenigen zwischen Vater und Sohn an zweiter Stelle die zwischen Herrscher und Untertan folgt, ist Ausdruck dafür, dass der Konfuzianismus […] den Staat analog zur Familie konstruierte. Die Monarchie war demzufolge die naturgegebene Staatsform, der Herrscher die höchste Autorität und Garant der kosmischen und damit auch der sozialen Stabilität und Harmonie.

Die monarchische Ausrichtung des Konfuzianismus und seine Akzeptanz sozialer Hierarchien fanden jedoch ein Gegengewicht in der Betonung moralischen Regierens. Das Handeln der politisch Verantwortlichen war keineswegs Selbstzweck, sondern hatte dem Wohl des Volkes zu dienen. An eine geregelte politische Partizipation breiter Bevölkerungskreise war damit keineswegs gedacht, doch beinhaltete die Lehre von der Legitimierung der herrschenden Dynastie durch das himmlische Mandat […] ein Widerstandsrecht des Volkes gegen einen unmoralischen oder unfähigen Monarchen. Oberstes gesellschaftspolitisches Ziel des Konfuzianismus blieb die Herstellung einer hierarchisch strukturierten und zugleich von Harmonie und gegenseitigem Nutzen geprägten Gesellschaft.

Da die Konfuzianer annahmen, dass dieses Ziel mit den geeigneten Mitteln grundsätzlich erreichbar sei, mussten sie zu seiner Erreichung keine transzendenten Kräfte bemühen. Die Utopie des Konfuzius war ganz von dieser Welt; sie lag in der vollkommenen Herrschaft des weisen Monarchen der Vorzeit. Die Weisen hatten den Beweis erbracht, dass eine soziale Stabilität durch wohlwollende, tugendhafte Regierung tatsächlich hergestellt werden konnte. Die immer wieder gemachte Beobachtung, dass die politische und soziale Realität diesem Ideal keineswegs entsprach und insbesondere Belohnungen und Strafen nicht in moralisch einwandfreier und gerechter Weise verteilt wurden, stand für die konfuzianischen Gelehrten nicht in grundsätzlichem Widerspruch zur Praktikabilität der Ziele. Die mit diesen Überzeugungen einhergehende Hochschätzung, ja Verklärung der Vergangenheit verlieh dem konfuzianischen Denken, bei aller intellektuellen Flexibilität seiner Vertreter, einen gewissen konservativen Grundzug. Diese waren sich auch mit Ausnahme weniger Außenseiter darüber einig, dass die konfuzianischen Grundprinzipien die höchste moralische und intellektuelle Autorität darstellten. […] Diese Grundprinzipien des Konfuzianismus waren auch in der Qing-Zeit noch gültig und verliehen dem politischen Konfuzianismus seine politische Wirkung. Die Qing-Herrscher förderten aus wohlverstandenem Eigeninteresse vor allem die konfuzianische Morallehre.

Thoralf Klein, Geschichte Chinas. Von 1800 bis zur Gegenwart, Paderborn ²2009, S. 65–67

---

1. Geben Sie die Kernaussagen des Textes wieder. | H
2. Arbeiten Sie heraus, warum der Konfuzianismus von der Qing-Dynastie als politische Legitimation ihrer Herrschaft verstanden werden konnte. | H
3. Gruppenarbeit: Diskutieren Sie, welche Vorstellungen des Konfuzianismus heutigen Vorstellungen von Demokratie entsprechen und welche ihnen widersprechen.

---

[1] **Daoismus**: eine philosophische Lehre und ein religiöser Glaube, welche sich in China seit dem 6. Jahrhundert v. Chr. entwickelten

China und Europa vom 18. zum 19. Jahrhundert

Europa und China im 18. Jahrhundert | In den heutigen Grenzen ist China mit ca. 9,5 Millionen Quadratkilometern etwas kleiner als der europäische Kontinent, der ohne die Türkei etwa 10,5 Millionen Quadratkilometer umfasst. Um 1800 war die Fläche der dem chinesischen Kaiser direkt oder indirekt unterstehenden Gebiete aber deutlich größer, sodass China nicht kleiner, sondern größer als Europa war. Der Unterschied wird noch deutlicher, wenn man auf die Bevölkerungszahlen schaut. In Europa lebten um 1800 gut 200 Millionen Menschen, in China deutlich über 300 Millionen (→M1). Europa und China unterschieden sich aber nicht nur hinsichtlich ihrer Größe. Sie waren auch von zwei völlig verschiedenen politischen Ordnungen geprägt. Während in China das Kaisertum im 18. Jahrhundert das Land zunehmend einigen konnte, war Europa von einer extremen politischen Zersplitterung geprägt. Selbst die größeren Monarchien, wie Frankreich oder die Habsburgermonarchie, waren winzig im Vergleich zu China. Und die meisten europäischen Königreiche, Fürstentümer oder Stadtstaaten hatten nicht einmal die Größe chinesischer Provinzen oder Bezirke. Seit der Spaltung zwischen der lateinischen Kirche in Westeuropa und der griechischen in Osteuropa 1054 sowie der Reformation im 16. Jahrhundert bildete auch die europäische Christenheit keine Einheit mehr. Während die Qing nach einem blutigen Krieg seit ihrer Machtübernahme 1644 versuchten, das Kaiserreich zu einen, hatte der Dreißigjährige Krieg in Europa (1618–1648) lediglich einen politischen Frieden zur Folge. Eine politische oder religiöse Einigung des Kontinents bewirkte er nicht. Ganz im Gegenteil: Die religiösen, politischen und gesellschaftlichen Konflikte führten auch in den folgenden Jahrzehnten und Jahrhunderten immer wieder zu Krieg in Europa.

Europäische Expansion und chinesische Reichssicherung | Anders als China hatte Europa im 15. Jahrhundert eine aktive Expansion außerhalb des eigenen Kontinents begonnen, welche die Suche nach Handelsrouten zunehmend mit politischer Machtausdehnung verband. Seit jeher waren europäische Händler bemüht, Waren aus Asien und Afrika zu beziehen. Aber diese Waren wurden über viele Zwischenhändler bis nach Europa oder in die Nähe Europas transportiert. Erst ab dem 15. Jahrhundert versuchten europäische Seefahrer den Atlantik nach Süden zu besegeln und gelangten schließlich auf dem Seeweg nach Asien und nach Amerika. In der Karibik, in Nord-, Mittel- und Südamerika gründeten die Europäer Kolonien, in denen sie herrschten und die europäische Kultur verbreiteten. Auf dem amerikanischen Kontinent spricht man heute Englisch, Französisch, Spanisch und Portugiesisch, und das Christentum ist die wichtigste Religion. Eine solche politische, kulturelle und ökonomische Expansion in fern entlegene Gegenden unternahm das chinesische Kaiserreich nicht. Zwar wuchs es an seinen Grenzen, aber selbst in Asien waren die Qing-Herrscher nicht an direkter Herrschaft außerhalb ihres Reiches interessiert. Ihnen war lediglich wichtig, dass China nicht von außen gefährdet wurde. Dazu dienten Verträge mit Russland, die Abhängigkeitsverhältnisse der Tribut entrichtenden südostasiatischen Länder und natürliche Grenzen wie Wüsten, Berge und Meere.

Europäische Landwirtschaft und Aufklärung im Vergleich zu China | Es gab aber auch Ähnlichkeiten zwischen China und Europa im 18. Jahrhundert. So lebte in Europa die überwiegende Mehrheit der Bevölkerung ebenfalls auf dem Land und arbeitete in der Landwirtschaft. Wie in China war in Europa ein großer Teil der Landbevölkerung nicht frei, sondern durch Armut oder Leibeigenschaft gezwungen, dem Grundherrn zu dienen. Schlechte Ernten führten auch hier immer wieder zu Hunger und Elend. Zahlreiche Regierungen versuchten daher wie in China durch Verbesserung der Handels-

Animierte Karten
Eine animierte Karte zum Thema „Die ersten Entdeckungsfahrten in die Neue Welt" können Sie unter dem Code **32037-25** abrufen.

wege, Ausdehnung der agrarischen Flächen, Erhöhung der Ernteerträge und andere Maßnahmen die Versorgung der Menschen mit Nahrungsmitteln zu sichern. Wie in China wuchsen auch in Europa die Städte und damit die Zahl der Menschen, die in unterschiedlichen Handwerken oder sonstigen Tätigkeiten ihr Auskommen fanden. Und schließlich entwickelte sich auch in Europa spätestens seit dem 16. Jahrhundert ein zunehmendes Interesse an Bildung, Wissenschaft und Forschung. Ganz ähnlich dem chinesischen Interesse an einer Neuinterpretation und sprachkritischen Revision der alten Texte betonte die Reformation im 16. Jahrhundert, dass man die Bibel genauer studieren und sich stärker auf den unmittelbaren Wortlaut der Heiligen Schrift berufen müsse. Zudem wurden, ähnlich den von den Qing-Kaisern angestoßenen großen historischen und literarischen Gesamtwerken, in Europa seit dem 18. Jahrhundert Enzyklopädien publiziert, in denen das gesamte Wissen der Welt gesammelt sein sollte. Doch auch wenn sich das Interesse an Bildung und Forschung in Europa und China glich, so waren die Bedingungen in Europa doch deutlich besser. Denn die Zersplitterung des Kontinents kam der Bildung zugute. Kein europäischer Herrscher war in der Lage, die Debatten und Publikationen auf dem ganzen Kontinent zu kontrollieren. Die Macht eines jeden Fürsten endete an den Grenzen seines häufig sehr kleinen Reiches. Und so konnten Wissenschaftler, die in einem Reich verfolgt wurden, nicht selten in ein anderes fliehen und dort weiter tätig sein. Darüber hinaus war es allen klar, dass Fortschritte in der Wissenschaft auch im Machtkampf zwischen den vielen europäischen Staaten von Vorteil sein könnten. Allein aus machtpolitischen Fragen war es daher wichtig, sich technischen Erkenntnissen nicht zu widersetzen. Diese Einsicht gewann im Laufe der Zeit an Bedeutung, sodass man für Europa spätestens im 18. Jahrhundert vom *Zeitalter der Aufklärung* spricht. Aufklärung bezeichnet die Verbreitung der bis heute vorherrschenden Vorstellung, dass der Mensch aufgrund seiner Vernunftbegabung in der Lage ist, die Realität zu erkennen und sie mithilfe dieser Erkenntnis gestalten kann. Aufklärung widersetzt sich also sowohl der Ansicht, dass die Mächtigen aufgrund ihre Stellung wissen, was richtig ist, als auch der Meinung, dass die Erkenntnisfähigkeit des Menschen gegenüber einer übermenschlichen bzw. göttlichen Einsicht zurücktreten muss. Eine solche Auffassung konnte sich in China nicht verbreiten, da es hier dem Kaiser und seiner Verwaltung gelang, Bildung und Wissenschaft weitgehend zu kontrollieren.

Das Chinabild der Europäer | Für die europäischen Vorstellungen über China spielte der Jesuitenorden eine zentrale Rolle. Seit dem 16. Jahrhundert waren Jesuiten nach China gekommen und hatten dort aufgrund ihrer technischen Kenntnisse zum Teil große Anerkennung erfahren. Einige von ihnen gelangten in höchste Ämter, weil sie zum Beispiel in Astronomie und Geografie chinesische Gelehrte und den kaiserlichen Hof beraten konnten. Auch fungierten sie als Übersetzer etwa in Verhandlungen mit dem russischen Zarenreich. Als Missionare dagegen hatten die Jesuiten kaum Erfolg. Es gelang ihnen nicht, eine größere Zahl von Chinesinnen und Chinesen zum Christentum zu bekehren. Sie mussten sich stattdessen an die chinesische Kultur anpassen und eine Reihe von im Christentum ungebräuchlichen Praktiken übernehmen. In der katholischen Kirche entstand daher heftiger Streit darüber, ob man denn solche heidnischen Rituale, wie zum Beispiel den chinesischen Ahnenkult, als Christ überhaupt ausführen durfte. Schließlich entschied Papst *Clemens XI.* 1704, dass dies einem Christen untersagt sei, worauf China die Jesuiten, die sich an das päpstliche Verbot hielten, zwang, nach Macau zu ziehen, und die christliche Mission generell verbot.

Da kaum ein Europäer länger in China gelebt hatte, waren die Kenntnisse über China in Europa sehr gering. Sie fußten vor allem auf dem, was die Jesuiten berichtet hatten, und entwarfen häufig ein stark idealisiertes Bild des Kaiserreiches. Für Philosophen wie *Gottfried Wilhelm Leibniz* (1646–1716) und *Immanuel Kant* (1724–1804)

Jesuiten (eigentlich: Gesellschaft Jesu): geistlicher Orden, von dem Spanier Ignatius von Loyola (1491–1556) 1534 gegründet und 1540 von Rom anerkannt. Die Jesuiten widmen sich dem Unterricht in Schule und Universität sowie der Missionierung. Sie tragen keine eigene Ordenskleidung und betonen den Gehorsam gegenüber dem Papst.

Der Jesuit und Astronom Johann Adam Schall von Bell in China.
Kolorierter Holzstich von Athanasius Kircher, China monumentis illustrata, Amsterdam 1667.
Der deutsche Jesuit Schall von Bell (1592–1666) mit dem chinesischen Namen „Tang Ruowang" verbrachte die meiste Zeit seines Lebens als Missionar in China. Er war Berater am Hof des chinesischen Kaisers.

▶ Beschreiben Sie, was auf dem Holzstich dargestellt wird.

▶ Arbeiten Sie heraus, welche Informationen über das Leben Schall von Bells aus dem Holzstich abgeleitet werden können.

herrschten in China „Philosophenkaiser", welche mithilfe weiser Berater kluge Entscheidungen trafen und dem Land Frieden und Wohlstand brachten. Kriege, Aufstände, Elend und Hungersnöte hatten in einem solchen Bild keinen Platz (→ M2). Der Chinaverklärung der Philosophen entsprach die Begeisterung für chinesisches Porzellan, Stoffe und Drucke. Reiche Bürgerinnen und Bürger, Adelige und Königshäuser schmückten ihre Salons und Paläste mit Waren aus China, die dort speziell für den europäischen Markt gefertigt wurden. Erst im Laufe des 18. und 19. Jahrhunderts veränderten die besseren Kenntnisse über China und die ökonomischen und kulturellen Veränderungen in Europa das europäische Bild von China. Nun begannen immer mehr Europäer, China für einen Hort der Barbarei und Unkultur zu halten (→ M3).

Industrialisierung und Nationalstaat in Europa | Wäre Anfang des 18. Jahrhunderts eine Person in der Lage gewesen, Europa und China realistisch zu vergleichen, wäre sie wohl kaum auf die Idee gekommen, dass China 200 Jahre später ein Spielball europäischer Mächte, der USA und Japans sein würde. Dieser Umschwung hatte sowohl mit Entwicklungen in China als auch mit dramatischen Veränderungen im Rest der Welt zu tun. Zwei Prozesse waren dabei von entscheidender Bedeutung. Erstens führte die *Industrialisierung* zu einem ungeheuren Aufschwung in der Produktion jeder Art von Gütern.[1] Industrialisierung bedeutete, dass Maschinen an die Stelle menschlicher und tierischer Arbeitskraft traten. Maschinen webten nun Stoffe oder zogen Wagen. Die Energie von menschlichen oder tierischen Muskeln und von Wasser und Wind wurde nach und nach durch Kohle (und später Öl) ersetzt. Dies war eine Revolution, welche die Welt grundlegend veränderte. Denn nun konnten Waren in einem vorher unvorstellbaren Umfang produziert werden. Gleichzeitig wurden in immer kürzeren Abständen neue Verfahren und Produkte entwickelt, sodass die Industrialisierung eine sich selbst beschleunigende Dynamik hervorbrachte. Der Unterschied zwischen sich industrialisierenden Ländern und dem Rest der Welt wuchs in immer größerer Geschwindigkeit (→ M4).

Parallel zur Industrialisierung verwandelte sich eine Reihe von Ländern in *Nationalstaaten*. Waren die Menschen in den alten Monarchien vor allem dem König, einem Fürsten oder Grundherrn verpflichtet, so stand nun das Wohl des Nationalstaates über allem. Ein Monarch konnte nun nicht mehr wie der französische König *Ludwig XIV.* (1638–1715) sagen, dass er der Staat sei. Im Gegenteil: Alle hatten dem Wohl der Allgemeinheit gerade auch in Konkurrenz zu anderen Ländern zu dienen. Wichtige

---

[1] Siehe hierzu auch das Kapitel „Industrialisierung" auf den Seiten 110 bis 137.

Impulse für die Entstehung von Nationalstaaten lieferte zunächst England in der *Glorious Revolution* von 1688/89, weil hier die Rechte des Königs beschränkt wurden. Später proklamierten die USA, die 1776 aus der Unabhängigkeit der britischen Kolonien in Nordamerika entstanden, und Frankreich, das in der Revolution von 1789 die Monarchie erst einschränkte und dann – zunächst nur vorübergehend – abschaffte, nationalstaatliche Prinzipien. Das neue Staatsverständnis erwies sich in den Kriegen, welche Frankreich nach der Revolution führte, als äußerst erfolgreich. Unter *Napoleon Bonaparte* (1769–1821) gelang es der neuen Nation kurzfristig, fast ganz Europa zu erobern. Angesichts der Konkurrenz zwischen den vielen kleineren und größeren Fürstentümern und Monarchien in Europa begann man vielerorts mit Reformen, welche langfristig ganz Europa in Nationalstaaten verwandelten. Auch wenn die Entstehung des Nationalstaates und die Industrialisierung nicht kausal miteinander verbunden waren, so bildeten sie doch eine für die Weltgeschichte prägende Einheit. Denn der Nationalstaat verwandelte den durch die Industrialisierung geschaffenen Reichtum mit höchster Effizienz in politische und militärische Macht. Kein Land und kein politisches System waren dem gewachsen.

Alter und neuer Kolonialismus | Die Entstehung von Nationalstaaten ging einher mit dem Ende des alten und der Entstehung eines neuen *Kolonialismus* (→M5). Auf dem amerikanischen Doppelkontinent wurden die meisten britischen, französischen, spanischen und portugiesischen Kolonien unabhängig. 1776 entstanden aus 13 britischen Kolonien in Nordamerika die USA, 1804 erklärte Haiti nach einem Sklavenaufstand seine Unabhängigkeit von Frankreich. Kurz darauf brachen in allen spanischen und portugiesischen Kolonien des amerikanischen Festlandes Unabhängigkeitskämpfe aus. 1830 waren die meisten ehemaligen Kolonien unabhängige Nationalstaaten. Doch während der Kolonialismus sich auf dem amerikanischen Doppelkontinent auf dem Rückzug befand, gewann die koloniale Expansion in Asien und Afrika an Bedeutung. Im heutigen Indien hatte die private britische *Ostindienkompanie* ihre Macht seit dem 17. Jahrhundert immer weiter ausgebaut, bis sie schließlich in der zweiten Hälfte des 18. Jahrhunderts die herrschende Kolonialmacht war. Die Kompanie trieb Steuern ein, prägte Münzen, sprach Recht und verfügte über Streitkräfte. 1858 wurden die Besitzungen der Ostindienkompanie der britischen Krone unterstellt. Als Kaiserin von Indien herrschte nun die britische Königin *Victoria* (1819–1901) über ein Gebiet, das die heutigen Länder Pakistan, Indien, Bangladesch, Bhutan, Myanmar und Teile des zu China gehörenden Kaschmirs umfasste. Während Großbritannien seine Macht in Indien konsolidierte, wetteiferten verschiedene europäische Staaten um Herrschaftsgebiete in Afrika. Von 1798 bis 1801 führte Frankreich eine militärisch-wissenschaftliche Expedition nach Ägypten durch, drei Jahrzehnte später wurde Algerien erobert und nach und nach unter französische Herrschaft gestellt. In der zweiten Hälfte des 19. Jahrhunderts eroberten europäische Nationalstaaten fast den gesamten afrikanischen Kontinent und teilten ihn unter sich auf.

Innere Krisen in China zu Beginn des 19. Jahrhunderts | Während die europäischen Staaten in Afrika und Asien an Macht gewannen, wurde das chinesische Kaiserreich von zahlreichen Krisen heimgesucht. Das starke Bevölkerungswachstum in den vorhergehenden Jahrhunderten führte um 1800 zu großen Problemen, da die Landwirtschaft die wachsende Zahl an Menschen nicht mehr so gut wie früher versorgen konnte. Die Ausweitung der landwirtschaftlichen Nutzfläche stieß an Grenzen. Raubbau, Abholzung von Wäldern und die exzessive Nutzung von Feldern führten zu Naturkatastrophen und senkten die Erträge. Dies belastete die Steuereinnahmen und sorgte gleichzeitig für hohe Kosten. Um Geld einzunehmen wurde damit begonnen, einen immer größeren Anteil der lukrativen Beamtenposten nicht nach Leistung zu vergeben,

Internettipp
Verschiedene Online-Beiträge zum Thema „Europa zwischen Kolonialismus und Dekolonisierung" können Sie unter dem Code **32037-26** abrufen.

sondern zu verkaufen. Das minderte die Qualität des Staatsapparats und schuf Unzufriedenheit und Misstrauen. Während also Armut und Elend aufgrund der wirtschaftlichen Probleme wuchsen, war das Kaiserreich immer weniger in der Lage, angemessene Maßnahmen zu ergreifen. Die Folge war, dass an den Rändern des Reiches zahlreiche Aufstände ausbrachen, die sich gegen die chinesische Herrschaft oder zumindest gegen die Zahlung von Steuern und Abgaben richteten. Aber auch in den Kerngebieten führte die Armut dazu, dass Millionen von mittellosen Menschen durch das Land streiften und die Sicherheit und öffentliche Ordnung bedrohten. Das Kaiserreich fand auf die Krisen des beginnenden 19. Jahrhunderts keine Antwort. Mit der Abdankung Qianlongs 1796 hatte der letzte große Qing die Macht abgegeben. Seine Nachfolger sonnten sich im Glanze der nach und nach verblassenden Größe ihres Reiches. Sie waren aber nicht gewillt oder fähig, radikale Reformen durchzuführen, mit welchen sie ihr Land auf die bevorstehenden Auseinandersetzungen mit den Europäern hätten vorbereiten können.

China und Russland | Dass China in einem Krieg mit einer europäischen Macht unterliegen könnte, entsprach um 1800 nicht den Vorstellungen der Chinesen. Deren Sicherheitsdenken richtete sich vor allem auf die riesigen Grenzen im inneren Asien. Hier war die einzige europäische Macht, die man kannte, Russland. Denn Russland hatte seine Grenzen seit dem 16. Jahrhundert immer weiter nach Osten verschoben. In den riesigen sibirischen Weiten ließen sich Pelztierjäger und Händler nieder. Die zunehmende Besiedlung führte nicht nur zu einem schwunghaften Handel mit Europa, sondern gerade auch mit China, von wo Lebensmittel importiert wurden, obwohl es dafür weder Verträge noch die Erlaubnis des Kaisers gab. Die russische Besiedlung Sibiriens und die Stationierung russischen Militärs beunruhigten die chinesische Führung zunehmend. 1685/86 griffen chinesische Truppen die russische Militärsiedlung in Albazino an der heutigen russisch-chinesischen Grenze an und zerstörten sie. Daraufhin schickte der russische Zar *Peter I.* (1672–1725) eine diplomatische Gesandtschaft nach China und die beiden Reiche schlossen den *Vertrag von Nertschinsk* (1689), in dem sie sich gegenseitig anerkannten, eine Grenze festlegten und Handel ermöglichten. Anfang des 18. Jahrhunderts entsandte dann der chinesische Kaiser eine diplomatische Mission nach Russland und 1727 wurde ein zweiter Vertrag zwischen den beiden Ländern geschlossen, welcher die politischen und wirtschaftlichen Beziehungen den neuen Gegebenheiten anpasste. Russland wurde es gestattet, eine dauerhafte diplomatische Vertretung in Beijing einzurichten sowie eine begrenzte Zahl von Kaufleuten in die Hauptstadt zu entsenden. Für Russland bedeuteten die Verträge von China eine erhebliche Verbesserung des ostasiatischen Handels, wodurch die Erschließung Sibiriens erleichtert wurde. China gewann durch die Verträge mit Russland gesicherte Grenzen in einer Region, die militärisch nur schwer zu kontrollieren war.

Internettipp
Einen Online-Artikel zum Thema „Imperiale Konkurrenz (China und Russland im 18. und 19. Jahrhundert)" finden Sie unter dem Code **32037-27**.

M1 Bevölkerungsentwicklung Chinas

Jahr	Weltbevölkerung (in Millionen)	Chinas Bevölkerung (in Millionen)	Anteil an der Weltbevölkerung (in %)
1650	550	123	22,4
1750	725	260	35,9
1850	1175	412	35,1
1950	2556	552	21,6
1980	4458	987	22,1
1996	5772	1224	21,2

Nach: Thoralf Klein, Geschichte Chinas. Von 1800 bis zur Gegenwart, Paderborn ²2009, S. 134

1. Beschreiben Sie vergleichend die Bevölkerungsentwicklung Chinas und der Welt. | H
2. Erläutern Sie, warum die Zeit zwischen 1850 und 1950 zu einem deutlichen Niedergang der weltweiten Bedeutung der chinesischen Bevölkerung führte. Suchen Sie nach möglichen Gründen für die Veränderungen.
3. Die Historikerin Sabine Dabringhaus schreibt, China habe um 1700 275 Millionen und um 1800 360 Millionen Einwohner gehabt. Arbeiten Sie heraus, welche unterschiedlichen Vorstellungen vom Bevölkerungswachstum sich aus den Zahlen von Thoralf Klein und Sabine Dabringhaus ergeben.

M2 Philosophische China-Verklärung

Der Philosoph Christian Wolff (1679–1754) lobt 1721 in einer Rede die alte chinesische Philosophie in den höchsten Tönen:

Kein geringes Lob scheinen mir die Chinesen auch dafür zu verdienen, dass sie jede Einrichtung ihrer Studien auf einen gewissen Zweck bezogen und dabei nur das zuließen, was zu diesem führen sollte. Nicht weniger Lob scheinen sie mir
5 dafür zu verdienen, dass sie diese Einrichtung ihrer Studien auch auf das Leben bezogen und dabei nur das zuließen, was dazu diene, die Glückseligkeit zu erreichen; dies war die Ursache dafür, dass in diesem in höchster Blüte stehenden Zeitalter [des Konfuzius¹] in ganz China niemand zu
10 finden war, der sich nicht dem Studium gewidmet hätte, soweit es sein Talent zuließ und seine Lebensumstände verlangten. Ja, auch darin scheinen mir die Chinesen lobenswert zu sein, dass sie die Sittenlehren nicht nur mitteilten, sondern die Schüler auch im Streben nach der
15 Tugend übten und ihre Sitten ausbildeten. [...] Ich habe oben gesagt, dass Konfuzius nichts Neues erfunden, sondern Altes erneuert hat; deshalb kann man in diesem Büchlein [namens Schule der Erwachsenen von Konfuzius] die echten Grundsätze der chinesischen Weisheit finden. Denn die Chinesen drangen darauf, dass zuallererst die Vernunft 20 richtig ausgebildet werde, weil man zur deutlichen Erkenntnis des Guten und Bösen gelangen müsse, um sich ohne die Furcht vor einem Herrn und ohne die Hoffnung, von ihm eine Belohnung zu erhalten, der Tugend zu widmen; dass die vollkommene Kenntnis des Guten und Bösen 25 aber keineswegs erlangt werden könne, wenn nicht die Beschaffenheiten und Gründe der Dinge erforscht seien. [...] Dass im ungehinderten Fortschritt zu täglich größeren Vollkommenheiten das höchste Gut des Menschen besteht, ist von mir [...] bewiesen worden. Da die Chinesen so emsig 30 einschärften, man müsse auf dem Weg der Tugend ständig weiter fortschreiten und dürfe bei keinem Grad der Vollkommenheit stehenbleiben, wenn man nicht zum höchsten Grad gelangt ist, den zu erreichen jedoch keinem möglich ist, so sind meiner Meinung nach auch ihre Philosophen 35 von der Überzeugung beseelt, dass der Mensch keineswegs glückseliger werden könne, als wenn er täglich zu größeren Vollkommenheiten fortschreite.

Christian Wolff, Rede über die praktische Philosophie der Chinesen, Hamburg 1985, S. 43–57

1. Fassen Sie die Kernaussagen des Textes zusammen.
2. Arbeiten Sie heraus, in welchem Punkt nach Wolff seine Philosophie und die der alten chinesischen Philosophie übereinstimmen. | H
3. Setzen Sie sich mit der Frage auseinander, ob Wolff mit diesem Text das zeitgenössische China lobte oder kritisierte. | H

Der Universalgelehrte Christian Freiherr von Wolff. Zeitgenössische Abbildung (Ausschnitt).

---
¹ Zu Konfuzius siehe nochmals Seite 25.

M3 Herders China-Kritik

Der Dichter und Philosoph Johann Gottfried Herder (1744–1803) beschäftigt sich im dritten Band seiner vierbändigen Abhandlung „Ideen zur Philosophie der Geschichte der Menschheit" mit den sehr unterschiedlichen Darstellungen und Bewertungen Chinas. Er verspricht einen „Mittelweg" zu wählen, formuliert dann aber doch ein recht hartes Urteil:

Kann man sich wundern, dass eine Nation dieser Art nach europäischem Maßstabe in Wissenschaften wenig erfunden, ja, dass sie Jahrtausende hindurch sich auf derselben Stelle erhalten habe? Selbst ihre Moral- und Gesetzbücher
5 gehen immer im Kreise umher und sagen auf hundert Weisen genau und sorgfältig mit regelmäßiger Heuchelei von kindlichen Pflichten immer dasselbe. Astronomie und Musik, Poesie und Kriegskunst, Malerei und Architektur sind bei ihnen, wie sie vor Jahrhunderten waren, Kinder ihrer
10 ewigen Gesetze und unabänderlich-kindischen Einrichtung. Das Reich ist eine balsamierte Mumie, mit Hieroglyphen bemalt und mit Seide umwunden; ihr innerer Kreislauf ist wie das Leben der schlafenden Wintertiere. Daher die Absonderung, Behorchung und Verhinderung jedes Fremden;
15 daher der Stolz der Nation, die sich nur mit sich selbst vergleicht und das Auswärtige weder kennet noch liebet. Es ist ein Winkelvolk auf der Erde, vom Schicksal außer den Zusammendrang der Nationen gesetzt und eben dazu mit Bergen, Wüsten und einem beinah buchtlosen Meer verschanzet. […] Der Name Konfuzius ist mir ein großer Name, 20
ob ich die Fesseln gleich nicht verkenne, die auch *er* trug und die er mit bestem Willen dem abergläubigen Pöbel und der gesamten chinesischen Staatseinrichtung durch seine politische Moral auf ewige Zeiten aufdrang. Durch sie ist dies Volk, wie so manche andere Nation des Erdkreises, 25
mitten in seiner Erziehung, gleichsam im Knabenalter, stehengeblieben, weil dies mechanische Triebwerk der Sittenlehre den freien Fortgang des Geistes auf immer hemmte und sich im despotischen Reich kein zweiter Konfuzius fand. 30

Johann Gottfried Herder, Ideen zur Philosophie der Geschichte der Menschheit. Dritter Teil, Riga/Leipzig 1787, S. 9 (Mittelweg), S. 17, 20f.

1. Geben Sie die zentralen Aussagen Herders wieder.
2. Arbeiten Sie die Gründe heraus, die Herder dafür anführt, dass sich China in der von ihm angenommenen Verfassung befindet.
3. Erläutern Sie, warum Herder China mit einer „balsamierte[n] Mumie" (Zeile 11) vergleicht.
4. Überprüfen Sie, ob Herder mit dem „freien Fortgang des Geistes" (Zeile 28) die Befreiung Chinas oder vielmehr die Unterwerfung unter ein europäisches Verständnis von Freiheit fordert. | H
5. Vergleichen Sie die Texte von Wolff (M2) und Herder miteinander.

Johann Gottfried Herder.
Ölgemälde von 1785.

M4 Chinas Industrie im Vergleich

Relative Anteile an der Weltindustrieproduktion in Prozent:

	1750	1800	1830	1860	1880	1900
Großbritannien	1,9	4,3	9,5	19,9	22,9	18,5
Habsburger Reich	2,9	3,2	3,2	4,2	4,4	4,7
Frankreich	4,0	4,2	5,2	7,9	7,8	6,8
Deutsche Staaten/Deutschland	2,9	3,5	3,5	4,9	8,5	13,2
Italienische Staaten/Italien	2,4	2,5	2,3	2,5	2,5	2,5
Russland	5,0	5,6	5,6	7,0	7,6	8,8
USA	0,1	0,8	2,4	7,2	14,7	23,6
Japan	3,8	3,5	2,8	2,6	2,4	2,4
China	32,8	33,3	29,8	19,7	12,5	6,2
Indien/Pakistan	24,5	19,7	17,6	8,6	2,8	1,7
Andere	19,7	19,4	18,1	15,5	13,9	11,6

Nach: Paul Kennedy, Aufstieg und Fall der großen Mächte, Frankfurt am Main ⁵2005, S. 237

1. Fassen Sie die einzelnen Länder zu Weltregionen zusammen und vergleichen Sie anschließend deren Entwicklung. | H
2. Erklären Sie, inwiefern die Statistik das Vordringen europäischer Mächte in China zu verstehen hilft. | H
3. Stellen Sie Vermutungen darüber an, inwiefern die Veränderung relativer Anteile Ausdruck von Entwicklungen in absoluten Zahlen ist.

M5 Kolonialismus

*Der Historiker Jürgen Osterhammel (*1952) definiert den Begriff „Kolonialismus" wie folgt:*

Kolonialismus ist eine Herrschaftsbeziehung zwischen Kollektiven, bei welcher die fundamentalen Entscheidungen über die Lebensführung der Kolonisierten durch eine kulturell andersartige und kaum anpassungswillige Min-
5 derheit von Kolonialherren unter vorrangiger Berücksichtigung externer Interessen getroffen und tatsächlich durchgesetzt werden. Damit verbinden sich in der Neuzeit in der Regel sendungsideologische Rechtfertigungsdoktrinen, die auf der Überzeugung der Kolonialherren von ihrer
10 eigenen kulturellen Höherwertigkeit beruhen.

Jürgen Osterhammel, Kolonialismus. Geschichte – Formen – Folgen, München ²1997, S. 21

1. Geben Sie die Definition in eigenen Worten wieder. | F
2. Überprüfen Sie, welche Aspekte der Definition auf die europäische Präsenz in China in der zweiten Hälfte des 19. Jahrhunderts zutreffen. Ziehen Sie dazu auch das Kapitel „Europäische Interventionen in China" auf den Seiten 38 bis 47 heran.

Europäische Interventionen in China

Das Kanton-System | Als es Europäern im 16. Jahrhundert möglich wurde, bis nach China zu segeln, hatte dies sofort Auswirkungen auf den Handel, da die Europäer nun in China Waren kaufen und verkaufen konnten. 1557 pachteten die Portugiesen die Insel Macau im Perlfluss-Delta. Von dort begannen sie einen regen Handel mit China und anderen ostasiatischen Regionen. Der Beginn der Qing-Herrschaft 1644 änderte zunächst wenig an dem existierenden Handel mit Europa. Erst im 18. Jahrhundert betrachtete Kaiser Qianlong die europäischen Aktivitäten zunehmend skeptisch. Denn er sah, wie die britische Ostindienkompanie im benachbarten Indien immer mächtiger wurde. Dort hatten sich Handelsbeziehungen nach und nach in Herrschaftsbeziehungen verwandelt. Das wollte die chinesische Regierung verhindern. Sie legte daher fest, dass die Europäer nur noch über einen einzigen Hafen Handel mit China treiben sollten. Dieser Hafen war *Guangzhou* in der Provinz Guangdong im Perlflussdelta. Da Guangdong früher Kanton genannt wurde, spricht man vom *Kanton-System*. Dieses System beschränkte den Handel mit Europa nicht nur auf einen einzigen Hafen, es beschränkte auch die Möglichkeiten der Europäer in China. Denn der Kaiser verfügte, dass Europäer nur noch mit von ihm bestimmten chinesischen Firmen Handel treiben durften. Diese Handelsfirmen nannte man *Hong* und der Zusammenschluss, den sie bildeten, wurde als *Co-Hong* bezeichnet. Das Kanton-System erlaubte es China, mit Europa Handel zu treiben, ohne dass die Europäer nach und nach immer größeren Einfluss gewinnen konnten. Die Konzentration auf wenige chinesische Handelshäuser erleichterte darüber hinaus die Erhebung von Zöllen, was für die kaiserlichen Finanzen einen erheblichen Vorteil darstellte. Auf europäischer Seite hatten im 18. Jahrhundert die Briten die Portugiesen längst verdrängt. Die britische Nachfrage nach chinesischem Tee, Seide und Porzellan war riesig. Gleichzeitig konnten die Briten über ihren Handel mit Europa und den Amerikas alle Waren besorgen, die in China nachgefragt wurden, insbesondere das Silber aus den spanisch-amerikanischen Minen. Die Briten hätten den Handel gerne ausgeweitet und insbesondere mehr Produkte ihrer heimischen Manufakturen in China verkauft. Sie schickten 1793 und 1816 diplomatische Missionen nach China, um eine Änderung des Kanton-Systems zu erwirken. Aber auf chinesischer Seite bestand wenig Interesse an Änderungen. Das System hielt die Europäer vom Eindringen ins Land ab, verschaffte dem Kaiser zuverlässige Zolleinnahmen und ließ reichlich Silber ins Land fließen. Das war alles, was die Chinesen wollten (➜M1).

Wiegen von Teekisten in der Zollstation von Guangzhou.
Chinesische Seidenmalerei aus dem 1. Drittel des 18. Jahrhunderts.
Die Abbildung zeigt Chinesen und Europäer im Hafen von Guangzhou. Die Seidenmalerei gehört zu einem chinesischen Album mit 50 Tafeln über den Anbau und die Gewinnung von Tee.

▶ Gliedern Sie das Bild in sinnvolle Bereiche (z. B. nach Bildebenen, Handlungen, Personengruppen).
▶ Charakterisieren Sie die einzelnen Personengruppen und die Beziehungen zueinander.
▶ Stellen Sie ausgehend von dem Bild Hypothesen über den Charakter der Handelsbeziehungen zwischen Europa und China im 18. Jahrhundert auf.

Der Opiumhandel | Den Briten war das Kanton-System eine immer größere Last. Denn die britische Nachfrage nach chinesischem Tee wuchs ins schier Unermessliche. Während im frühen 18. Jahrhundert Großbritannien 400 000 Pfund Tee importiert hatte, sollten es im 19. Jahrhundert schließlich 28 Millionen Pfund werden. Doch obwohl die britische Nachfrage nach chinesischem Tee ständig wuchs, gab es auf chinesischer Seite auch im ersten Drittel des 19. Jahrhunderts kein großes Interesse an britischen Waren. So floss ein immer größer werdender Strom an Silber von Großbritannien nach China. Die ungleiche Handelsbilanz wurde Großbritannien auch deshalb zum Problem, weil sich die Silbergewinnung in der ersten Hälfte des 19. Jahrhunderts aufgrund der Unabhängigkeitskriege in den spanisch-amerikanischen Kolonien radikal verringerte. Erst um 1850 hatte die Silberproduktion in Lateinamerika wieder den Stand von 1800 erreicht. Die Briten wichen daher auf ein Produkt aus, das lange Zeit recht unbedeutend gewesen war: *Opium*. Obwohl es in China verboten war, Opium einzuführen, schmuggelten Briten mithilfe von Chinesen das Rauschmittel aus Britisch-Indien in immer größerem Umfang nach China. Ende der 1830er-Jahre gelangten so etwa 2,5 Tonnen Opium nach China. Die Briten hatten sich zum größten Drogenhändler der Welt entwickelt. Für China war der *Opiumhandel* eine Katastrophe, da er nicht nur Zehntausende von Chinesen zu Drogenabhängigen machte, sondern auch der Wirtschaft erheblichen Schaden zufügte. Denn nun kam nicht nur kein Silber mehr ins Land, das Silber floss zur Bezahlung des Opiums aus China ab. Der Mangel an Silber führte dazu, dass die Kupfermünzen der einfachen Leute im Vergleich zur offiziellen Silberwährung massiv an Wert verloren. Der Geldbesitz von Millionen Chinesen wurde entwertet. Es war daher verständlich, dass Kaiser *Daoguang* (1782–1850) dem Opiumhandel den Krieg erklärte. Für chinesische Opiumhändler wurde die Todesstrafe eingeführt und Tausende von wirklichen oder vermeintlichen Drogendealern wurden hingerichtet. Gleichzeitig wurden die Boote der Händler beschlagnahmt und zerstört. Die Verhandlungen mit den Briten sollte ein kaiserlicher Beauftragter, *Lin Zexu* (1785–1850), führen (→M2). Dieser setzte Hunderte von Ausländern fest und ließ die Opiumbestände, die er in der Provinz

„Sie haben dieses Gift auf der Stelle zu kaufen."
Karikatur aus der Pariser Satirezeitschrift „Le Charivari", 1840. Die französische Karikatur legt dem Engländer folgende Worte in den Mund: „Sie haben dieses Gift auf der Stelle zu kaufen, damit wir eine Menge Tee zum Verdauen unseres Roastbeefs bekommen."

▶ Interpretieren Sie Zeichnung und Text. | H

Guangzhou beschlagnahmen konnte, zerstören. Die britische Regierung nahm das Vorgehen Chinas gegen britische Untertanen zum Anlass, eine Kriegsflotte nach China zu schicken. Die Briten interessierten sich nicht für die Frage, ob staatlich geförderter Drogenhandel moralisch gerechtfertigt war. Ihnen ging es allein darum, die Behandlung britischer Untertanen zu rächen und die Handelsmöglichkeiten Großbritanniens in China zu verbessern.

Der Erste Opiumkrieg (1839–1842)

Im *Ersten Opiumkrieg* gelang es Großbritannien mit einer verhältnismäßig kleinen Flotte und mit ganz geringen Verlusten das mächtige chinesische Kaiserreich zu besiegen und die eigenen Forderungen im *Friedensvertrag von Nanjing* durchzusetzen. Wie war das möglich? Und: Warum kapitulierte der chinesische Kaiser vor einer kleinen Kriegsflotte, die niemals in der Lage gewesen wäre, China dauerhaft zu erobern? Ein wichtiger Grund war die technische Überlegenheit der Briten. In ihrer Kriegsmarine befanden sich dampfgetriebene und zum Teil gepanzerte Schiffe. Dies waren zwar noch keine Schiffe aus Stahl, aber Schiffe, auf deren Holzwänden Metallplatten befestigt waren. Die chinesischen Kriegsschiffe waren der britischen Marine hoffnungslos unterlegen. In der Regel konnte man die Auseinandersetzungen zwischen Briten und Chinesen nicht einmal als Kämpfe bezeichnen, denn die britischen Kanonen schossen so viel weiter und genauer als die chinesischen, das noch bevor die Briten von den Chinesen hätten beschossen werden können, die chinesischen Kräfte schon vernichtet waren. Ähnlich verhielt es sich an Land, wo die Reichweite der britischen Gewehre dafür sorgte, dass die chinesischen Waffen die Briten nicht gefährdeten. Trotz ihrer technischen Überlegenheit setzten die Briten zu keinem Zeitpunkt darauf, China zu erobern. Ihr Erfolg verdankte sich auch ihrer Strategie, die sich auf die Blockade und Besetzung wichtiger Küstenstädte des Landes konzentrierte. Sie begannen mit Guangzhou und eroberten in den nächsten zwei Jahren unter anderem Ningbo, Shanghai und Nanjing. Die Briten wurden dabei durchweg von Indien aus unterstützt. Ihre logistischen Zentren lagen also nicht nur in Europa, sondern auch im vergleichsweise nahen Indien. Das erleichterte den Briten den Nachschub an Truppen und Material. Während die Briten mit einer klaren Strategie und im vollen Bewusstsein ihrer techni-

Briten greifen 1842 die chinesische Stadt Nanjing an.
Chinesische Darstellung, um 1842.

▶ Beschreiben Sie die dargestellte Szene.

▶ Analysieren Sie, warum die Briten den Chinesen im Kampf überlegen waren.

▶ Erklären Sie, inwiefern die Zeichnung einen „Krieg" darstellt.

schen Überlegenheit agierten, war der chinesischen Führung das wahre Ausmaß der Niederlagen zum Teil gar nicht bekannt. Häufig wurden dem Kaiser geschönte Berichte von den Kämpfen vorgelegt, die die militärische Überlegenheit der Briten nicht klar benannten. Als schließlich offensichtlich wurde, dass die Briten die wichtigsten Küstenstädte erobert hatten, war es zu spät. Der Küstenhandel befand sich nicht mehr unter chinesischer Kontrolle, was eine Katastrophe für die chinesische Wirtschaft bedeutete. Die Briten mussten gar nicht China erobern, um den Kaiser erpressen zu können. Diesem blieb nichts anderes übrig, als sich auf einen Vertrag einzulassen, der den Briten die Tür zum chinesischen Markt weit aufstieß (→M3). Mit ihm begann eine Serie „ungleicher Verträge".

Die Folgen des Ersten Opiumkrieges | Die Niederlage im Ersten Opiumkrieg hatte für China eine Reihe von unmittelbaren Folgen. Der Opiumhandel konnte nun nicht mehr wie beabsichtigt unterbunden werden, sondern er blühte wie zuvor. Der britische Handel war nicht mehr auf eine einzige Stadt beschränkt und er unterlag nicht mehr der strikten Kontrolle durch die chinesische Regierung (→M4). Der Vertrag von Nanjing hatte weitreichende Folgen für die kaiserlichen Finanzen, da er nicht nur hohe Reparationszahlungen vorsah, sondern auch die Zolleinnahmen des Kaisers reduzierte. Darüber hinaus konnten sich die Briten nun ihre chinesischen Geschäftspartner aussuchen. Die chinesischen Hong, die vor 1842 das Monopol auf Geschäfte mit den Briten besaßen, wurden entmachtet und verloren somit ihre lukrativen Geschäfte. Auch die Kontrolle über den Handel in den Vertragshäfen oblag nun britischen Staatsangehörigen, welche ihre Position zugunsten ihrer Landsleute nutzten. 1843 schlossen auch Frankreich und die USA Verträge mit China, welche ähnliche Bedingungen enthielten wie der Vertrag von Nanjing. Damit war die Handelspolitik, welche die Qing-Dynastie im 18. Jahrhundert entwickelt und durchgesetzt hatte, gescheitert. Aber auf chinesischer Seite wollte man die Veränderungen nicht wahrhaben. Es gab zunächst keine konsequente Neuorientierung der Politik gegenüber den europäischen Mächten und den USA und noch viel weniger eine durchdachte Strategie, was man denn der Macht der ausländischen Nationen entgegensetzen könnte. Dies lag auch daran, dass China gleichzeitig von Aufständen zerrissen wurde, welche die Konflikte mit den Europäern als unbedeutend erscheinen ließen.[1] Der Erste Opiumkrieg war daher weder der Anfang noch der Auslöser für die schweren Erschütterungen, die China nun über 100 Jahre lang prägen würden. Vielmehr stellte der Erste Opiumkrieg eine Krise unter vielen anderen dar, deren tiefere Ursachen letztlich in den innerchinesischen Entwicklungen unter der Qing-Dynastie zu suchen sind.

Der Zweite Opiumkrieg (1856–1860) | Ausgangspunkt des *Zweiten Opiumkrieges* waren Konflikte, welche die Briten mit der Bevölkerung in Guangzhou hatten. Die Mehrheit der Chinesinnen und Chinesen lehnte die britische Präsenz ab. Dies lag sowohl an dem herrischen und arroganten Auftreten der Briten als auch an den in der chinesischen Elite verwurzelten Vorstellungen von der Überlegenheit der chinesischen Kultur. Demnach mussten Ausländer sich bescheiden verhalten. Die Briten stießen daher vielerorts auf verdeckten oder offenen Widerstand, der sich oftmals völlig unabhängig oder sogar in Opposition zum Kaiser im fernen Beijing artikulierte. In der Provinz Guangdong formierte sich breiter Widerstand, welcher die Briten daran hindern wollte, sich frei in der Provinzhauptstadt Guangzhou zu bewegen. In dieser aufgeladenen Atmosphäre wurde das Schiff „Arrow" beschlagnahmt, welches Chinesen gehörte und unter britischer Flagge segelte und Schmuggel betrieb. Daraufhin schickte der britische Konsul Schiffe, welche die „Arrow" für die Briten beschlagnahmen sollte. Der Unternehmung schlossen sich französische Truppen mit der Begründung an, die Chinesen hätten einen Franzosen hingerichtet. Parallel schickte die britische Regierung einen Abgesand-

---

[1] Siehe hierzu das Kapitel „Das Kaiserreich in der Krise" auf den Seiten 50 bis 59.

ten mit dem Auftrag, einen neuen für die Briten noch besseren Vertrag mit der chinesischen Regierung auszuhandeln. Um ihrer Forderung Nachdruck zu verleihen, beschossen britische Schiffe zunächst die Stadt Guangzhou, um dann zum weiter nördlich gelegenen *Tianjin* zu fahren und dort die Festungen anzugreifen. Diese konnten der britischen Übermacht keinen ernsthaften Widerstand leisten. Daraufhin wurde 1858 in Tianjin ein neuer Vertrag zwischen Großbritannien und China aufgesetzt, dem sich auch Frankreich, Russland und die USA anschlossen. Ausländer durften nun in zehn weiteren Häfen Handel betreiben, ausländische Diplomaten durften sich in Beijing aufhalten und es wurde christlichen Geistlichen und ausländischen Händlern gestattet, sich frei in China zu bewegen. Ausländer genossen darüber hinaus eine Art diplomatischen Schutz, *Extraterritorialität* genannt. Dies bedeutete, dass sie von chinesischer Polizei und Gerichten nicht belangt werden konnten. Anders als in dem Nanjing-Vertrag hatten somit Europäer und US-Amerikaner nun die Möglichkeit, sich im gesamten Kaiserreich China, einschließlich der Hauptstadt, frei aufzuhalten. Dennoch kam es schon vor der geplanten Vertragsunterzeichnung in Beijing zu Streitigkeiten über Reiserouten der Europäer und das von ihnen zu beachtende Zeremoniell.

Als die Briten ihren Forderungen Nachdruck verleihen wollten, indem sie wieder die Festungen bei Tianjin angriffen, trafen sie auf gut vorbereitete chinesische Truppen und mussten ihre erste Niederlage in China hinnehmen. Daraufhin schickten Großbritannien und Frankreich eine riesige Kriegsflotte nach China, welche ein Exempel statuieren sollte. Anders als im Ersten Opiumkrieg transportierte die Flotte auch eine große

Überreste des alten Sommerpalastes.
Foto von 2015, Beijing.
Die Anlage des alten Sommerpalastes (Yuanming Yuan) aus dem 18. Jahrhundert wurde von britischen und französischen Truppen während des Zweiten Opiumkrieges weitgehend zerstört.

Zahl an Bodentruppen, sodass die Europäer nun auch in der Lage waren, größere Kämpfe im Inland auszutragen. Mitte Oktober 1860 erreichten die Europäer Beijing und der britische Oberbefehlshaber gab den Befehl, die prächtige kaiserliche Palastanlage zu plündern und zu zerstören. Die kaiserliche Anlage war so groß und so luxuriös ausgestattet, dass die europäischen Truppen zwei Tage für ihr zerstörerisches Werk benötigten. Die Europäer konnten die chinesische Regierung nun zwingen, den Vertrag von 1858 zu ratifizieren und einige weitere Ergänzungen aufzunehmen. Hierzu gehörten deutlich erhöhte Reparationszahlungen der Chinesen sowie Gebietsabtretungen an Russland in der äußeren Mongolei und an Großbritannien an der Grenze zu *Hongkong*.

Europäische Durchdringung Chinas | In der zweiten Hälfte des 19. Jahrhunderts entstand ein komplexes Geflecht von europäischen Niederlassungen und Aktivitäten in China. Bis 1914 wurden 92 Städte zu Vertragshäfen für unterschiedliche Mächte deklariert.[1] In vielen von ihnen wohnten nun Ausländer, die nicht der chinesischen Obrigkeit unterstanden. Sie betrieben Handel, missionierten oder produzierten in China. Ihre Sicherheit und ihre Macht wurden von den Repräsentanten der ausländischen Staaten und im Zweifelsfall von deren Streitkräften geschützt. Allerdings waren die Vertragshäfen rechtlich keine Kolonien. Sie stellten also kein von den Ausländern annektiertes Gebiet dar. Ausnahmen bildeten lediglich Hongkong und Macau[2], die Großbritannien bzw. Portugal unterstanden. Aber neben diesen Kolonien gab es auch sogenannte Gebiete, die China ausländischen Mächten verpachtet hatte. Dazu sollte zwischen 1898 und 1919 auch das vom Deutschen Reich gepachtete *Qingdao* gehören.[3] Anders als in Kolonien galt für Chinesinnen und Chinesen in den Pachtgebieten chinesisches Recht. Gleichwohl lag die Macht tatsächlich bei den ausländischen Autoritäten. Neben Vertragshäfen, Kolonien und Pachtgebieten entstanden auch ausländische Siedlungen, in denen sich Ausländer niederließen und die daher einen eigenen rechtlichen Status genossen. Die europäische Durchdringung Chinas endete also nicht mit den zwei Opiumkriegen. Im Gegenteil, die beiden Kriege schufen vielmehr die Voraussetzung dafür, dass europäische Länder (und auch die USA und später Japan) in China ihre Interessen verfolgten, Handel trieben, in unterschiedliche Geschäfte investierten und nicht zuletzt sich im „Reich der Mitte" niederließen. Vor allem in jenen Städten mit großem ausländischem Einfluss führte dies mit der Zeit zu grundlegenden Änderungen der Wirtschafts- und Gesellschaftsstruktur (→M5 und M6).

---

[1] Zu den Vertragshäfen siehe auch die Karte auf Seite 49.
[2] Hongkong wurde 1997, Macau 1999 wieder an China zurückgegeben.
[3] Zu Qingdao siehe auch die Abbildung auf Seite 20.

M1 „Diese Bitte [...] kann nicht in Erwägung gezogen werden"

Großbritannien ist im 18. Jahrhundert der größte Abnehmer chinesischer Exportwaren wie Tee oder Seide. Da es jedoch im Gegenzug seine eigenen Produkte nicht in China absetzen kann, zudem mit Silber bezahlen muss und somit ein großes Handelsdefizit mit China entsteht, schickt der englische König Georg III. (1738–1820) den Lord George Macartney (1737–1806) mit einer Handels- und Militärflotte nach China, um den chinesischen Kaiser davon zu überzeugen, die Märkte Chinas für englische Produkte zu öffnen. Kaiser Qianlong empfängt Lord Macartney 1793 und lehnt den vorgeschlagenen Handels- und Freundschaftsvertrag sowie die Einrichtung einer ständigen diplomatischen Vertretung ab. In seiner Antwort heißt es:

Was Euer dringendes Gesuch angeht, einen Eurer Untertanen abzuordnen, dass er an meinem Himmlischen Hof akkreditiert werde und die Kontrolle über den Handel Eures Landes mit China ausüben soll, so steht diese Bitte im Gegensatz zu
5 den Gewohnheiten meiner Dynastie und kann nicht in Erwägung gezogen werden [...]. Wenn Ihr versichert, dass Eure Hochachtung für Unsere Himmlische Dynastie Euch mit dem Wunsch nach unserer Kultur erfüllt, muss doch darauf hingewiesen werden, dass unsere Gebräuche und Gesetzgebung
10 sich so vollständig von den Euren unterscheiden, dass, selbst wenn Euer Gesandter in der Lage wäre, die Ansätze unserer Kultur aufzunehmen, unsere Gewohnheiten und Sitten unmöglich in Euern fremden Boden verpflanzt werden könnten. Daher würde durch die Bestellung eines Botschafters nichts
15 gewonnen werden, wie geschickt er auch sein würde. Meine Herrschaft über die weite Welt hat das eine Ziel, vollkommen zu regieren und die Staatspflichten zu erfüllen: Fremde und kostspielige Gegenstände interessieren mich nicht. [...] Der hervorragende Ruf unserer Dynastie ist in jedes Land unter
20 dem Himmel gelangt, und Herrscher aller Völker haben ihre Tributabgabe auf dem Land- und Seeweg überbracht. Wie Euer Gesandter mit eigenen Augen sehen kann, besitzen wir alles. Ich lege keinen Wert auf fremde Gegenstände, die fremdländisch oder geschickt erfunden sind, und ich habe
25 keine Verwendung für die Produktion Eures Landes. [...] Es schickt sich, o König, meinen Willen zu achten und mir in Zukunft noch größere Verehrung und Loyalität zu erweisen, sodass Ihr durch ständige Unterwerfung unter unseren Thron Frieden und Wohlwollen für Euer Land sichert.

Zitiert nach: Günter Schönbrunn (Bearb.), Das bürgerliche Zeitalter 1815–1914. Geschichte in Quellen, München 1980, S. 531 f.

1. Arbeiten Sie die Haltung des chinesischen Kaisers gegenüber dem englischen König und sein Selbstverständnis in Bezug auf die Außenwelt heraus. | H
2. **Präsentation:** Entwickeln Sie eine Antwort des englischen Königs in Form eines Briefes an den chinesischen Kaiser.
3. Nehmen Sie Stellung zu der These, dass China durch eine positivere Reaktion auf die britische Gesandtschaft und die Öffnung seiner Märkte für das Ausland die Chance auf eine gleichberechtigte Rolle in der Welt gehabt hätte. | F

Lin Zexu.
Foto von 2020, Humen (Provinz Guangdong).
Das Denkmal des chinesischen Beamten steht vor einem Museum, das sich dem Opiumkrieg widmet. 1839 ließ Lin Zexu beschlagnahmtes Opium in der Nähe von Humen ins Meer schütten.

M2 Lin Zexu schreibt an Königin Victoria

Nachdem die chinesische Regierung beschlossen hat, den Opiumhandel zu unterbinden, schickt Kaiser Daoguang den Beamten Lin Zexu nach Guangzhou. Er soll das Verbot vor Ort mit harten Maßnahmen durchsetzen. Lin beschlagnahmt nicht nur riesige Mengen an Opium, er lässt auch Hunderte von Ausländern festnehmen. In einem Brief an die britische Königin Victoria macht er der Monarchin schwere Vorwürfe:

Wo, bitte, ist Euer Gewissen? Ich habe gehört, dass in Eurem Land der Opiumkonsum streng verboten ist: Ihr wisst also genau, wie schädlich es für die Menschen ist. Wenn Ihr solchen Schaden in Eurem Land nicht zulasst, solltet Ihr ihn doch wohl nicht auf andere Länder übertragen, schon gar nicht auf China! ... Angenommen, es kämen Ausländer nach England, um Opium zu verkaufen und die Menschen zum Konsum zu verführen: das würdet Ihr, ehrenwerte Königin, sicher tief verabscheuen und energisch unterbinden. Ich habe gehört, dass Ihr, ehrenwerte Königin, ein gütiges und großzügiges Herz habt: sicher wollt Ihr nicht „anderen zufügen, was Ihr selbst Euch nicht wünscht."

Zitiert nach: Kai Vogelsang, Geschichte Chinas, Ditzingen ⁵2013, S. 450

1. Fassen Sie die Kritik von Lin Zexu an Großbritannien zusammen.
2. Recherchieren Sie im Internet, was Opium ist und ob der Konsum in Deutschland erlaubt ist.
3. Nehmen Sie dazu Stellung, ob Großbritannien das Recht hatte, Opium von Indien nach China zu exportieren. Überlegen Sie, ob es allgemein statthaft ist, Waren zu exportieren, die im eigenen Land nicht verkauft werden dürfen.

M3 Der Vertrag von Nanjing (1842)

Nach den militärischen Erfolgen der Briten in China wird ein Friedens- und Freundschaftsvertrag zwischen Großbritannien und China unterzeichnet. Im Folgenden sind sechs der insgesamt 13 Artikel ganz oder teilweise wiedergegeben:

Art. 1   Es sollen fortan Friede und Freundschaft zwischen Ihrer Majestät der Königin des Vereinigten Königreiches von Großbritannien und Irland und Seiner Majestät dem Kaiser von China sowie ihren jeweiligen Untertanen herrschen. [...]

Art. 2   Seine Majestät der Kaiser von China stimmt zu, dass es britischen Untertanen mit ihren Familien und Einrichtungen erlaubt sein soll, zum Zweck der Verfolgung ihrer kaufmännischen Ziele, ohne Belästigung oder Einschränkung in den Städten Kanton, Amoy, Fuzhou, Nigbo und Shanghai zu wohnen. [...] Und Ihre Majestät die Königin von Großbritannien usw. wird Superintendenten oder Konsularbeamte ernennen, die in jeder der oben genannten Städte residieren, um als Mittel zur Kommunikation zwischen den chinesischen Behörden und den besagten Kaufleuten zu fungieren. [...]

Art. 3   Da es offensichtlich notwendig und wünschenswert ist, dass britische Untertanen einen Hafen haben, wo sie, wenn nötig ihre Schiffe kielholen und ausbessern und zu diesem Zweck Vorratslager anlegen können, tritt Seine Majestät der Kaiser von China Ihrer Majestät der Königin von Großbritannien usw. die Insel Hongkong ab. Diese soll für immerdar im Besitz Ihrer Majestät sowie ihrer Erben und Nachfolger verbleiben und durch solche Gesetze regiert werden, wie Ihre Majestät die Königin von Großbritannien usw. sie zu verfügen gedenkt.

Art. 4   Der Kaiser von China willigt ein, die Summe von 6 000 000 Dollar[1] zu zahlen, als Gegenwert für das Opium, das als Lösegeld für das Leben des britischen Superintendenten und britischer Untertanen [...] im März 1839 in Kanton abgeliefert wurde.

Art. 5   Nachdem die chinesische Regierung die in Kanton handelnden britischen Kaufleute gezwungen hat, Geschäfte ausschließlich mit bestimmten chinesischen Kaufleuten abzuschließen, die Hong-Kaufleute (oder Co-Hong) genannt werden und denen die chinesische Regierung zu diesem Zweck eine Lizenz ausgestellt hat, verpflichtet sich der Kaiser von China, diese Praxis in Zukunft in allen Häfen abzuschaffen, wo britische Kaufleute residieren, und diesen zu gestatten, ihre kaufmännischen Transaktionen mit jeder beliebigen Person abzuschließen, mit der sie dies zu tun wünschen. Seine Kaiserliche Majestät willigt weiterhin ein, der britischen Regierung die Summe von 3 000 000 Dollar zu zahlen, wegen der britischen Untertanen zustehenden Schulden seitens einiger Hong-Kaufleute oder Co-Hong, die zahlungsunfähig geworden und Untertanen Ihrer Britannischen Majestät[2] hohe Geldsummen schuldig sind.

Art. 6   Da die britische Regierung verpflichtet gewesen ist, eine Expedition zu entsenden, um Wiedergutmachung für das gewalttätige und ungerechte Vorgehen der Hohen Chinesischen Behörden gegen Beamte und Untertanen Ihrer Britannischen Majestät zu fordern und zu erhalten, willigt der Kaiser von China ein, die Summe von 12 000 000 Dollar für die getätigten Ausgaben zu zahlen.

Zitiert nach: Dokumente zur Geschichte der europäischen Expansion, Bd. 8: Das Ende des alten Kolonialsystems, hrsg. von Christian Büschges und Stefan Rinke, Wiesbaden 2019, S. 463 – 465

1. **Präsentation:** Erstellen Sie eine Tabelle, in der Sie in einer Spalte die Vorteile für Großbritannien und in der anderen die Vorteile für China, die sich aus dem Vertrag ergeben, festhalten.
2. Erläutern Sie, welche Interessen Großbritanniens in dem Vertrag zum Ausdruck kommen.
3. Beurteilen Sie, inwiefern dieser Vertrag einen Bruch oder eine Kontinuität in der chinesischen Außenpolitik darstellte. Denken Sie auch an die Beziehungen zu Russland, anderen innerasiatischen Regionen und Südostasien. | H

---

[1] Gemeint sind nicht US-Dollar, sondern spanische Silber-Pesos, also eine bestimmte Menge an Silber.
[2] Britannische Majestät = Britische Majestät

M4 Neue Händlerschichten in den Vertragshäfen

Die Historikerin Sabine Dabringhaus betont die wirtschaftlichen und gesellschaftlichen Veränderungen, die durch die Vertragshäfen (Treaty Ports) in Gang kommen:

Nicht nur die Rebellionen der Jahrhundertmitte hatten viele Kaufleute und Angehörige der Gentry[1] vom Lande in die sicheren Treaty Ports getrieben, sondern auch Hoffnungen auf Profite vom Außenhandel. Denn die ausländischen Investoren führten dort – zunächst allerdings in bescheidenem Maße – moderne Technologie ein, stellten Kapital zur Verfügung und schufen eine unternehmerfreundliche Umgebung. In den Treaty Ports unterstand die neue Generation chinesischer Kaufleute nicht mehr in solch direkter Weise der staatlichen Kontrolle wie die für den Außenhandel verantwortlichen Cohong-Kaufleute[2] in Kanton vor den Opiumkriegen. Gestützt auf die traditionellen sozialen Institutionen der einflussreichen Gilden (gongsuo) und Landsmannschaften (huiguan), bauten sie selbstständige, leistungsfähige Handelsnetze auf. Ihre Unternehmen verbreiteten die ausländischen Waren von den Vertragshäfen aus im Inland. Strukturen einer interregionalen Kommerzialisierung bestanden seit dem 16. Jahrhundert. Nach 1850 orientierte sich auch die ländliche Produktion im chinesischen Hinterland zunehmend am internationalen Markt. Der Staatshaushalt profitierte ebenso von diesem Handelsaufschwung. Über die Hälfte der Steuereinnahmen der 1890er-Jahre stammte von Handelssteuern des kaiserlichen Seezollamts und einer neuen Transitsteuer, *likin* genannt. Dampfschifffahrt und Eisenbahnverkehr beschleunigten den landesweiten Prozess der Kommerzialisierung.

Sabine Dabringhaus, Geschichte Chinas. 1279–1949, Berlin/Boston ³2015, S. 65

1. Fassen Sie den Text in eigenen Worten zusammen.
2. Erklären Sie die wichtigsten Beispiele für die von Dabringhaus beschriebene Erneuerung.
3. Erörtern Sie, ob die Vertragshäfen gut für die Industrialisierung in China und/oder in Europa waren. | F

M5 Imperialismus

Auf ihrer Homepage definiert die Bundeszentrale für politische Bildung den Begriff „Imperialismus" wie folgt:

Ausdehnung der Staatsmacht
Das Wort „Imperialismus" kommt aus dem Lateinischen. Es bezeichnet das Streben von Staaten, ihre Macht weit über die eigenen Landesgrenzen hinaus auszudehnen. Das kann dadurch erfolgen, dass schwächere Länder gezielt politisch, wirtschaftlich, kulturell oder mit anderen Methoden vom stärkeren Land abhängig gemacht werden. Manchmal führt auch ein stärkeres Land direkt einen Krieg gegen ein schwächeres Land, um die Kontrolle über dieses Land zu erreichen.

Zeitalter des Imperialismus
Als Zeitalter des Imperialismus gilt der Zeitraum zwischen 1880 und 1918. Damals teilten die Kolonialmächte die Gebiete Afrikas und Asiens, die noch keine Kolonien waren, unter sich auf. Zu den alten europäischen Kolonialmächten kamen jetzt auch Deutschland und Italien sowie die USA und Japan hinzu. Die Kolonialmächte nutzten die beherrschten Gebiete als Lieferanten für Rohstoffe sowie als Absatzmärkte für Produkte, die in ihren eigenen Ländern hergestellt wurden.

Zitiert nach: www.bpb.de/nachschlagen/lexika/das-junge-politik-lexikon/320510/imperialismus (Zugriff: 3. Februar 2022)

1. Fassen Sie in eigenen Worten zusammen, was unter Imperialismus dieser Definition zufolge zu verstehen ist. | F
2. Arbeiten Sie heraus, welche Länder mit „den alten europäischen Kolonialmächten" (Zeile 15) gemeint sind.
3. Erörtern Sie, ob der „Zeitraum zwischen 1880 und 1918" (Zeile 12 f.) ein sinnvoller Rahmen für den Imperialismus in China ist und ob sich die Kolonialmächte China „aufgeteilt" haben.

---

[1] **Gentry**: Gemeint sind die großen Grundbesitzer auf dem Land.
[2] **Cohong-Kaufleute**: jene Kaufleute, welche die kaiserliche Erlaubnis besaßen, in Guangzhou mit Ausländern Handel zu treiben

M6 Imperialismus und China

Der Historiker Thoralf Klein erläutert die Funktionsweise des Imperialismus in China:

Die Ordnung, die der Imperialismus ab 1840 mit Gewalt in China durchsetzte, bedeutete daher ein Novum in der chinesischen Geschichte, das auf einer bis dahin unbekannten europäischen Idee beruhte: der Konzeption eines Systems
5 souveräner und zumindest theoretisch gleichberechtigter Nationalstaaten, deren diplomatische und ökonomische Beziehungen verrechtlicht, d. h. durch allgemein verbindliche Normen und Regeln geschützt waren. Die Durchsetzung imperialistischer Wirtschaftsinteressen setzte einer-
10 seits voraus, dass dem europäischen Völkerrecht auch in China Geltung verschafft wurde. Andererseits beruhte sie in der Praxis auf erheblichen Einschränkungen der chinesischen Souveränität und damit einer Verletzung des Prinzips der Gleichberechtigung. Dieser Widerspruch resul-
15 tierte daraus, dass sich das imperialistische System gegen chinesischen Widerstand nur mit Gewalt durchsetzen ließ. […] Dieses System ist in Abgrenzung von der zeitgleichen direkten europäischen Kolonialherrschaft in Afrika und Asien als „informelles Imperium"[1] bezeichnet worden. Denn
20 China als Ganzes wurde niemals formell kolonialisiert, sondern einem Regime völkerrechtlich verbindlicher, wenn auch zuungunsten Chinas abgeschlossener und damit im Rückblick zu Recht als ungleich bezeichneter Verträge unterworfen. Auch wenn sich manche Eigenschaften dieses Regimes nicht von formeller Kolonialherrschaft abhoben, 25 ist diese Unterscheidung fast für den gesamten Zeitraum der imperialistischen Durchdringung Chinas nach wie vor sinnvoll. Die imperialistischen Mächte ersparten sich den finanziellen und organisatorischen Aufwand, der mit der Errichtung direkter kolonialer Herrschaftsstrukturen ver- 30 bunden war. Stattdessen schufen sie Rahmenbedingungen, die ihnen wirtschaftliche Profite versprachen und sich mithilfe punktueller militärischer Interventionen aufrechterhalten ließen.

Thoralf Klein, Geschichte Chinas vom 18. Jahrhundert bis zur Gegenwart, Paderborn u. a. ²2009, S. 293 f.

---

1. Geben Sie die Kernaussagen des Textes wieder.
2. Erläutern Sie, warum man von „ungleichen Verträgen" spricht.
3. Stellen Sie die Merkmale von Kolonialismus und informellem Imperium einander gegenüber.
4. Überprüfen Sie, inwieweit Elemente beider Formen des Imperialismus auch in der gegenwärtigen Weltlage nachzuweisen sind und tragen Sie Ihre Ergebnisse begründet vor.

---

[1] **informell**: Informell bezeichnet hier ein Herrschaftssystem, welches nicht offiziell, z. B. durch Gesetze oder Verträge, existiert. Klein spricht von „informellem Imperium", weil China offiziell ein gleichberechtigter Vertragspartner der europäischen Mächte und der USA war, auch wenn allen klar gewesen ist, dass dies tatsächlich nicht so war.

Mit Karten arbeiten

In der Geschichte unterscheidet man zwischen Karten aus der Vergangenheit, mit denen Historiker und Historikerinnen arbeiten, und Karten, die zur Darstellung der Vergangenheit von Historikern und Historikerinnen erstellt wurden. Die erstgenannten Karten werden als **Historische Karten**, die zweitgenannten als **Geschichtskarten** bezeichnet.

Historische Karten wurden mit den Mitteln, dem Wissen und den Erkenntnisinteressen der jeweiligen Zeit erstellt. Sie zeigen, was man damals von dem dargestellten Gebiet wusste und wie man das jeweilige Gebiet darstellen wollte. Was war den Kartenproduzenten und -auftraggebern wichtig? Wie sahen sie die Welt? Wie stellten sie die Welt dar?

Geschichtskarten dienen der besseren Darstellung eines Sachverhalts. Sie kombinieren in der Regel verschiedene Elemente, zeigen also z. B. die Entwicklung eines Staates innerhalb eines Gebietes, indem sie in unterschiedlichen Farben und Linien die Grenzen zu unterschiedlichen Zeitpunkten innerhalb einer Karte festhalten. Geschichtskarten können daher sehr viele Informationen über unterschiedliche Zeitpunkte und Zeiträume festhalten.

Das Lesen von Historischen Karten und von Geschichtskarten erfordert spezifische Anstrengungen und Kenntnisse. Bei Historischen Karten erschließen sich die Bilder, Zeichen und Symbole nicht immer unmittelbar. Häufig ist auf den ersten Blick nicht einmal erkenntlich, welchen Teil der Erde oder eines Landes sie überhaupt darstellen. In vielen Ländern stimmt die Darstellung mit den heutigen besseren geografischen Kenntnissen nicht überein. Vielfach werden Proportionen nicht beachtet oder Dinge dargestellt, die man heute nicht auf einer Karte erwarten würde. Dagegen besteht bei Geschichtskarten die Herausforderung eher in der zum Teil hohen Dichte an Informationen, die diese enthalten. Vor lauter Farben und Pfeilen ist manchmal nicht klar, was die Karte darstellen soll.

Weitere Anwendungsbeispiele finden Sie u.a. auf den Seiten 23, 55, 77, 103, 114 und 118.

Arbeitsschritt	Leitfragen
1. beschreiben	• Handelt es sich um eine Historische Karte oder eine Geschichtskarte? • Wann wurde die Karte erstellt und/oder veröffentlicht? • Wer hat die Karte erstellt und wer hat sie in Auftrag gegeben? • Welchen Raum gibt die Karte wieder? Welchen Zeitpunkt oder Zeitraum stellt sie dar? • Welche Darstellungsformen finden sich in der Karte (Symbole, Bilder, Text, Farbe)? • Welche Elemente im Raum zeigt die Karte (Flüsse, Städte, Straßen usw.)? • Zeigt die Karte auch Entwicklungen oder Ereignisse?
2. erklären	• *Historische Karten*: In welchen historischen/politischen Zusammenhang lässt sich die Karte einordnen? • *Geschichtskarten*: Welche Ursachen, Entwicklungen oder Zusammenhänge lassen sich aus der Karte ablesen?
3. beurteilen	• *Historische Karten*: An welchen Adressatenkreis wendet sich die Karte? Welchen Zweck verfolgt sie? Welche Vorstellung hatte der Zeichner/der Auftraggeber von der Welt? Worüber gibt die Karte keine Auskunft? • *Geschichtskarten*: Sind die dargestellten Sachverhalte richtig und vollständig? Gibt es Widersprüche in der Karte? Welche Sichtweise will die Karte vermitteln? Worüber gibt sie keine Auskunft?

Mit Karten arbeiten 49

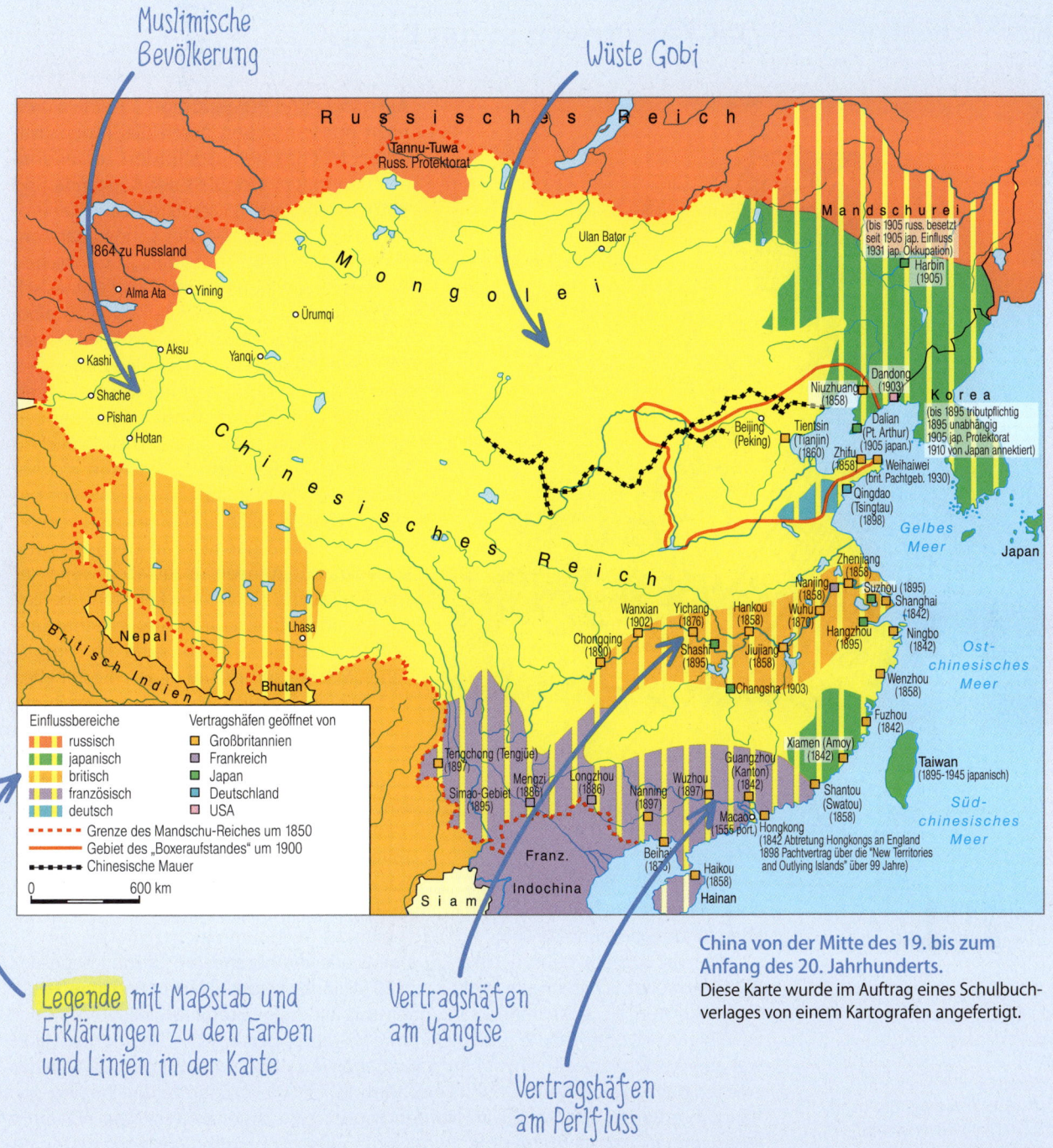

China von der Mitte des 19. bis zum Anfang des 20. Jahrhunderts.
Diese Karte wurde im Auftrag eines Schulbuchverlages von einem Kartografen angefertigt.

Annotations auf der Karte:
- Muslimische Bevölkerung
- Wüste Gobi
- Legende mit Maßstab und Erklärungen zu den Farben und Linien in der Karte
- Vertragshäfen am Yangtse
- Vertragshäfen am Perlfluss

1. Analysieren Sie die Karte mithilfe der Arbeitsschritte auf Seite 48. Ihre Ergebnisse können Sie mit der Lösungsskizze auf Seite 156 vergleichen.
2. Erklären Sie, welche Vorteile diese Karte gegenüber einer Darstellung derselben Sachverhalte in einem Text bietet.
3. Entwickeln Sie Vorschläge für eine andere Karte, welche China und seine Geschichte zwischen der Mitte des 19. und dem Beginn des 20. Jahrhunderts darstellt.

Das Kaiserreich in der Krise

Aufstände und Bürgerkriege | China wurde nicht nur von außen durch die imperialistischen Mächte herausgefordert, es erlebte auch im Innern eine Zeit der Aufstände und Bürgerkriege. Ab 1850 spitzte sich in der Provinz Guangxi im Süden des Landes der Konflikt mit der Bewegung des „Himmlischen Reiches des ewigen Friedens" (auf Chinesisch „*Taiping tianguo*" – daher der Name *Taiping*) zu. Ihr Anführer Hong Xiuquan erklärte sich 1851 zum König und führte Krieg gegen den Kaiser. Die Taiping-Bewegung war äußerst erfolgreich und eroberte binnen kürzester Zeit große Teile der südlichen und südöstlichen Provinzen des Reiches. 1853 richtete sie ihre Hauptstadt in Nanjing ein. Der Sturz der Qing-Dynastie erschien immer wahrscheinlicher. Da diese gar nicht in der Lage war, schlagkräftige Armeen aufzustellen, welche es mit den Taiping aufnehmen konnten, überließ sie Provinzgouverneuren Steuerrechte und griff sogar auf die Unterstützung der europäischen Mächte zurück, um gegen die Rebellen zu kämpfen. Letztlich war es daher ein Bündnis aus Provinzgouverneuren, dem Kaiser und Europäern, welches den Taiping-Staat besiegte. Den Europäern war es allemal lieber, einem schwachen Kaiser die Bedingungen zu diktieren, als mit einem selbstbewussten und militärisch erfolgreichen Rebellenstaat verhandeln zu müssen. Nanjing fiel 1864, und auch wenn die Rebellen in verschiedenen Regionen Chinas weiterhin einen Guerillakrieg führten, besaßen sie keine größere politische Bedeutung mehr (→M1).

Die Taiping-Bewegung führte zu einem der verheerendsten Bürgerkriege der Weltgeschichte. Schätzungen reichen von 20 Millionen bis zu 70 Millionen Toten. Beide Seiten führten die Auseinandersetzungen mit äußerster Brutalität, löschten immer wieder ganze Dörfer, Städte oder bestimmte Volksgruppen aus. Die Taiping-Rebellion war aber keineswegs der einzige Aufstand gegen das Kaisertum, welcher China in der zweiten Hälfte des 19. Jahrhunderts erschütterte. Fast gleichzeitig zu den Taiping-Anhängern erhoben sich weiter im Norden Bauern zum sogenannten *Nian-Aufstand*. Ihnen ging es vor allem um eine Verbesserung ihrer Lebensbedingungen, da durch Überschwemmungen die Bevölkerung in weiten Landstrichen verarmte. Zehntausende von Bauern forderten die kaiserlichen Truppen heraus und störten damit die Versorgungslinien der Armee, die weiter südlich gegen die Taiping-Rebellen kämpfte. Erst nach vielen Jahren gelang es, den Nian-Aufstand niederzuschlagen (1868). Noch langwieriger waren die *muslimischen Aufstände* in den westlichen und südwestlichen Grenzregionen Chinas. Von Mitte der 1850er- bis Mitte der 1870er-Jahre kämpften in Yunnan Muslime für einen muslimisch geprägten Staat. Im selben Zeitraum brachen in den innerasiatischen Gebieten Chinas Aufstände aus, die zwar unterschiedliche lokale Ursachen hatten, aber vom gemeinsamen muslimischen Glauben und der Distanz zum chinesischen Kaisertum geprägt waren. Auch wenn es gelang, all diese Aufstände niederzuschlagen, so war der Preis für das Kaiserreich doch hoch. In den Kriegen star-

„Tianwang, der Taipingkaiser." Zeitgenössischer Holzstich.

Hong Xiuquan (1814–1864): Der chinesische Revolutionär führte den Taiping-Aufstand an. Er sah sich als jüngerer Bruder Jesu Christi und verband christliche mit chinesischen religiösen Vorstellungen. 1851 nahm er den Titel „Himmlischer König" („Tianwang") an.

Provinzgouverneure: hohe Zivilbeamte in den Provinzen, die große Macht besaßen und politische Führungsrollen einnahmen

ben Millionen von Menschen und ganze Landstriche wurden verwüstet. Gleichzeitig zeigten die Kriege, dass der Kaiser ohne Unterstützung durch ausländische Mächte und mächtige Provinzherrscher nicht mehr in der Lage war, sein Reich zu kontrollieren (→M2 und M3).

Migration ins Ausland | Auswanderung war in China zwar ein altbekanntes Phänomen, aber der Charakter der Auswanderung änderte sich seit der Mitte des 19. Jahrhunderts.[1] In den vorhergehenden Jahrhunderten waren häufig wohlhabende Kaufleute in den südostasiatischen Raum emigriert, um dort Dependancen ihrer Geschäfte zu eröffnen. Nun aber verließen arme Bauern oder verschuldete Städter das Land, weil sie keinen anderen Weg sahen, um sich ihren Lebensunterhalt zu verdienen. Außerdem erweiterten sich die Ziele der Auswanderer. Zwar blieb Südostasien ein wichtiges Ziel, aber Nord- und Südamerika und die Karibik wurden nun auch zu Regionen, in die Chinesen migrierten. Die Veränderung der sozialen Struktur der Auswanderer und die Ausweitung der Zielregionen führten dazu, dass viel mehr Chinesen in viel mehr Länder auswanderten als jemals zuvor. Die Auswanderung wurde auch dadurch erleichtert, dass die chinesische Regierung ihre ablehnende Haltung aufgab. Auswanderung war in China bis Mitte des 19. Jahrhunderts streng verboten, auch wenn sie vielerorts stillschweigend toleriert wurde. In der Vereinbarung von Beijing, welche den Zweiten Opiumkrieg[2] beendete, verpflichtete sich das Kaiserreich nun, seinen Untertanen die Ausreise nicht mehr zu untersagen. Die sogenannte Öffnung Chinas durch die Opiumkriege hatte also nicht nur das Eindringen von ausländischen Händlern, Missionaren und Militärs zur Folge, sondern auch einen erheblichen Anstieg der Auswanderung aus China.

Die wichtigsten Ziele auf der anderen Seite des Pazifiks waren Peru, Kuba und die USA. Nach Kuba und Peru kamen in der zweiten Hälfte des 19. Jahrhunderts jeweils ca. 100 000 Chinesen. In die USA wanderten in der zweiten Hälfte des 19. Jahrhunderts etwa 350 000 Chinesen ein und in der ersten Hälfte des 20. Jahrhunderts schätzungsweise 250 000. Die Auswanderer nach Peru und Kuba hatten in China Verträge unterzeichnet, in denen sie sich verpflichteten, acht Jahre für den Besitzer des Vertrages zu arbeiten. Die Unterzeichner hatten die Verträge zwar nicht lesen können, sie wurden aber dennoch unter Androhung schwerster Strafen unter sklavenähnlichen Bedingungen nach Peru und Kuba gebracht und mussten dort wie Sklaven auf Zucker- und Baumwollplantagen arbeiten. Während in Peru viele Chinesen nach acht Jahren die Freiheit erlangten und sich häufig als Koch oder Kleinhändler in den Städten niederließen, wurden auf Kuba, wo die Sklaverei noch nicht abgeschafft war, die meisten Chinesen versklavt (→M4). In den USA lebten die Chinesen in den Westküstenstaaten, zum Beispiel Kalifornien, wo sie eine wichtige Rolle in der Erschließung der westlichsten Teile der USA spielten. Verkappte Sklaverei wie auf Kuba und in Peru hatte in den USA keine große Bedeutung. Die Chinesen wurden zwar diskriminiert und schlecht behandelt, sie fanden aber im Eisenbahnbau, in der Landwirtschaft und in den schnell wachsenden Städten der Westküste zahlreiche Möglichkeiten, um ihr Leben in der für sie so fremden Welt zu gestalten.

Rückzug aus Südostasien | Die Bürgerkriege im Innern und die verlustreichen Niederlagen gegen die ausländischen Invasoren führten dazu, dass China seine Stellung als asiatische Großmacht verlor. In Südostasien hatte China lange Zeit bedeutenden Einfluss ausgeübt. Die heutigen südostasiatischen Länder Myanmar, Thailand, Laos, Kambodscha und Vietnam gehörten zur Einflusssphäre Chinas.[3] Schon in der ersten Hälfte des 19. Jahrhunderts aber hatten französische Händler in Kambodscha und im

---

[1] Zum Thema „Migration" siehe auch das gleichnamige Kernmodul auf den Seiten 16 bis 19.
[2] Lesen Sie hierzu nochmals Seite 41f. im Kapitel „Europäische Interventionen in China".
[3] Siehe dazu auch Seite 22 im Kapitel „Die Blütezeit der Qing-Dynastie".

1.4 Pflichtmodul: China und die imperialistischen Mächte

China (heute).

▶ Benennen Sie die Länder, die an China grenzen.

▶ Erläutern Sie Ähnlichkeiten und Unterschiede zu den Grenzen Chinas in der zweiten Hälfte des 19. Jahrhunderts (siehe dazu die Karte auf Seite 49).

südlichen Vietnam Geschäfte eröffnet. Ab den 1860er-Jahren begann Frankreich Teile Vietnams zu besetzen. Anfang der 1880er-Jahre befand sich das gesamte Land unter französischer Kontrolle. Die Franzosen hatten nicht nur die einheimischen Herrscher entmachtet, sondern auch den Einfluss der chinesischen Regierung beendet. Diese suchte daraufhin die militärische Konfrontation, da sie davon ausging, dass die Militärreformen seit dem Zweiten Opiumkrieg die chinesischen Streitkräfte in die Lage versetzen würden, den Franzosen Einhalt zu gebieten. Das war allerdings ein schwerer Irrtum. Im *Chinesisch-Französischen Krieg* von 1884/85 hatte die französische Marine keinerlei Probleme, die nach 1860 gebauten Schlachtschiffe der Chinesen zu versenken, ohne dass auch nur ein französisches Kriegsschiff zerstört worden wäre. Vietnam blieb bei Frankreich, das in den folgenden Jahrzehnten sein Kolonialreich in Südostasien noch vergrößern sollte. China verlor seine südostasiatischen Vasallenstaaten und musste erkennen, dass es auch 25 Jahre nach dem Zweiten Opiumkrieg der modernen europäischen Kriegsmarine nicht gewachsen war.

Die Beziehungen zu Russland | Die einzige europäische Macht, mit der es China in der zweiten Hälfte des 19. Jahrhunderts aufnehmen konnte, war Russland. Zwar hatte das „Reich der Mitte" nach dem Opiumkrieg die Gebiete der Äußeren Mandschurei an Russland abtreten müssen, aber in den folgenden Jahrzehnten kam es zu keinen größeren Grenzverschiebungen mehr. Dies war durchaus nicht selbstverständlich, denn Russlands Expansion gen Osten gewann im 19. Jahrhundert an Dynamik, und das Zarenreich versuchte immer größere Gebiete Nord- und Zentralasiens zu kontrollieren. Im äußersten Westen Chinas versuchte Russland sich den Konflikt zwischen Beijing und den Muslimen in Xinjiang zunutze zu machen und schickte Truppen, die Anfang der

1870er-Jahre einen Teil der Provinz besetzten. China drohte nun also auch in Zentralasien einen Teil seines Herrschaftsgebiets zu verlieren. Auch hier entschied sich der Kaiser, sein Reich mit aller Macht zu verteidigen, und schickte Truppen. Anders als in den Konflikten mit Frankreich und Großbritannien behielten dieses Mal die Chinesen die Oberhand. Russland musste sich aus Xinjiang zurückziehen. 1881 unterzeichneten China und Russland in Petersburg einen Vertrag, welcher die Grenzfragen zwischen beiden Ländern regelte. Der Krieg mit Russland zeigte, dass China bei Auseinandersetzungen zu Land einer europäischen Macht standhalten konnte.

Der Aufstieg Japans | Auch Japan geriet Mitte des 19. Jahrhunderts in das Visier der USA und europäischer Mächte. Zwischen 1854 und 1861 schloss Japan Verträge mit den USA, Großbritannien, Frankreich, Preußen und Russland, die den von China geschlossenen ungleichen Verträgen mit den imperialistischen Mächten ähnelten. Japan öffnete eine Reihe von Häfen für den Handel mit den Vertragspartnern, erlaubte deren Untertanen, in diesen Hafenstädten zu siedeln, gewährte ihnen Extraterritorialität, sodass sie nicht von der japanischen Justiz belangt werden konnten, und legte niedrige Importzölle fest. Dennoch gelang Japan in den folgenden Jahrzehnten eine atemberaubende Verwandlung von einem Agrarland in eine industrialisierte Gesellschaft. Ausgangspunkt war die *Meiji-Restauration* 1868. Sie bezeichnet den Aufstand einer Reihe von Adligen (*shogun*), welche die Herrschaft der Adligen, das *Shogunat*, abschafften und stattdessen dem Kaiser (*tenno*) zum mächtigsten Mann des Landes machten. Der Kaiser hatte zuvor lediglich symbolische und zeremonielle Bedeutung, nun aber wurde er zum wirklichen Machthaber Japans. Der erst 1867 auf den Thron gelangte *Mutsuhito* gab sich als Regierungsnamen und -devise „Meiji", sodass man die Zeit als Meiji-Restauration bezeichnet.

Die Entmachtung der Adligen war lediglich der Anfang zahlloser Veränderungen. Die gesamte politische Ordnung wurde umgewälzt und auf den Kaiser ausgerichtet. Dies bedeutete die Entmachtung des Adels, Machtkonzentration in der Hauptstadt und den Aufbau einer effektiven Verwaltung. Der Kaiser sicherte sich durch Steuerreformen umfangreiche Einnahmen, wobei die Steuern vor allem von den Grundbesitzern zu entrichten waren. Gleichzeitig förderte die Regierung den Aufbau von Industrieunternehmen und die Einrichtung von Banken. Die industrielle Dynamik wurde auch dadurch angekurbelt, dass nun jeder Japaner frei wählen konnte, welcher Arbeit er nachging und wo er leben wollte. Die Bindung an den Boden und den Berufsstand wurden abgeschafft. Das Reformprogramm hatte zum Ziel, Japan militärisch zu stärken, damit es nicht dasselbe Schicksal wie China erleiden würde. Die Streitkräfte wurden daher umfassend reformiert. Dies betraf die Bewaffnung, den Aufbau einer eigenen Rüstungsindustrie sowie die Ausbildung in moderner Militärstrategie und -taktik. Dazu wurden Militärberater ins Land geholt, Militärakademien gegründet und Militärmissi-

Meiji-Kaiser. Darstellung von 1888.

▶ Beschreiben Sie, was für Kleidung der japanische Kaiser trägt. | **F**

▶ Diskutieren Sie, warum er diese Art von Kleidung trägt. | **H**

onen ins Ausland geschickt, die dort die neuesten Entwicklungen studieren sollten. Die Umwandlung Japans betraf aber nicht nur die politische Ordnung, die Wirtschaft und das Militärwesen. Sie umfasste fast alle Aspekte des gesellschaftlichen Lebens. Schulen und Universitäten wurden gegründet oder reformiert, und unzählige Japaner reisten im Auftrag der Regierung nach Europa, um sich dort das neueste Wissen anzueignen und nach Japan zu bringen. Selbst Mode und Musik aus Europa wurde übernommen, sodass Japan den sich industrialisierenden europäischen Ländern in vielerlei Hinsicht zu ähneln begann. Die Meiji-Reform führte zu einem gewaltigen Industrialisierungsschub. Zwischen 1875 und 1913 stieg die japanische Kohleförderung um mehr als das Dreißigfache, die Zahl der japanischen Dampfschiffe (die wie die Eisenbahn diese Kohle benötigten) stieg zwischen 1873 und 1913 fast um das Sechzigfache, und das Eisenbahnnetz, mit dessen Bau 1872 begonnen wurde, hatte 1914 eine Länge von über 11 000 km, war also über sechs Mal so lang wie die heutige Eisenbahnstrecke von Hannover nach Moskau (➜M5).

Der Japanisch-Chinesische Krieg (1894/95) | Die Industrialisierung Japans verwandelte das Land im Vergleich zu China in eine militärische Großmacht. Schon in den 1870er-Jahren hatte Japan sein Selbstbewusstsein demonstriert, als es die *Ryukyu-Inseln* annektierte. Diese Inseln bilden heute als Okinawa einen Teil Japans, wurden aber vor 1870 von China als tributpflichtiges Vasallenreich betrachtet. Nach der erfolgreichen Ausdehnung gen Süden richtete sich Japans Interesse nach *Korea* im Westen. Korea gehörte auch zum Machtbereich der Qing, auch wenn Japaner dort zunehmend Wirtschaftsinteressen verfolgten. Japan und China stritten daher seit vielen Jahren um den Einfluss auf der koreanischen Halbinsel. 1894 kam es schließlich zum Krieg, der ähnlich wie der Krieg mit Frankreich zehn Jahre zuvor und die beiden Opiumkriege in einem Debakel für die chinesischen Streitkräfte endete. Erneut war die Kriegsmarine dem Feind hoffnungslos unterlegen, sodass es den Chinesen auch unmöglich war, über See ihre Landtruppen dorthin zu bringen, wo sie benötigt wurden. Im Vertrag von 1895 wurde Korea als unabhängiges Land de facto Japan unterstellt. An Japan fiel auch das heutige Taiwan. Japan erhielt darüber hinaus so umfangreiche Reparationszahlungen, dass seine militärische Überlegenheit über China für Jahrzehnte gesichert wurde. Die Expansion Japans stellte für China einen ebenso großen Schock dar wie die verlorenen Opiumkriege. Denn Japan war es innerhalb von wenigen Jahrzehnten gelungen, seine ökonomische und militärische Unterlegenheit gegenüber den europäischen Mächten wettzumachen. Daher bedrohte nun ein unmittelbarer Nachbar die Integrität des Kaiserreiches, was deutlich gefährlicher sein musste als die Auseinandersetzungen mit weit entfernten Ländern (➜M6).

Die Erfolge Japans und die Schwäche Chinas riefen auch die europäischen Mächte auf den Plan. Das Deutsche Kaiserreich besetzte 1897 die Bucht von *Kiautschou* und schloss ein Jahr später mit China einen Pachtvertrag, demzufolge das Gebiet für 99 Jahre unter deutscher Herrschaft stehen sollte. Kiautschou mit seiner Hauptstadt Qingdao wurde damit zu einer deutschen Kolonie in Ostasien. Andere europäische Länder pachteten daraufhin ebenfalls Gebiete von China. Lediglich die russische Expansion kam schon bald ins Stocken. Denn die territorialen Ambitionen des Zarenreiches gerieten mit japanischen Interessen in Konflikt. 1904 kam es zum Krieg, den Japan schnell für sich entscheiden konnte. Russland trat im *Friedensvertrag von Portsmouth* 1905 nicht nur die südliche Hälfte der Sacharin-Inseln ab, sondern akzeptierte auch die Vorherrschaft Japans in Korea.

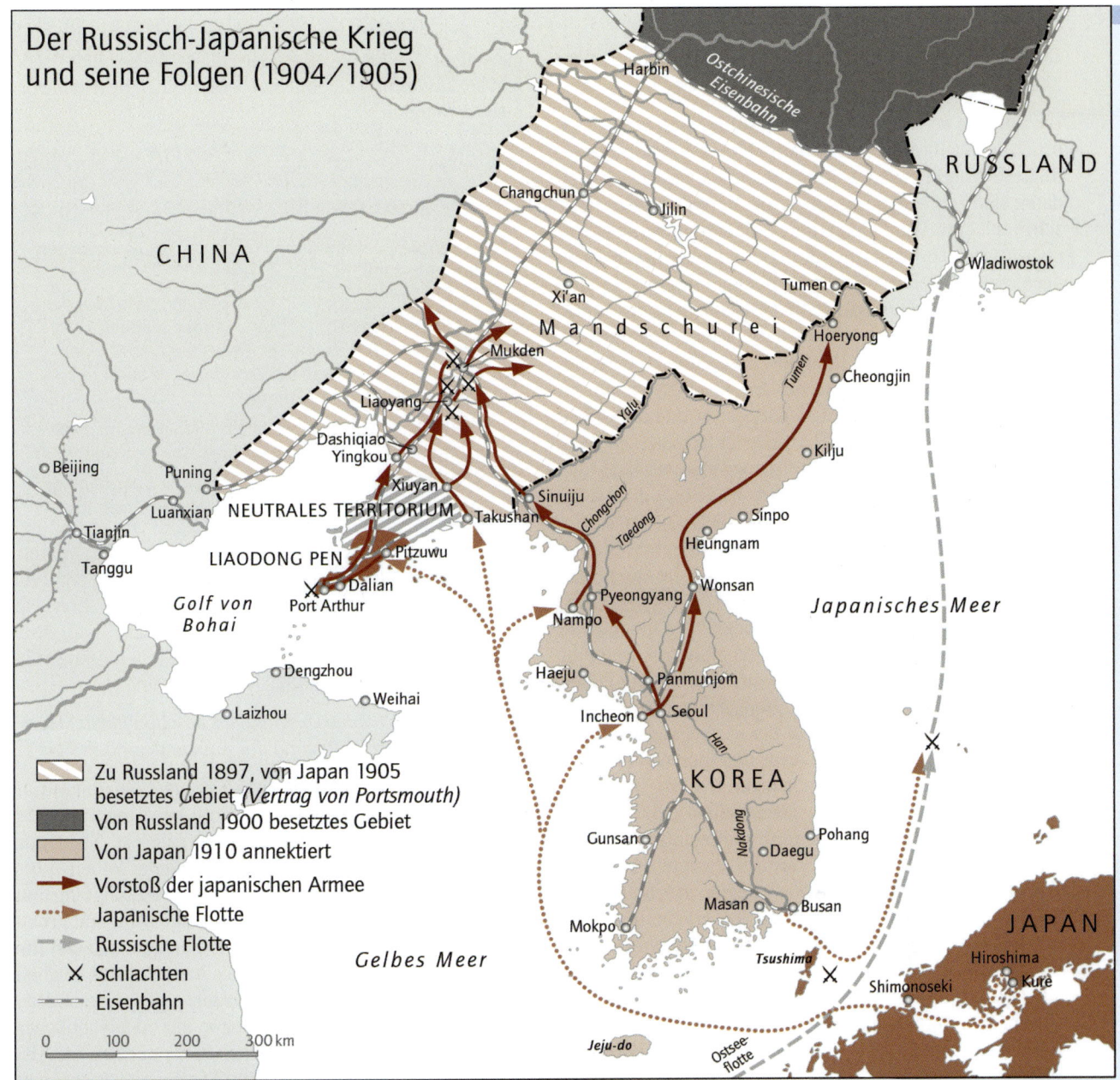

Der Russisch-Japanische Krieg (1904/05).
Dargestellt ist lediglich der südöstliche Teil der inneren Mandschurei, der unter japanischer Kontrolle stand, auch wenn dort nicht viele Truppen stationiert waren. Korea wurde 1910 eine japanische Kolonie.

▶ Beschreiben Sie anhand der Karte die Bewegungen der japanischen Armee und die im Anschluss an den Krieg vorgenommenen Grenzverschiebungen.
▶ Stellen Sie Überlegungen zur Bedeutung der Kriegsmarine für den Verlauf des Krieges an.
▶ Finden Sie im Internet heraus, welche Staaten heute auf der koreanischen Halbinsel existieren und welcher Krieg diese Staaten hervorbrachte.

M1 Der Taiping-Aufstand

Der Sinologe Klaus Mühlhahn charakterisiert die Taiping-Rebellion:

Die Anfänge der Taiping-Rebellen waren ähnlich dem Ausbruch der Weißer-Lotus-Rebellion[1]: Von den Behörden verfolgte Sektierer wagten offene Revolten und gewannen damit eine große Gefolgschaft, die die Herrschaft der Mandschu[2] ablehnte. Was jedoch Hong Xiuquan[3] und seine Männer unterschied, war nicht nur ihr christlicher Glaube, sondern auch ihr Ehrgeiz, einen neuen konkurrierenden Rebellenstaat (*guo*) zu gründen. [...] Nachdem Hongs Armee im März 1853 Nanjing erobert hatte, wurde die Stadt zur Hauptstadt des Taiping Tianguo[4]. Das zeigte dem Mandschu-Hof, wie ernst die Krise war. Mit Entsetzen erfuhr er, dass die Taiping-Soldaten die Stadt besetzt und die einheimische Bevölkerung, 50000 Mitglieder der Banner-Truppen[5] und deren Familien, gnadenlos niedergemetzelt hatten. Der Hof drohte die Kontrolle über große Teile Südchinas zu verlieren, einschließlich wichtiger Handelszentren, strategischer Infrastrukturanlagen und historischer Städte. Es schien, als würde sich ganz China gegen die Qing-Herrschaft erheben. [...] Mit der Ankunft von Hong Rengan, dem in Hongkong ausgebildeten Cousin von Hong Xiuquan, in Nanjing und seiner Regierungsübernahme im Frühjahr 1859 als sogenannter Schildkönig wurde die Taiping-Politik systematischer und gemäßigter. Hong Rengan stellte sich das zukünftige China als „Land des Wohlstands und der Zivilisation" vor. Dies wollte er erreichen, indem er China zu einer globalen Industrienation machte. Er förderte die Einrichtung von Krankenhäusern, Eisenbahnen, Schulen, Banken, Zeitungen, Dampfschiffen und Waffenfabriken sowie eines Landsystems, durch das ärmere Regionen Hilfe aus den Überschüssen wohlhabenderer Regionen erhalten sollten. Für die Regierung wurden viele kaiserliche Institutionen kopiert, darunter die Sechs Ministerien (*liu bu*). Am bemerkenswertesten ist, dass die Taiping ein neues Prüfungssystem für die Auswahl loyaler Beamter etablierten, obwohl die Prüfungen so eng mit dem Imperium und der konfuzianischen Lehre verbunden waren. [...] Der Taiping-Staat war eine Mischung von einheimischen und exogenen Institutionen, der das Repertoire von Protest und Aufstand der mittleren Qing-Zeit mit Ideologien westlicher Herkunft verband, welche mittels Übersetzung und Transfer in das Reich gelangt waren. Diese hybriden reformistischen Programme verschafften dem Taiping-Staat unter Revolutionären und Gelehrten des 20. Jahrhunderts den Ruf, Chinas erster moderner revolutionärer Staat gewesen zu sein. Diese Experimente ebneten auch den Weg für spätere Regierungen, die auf die eine oder andere Weise chinesische und ausländische Komponenten in ähnlichen hybriden Formeln verbanden.

Klaus Mühlhahn, Geschichte des modernen China. Von der Qing-Dynastie bis zur Gegenwart, München 2021, S. 155–160

---

[1] Zur Weißer-Lotus-Sekte siehe auch Seite 26.
[2] **Mandschu**: aus der Mandschurei stammende Dynastie der Qing-Kaiser
[3] Zu Hong Xiuquan siehe Seite 50.
[4] **Taiping Tianguo**: Name des christlichen Staates der Taiping-Rebellen
[5] **Banner-Truppen**: kaiserliche Armee

---

1. Fassen Sie die wichtigsten Punkte des Textes in eigenen Worten zusammen.
2. Informieren Sie sich im Internet oder in Lexika über den Anführer des Taiping-Aufstandes Hong Xiuquan. Überlegen Sie, warum er und seine Überzeugungen eine große Anziehungskraft auf Zehntausende ausübten. Erklären Sie mögliche Gründe.
3. Erläutern Sie die Pläne der Taiping-Rebellen und die Behauptung, diese seien „hybrid" gewesen (vgl. Zeile 41).
4. Setzen Sie sich mit der These auseinander, der Taiping-Staat sei der erste „moderne revolutionäre Staat" in China gewesen (vgl. Zeile 44).
5. Erörtern Sie, inwiefern der Taiping-Aufstand auch eine Folge des langen Kulturkontaktes mit Europa ist.

M2 Der Machverlust des Kaisers

Die Historikerin Sabine Dabringhaus beschreibt den Machtverlust des Kaisers aufgrund der Aufstände und Kriege:

In der Abwehr der Aufstände von Taiping, Nian und Muslimen hatte der qingkaiserliche Zentralstaat noch einmal seine ganzen militärischen Kräfte mobilisiert. Nicht nur Qing-Truppen waren an der Vernichtung der Rebellen beteiligt gewesen. Provinzgouverneure wie Zuo Zongtang und Li Hongzhang hatten Privatarmeen aufgestellt, und große Teile der ländlichen Gentry hatten in den betroffenen Regionen Lokalmilizen organisiert. Es handelte sich folglich nicht mehr nur um traditionelle Bauernaufstände, sondern um Bürgerkriege, die auf allen Seiten mit ungewöhnlicher Grausamkeit und einem neuartigen ideologischen Fanatismus geführt wurden. [...] Die Qing-Regierung zog regional sehr unterschiedliche Konsequenzen: Da sie die kontinentale Peripherie als wichtigen Lebensnerv ihres Imperiums betrachtete, verstärkte sie hier ihre Kontrolle. In den Küstenregionen Chinas hingegen übernahm die Lokalgesellschaft die Initiative. Reiche Familien waren vor den Taiping nach Shanghai geflohen. Dort entstanden unter den Bedingungen der Treaty-Port-Strukturen neue kommerzielle Netze. Die städtischen Zentren entwickelten sich zunehmend unabhängig von den ländlichen Gebieten, deren Militarisierung die Zersplitterung Chinas in regionale Großeinheiten rivalisierender Kriegsherren nach dem Zusammenbruch dynastischer Herrschaft im frühen 20. Jahrhundert vorbereitete.

Sabine Dabringhaus, Geschichte Chinas. 1279–1949, Berlin/Boston ³2015, S. 64

1. Geben Sie den Text in eigenen Worten wieder.
2. Erklären Sie, worin sich der Machtverlust des Kaisers nach Niederschlagung der Aufstände ausdrückt. | H
3. Diskutieren Sie, warum die Vertragshäfen (Treaty Ports) eine Art Eigenleben innerhalb von China entwickelten. | H

M3 Machtgewinn der Militärs

Der Sinologe Helwig Schmidt-Glintzer (*1948) beschreibt die Veränderung der Stellung des Militärs in der zweiten Hälfte des 19. Jahrhunderts:

Die vier Jahrzehnte zwischen den Aufständen in der Mitte des 19. Jahrhunderts und dem Zusammenbruch der Qing-Dynastie[1] waren eine Periode der Transformation innerhalb der chinesischen Gesellschaft. [...] Eine neue Gruppe von Militärs hatte sich im Zuge der Unterdrückung der Aufstände zwischen 1850 und 1874 gebildet, und man kann von einer „Militarisierung" der Gesellschaft sprechen. Generäle wie Li Hongzhang (1823–1901) suchten sich die Offiziere zunehmend nach Tüchtigkeit aus, sodass eine immer größere Zahl militärischer Führungskräfte keinen Prüfungsrang mehr besaß. So hatten nur noch 12 Prozent der Offiziere der Huai-Armee[2] und nur höchstens 30 Prozent der zentralen Armeeführung dieser Armee einen bei einer Staatsprüfung erlangten Rang. Damit wurde für soziale Anerkennung, Macht und schließlich auch Reichtum eine hohe militärische Stellung wichtiger als ein Prüfungsrang. Bemerkenswert ist aber auch, dass für die meisten die Militärkarriere nur eine Zwischenstation zu einer Stellung in der Bürokratie war, deren höchste zumeist der Gouverneursposten war. Darin spiegelt sich, dass auch am Ende des 19. Jahrhunderts eine zivile Position immer noch angesehener war als eine militärische. Die Militärs waren es auch, die der westlichen Technologie am aufgeschlossensten gegenüberstanden.

Helwig Schmidt-Glintzer, Kleine Geschichte Chinas, Frankfurt am Main 2008, S. 144f.

1. Geben Sie die wichtigsten Aussagen des Textes wieder.
2. Erläutern Sie, warum ein Prüfungsrang in Qing-China wichtig war und warum er im Zusammenhang mit den Kriegen an Bedeutung verlor.
3. Setzen Sie sich mit der Frage auseinander, warum die Armee der „westlichen Technologie" aufgeschlossen gegenüberstand.

M4 Migration ins Ausland

Im 19. Jahrhundert migrieren Millionen Chinesinnen und Chinesen ins Ausland. Viele lassen sich in Südostasien nieder, andere verschlägt es nach Südamerika, die Karibik oder in die USA. Vor allem nach Peru und nach Kuba kommen viele von ihnen als eine Art Sklaven. China schickt eine Kommission nach Kuba, um die dortige Lage zu untersuchen. Die Kommission hält zahlreiche Klagen der Chinesinnen und Chinesen schriftlich fest:

Die Petition von Ren Shizhen und zwei anderen besagt: „Wir wurden hier an Plantagen verkauft, wo wir acht Jahre lang unter Hunger und Grausamkeit litten. Da wir gezwungen waren, zusätzliche Nahrung und Kleidung im Laden der Plantage zu kaufen, sparten wir nichts. Und als wir am Ende der Vertragslaufzeit dachten, wir könnten andere und besser bezahlte Arbeit erhalten, sodass wir in einigen Jahren genug für die Überfahrt nach Hause zusammenbekommen könnten, lieferte uns unser Arbeitgeber beim Depot ab, von wo wir am nächsten Tag in Ketten zur Arbeit auf die Straßen geschickt wurden. Wir erhielten keinen Lohn und wurden in jeder Hinsicht wie Strafgefangene behandelt. Danach wurden wir gezwungen, neue Verträge zu unterzeichnen und in den Dienst von Pflanzern zu treten. Von dem Lohn, den diese zahlten, behielt der Beamte $10 von $15 für sich, während er uns von $30 nur $6 aushändigte.[3] Und als diese neuen Verträge abgelaufen waren, wurden wir wieder den Depots übergeben. In diesen verbrachten wir mehrere Monate, danach wurden uns neue Verträge aufgezwungen, sodass uns infolge dieser aufeinanderfolgenden Anstellungen nicht ein Tag der Freiheit gewährt wurde." [...]

Die Petition von Yu Axia besagt: „Ich wurde an eine Eisenbahngesellschaft verkauft mit einer Anstellung für acht Jahre. Aber obwohl dieser Zeitraum vor sieben Jahren abgelaufen ist, ist kein Entlassungsschreiben für mich ausgestellt worden. Ich möchte manchmal draußen spazieren gehen, aber ich kann es nicht, denn ich habe Angst, dass mein Herr es erfährt und dass er mich prügelt, in Ketten legt und misshandelt." [...]

Zitiert nach: Thoralf Klein, Geschichte Chinas. Von 1800 bis zur Gegenwart, Paderborn ²2009, S. 363

1. Fassen Sie die Kernaussagen des Textes zusammen.
2. Arbeiten Sie heraus, wie man die Chinesinnen und Chinesen zur Arbeit zwang.
3. Diskutieren Sie, ob die Chinesinnen und Chinesen Sklaven waren oder nicht.

---

[1] 1911
[2] **Huai-Armee:** Armee, die der Kaiser zur Niederschlagung der Taiping-Rebellion aufstellte

[3] Die kubanische Währung war der Peso, der einem spanischen Silberdollar entsprach und später einem US-amerikanischen Dollar.

M5 Warum Japan sich industrialisierte

Der Historiker Jürgen Osterhammel nennt Gründe für Japans Industrialisierung im 19. Jahrhundert:

Während man für Indien und China mehr als ein Jahrhundert lang die Frage diskutiert hat, warum sie sich trotz mancher guter Voraussetzungen nicht auf dem Normalpfad wirtschaftlich entwickelt hätten, rätselt man für Japan
5 darüber, warum es dort „geklappt" hat. Um die Mitte des 19. Jahrhunderts war die japanische Gesellschaft in hohem Maße urbanisiert und kommerzialisiert. Es gab starke Tendenzen zur Integration eines nationalen Marktes. Die Grenzen des Staates waren durch seine Insellage eindeutig
10 definiert. Es herrschte innerer Frieden, und eine kostspielige Verteidigung nach außen war unnötig. Das Land war bis auf die Lokalebene hinunter ungewöhnlich gut verwaltet. Man hatte Erfahrung mit dem Management begrenzter natürlicher Ressourcen. Der kulturelle Entwicklungsstand
15 der Bevölkerung, ablesbar an der geschätzten Rate derjenigen, die lesen und schreiben konnten, war nicht nur nach asiatischen Maßstäben ungewöhnlich hoch. Japan verfügte also über ausgezeichnete Voraussetzungen für die Anpassung an neue Technologien und an neue Organisations-
20 formen der Produktion. Allerdings wäre es oberflächlich, hier nur eine objektive Logik industriellen Fortschritts zu sehen. Auch waren die Voraussetzungen in Japan nicht unbedingt entscheidend besser als in einigen Teilen Chinas oder Indiens. Entscheidend war der Charakter der japani-
25 schen Industrialisierung als *politisches* Projekt, das gemeinsam von Staat und Unternehmern realisiert wurde. Der Sturz des Tokugawa-Shogunats und die Errichtung der Meiji-Ordnung im Jahre 1868 waren weniger das Resultat von Veränderungen in Wirtschaft und Gesellschaft als eine
30 Reaktion auf die plötzliche Konfrontation des Landes mit dem Westen. Die Industrialisierung Japans, die erst danach begann, war Teil einer umfassenden Politik der nationalen Erneuerung, des umfassendsten und ehrgeizigsten Vorhabens dieser Art, das jemals im 19. Jahrhundert in Angriff
35 genommen wurde, ohne dass ihm ein ausformulierter strategischer Plan zugrunde gelegen hätte. Das genaue Studium der westlichen Machtstaaten hatte der japanischen Elite gezeigt, dass industrieller Aufbau ein Schlüssel zu nationaler Stärke sein würde. Folglich wurden die ersten
40 industriellen Projekte ähnlich wie in China, aber mit zentraler Koordination und unter schwächerem ausländischem Druck, von der Regierung in Tokyo initiiert und anfänglich unter Einsatz kostbarer Devisen gefördert. Dies geschah ohne nennenswerte Beteiligung von Auslandskapital.

Jürgen Osterhammel, Die Verwandlung der Welt. Eine Geschichte des 19. Jahrhunderts, München 2009, S. 947 f.

1. Fassen Sie die wichtigsten Gründe für die Industrialisierung Japans nach Osterhammel zusammen. | F
2. Erläutern Sie, was Osterhammel mit „Industrialisierung als *politisches* Projekt" (Zeile 25) meint. | F
3. Beurteilen Sie mithilfe des Textes, inwiefern die wirtschaftliche Entwicklung eines Landes von seinem politischen System abhängt.

M6 Der Aufstieg Japans

*Der Japanologe Christian Oberländer (*1966) erläutert die Konflikte zwischen Japan und China im Zeitalter des Imperialismus:*

Japan konnte zunächst nur in Asien eine eigene außenpolitische Tätigkeit entfalten. Die führenden Männer der Meiji-Restauration und prominente Intellektuelle nahmen dabei eine ambivalente Haltung ein. Einerseits riefen sie zu
5 einer panasiatischen Solidarität auf, die sich gegen den aggressiven Imperialismus des Westens richten sollte. Andererseits unternahm Japan bereits in den 1870er-Jahren außenpolitische Schritte, die ein Gefühl der Überlegenheit gegenüber seinen asiatischen Nachbarn erkennen ließen.
10 Japan gerierte sich zunehmend als Vormacht in Asien, die ihre zurückgebliebenen Nachbarn in die Moderne und damit zu einer allerdings erst später zu erwartenden Gleichberechtigung führen würde. Nachdem die westlichen Mächte die Öffnung Japans, d.h. seinen Eintritt in die Welt
15 moderner internationaler Beziehungen, erzwungen hatten, nahm Japan mit seinen asiatischen Nachbarn ähnliche Beziehungen auf. Japan und China stellten 1871 diplomatische Beziehungen her und beendeten damit den seit dem 17. Jahrhundert andauernden Zustand fehlender offizieller
20 Kontakte zwischen beiden Ländern, der sich entwickelt hatte, weil China auf der Unterwerfung seiner Partner beharrt, Japan jedoch eine nachrangige Stellung abgelehnt hatte. Die jetzt aufgenommenen Beziehungen beruhten auf der Gleichberechtigung beider Partner [...] Dies bedeutete
25 ein Novum für die internationale Ordnung in Asien, die bis dahin von China geprägt und hierarchisch organisiert war. Japan erreichte zwar sein unmittelbares Kriegsziel [im Japanisch-Chinesischen Krieg], da China im Frieden von Shimonoseki 1895 Korea als unabhängigen Staat anerken-
30 nen musste. Es gelang Japan jedoch nicht, seine militärischen Erfolge auch in die gewünschten territorialen Gewinne umzumünzen. Zwar erhielt Japan von China laut Friedensvertrag neben einer stattlichen Kriegsentschädigung die Insel Taiwan und einige ihrer Nachbarinseln sowie die Liaodong-Halbinsel und das Recht, eine Eisenbahn
35 in der südlichen Mandschurei zu bauen. [...] Doch der Gewinn des heißersehnten Stützpunkts auf dem asiatischen Kontinent, der Liaodong-Halbinsel [...] blieb ihm versagt. Denn die japanische Regierung musste bald erkennen, dass

die Früchte ihres Sieges gefährdet waren, wenn die anderen in China aktiven Mächte sie nicht akzeptierten und China sich um eine ausländische Intervention zu seinen Gunsten bemühte. [Schließlich] intervenierte der russische Vertreter in Tokyo mit der Unterstützung seines französischen und seines deutschen Kollegen, indem er dem japanischen Außenminister Mutsu Munemitsu am 23. April 1895 erklärte, dass die vorgesehene Abtretung der Halbinsel Liaodong seine Regierung beunruhige, weil dadurch Beijing bedroht und der Friede in Asien gefährdet würde. Mit diesem als Triple-Intervention bezeichneten Eingreifen wurde Japan „geraten", die Liaodong-Halbinsel bei China zu belassen.

Christian Oberländer, „Von den Ungleichen Verträgen zur Großmacht. Japans Weg zum modernen Nationalstaat", in: Josef Greiner, Geschichte Japans, Ditzingen 2018, S. 260–331, hier: S. 268–275

1. Charakterisieren Sie die außenpolitischen Folgen der Modernisierung Japans.
2. Erläutern Sie, wie sich das Verhältnis zwischen Japan und China in der zweiten Hälfte des 19. Jahrhunderts veränderte.
3. Diskutieren Sie die Positionen Chinas und Japans gegenüber den europäischen Mächten und den USA.

Erster Japanisch-Chinesischer Krieg.
Karikatur aus der Zeitschrift „Punch" vom 29. September 1894.

▶ Beschreiben Sie die Karikatur.
▶ Erklären Sie, für welches Land jeweils die beiden Männer stehen. Begründen Sie Ihre Meinung.
▶ Erläutern Sie, was die Karikatur dem Betrachtenden vermitteln will.
▶ Diskutieren Sie, welche Vorurteile in der Karikatur zum Ausdruck kommen.

Reformversuche

Eine öffentliche Meinung entsteht | Der langsame Machtzerfall des Kaisertums offenbarte sich nicht nur in den zahlreichen Aufständen und Rebellionen und in den schmerzhaften Niederlagen in den zwei Opiumkriegen. Er zeigte sich auch daran, dass die Regierung in Beijing nach und nach die Kontrolle über die Publikationstätigkeit in China verlor. Wie bereits geschildert, unterlagen die großen Publikationsprojekte im 18. Jahrhundert einer strengen kaiserlichen Zensur.[1] Auch die Prüfungen, denen sich alle Staatsangestellten stellen mussten, hatten unter anderem das Ziel, den Untertanen eine bestimmte Vorstellung der Welt zu vermitteln. Im 19. Jahrhundert versuchte das Kaiserhaus gleichermaßen, die Veröffentlichung von Texten zu kontrollieren. Ab der Mitte des Jahrhunderts gelang dies aber nicht mehr. Zum einen brachten christliche Missionare europäische Vorstellungen nach China (→M1). Zum anderen entwickelte sich ein reges, kaum kontrolliertes Publikationswesen. Christliche Vereine wie die *London Missionary Society Press* oder die *Society for the Diffusion of Christian and General Knowledge Among the Chinese* druckten Hunderte von Übersetzungen europäischer und US-amerikanischer Bücher, die neben religiösen Themen auch alle Bereiche von Wirtschaft, Politik, Gesellschaft und Kultur thematisierten. Daneben erschienen zahlreiche Zeitungen, die über die neuesten Entwicklungen im Rest der Welt, aber auch über Philosophie, Literatur und das Geistesleben allgemein in Europa und den USA informierten. Aus Büchern und Zeitungen lernte die gebildete Elite Chinas Europa und die USA innerhalb weniger Jahrzehnte kennen, und vermutlich wusste ein gebildeter Chinese am Ende des 19. Jahrhunderts mehr von Europa als ein gebildeter Europäer von China.

Neue politische Vorstellungen | Die bessere Kenntnis der europäischen und US-amerikanischen Gesellschaften, ihrer Politik, Wirtschaft und Kultur führte innerhalb der gebildeten chinesischen Elite zur Veränderung ihres Selbstverständnisses. Schon die Taiping-Rebellion[2] hatte zahlreiche Versatzstücke europäischer Kultur aufgegriffen, und die immer genaueren Informationen aus anderen Ländern machten es unmöglich, die Entwicklungen außerhalb Chinas zu ignorieren. Eine wichtige Rolle spielte auch Japan. Die Meiji-Reformen, der wirtschaftliche Aufschwung und der militärische Machtgewinn des Inselreiches weckten das Interesse der gebildeten Chinesen.[3] Zahlreiche japanische Bücher wurden ins Chinesische übersetzt, um den Chinesen diese Verwandlung Japans näherzubringen. Mit den Büchern kamen auch neue Begriffe ins Land, nicht zuletzt der Begriff der *Nation*, der aus dem entsprechenden japanischen Wort gebildet wurde (*minzu* aus Japanisch *mizoku*). Dass China eine Nation war, in der alle Menschen sich als Untertanen oder Bürger eines Einheitsstaates betrachteten, war ein völlig neuer Gedanke. Denn das Kaiserreich war bisher ja vor allem durch den Kaiser und dem ihm ergebenen Beamtenapparat geeint gewesen. Es fehlten nicht nur eine gemeinsame Sprache und Kultur, sondern auch die Vorstellung, ja sogar das Wort für die als Nation bezeichnete Gemeinschaft der Menschen in einem Staat. Während also die ausländischen Interventionen, Aufstände und Bürgerkriege das Land zerrissen, informierte sich die gebildete Elite begierig über die Entwicklungen in jenen Ländern, denen China so hoffnungslos unterlegen war. Dies war der Grundstein für die zahlreichen Reformen im späten 19. und in der ersten Hälfte des 20. Jahrhunderts.

---

[1] Siehe dazu nochmals Seite 25 im Kapitel „Die Blütezeit der Qing-Dynastie".
[2] Über die Taiping-Rebellion informiert Seite 50.
[3] Zu Japan siehe Seite 53 f.

Die Selbststärkungsbewegung | In der zweiten Hälfte des 19. Jahrhunderts entstand in China eine Reformbewegung, die zu zahlreichen Veränderungen in Wirtschaft, Politik und Gesellschaft führte. Diese Bewegung und die Reformen wurden als *Selbststärkungsbewegung* bezeichnet. Selbststärkung war ein altes chinesisches Konzept, welches von der Idee ausging, dass man von seinen Feinden lernen musste, um selber stark zu werden. Seit der ersten Hälfte des 19. Jahrhunderts war es für viele Gelehrte offenkundig, dass China den europäischen Mächten technisch unterlegen war. Sie hatten daher Vorschläge unterbreitet, wie dem abzuhelfen sei. Nach jahrzehntelangem Studium schlug der Berater *Wei Yuan* (1794–1857) im Anschluss an den Ersten Opiumkrieg vor, die Militärtechnik der Europäer zu übernehmen. Angesichts des Taiping-Aufstandes und des Zweiten Opiumkrieges wurden die Vorschläge der Gelehrten immer radikaler.[1] *Feng Guifen* (1809–1874) kam in einer Schrift von 1861 zu dem Schluss, dass China sich grundlegend verändern müsse. Seines Erachtens waren tief greifende Reformen des Bildungssystems, der politischen Ordnung, der Wirtschaft und der Wissenschaft notwendig. Aber ähnlich wie Wei Yuan war auch Feng Guifen der Auffassung, dass der grundlegende Charakter Chinas durch die Reformen nicht berührt werden dürfte.

Lernen vom Ausland | Tatsächlich wurde ab den 1860er-Jahren in China eine große Zahl von Reformen in Angriff genommen, die das Land erheblich verändern sollten. Auf politischer Ebene ging es vor allem darum, die Beziehungen zum Ausland besser zu organisieren. Mit dem *Außenamt* wurde eine Art Außenministerium geschaffen, ein von Ausländern geleitetes *Seezollamt* zog die im internationalen Handel fälligen Zölle ein und Handelsbevollmächtigte überwachten die Handelsbeziehungen zum Ausland. In der zweiten Hälfte des 19. Jahrhunderts stiegen auch dank dieser Maßnahmen die Zolleinnahmen erheblich an. Allerdings erreichte ein großer Teil dieser Einnahmen nicht die Zentralregierung, da er in den Provinzen verblieb oder zur Zahlung von Auslandsschulden verwendet wurde. Auch in der *Bildung* gab es Neuerungen. So wurden Sprachschulen gegründet, in denen Englisch, Französisch, Deutsch und Russisch gelehrt wurde. Technische Oberschulen und Militärakademien entstanden, die vor allem auf die Verbesserung der Kenntnisse in der Waffenproduktion und der Kriegsführung zielten. Sowohl die Zentralregierung als auch verschiedene Provinzgouverneure schickten Missionen nach Europa, Japan und in die USA, die sich dort die neuesten militärischen und wissenschaftlichen Erkenntnisse aneignen sollten. Darüber hinaus arbeiteten in China Tausende von ausländischen Experten, die beim Aufbau von Industrien und der Modernisierung der Streitkräfte halfen und ihr Wissen an Einheimische weitergaben. Dies ging einher mit Reformen in der *Armee*, deren Struktur, Bewaffnung, Taktik und Strategie sich nach und nach grundlegend änderte.

Neuerungen in Industrie, Bergbau und Schifffahrt | Gleichzeitig entstanden in China zahlreiche Fabriken, in denen Waffen bis hin zu Kriegsschiffen gebaut wurden. Diese sogenannten *Arsenale* waren große Industrieanlagen mit Tausenden von Beschäftigten. China gelang es, seine Waffenproduktion innerhalb weniger Jahrzehnte völlig neu zu ordnen, und dennoch war das chinesische Kriegsgerät letztendlich dem ausländischen unterlegen. Neben den Waffenfabriken wurden auch Textilfabriken aufgebaut, und 1897 nahm ein Stahlwerk in Hubei seine Produktion auf. Wie in anderen Ländern ging auch in China die Entstehung von industrieller Produktion Hand in Hand mit der Modernisierung des *Bergbaus*. So entstanden große Kohle- und Eisenerzminen, aber auch Gold und andere Metalle wurden in größerem Umfang gefördert. Diese Entwicklungen wurden begleitet vom Aufschwung der *Dampfschifffahrt*, die nicht mehr nur in den Händen von Ausländern lag. Im Gegenteil, die 1873 ihre Dienste aufnehmende

---

[1] Zum Ersten und Zweiten Opiumkrieg lesen Sie nochmals Seite 40 bis 43.

Das Fuzhou-Arsenal mit Hafen und Schiffswerft.
Foto, um 1870.

Chinesische Handelsdampfschifffahrtsgesellschaft entwickelte sich zu einer großen Reederei, die mit Dutzenden von Dampfschiffen Handel trieb. Die neuen Unternehmen, sei es in der Industrie, dem Bergbau oder der Schifffahrt, unterlagen zwar einer strikten staatlichen Kontrolle, ihr Kapital kam aber von Privatleuten, die mit den neuen Firmen häufig hohe Gewinne erzielten. Anders als auf dem Wasser stockte die Erneuerung des Verkehrswesens auf dem Land. 1900 waren noch nicht einmal 300 Kilometer Eisenbahnstrecke in Betrieb, und auch der Aufbau des Telegrafennetzes steckte noch in den Anfängen.

Die Grenzen der Selbststärkungsbewegung | Wie die Kriege gegen Frankreich (1884/85) und Japan (1894/95) zeigten,[1] hatten die Reformanstrengungen in China aber viel weniger Erfolg als die sehr ähnlichen Maßnahmen in Japan. Während Japan sich zwischen dem Ende des 19. und dem frühen 20. Jahrhundert zu einer ostasiatischen Supermacht entwickelte, setzten sich in China in der ersten Hälfte des 20. Jahrhunderts die Bürgerkriege fort und in den 1930er-Jahren wurde ein Teil des Landes von Japan besetzt. Wieso kam die Industrialisierung in China im 19. Jahrhundert nicht so schnell in Gang wie in Japan? Ein wichtiger Grund war der Zeitpunkt. Als die beiden Länder in den 1860er-Jahren ihre Reformen begannen, lagen hinter China die beiden Opiumkriege und die Taiping-Rebellion. Das Land hatte Millionen Menschenopfer und riesige materielle Verluste zu beklagen. Darüber hinaus hatten sich die Machtverhältnisse verändert. Während in Japan die Meiji-Restauration einen starken Zentralstaat etablierte, hatte der chinesische Kaiser Mitte des 19. Jahrhunderts viel von seiner Macht ans Ausland und an die Provinzgouverneure abgeben müssen. Nicht einmal die Armee und die Kriegsmarine unterstanden einem einheitlichen Kommando. Vielmehr gab es verschiedene Armeen und Marinen, die verschiedenen Oberbefehlshabern gehorchten. Der Kaiser war also anders als sein japanischer Gegenspieler gar nicht in der Lage, eine einheitliche Politik in ganz China durchzusetzen. Darüber hinaus fehlte auch aufgrund der Kriege das Geld. China war bei den ausländischen Mächten verschuldet und verfügte über kein funktionierendes Bankensystem, das den Aufbau von Industrien hätte finanzieren können. Und schließlich war der Reformwille in einem großen Teil der

---

[1] Vgl. dazu die Seiten 52 und 54.

chinesischen Eliten nicht ähnlich radikal wie in Japan. Die Selbststärkungsbewegung wollte China eben nicht so grundlegend verändern, wie dies in Japan geschah. Es gab keinen tief gehenden Umbau der staatlichen Ordnung. Die Reformen betrafen Teilaspekte der politischen Struktur, aber nicht deren Grundlagen. Dies kam in der an der Jahrhundertwende vom Reformer *Zhang Zhidong* (1837–1909) geprägten Ti-yong-Formel zum Ausdruck: „Chinesisches Lernen als Substanz, westliches Lernen als Funktion." China sollte eben nicht westlich werden, sondern vielmehr die ausländische Technik zur Abwehr tief greifender Veränderungen nutzen.

Die Reform der hundert Tage | Wie schwach der Reformwille im Land war, zeigte sich am Ende des Jahrhunderts, als Kaiser Guangxu mit der sogenannten *Reform der hundert Tage* scheiterte. Im Juni 1898 hatte der junge Kaiser Ideen einer Gruppe radikaler Reformer aufgegriffen und in den folgenden drei Monaten eine Vielzahl von Gesetzesbestimmungen erlassen, um China zu modernisieren. Die Reformen zielten vor allem auf eine Veränderung des Bildungswesens und des Beamtenapparates. Sie sollten den Staat letztlich effizienter machen und eine neue Mentalität der chinesischen Politik hervorbringen. Ein solches Projekt musste aber auf den erbitterten Widerstand all jener Kräfte stoßen, die von der existierenden Bürokratie profitierten. Und tatsächlich gelang es den Reformgegnern unter Führung der Kaiserinwitwe *Cixi* (1835–1908)[1], die Reformen zu stoppen. Es kam zur Entmachtung des jungen Kaisers, und führende Vertreter des Reformvorhabens wurden verhaftet und hingerichtet. Die Monarchie hatte sich als unfähig erwiesen, sich den Anforderungen der Zeit anzupassen (➜ M2 und M3).

Der Boxerkrieg | Der *Boxerkrieg* entwickelte sich aus einem ländlichen Aufstand im Nordosten Chinas, der sich ursprünglich vor allem gegen chinesische Christen, die Qing-Regierung und allgemein gegen Neuerungen gerichtet hatte, da viele Bauern in ihnen die Ursache für die schleichende Verarmung auf dem Land sahen. Aufgrund ihrer Kampfkunst und der Selbstbezeichnung als „Fäuste der Gerechtigkeit und Harmonie" wurden die Aufständischen als *Boxer* bezeichnet. Sie zogen mordend und brandschatzend übers Land, brachten Christen um und zerstörten die Zeugnisse der Erneuerung

Guangxu (1871–1908): Er wurde von seiner Tante Cixi adoptiert und war seit 1875 Kaiser von China. Nach dem Scheitern der Reform der hundert Tage wurde Guangxu entmachtet. Er war zwar formell noch im Amt, konnte aber keine wichtigen Entscheidungen mehr treffen. Untersuchungen aus dem Jahre 2008 ergaben, dass der Kaiser wahrscheinlich mit Arsen vergiftet wurde.

---

[1] Zur Kaiserinwitwe Cixi siehe auch das Kapitel „Geschichte kontrovers" auf Seite 72f.

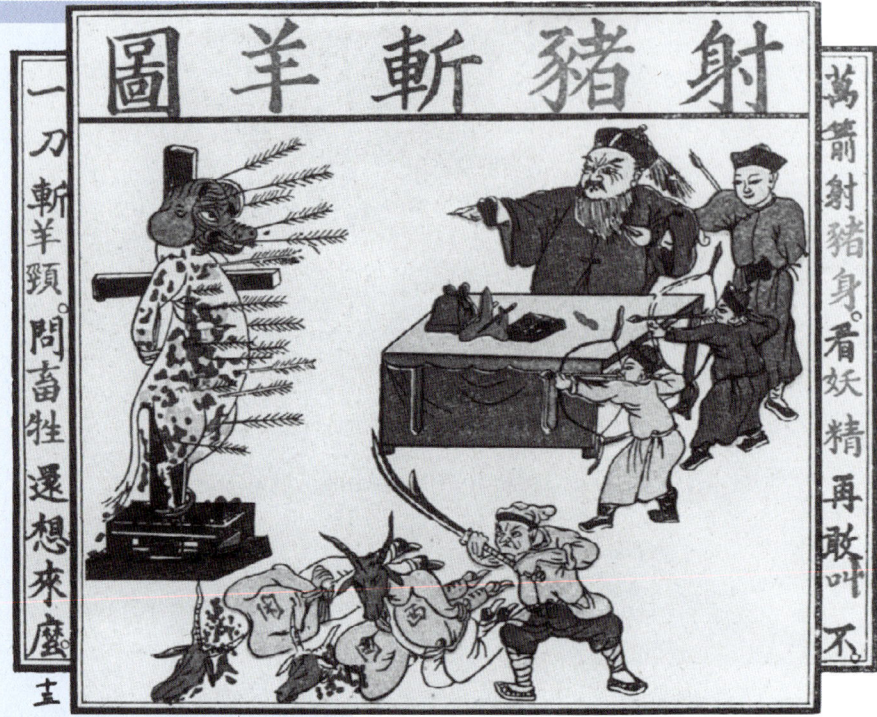

„Das Schwein erschießen und die Ziegen köpfen!"
Chinesisches antichristliches Plakat, um 1900.
Das Schwein ganz links steht für Jesus Christus, die Ziegen am unteren Bildrand sollen Ausländer versinnbildlichen.

▶ Charakterisieren Sie die dargestellten Personen.

▶ Arbeiten Sie heraus, an welchen Adressatenkreis sich die Darstellung richtet.

▶ Interpretieren Sie die „Botschaft" des Plakates.

wie zum Beispiel Telegrafenmasten oder Kirchen (→M4). Die Qing-Regierung ließ die Boxer gewähren, sodass die Bewegung sich von einem Aufstand gegen die Regierung in eine Rebellion gegen die Ausländer und die ausländischen Mächte verwandelte. Als die Boxer Beijing erreichten, töteten sie den japanischen Diplomaten *Sugiyama Akira* († 1900) und den Gesandten des Deutschen Reiches *Clemens von Ketteler* (1853–1900). Die ausländischen Bewohner Beijings verschanzten sich zusammen mit einigen Tausend Chinesen und mehreren Hundert Soldaten im Gesandtschaftsviertel, das von den Boxern belagert wurde. Gleichzeitig rief die chinesische Regierung zum Krieg gegen die Ausländer auf. Ein sofort in China zusammengestelltes ausländisches Expeditionskorps brach auf, um die in Beijing Eingeschlossenen zu befreien. Allerdings war das Korps sehr klein und konnte von Einheiten der Boxer gestoppt werden. Mehr Erfolg hatten die Truppen, die sechs europäische Nationen (Großbritannien, Frankreich, Deutsches Reich, Italien, Österreich-Ungarn, Russland) zusammen mit den USA und Japan auf den Weg schicken. Die acht Länder waren in der Lage, schnell zu reagieren, da sie auf Einheiten zurückgreifen konnten, die bereits in Asien waren. Die *Acht-Nationen-Armee* gelangte schnell nach Beijing und hatte keine Probleme, die Boxer aus der Hauptstadt zu vertreiben. Im Anschluss an die Eroberung plünderten die Truppen drei Tage lang die Stadt. Das brutale Vorgehen gegen die Zivilbevölkerung sollte sich in den folgenden Monaten fortsetzen, in denen nach und nach die Gebiete der Boxer erobert wurden. Erst nach Einnahme Beijings erreichte das große, etwa 17 000 Mann umfassende Militärkorps aus dem Deutschen Reich China. Die deutschen Truppen richteten bei der Verfolgung tatsächlicher oder angeblicher Boxer schreckliche Massaker unter der chinesischen Landbevölkerung an (→M5). Dass die europäischen Truppen Beijing so leicht hatten einnehmen können und anschließend so problemlos die Boxer verfolgen konnten, lag auch daran, dass in den meisten Teilen Chinas die mächtigen Provinzgouverneure und die Armee die Qing-Regierung nicht unterstützten. Die wenigen Truppen, die in und um Beijing direkt dem Kaiser unterstanden, waren klein und der Boxerbewegung nicht wohlgesonnen. Sie unterstützten die Boxerbewegung daher trotz des kaiserlichen Befehls nur halbherzig. Die Boxerbewegung selbst dagegen hatte zu keinem Zeitpunkt eine gut bewaffnete und trainierte Armee organisieren können.

Das Boxerprotokoll | Nach der Niederlage der Boxer musste China 1901 einen Vertrag mit den acht ausländischen Ländern unterschreiben, das sogenannte *Boxerprotokoll*. Da der Kaiser mit seinem Hofstaat vor den ausländischen Truppen aus Beijing geflohen war, wurden die Friedensbedingungen seinen Gesandten diktiert. China verpflichtete sich im Boxerprotokoll, bis 1940 die astronomische Summe von 450 Millionen chinesischen Silberunzen an die acht Mächte zu zahlen und gewährte diesen weitgehende Privilegien in China. Die Regierung musste sich für das Vorgehen gegen Ausländer entschuldigen, alle Aktivitäten gegen Ausländer unter Strafe stellen und unterbinden und schließlich auch eine Sühnemission nach Berlin schicken, um dort wegen der Ermordung des Gesandten Clemens von Ketteler um Entschuldigung zu bitten. Auch wenn die Qing-Dynastie durch den Boxerkrieg nicht gestürzt wurde, so hatte sie doch jede Macht verloren und fungierte nur noch als Erfüllungsgehilfe der Ausländer. Die imperialistischen Mächte hatten sich China unterworfen.

„Open Door Policy" | Um die eigene Position zu verbessern, ließen sich Japan, Frankreich, Großbritannien und das Deutsche Reich sogenannte „Interessensphären" in China Ende des 19. Jahrhunderts zuteilen, die ohne ihr Einverständnis nicht an andere Länder vergeben werden konnten. Den ausländischen Mächten ging es nicht mehr allein darum, ihre Waren in China zu verkaufen. Ihnen lag vielmehr daran, die Wirtschaft in China zu kontrollieren. Europäische und japanische Firmen sicherten sich die Vorrechte für den von China bezahlten Bau von Eisenbahnlinien. Sie beuteten Bodenschätze aus und spielten eine immer größere Rolle im Finanzwesen des Landes. Alles schien darauf hinzudeuten, dass China von den imperialistischen Mächten in Kolonien geteilt werden würde. Gegen diese Entwicklung protestierten allerdings die USA. In Washington versprach man sich von einer für alle interessierten Mächte „offenen Tür" in China (*„Open Door Policy"*) einen größeren Nutzen für die heimischen Wirtschaftsinteressen und pochte deshalb darauf, dass China als – zumindest auf dem Papier – selbstständiger Staat erhalten blieb (→M6). So rettete letztlich die Konkurrenz unter den imperialistischen Ländern die staatliche Einheit eines auf seine Kernterritorien geschrumpften Chinas.

Die letzten Reformen des Kaiserreiches | Nachdem die konservativen Kreise in Beijing, angeführt von der Kaiserinwitwe Cixi, 1898 eine tief greifende Reform verhindert hatten, machte der Boxerkrieg auch ihnen deutlich, dass China sich grundlegend verändern musste. 1901 startete die Regierung daher eine sogenannte *Neue Politik*, welche zum Ziel hatte, den Staat zu modernisieren. Nachdem die „Neue Politik" zunächst nur zögerlich in Gang gekommen war, ging es nach dem Sieg Japans über Russland im Krieg von 1905 Schlag auf Schlag.[1] Denn mit dem japanischen Erfolg über eine europäische Großmacht war nun klar, dass die fernöstlichen Länder Kriege gegen Europäer gewinnen konnten. 1906 wurden die alten Ämterprüfungen abgeschafft. Nicht mehr Kalligrafie und die Kenntnisse in konfuzianischer Philosophie, sondern die Qualifikation für eine konkrete Aufgabe sollten nun über die Vergabe von Ämtern entscheiden. Um das Bildungsniveau zu heben, wurde ein landesweites Universitäts- und Schulwesen aufgebaut. 1903 existierten in China weniger als 1000 Schulen, am Ende der Kaiserzeit 1911 waren es über 50 000. Ab 1907 wurden auch Schulen für Mädchen eröffnet. Der Bildung diente auch die Ausweitung der Missionen, die nach Japan geschickt wurden, und die immer größere Zahl von Japanern, die man nach China einlud, damit sie die Chinesen auf allen Feldern der Technik und der Bildung über die neuesten Verfahren und Kenntnisse unterrichteten. Parallel zum Bildungssystem wurde das politische System umgebaut. Die Regierungsministerien wurden reformiert und neue Ministerien wurden geschaffen, unter anderem zum ersten Mal ein Ministerium für Bildung. In den Provinzen wurden Parlamente eingerichtet, und 1908 wurde ein Verfassungsentwurf für China vorgestellt. Die Reformen betrafen schließlich auch die Armee. 1906 wurde ein Heeresministerium eingerichtet, das für die gesamten chinesischen Streitkräfte zuständig war. Unterhalb des Ministeriums existierte in jeder Provinz eine Kriegsbehörde. Die Armee wurde professionalisiert, sodass nun Berufsoffiziere die Truppen befehligten. Diese sollten nicht mehr einzelnen Generälen oder Provinzgouverneuren gegenüber loyal sein, sondern dem chinesischen Staat.

---

[1] Zum Russisch-Japanischen Krieg siehe nochmals Seite 54f.

M1 Missionierung in China

Der deutsche Geograf und Forscher Ferdinand von Richthofen (1833–1905) reist mehrere Jahre durch Asien und versucht, sich als Chinaexperte zu profilieren. Auch um als Wissenschaftler in einem besseren Licht zu erscheinen, verfasst er scharfe Kritiken an anderen in China lebenden Europäern. 1898 berichtet er über Missionare des Franziskaner-Ordens in der Provinz Shandong an der Ostküste Chinas:

Die Geografie von China war den Missionaren unbekannt, und selbst in ihrer eigenen Provinz kannten sie wenig mehr als die Namen und annähernde Lage der Missionsstationen. […] Es setzte mich besonders in Verwunderung, dass die meisten die chinesische Sprache nicht beherrschten und sich um die Erlernung der Schriftzeichen nicht kümmerten. Überhaupt hatten sie, mit Ausnahme der Förmlichkeiten, von allem, was chinesisch ist, unvollkommene Vorstellungen und hielten es nicht für der Mühe wert, in dessen Geist einzudringen. […] Hier [in Jinan], wie anderwärts, hörte ich die Klage, dass die meisten der neuen Christen sich nur taufen ließen, um den fremden Schutz zu erhalten.

Der seit 1895 als österreichischer Botschafter in China tätige Arthur von Rosthorn (1862–1945) schreibt über die christlichen Missionen:

Die religiöse Propaganda – China durch den Frieden von Nanking im Jahre 1842 aufgezwungen – war dem Volke und der Regierung schon lange ein Dorn im Auge. Nicht als ob die Chinesen in religiöser Hinsicht fanatisch oder auch nur intolerant wären; allein die christlichen Kirchen verboten den Ahnenkult, der die Grundlage der Familienordnung ist, und die Konvertiten[1] lösten sich naturgemäß aus der Familiengemeinschaft los, was zu allerlei Streitigkeiten und Störungen des sozialen Gleichgewichts führte. Dazu kam, dass die katholische Geistlichkeit ihre Proselyten[2] vielfach durch persönliche Intervention bei den Behörden begünstigte, was bisweilen Rechtsbeugungen zur Folge hatte und böses Blut machte. Dem abergläubischen Volke war leicht einzureden, dass die Missionen, welche in selbstloser Weise Spitäler und Orphelinate[3] unterhielten, diese Institute kommerziell ausbeuteten.

Der Historiker Thoralf Klein geht auf positive Folgen der christlichen Missionierung ein:

Der positive Aspekt, das Engagement der Mission für die Modernisierung Chinas, machte sich denn auch vor allem in den beiden Jahrzehnten nach 1900 bemerkbar. Begonnen hatte es jedoch weitaus früher. Schon in den 1860er-Jahren hatten einige Missionare der Selbststärkungsbewegung vor allem mit Übersetzungen wissenschaftlicher Werke zugearbeitet, andere gründeten Krankenhäuser, Schulen und Universitäten. Sie setzten sich auch für gesellschaftliche Reformen ein, etwa für die Abschaffung des Füßebindens bei Frauen oder die Bekämpfung des Opiumkonsums. Mit diesen Maßnahmen unterstützten sie den chinesischen Staat in seinen Modernisierungsbestrebungen und machten sich dort unentbehrlich, wo dessen

St. Josephs Kathedrale in Beijing.
Foto von 2013.
Ein italienischer Jesuit ließ 1655 die St. Josephs Kirche errichten. Nach einem Brand wurde sie 1904 wieder aufgebaut.
Die ersten Jesuiten gelangten Ende des 16. Jahrhunderts nach China (vgl. Seite 31). Nachdem der Papst die Ausübung der chinesischen Gebräuche zu Ehren der Ahnen und des Konfuzius allen Christen untersagt hatte, verbot Kaiser Yongzheng das Christentum. Erst die ab 1842 geschlossenen „ungleichen Verträge" legalisierten es wieder. Seit 1860 strömten katholische und protestantische Missionare nach China. Bis um 1900 drangen die christlichen Prediger immer weiter ins Landesinnere vor. Die Missionare traten oft mit einem aggressiven Sendungsbewusstsein auf, was zu Spannungen führte, die sich nicht selten in gewaltsamen Auseinandersetzungen entluden.

▶ **Präsentation:** Recherchieren Sie in Lexika, Fachbüchern oder dem Internet weitere Texte und Bilder zum Thema „Missionierung in China bis zum Beginn des 20. Jahrhunderts" und analysieren Sie diese. Tragen Sie anschließend Ihre Ergebnisse in einem Kurzreferat vor.

---

[1] **Konvertit:** Person, die zu einem anderen Glauben oder einer anderen Konfession übergetreten ist
[2] **Proselyt:** Neubekehrter
[3] **Orphelinat:** Waisenhaus

Kapazitäten nicht ausreichen. Insgesamt gingen die Protestanten mit größerem Einsatz zu Werke als die Katholiken, wobei die führende Rolle wiederum den Amerikanern zufiel. Viele von diesen stützten sich auf die Idee des „Social Gospel", der zufolge die Christianisierung nicht mehr durch direkte Evangelisierung, sondern mittels sozialer Projekte erfolgen sollte. Diese Impulse wirkten sich auch auf die chinesischen Christen aus: In den Großstädten wurden sie infolge ihrer modernen Ausbildung Teil der neuen professionellen Mittelklasse; auf dem Land galt dies hingegen nur für diejenigen, die den Sprung in die Städte schafften. Infolgedessen galt das Christentum in China bis in die 1920er-Jahre als genuin moderne Religion.

Erster und zweiter Text zitiert nach: Sabine Dabringhaus, Der Boxer-Aufstand in China (1898–1900). Studienbrief der FernUniversität Hagen. Grundkurs Neuzeitliches Asien, Kurseinheit 7, 1992, S. 28f.; dritter Text: Thoralf Klein, Geschichte Chinas. Von 1800 bis zur Gegenwart, Paderborn ²2009, S. 280

1. Beschreiben Sie, wie sich die Tätigkeit der Missionare in China hier darstellt (erster bis dritter Text).
2. Analysieren Sie, inwiefern der Bericht von Richthofen auch die Konkurrenz zwischen Kirche und Staat im 19. Jahrhundert spiegelt (erster Text).
3. Erläutern Sie, warum die Missionare in China als Bedrohung empfunden wurden (zweiter Text).
4. Erklären Sie, inwiefern das Christentum als etwas Fremdes in China verstanden werden konnte (dritter Text).
5. Erörtern Sie, welche Rolle die christliche Missionierung bzw. die Missionare in China nach Thoralf Klein einnahmen. Vergleichen Sie mit der Darstellung von Ferdinand von Richthofen (erster und dritter Text). | H | F

M2 Reformen sind notwendig

Nach der Niederlage im Krieg gegen Japan (1895) wächst in China das Bewusstsein über die Notwendigkeit von schnellen und umfassenden Reformen. Liang Qichao gehört zu den wichtigsten Gelehrten des Landes und setzt sich in seinen Schriften vehement für die Modernisierung Chinas ein. Er ist einer der intellektuellen Köpfe der Reform der hundert Tage von 1898 (siehe M3) und flieht nach Entmachtung der Reformkräfte nach Japan. In einem Text von 1896 skizziert er einige der Grundüberzeugungen der Reformbewegung:

Diejenigen, die gegen Veränderungen eintreten, behaupten fortwährend: „Wir folgen den Vorfahren, folgen den Vorfahren." Wissen sie, dass von den prähistorischen, antiken, mittelalterlichen und modernen Zeiten bis zum gegenwärtigen Tage viele Hunderttausende und Myriaden¹ von Veränderungen geschehen sind? [...] Dennoch dachten der Prinz und das Volk, die oberen und unteren Klassen immer störrisch, dass „unsere heutigen Gesetze von unseren Vorfahren benutzt wurden, um das Reich zu regieren, und es wurde gut regiert". Sie beachteten diese [Gesetze] starrsinnig, folgten der Tradition kritiklos. [...]

Liang Qichao (1873–1929). Porträt unbekannten Datums.

Das Alter des Landes China kommt dem Indiens gleich, und die Fruchtbarkeit des Landes ist der Türkei überlegen, aber Chinas Anpassung an fehlerhafte Denkweisen und die Unfähigkeit sich aufzuraffen macht es auch zu einem Bruder dieser zwei Länder. [...] Immer wenn es eine Überschwemmung oder eine Trockenheit gibt, sich die Verkehrsverhältnisse verschlechtern, gibt es keine Möglichkeit, Nahrungsmittel zu transportieren [...]. Die Mitglieder von Geheimgesellschaften sind über das ganze Land verbreitet und warten auf ihre Chance. Die Industrie ist unterentwickelt, Debatten über den Handel finden nicht statt, die selbst erzeugten Güter sind täglich schwerer zu verkaufen. [...] Der Druck nimmt jeden Tag zu und unsere finanziellen Quellen sind fast ausgetrocknet. Die Schulen werden schlecht verwaltet und die Studenten [...] wissen nicht, wie man auch nur ein praktisches Ding erledigt. Die fähigsten Studenten arbeiten an kleinen Übungen, an blumenreichem Schreiben und an verschiedenen Kleinigkeiten. Erzähle ihnen über die Weite der Ozeane, so reißen sie ihre Augen auf und glauben es nicht. [...]

[In den europäischen Ländern] wird die Industrie gefördert und der Handel geschützt, weil die Europäer fürchten, dass die Quellen des Reichtums von anderen erobert werden könnten und ihr Land dadurch geschwächt und erschüttert würde. Generäle müssen über Kenntnisse verfügen, Soldaten müssen lesen und schreiben können und Tag und Nacht so üben, als ob ein Feind bereits im Anmarsch wäre; [...] ihre Schiffe und Waffen sind modern und sie wetteifern miteinander in Manövern, weil sie fühlen, dass sie bereits bei der leichtesten militärischen Schwäche geschlagen werden würden und sich vielleicht niemals wieder erheben könnten. Alle anderen verwaltungstechnischen Maßnahmen sind ähnlich. Sie konkurrieren miteinander und stimulieren sich gegenseitig jeden Tag. Deshalb entwickeln sie ihre Talente und die Weisheit ihres Volkes durch Nacheiferung, und der Wohlstand und die Stärke ihrer Länder reichen immer aus, dass sie gegeneinander Krieg führen

¹ **Myriade**: im Griechischen eine Anzahl von 10000; steht im Plural meist für eine unzählige, große Menge

können. [...] Aber dieses sogenannte unabhängige oder isolierte Land, China, hat niemals große Feinde gesehen. Stolz betrachtet es sich selbst als hoch und mächtig und behauptet, niemand käme ihm gleich.

Ssu-yu Teng und John K. Fairbank, China's Response to the West. A Documentary Survey 1839–1923, Cambridge/Mass. 1965, S. 154–157 (übersetzt von Boris Barth)

> 1. Fassen Sie zusammen, warum Liang Qichao Reformen des chinesischen Staates für notwendig hält.
> 2. Erklären Sie die Ursachen, auf die Liang Qichao die Lage seines Landes zurückführt.
> 3. Analysieren Sie sein Bild von Europa.
> 4. Entwickeln Sie aus den Ausführungen von Liang Qichao ein konkretes Reformprogramm. | F

M3 Die Reform der hundert Tage

1898 erlässt Kaiser Guangxu ein ambitioniertes Reformprogramm, welches die wirtschaftliche und militärische Schwäche gegenüber Japan und den europäischen imperialistischen Mächten beheben soll. Er stützt sich dabei auf die Empfehlungen verschiedener bekannter chinesischer Intellektueller. Der Sinologe Kai Vogelsang (*1969) befasst sich mit Inhalt und Scheitern der Reform:

Kaiser Guangxu [...], seit 1889 volljährig, war aus dem Schatten seiner Tante Cixi herausgetreten und regierte eigenmächtig. Er interessierte sich seit einiger Zeit für westliche Lehren, hatte sogar etwas Englisch gelernt, und gewährte jetzt – gegen jedes Protokoll – dem jungen Visionär Kang Youwei[1] eine Reihe von Audienzen. Dabei breitete Kang ein Reformprogramm vor ihm aus [...]. Dazu gehörten:

- Reform von Prüfungssystem und Gesetzgebung
- Schaffung moderner Behörden anstelle der Sechs Ministerien
- Aufbau lokaler Selbstverwaltung
- Einsetzung eines Parlaments
- Entwurf einer Verfassung, die Gewaltenteilung zwischen Exekutive, Legislative und Jurisdiktion vorsah

Was Kang vorschlug, war nicht weniger als die Abschaffung des kaiserlichen Regierungssystems und die Schaffung einer konstitutionellen Monarchie. Die Überraschung war: Der Kaiser willigte ein. In den 103 Tagen vom 11.6. bis zum 21.9.1898 erließ er mehr als 40 Edikte mit Reformmaßnahmen.

Zum Erziehungswesen:
- Abschaffung des „Achtgliedrigen Aufsatzes"[2] zugunsten einer Prüfung in politischer Ökonomie
- Gründung einer Universität in Beijing und moderner Schulen in den Provinzen sowie einer Schule für Auslandschinesen
- Entsendung von Studenten nach Japan

Zur Wirtschaft:
- Förderung von Landwirtschaft und Bergbau
- Förderung des Eisenbahnbaus
- Belohnung von Erfindungen

Zur Verwaltung:
- Abschaffung überflüssiger Ämter
- Beförderung von Reformern in Schlüsselpositionen
- Vereinfachung administrativer Verfahren
- Reform des Rechtssystems
- offizielle Reisediplomatie
- Verabschiedung eines staatlichen Budgets

Die „100-Tage-Reform", wie sie später genannt wurde, ging lange nicht so weit, wie Kang Youwei vorgesehen hatte. Von Parlamentarismus, lokaler Selbstverwaltung, Gewaltenteilung oder gar einer Verfassung war bei alledem nicht die Rede. Ob die 100-Tage-Reform die Geschichte verändert hätte, lässt sich nur vermuten, denn – ihr Name sagt es bereits – sie endete, noch bevor sie richtig beginnen konnte. Konservative Beamte, die von vornherein vehement opponiert hatten, hinterbrachten der Kaiserinwitwe Cixi, dass sie entmachtet werden sollte, woraufhin diese hart durchgriff: Sie ließ den Kaiser unter Hausarrest setzen, alle Reformen annullieren und eine Reihe von Reformführern hinrichten. [...] Kang Youwei und Liang Qichao[3] entkamen mit knapper Not nach Japan. Die „Revolution von oben" war gescheitert: nicht wegen einer böswilligen Frau an der Spitze des Staates, sondern weil sich einmal mehr die Interessen der herrschenden Beamten durchgesetzt hatten, die vom bestehenden System profitierten.

Kai Vogelsang, Geschichte Chinas, Ditzingen ⁵2018, S. 474–476

> 1. Benennen Sie die wichtigsten im Text erwähnten Reformvorhaben.
> 2. Erläutern Sie, worin die Unterschiede zwischen den von Kang Youwei vorgeschlagenen und den schließlich umgesetzten Reformen lagen.
> 3. Beurteilen Sie, ob es sich bei der Reform der hundert Tage um eine „Revolution von oben" handelte. | H | F

---

[1] **Kang Youwei** (1858–1927): chinesischer Intellektueller, der Zeit seines Lebens an einer Reform des chinesischen Denkens und der chinesischen Politik auf der Grundlage des Konfuzianismus arbeitete

[2] **Achtgliedriger Aufsatz**: Aufsatz über die Lehren des Konfuzius innerhalb des chinesischen Prüfungssystems, der streng festgelegten Regeln folgen musste

[3] Zu Liang Qichao siehe M2.

M4 Die Boxerbewegung

Die Unzufriedenheit auf dem Land im Nordosten Chinas führt Ende des 19. Jahrhunderts zur sogenannten Boxerbewegung. Die Bewegung hat kein klares Programm, sondern richtet sich vor allem gegen den Einfluss von Ausländern, die Verbreitung des Christentums und allgemein alle Neuerungen. In einigen Verlautbarungen erläutern die Boxer ihre Vorstellungen. So heißt es in einem ihrer Aufrufe aus dem Jahr 1900:

Seit der Periode von Hsien-feng[1] haben die Katholiken mit Fremden konspiriert, haben China Schwierigkeiten bereitet, unser Nationaleinkommen vergeudet, unsere Klöster aufgebrochen, buddhistische Bilder zerstört und die Fried-
5 höfe unseres Volkes beschlagnahmt. [...] Dies hat auch die Bäume und Pflanzen des Volkes betroffen, sodass sie durch Katastrophen von Heuschrecken und Trockenheit fast in jedem Jahr leiden müssen. Unsere Nation ist des Friedens und unser Volk der Sicherheit beraubt. [...] Weil einige
10 Personen ihre fremde Religion und betrügerische Technik nutzen, das Volk zu täuschen, ist der Himmel oben zornig und sendet viele kluge Männer, um auf die Erde herabzusteigen und zu dem göttlichen Altar zu kommen, damit unsere Jugend in die I-ho-Gesellschaft initiiert wird. „I"
15 bedeutet Freundlichkeit, und „ho" bedeutet Höflichkeit; Freundlichkeit und Höflichkeit werden Stadt und Land friedlich und harmonisch machen. Unser Volk soll die richtigen Prinzipien und Tugenden als Grundlage nehmen und soll sich der Landwirtschaft als seinem Beruf ergeben. Das
20 Volk soll dem Buddhismus folgen und gehorchen.

Im Sommer 1900 verbreiten die Boxer Plakate mit folgendem Text:

Die Geister helfen den Fäusten, den Milizen für Gerechtigkeit und Eintracht, aus dem einfachen Grund, weil die Teufel in China Unruhe stiften. [...] Der Herrscher des Himmels ist wütend, der Herrscher der Unsterblichen ist ärgerlich,
25 gemeinsam steigen sie die Berge herab, um die Lehre zu verkünden. Die Geister kommen aus den Höhlen heraus, die Unsterblichen steigen die Berge herab, sie verbinden sich mit den menschlichen Körpern, um den Faustkampf zu üben. Sie zerstören Eisenbahngleise, sie reißen Telegrafen-
30 drähte herunter und brennen wütend Dampfschiffe nieder. Die großen französischen Teufel sind in ihren Herzen von gewaltiger Angst ergriffen, die Engländer, Amerikaner, Deutschen und Russen sind alle in einer unangenehmen Lage. Die ausländischen Teufel werden alle vollkommen
35 vernichtet. Die große Qing beruhigt das Land völlig.

<small>Erster Text: Ssu-yu Teng und John K. Fairbank, China`s Response to the West. A Documentary Survey 1839-1923, Cambridge/Mass. 1965, S. 189 (übersetzt von Boris Barth); zweiter Text: Sabine Dabringhaus, Der Boxeraufstand in China (1900/1901). Die Militarisierung des kulturellen Konflikts, in: Eva Maria Auch und Stig Förster (Hrsg.), „Barbaren" und „Weiße Teufel". Kulturkonflikte und Imperialismus in Asien vom 18. bis zum 20. Jahrhundert, Paderborn 1997, S. 123-144, hier S. 123</small>

[1] **Hsien-feng** (1831–1861): auch Xianfeng, Kaiser von 1850 bis 1861

1. Arbeiten Sie aus den Quellen die Motive der Boxerbewegung heraus. Welche kulturellen und gesellschaftlichen Vorstellungen werden hier deutlich?
2. Vergleichen Sie in tabellarischer Form Beweggründe und Ziele der Boxerbewegung mit jenen des Reformers Liang (M2). Bestimmen Sie jeweils das Verhältnis zur Regierung und überlegen Sie, welche Schlüsse sich auf Herkunft und Stellung der Boxerbewegung und des Reformers ziehen lassen.
3. Nehmen Sie zu der Art und Weise Stellung, mit der die Boxerbewegung ihre Ziele erreichen will.

M5 „Pardon wird nicht gegeben"

Kaiser Wilhelm II. (1859-1941) sieht in der Niederschlagung des Boxeraufstands eine gute Gelegenheit, die Macht des Deutschen Reiches im fernen Osten zu demonstrieren und zu vergrößern. Deutschland gehört zu den acht Nationen, die den Boxeraufstand niederwerfen, auch wenn nur ganz wenige deutsche Soldaten in dem ca. 20 000 Mann starken Expeditionskorps kämpfen. Dieses Korps besteht aus Einheiten, die sich bereits in Asien befinden. Es marschiert Anfang August los und hat Beijing schon am 14. August 1900 eingenommen. Es ist daher von vornherein klar, dass der große deutsche Verband von etwa 17 000 Soldaten, der am 2. August 1900 Bremerhaven verlässt, bei der Niederschlagung des Aufstands selbst nicht benötigt werden wird. Kaiser Wilhelm II. hält bei der Verabschiedung des Korps am 27. Juli eine Rede, bei der er auf die Ermordung des deutschen Gesandten Clemens von Ketteler und die Belagerung des Gesandtschaftsviertels durch die Boxer Bezug nimmt. Obwohl die Reichsbehörden gegenüber der Presse auf eine teilweise Streichung der Rede bestehen, wird sie am folgenden Tag vollständig in der Nordwestdeutschen Zeitung publiziert und als „Hunnenrede" Wilhelms II. weltbekannt:

Zum ersten Mal, seit das Deutsche Reich wiedererstanden ist, tritt an Sie eine große überseeische Aufgabe heran. Dieselben sind früher in größerer Ausdehnung an uns herangetreten, als die meisten Meiner Landsleute erwartet
5 haben. Sie sind die Folgen davon, dass das Deutsche Reich wiedererstanden ist und damit die Verpflichtung hat, für seine im Ausland lebenden Brüder einzustehen im Momente der Gefahr. [...]
Die Aufgabe, zu der Ich Euch hinaussende, ist eine große.
10 Ihr sollt schweres Unrecht sühnen. Ein Volk, das, wie die Chinesen, es wagt, tausendjährige alte Völkerrechte umzuwerfen und der Heiligkeit der Gesandten und der Heiligkeit des Gastrechts in abscheulicher Weise hohnspricht, das ist ein Vorfall, wie er in der Weltgeschichte noch nicht vorge-
15 kommen ist und dazu von einem Volke, welches stolz ist auf eine vieltausendjährige Kultur. Aber Ihr könnt daraus erse-

hen, wohin eine Kultur kommt, die nicht auf dem Christentum aufgebaut ist: Jede heidnische Kultur, mag sie noch so schön und herrlich sein, geht zugrunde, wenn große Aufgaben an sie herantreten. So sende ich Euch aus, dass Ihr bewähren sollt einmal Eure alte deutsche Tüchtigkeit, zum zweiten die Hingebung, die Tapferkeit und das freudige Ertragen jedweden Ungemachs und zum dritten Ehre und Ruhm unserer Waffen und Fahnen. Ihr sollt Beispiele abgeben von der Manneszucht und Disziplin, aber auch der Überwindung und Selbstbeherrschung. Ihr sollt fechten gegen eine gut bewaffnete Macht, aber Ihr sollt auch rächen, nicht nur den Tod des Gesandten, sondern auch vieler Deutscher und Europäer. Kommt ihr an den Feind, so wird er geschlagen, Pardon wird nicht gegeben; Gefangene nicht gemacht. Wer Euch in die Hände fällt, sei in Eurer Hand. Wie vor tausend Jahren die Hunnen unter König Etzel sich einen Namen gemacht, der sie noch jetzt in der Überlieferung gewaltig erscheinen lässt, so möge der Name Deutschland in China in einer solchen Weise bekannt werden, dass niemals wieder ein Chinese es wagt, einen Deutschen auch nur scheel anzusehen. […] Gebt, wo es auch sei, Beweise Eures Mutes, und der Segen Gottes wird sich an Eure Fahnen heften und es Euch geben, dass das Christentum in jenem Lande seinen Eingang finde. Dafür steht Ihr Mir mit Eurem Fahneneid, und nun glückliche Reise. Adieu Kameraden.

Zitiert nach: Bernd Sösemann, Die sogenannte Hunnenrede Wilhelms II. Textkritische und interpretatorische Bemerkungen zur Ansprache des Kaisers vom 27. Juli 1900 in Bremerhaven, in: Historische Zeitschrift 222 (1976), S. 349f.

1. Geben Sie die wesentlichen Inhalte der Ansprache Kaiser Wilhelms II. wieder.
2. Analysieren Sie Stil und Wortwahl der Ansprache. Charakterisieren Sie die Sichtweise des Kaisers gegenüber China.
3. Erläutern Sie, warum die Reichsbehörden eine Veröffentlichung der vollständigen Rede zu verhindern suchten. | H
4. Gruppenarbeit: Diskutieren Sie, warum das Deutsche Reich Truppen nach China schickte, obwohl diese Truppen innerhalb der Acht-Nationen-Allianz für die Niederschlagung des Aufstands nicht nötig waren.

Kaiser Wilhelm II. bei der Verabschiedung des deutschen Expeditionskorps.
Fotografie vom 27. Juli 1900.
Der Kaiser ist auf dem Foto vorne links auf der Empore zu sehen.

M6 Die USA verkünden eine Politik der „offenen Tür"

Der amerikanische Außenminister John Hay (1838–1905) richtet am 6. November 1899 ein Rundschreiben an die Regierungen von Deutschland, Großbritannien, Frankreich, Russland und Japan:

Die Vereinigten Staaten haben das ernste Bestreben, allen Grund für Spannungen zu beseitigen, und wünschen zugleich, dem Handel aller Nationen die unbezweifelbaren Vorteile zu sichern, welche aus einer formellen Anerken-
5 nung der dort „Interessensphären" beanspruchenden Mächte entstehen würden. Sie wünschen, dass alle Nationen vollständige Gleichheit bei der Behandlung ihres Handels und ihrer Schifffahrt innerhalb solcher Sphären genießen sollen. Deshalb würde es die Regierung der
10 Vereinigten Staaten begrüßen, wenn die Regierung Ihrer Majestät formelle Zusicherungen gäbe und dazu mithülfe, ähnliche Zusicherungen von den anderen interessierten Mächten (über die folgenden Punkte) zu erlangen. Erstens soll in keiner Weise in irgendwelchen Vertragshäfen und
15 überkommenen Privilegien innerhalb Chinas interveniert werden. Zweitens soll der derzeitige chinesische Vertragszoll auf alle Güter innerhalb der genannten „Interessensphären" erhoben werden (außer in den „freien Häfen"), und zwar unabhängig davon, von welcher Nation
20 diese Güter stammen. Die so erhobenen Zölle sollen von der chinesischen Regierung eingezogen werden. Drittens soll eine solche Macht keine höheren Hafengebühren für Schiffe fremder Nationalität in einem Hafen innerhalb einer solchen Sphäre erheben, und für keine Güter sollen
25 von irgendeiner Nation höhere Eisenbahnfrachtraten verlangt werden, als sie für ähnliche Güter von den eigenen Bürgern über gleiche Transportentfernungen erhoben werden.

Zitiert nach: Günter Schönbrunn (Bearb.), Das bürgerliche Zeitalter 1815–1914. Geschichte in Quellen, München 1980, S. 599

Open Door Policy.
US-amerikanische Karikatur um 1900.

▶ Erklären Sie, für welches Land jeweils die drei Männer im Vordergrund stehen. Begründen Sie Ihre Meinung.

▶ Analysieren Sie die Haltung des Karikaturisten zur „Open Door"-Politik der USA.

1. Erläutern Sie anhand der Quelle die amerikanische „Open Door Policy".
2. Arbeiten Sie heraus, wer von dieser Politik profitiert. | H

Cixi – Modernisiererin oder Bewahrerin der alten Ordnung?

Cixi war eine Nebenfrau Kaisers Xianfeng (1831–1861). Sie erlangte nach seinem Tod eine mächtige Stellung, da sie als Regentin zunächst des minderjährigen Kaisers Tongzhi (1856–1875) und dann des minderjährigen Kaisers Guangxu (siehe Seite 63) fungierte. Nach der Reform der hundert Tage und der Entmachtung des Kaisers Guangxu 1898 war sie bis zu ihrem Tod 1908 die mächtigste Person des kaiserlichen Hofes. Die letzten Jahrzehnte des Kaiserreiches sind daher eng mit ihrem Namen verbunden.

M1 Die launische Despotin

Die beiden Briten John O. P. Bland (1863–1945) und Edmund Backhouse (1873–1944) prägen mit ihrer Biografie von Cixi für viele Jahrzehnte das Bild der Kaiserinwitwe:

Cixi, im Alter von 24 Jahren ihre eigne Herrin und wirkliche Herrscherin des Reiches, hatte nicht viel Gelegenheit, ihre Launen oder Leidenschaften beherrschen zu lernen. Unter Traditionen eines Hofes aufgezogen, an dem Menschenleben wenig galten, an dem die Macht sich nur durch unbarmherzige, brutale Methoden aufrechterhält, an dem Verrat und verworfene Tat auf die ersten Anzeichen von Schwäche beim Herrscher lauern, wie hätte sie es da lernen können, die hässlichen Barbareien aus der Verbotenen Stadt zu verbannen? [...] Keine Nachricht besagt, dass sie jemals aus bloßer Grausamkeit oder der Lust am Mord getötet habe. Wenn sie jemanden in den Tod sandte, so war es, weil er zwischen ihr und ihrer unbändigen Liebe zur Macht stand. Als ihre wilde Wut sich gegen die Dreistigkeit der Fremden richtete, trug sie kein Bedenken, jeden Europäer in China dem Henker auszuliefern. Als des Kaisers Lieblingskonkubine, sich gegen ihre kaiserliche Autorität auflehnte, zauderte sie nicht, ihren sofortigen Tod anzubefehlen. [...] Von einer sehr weiblichen Liebe zum Luxus durchdrungen, Vergnügungen sehr hold und zu einer Zeit ihres Lebens, nach hergebrachter Sitte ihres Hofes, zweifellos ausschweifend, vereinte sie diese Eigenschaften mit einem schlauen Verstande und einer deutlichen Neigung, persönlichen Besitz zu erwerben und anzuhäufen. [...] Wie viele große Herrscher von herrischer und streitbarer Art war sie merkwürdig abergläubisch, beobachtete peinlich die vorgeschriebenen Riten zur Abwendung böser Omen und zur Versöhnung der Myriaden[1] von Göttern und Dämonen der verschiedenen Religionen Chinas und war ein freigiebiger Gebieter der Priester und Wahrsager. [...] Ihr Glaube an ihre allerhöchste Wichtigkeit und ihre abergläubische Denkweise traten auffällig bei der Gelegenheit zutage, als ihr von Miss Carl[2] für die Ausstellung in St. Louis[3] gemaltes Bildnis für die Überführung nach den Vereinigten Staaten aus dem Wai Wu Pu[4] abgeholt wurde. Sie hielt diese Darstellung ihrer erhabenen Person zu gleicher Ehrerbietung mit allem feierlichen Zeremoniell berechtigt wie sie selbst und befahl den Bau einer Miniatureisenbahn für den Transport des Porträts durch die Straßen der Hauptstadt. So wurde das „geheiligte Antlitz" aufrecht unter einem Baldachin von gelber Seide hinweggeführt und es blieb Ihrer Majestät der Gedanke erspart, dass sie im Bilde auf den Schultern von Kulis[5] getragen werde, ein Transportmittel, das zu sehr Unheil verkündete, um ertragen zu werden. Ehe das Bildnis den Palast verließ, wurde der Kaiser[6] geholt, um sich vor demselben niederzuwerfen, und als es durch die Stadt und längs der Bahnlinie passierte, kniete das Volk demütig nieder, als ob es der Alte Buddha in Fleisch und Blut sei.

John O. P. Bland und Edmund Backhouse, China unter der Kaiserin-Witwe: die Lebens- und Zeitgeschichte der Kaiserin Tzu Hsi; zusammengestellt aus Staats-Dokumenten und dem persönlichen Tagebuch ihres Oberhofmarschalls; mit einem Plan von Peking, Berlin 1912 (engl. Original 1911), S. 468–471 (übersetzt von F. v. Rauch)

M2 Eine moderne Reformerin

*Die Exilchinesin Jung Chang (*1952) entwirft in ihrer Biografie ein positives Bild von Cixi:*

Die Kaiserinwitwe Cixi hinterließ ein großes und vielschichtiges Vermächtnis. Vor allem anderen führte sie das mittelalterliche China in die moderne Zeit. Unter ihrer Herrschaft bekam das Land praktisch alle Errungenschaften eines modernen Staates: Eisenbahnen, Elektrizität, Telefon, Telegrafie, westliche Medizin, eine moderne Armee und Marine, moderne Formen des Außenhandels und der Diplomatie. Das restriktive, tausend Jahre alte Bildungssystem wurde durch moderne Schulen und Universitäten ersetzt. Die Presse blühte auf und erlebte ein Ausmaß an Freiheit, das es davor und wohl auch danach so nicht mehr gegeben hat. Cixi öffnete die Tür zur politischen Partizipation: Zum ersten Mal in Chinas langer Geschichte wurden die Menschen

---

[1] **Myriaden:** Siehe Seite 67, Fußnote 1.
[2] **Katharine Augusta Carl** (1865–1938): Malerin; siehe auch das Gemälde auf Seite 73.
[3] Weltausstellung in St. Louis (USA) von 1904
[4] **Wai Wu Pu:** Außenministerium
[5] **Kuli:** Diener, Knecht
[6] Der Kaiser Guangxu war seit der Niederschlagung der Reform der hundert Tage 1898 entmachtet und befand sich im Hausarrest.

„Staatsbürger". Und sie trat für die Rechte der Frauen in einer Kultur ein, die jahrhundertelang die Frauen gezwungen hatte, ihre Füße zu verkrüppeln – dem machte sie ein Ende. Es zeugt von ihrem Mut und ihrer Weitsicht, dass ihr letztes Projekt, vor dessen Vollendung sie starb, die Einführung des Wahlrechts war. Bemerkenswert ist, dass sie China ohne Gewalt und gegen relativ wenig Widerstand umgestaltete. Ihre Veränderungen waren tief greifend, erfolgten aber schrittweise, sie kamen Erdbeben gleich, blieben aber erstaunlich unblutig. Cixi war auf Konsens aus und suchte immer die Zusammenarbeit mit Menschen, die unterschiedliche Ansichten hegten; sie führte, weil sie auf der richtigen Seite der Geschichte stand. [...] Was große Leistungen, politische Aufrichtigkeit und persönlichen Mut anbetrifft, hat die Kaiserinwitwe Cixi Maßstäbe gesetzt, die seither kaum wieder erreicht wurden. Sie hat das Land aus Hinfälligkeit, Armut, Unzivilisiertheit und Absolutismus herausgeführt und ihm bis dahin ungekannte Menschlichkeit, Unvoreingenommenheit und Freiheit gebracht. Und sie hatte ein Gewissen. Wenn man auf die vielen schrecklichen Jahrzehnte zurückblickt, die nach ihrem Tod folgten, kann man diese beeindruckende Herrscherin trotz ihrer Fehler nur bewundern.

Jung Chang, Kaiserinwitwe Cixi. Die Konkubine, die Chinas Weg in die Moderne ebnete, München 2014 (engl. Original 2013), S. 491 und 494 (übersetzt von Ursel Schäfer)

Kaiserinwitwe Cixi.
Ölgemälde der US-amerikanischen Porträtmalerin Katharine Augusta Carl, 1904. Carl verbrachte mehrere Monate in China und malte dort verschiedene Porträts der Kaiserinwitwe.

1. Fassen Sie die wichtigsten Aussagen der beiden Texte mit eigenen Worten zusammen.
2. Vergleichen Sie die in M1 und M2 gemachten Auffassungen über die Kaiserinwitwe miteinander. Welches Bild von Cixi wird jeweils entworfen? | H
3. Nehmen Sie Stellung zu den beiden Texten und setzen Sie sich mit den in Aufgabe 2 herausgearbeiteten Gemeinsamkeiten und Unterschieden auseinander. | H
4. Interpretieren Sie die beiden Quellen und diskutieren Sie anschließend, ob die Kaiserinwitwe Cixi China modernisierte oder aber für die Verteidigung alter Bräuche stand. Recherchieren Sie dazu auch über Cixi im Internet. | H

Das Ende des Kaiserreiches

Sun Yat-sen (1866–1925): Staatsmann und Vordenker des republikanischen Chinas. Sun Yat-sen lebte schon als Jugendlicher auf Hawaii, studierte in China Medizin und ging nach einem gescheiterten Aufstand 1895 für 16 Jahre ins Exil, das er in Japan, Nordamerika und Europa verbrachte. Als erster Staatspräsident der Republik China und Begründer der sogenannten „Drei Prinzipien" ist er einer der bedeutendsten chinesischen Politiker des 20. Jahrhunderts.

Die Entstehung der Republik | Die Reformen, die Anfang des 20. Jahrhunderts in die Wege geleitet wurden, kamen zu spät, um die Herrschaft der Qing-Kaiser zu retten. Vermutlich beschleunigten die Reformen sogar das Ende des Kaiserreiches, denn die neuen Bildungseinrichtungen und die Professionalisierung des Militärs überzeugten immer mehr Chinesen, dass die alte monarchische Ordnung nicht mehr zeitgemäß war und durch eine Republik ersetzt werden müsste. Während die Regierungskritiker im 19. Jahrhundert das Kaisertum lediglich reformieren wollten, sahen nun immer mehr Menschen im Kaisertum selbst den Grund für Chinas Unfähigkeit, ein modernes, geeintes und starkes Land zu werden. So entstanden politische Ideologien und Programme, welche die Umwandlung Chinas in einen republikanischen Nationalstaat forderten.

Der wichtigste Denker beim Übergang von der Monarchie zur Republik war **Sun Yat-sen**, da er eine Theorie für die neue Staatsform schuf, die eine Brücke zwischen alten und neuen Vorstellungen baute. Seine Forderungen werden als *Drei Prinzipien* oder *Drei Doktrinen* bezeichnet. Sie betrafen erstens die Einheit Chinas, zweitens die Rechte der Chinesen und drittens ihre materielle Absicherung. Sun Yat-sen forderte also, dass die Chinesen sich als eine Nation verstehen, in der alle vor dem Gesetz gleich sind und in der sich der Staat und die Nation um das Wohlergehen aller Chinesen sorgt. Er hatte diese Ideen offenkundig aus dem Ausland übernommen. Sie entsprachen den europäischen und amerikanischen Vorstellungen des Nationalstaates, die er ausgezeichnet kannte, da er einen großen Teil seines Lebens außerhalb Chinas verbracht hatte. Seine Leistung bestand darin, diese Vorstellungen in chinesisches Denken zu integrieren und in China zu verbreiten.

Das Ende des Kaiserreiches wurde auch durch den Tod der mächtigen Kaiserinwitwe Cixi[1] begünstigt. Ihr war es in den vorhergehenden Jahrzehnten immer wieder gelungen, die Existenz des Kaisertums zu verteidigen. Sie starb einen Tag nach Kaiser Guangxu, ihrem Neffen, den sie nach der Reform der hundert Tage (1898) hatte entmachten lassen.[2] Nun gelangte mit dem Kaiser *Puyi* (1906–1967) ein Kleinkind auf den Thron, das keinerlei politischen Einfluss nehmen konnte.[3] Das Ende des Kaiserreiches verlief daher auch wenig spektakulär. Mitte 1911 wurde eine ziemlich kleine revolutionäre Gruppe in Wuhan entdeckt, die wie viele andere Gruppen auch einen Aufstand plante. Nach ihrer Entdeckung blieb ihr nichts anderes übrig als loszuschlagen. Dies führte dazu, dass die politische Ordnung wie ein Kartenhaus zusammenbrach, denn eine Provinz nach der anderen erklärte nun ihre Solidarität mit der Revolution. Auf einem Treffen der aufständischen Provinzen wurde Sun Yat-sen zum Provisorischen Präsidenten der *Republik China* gewählt. Im Februar 1912 trat der gerade sechs Jahre alt gewordene Kaiser Puyi zurück. Damit endete nicht nur die Herrschaft der Qing-Dynastie. Auch das chinesische Kaiserreich, welches seit 211 vor Christus existiert hatte, war damit an sein Ende gekommen.

Diktatur und Erster Weltkrieg | Die Ausrufung der Republik ist zwar ein markantes Datum der chinesischen Geschichte, sie führte aber nicht zu einem grundsätzlichen Kurswechsel. Im Gegenteil, der Zerfall des Landes in unterschiedliche Parteien und Provinzen ging unvermindert weiter. Daran änderte auch die Verabschiedung einer Verfassung (1912) und die Wahl eines Parlaments (1913) nichts. Der neue Präsident **Yuan Shikai** erwies sich als autoritärer Machthaber, der seine Macht nicht mit anderen Verfassungsorganen teilen wollte. Schon nach kurzer Zeit löste er das Parlament auf und begann als Diktator zu regieren (→ M1). Yuan war ein Militär der alten Garde. Er hatte seine Karriere unter den Qing-Kaisern gemacht und konnte mit den republika-

---

[1] Zu Cixi siehe auch Seite 72 f.
[2] Lesen Sie hierzu nochmals Seite 63.
[3] Über den Kindkaiser Puyi informiert Seite 85.

nischen Idealen von Sun Yat-sen wenig anfangen. Er spielte zwar eine wichtige Rolle beim Sturz des Kaisertums, hatte aber wohl nie den Plan, eine auch nur halbwegs demokratische Ordnung zu errichten. Als Alleinherrscher versuchte er im Stile der Qing, das politische System wieder auf die Lehren des Konfuzius[1] zu gründen. Im Dezember 1915 ließ er sich sogar zum Kaiser ernennen. Dies löste eine landesweite Widerstandsbewegung aus. Weniger als vier Monate später musste er abdanken.

Die politische Instabilität in China und der Erste Weltkrieg führten im Jahr 1915 dazu, dass Japan seine Machtposition in China stärkte. Japan hatte Deutschland 1914 den Krieg erklärt und das deutsche Pachtgebiet Kiautschou nach langen Kämpfen mit den dort stationierten deutschen Truppen erobert. Anfang 1915 übermittelte Japan der chinesischen Regierung die sogenannten *21 Forderungen*. Japan verlangte die Übertragung aller Rechte, welche die Deutschen in Kiautschou genossen hatten, auf Japan, und darüber hinaus weitreichende Konzessionen in der Mandschurei und eine Reihe von anderen Vergünstigungen. Die wichtigste Forderung Japans aber war, dass der chinesischen Regierung japanische Berater zur Seite gestellt werden und dass die chinesische Polizei und das Militär eng mit Japan zusammenarbeiten sollten. Die Erfüllung dieser Forderung hätte Japan die vollständige Kontrolle über Regierung und Streitkräfte in China gegeben. Yuan Shikai willigte ein, alle Forderungen zu erfüllen, außer jenen, die Regierung, Militär und Polizei betrafen. Er hatte angesichts der Schwäche Chinas keine andere Möglichkeit. Das japanische Vorgehen löste einen Sturm der Entrüstung in China aus, der den chinesischen Nationalismus befeuerte und die politischen Bewegungen der nächsten Jahrzehnte prägte.

Die Zeit der Warlords | Nach der Abdankung und dem Sturz von Yuan Shikai im Jahr 1916 begann in China die Zeit der *Warlords*. Dies waren Militärführer, die selbstständig Teile des Landes kontrollierten und regierten. Ihre Macht beruhte allein auf den von ihnen befehligten Truppen. Man schätzt, dass es rund ein Dutzend wichtige und mehrere Hundert kleine Warlords zwischen 1916 und 1928 gab. Die Warlords befanden sich in einem permanenten Kriegszustand. Denn jeder von ihnen musste in dem von ihm kontrollierten Gebiet Aufstände fürchten und gleichzeitig sein Gebiet gegen andere Warlords verteidigen. Alle Warlords gingen daher immer wieder wechselnde Bündnisse ein, um ihre Macht zu sichern. Aber keinem von ihnen gelang es, einen größeren Teil Chinas für längere Zeit zu erobern. Die Armeen der Warlords verfügten zwar zum Teil über neueres Kriegsgerät. Gerade die kleineren Warlords waren aber häufig kaum von Anführern marodierender Banden zu unterscheiden. Die Warlords besaßen kein politisches Programm für das ganze Land und hatten auch keine Pläne, wie denn China stabilisiert und reformiert werden könnte. Ihre dauernden Auseinandersetzungen behinderten jeden Wirtschaftsaufschwung und erschwerten größere Infrastrukturprojekte wie den Bau von Eisenbahnen, Häfen oder Industrieanlagen. Lediglich die großen Warlords, welchen es gelang, wohlhabende Provinzen des Landes für längere Zeit zu kontrollierten, förderten Bergbau, Industrie und Handel, weil sie wussten, dass ein wirtschaftlicher Aufschwung ihre militärische Macht stärken würde.

Die Regierung in Beijing verlor nach dem Sturz von Yuan Shikai jede Kontrolle über das Land. Sie regierte nur noch im Raum Beijing und vertrat China gegenüber den ausländischen Mächten. Diese standen aber gleichzeitig auch mit den Warlords in Kontakt. In dieser Phase des landesweiten Zerfalls gewannen zwei politische Kräfte an Macht, die die Geschichte Chinas bis heute bestimmen sollten: Schon 1912 war die *Guomindang* (dt.: Nationale Volkspartei) von Sun Yat-sen gegründet worden. Sie war ein Sammelbecken für alle Chinesen, welche die Republik unterstützten. Es fanden sich hier Kommunisten und Liberale, Intellektuelle und Militärs. 1921 entstand die *Kommunistische Partei Chinas*. Beide Parteien verband das Ziel, einen starken chinesischen Einheitsstaat zu schaffen, welcher den ausländischen Mächten die Stirn bieten und die

Yuan Shikai (1859–1916): einer der mächtigsten Militärs und Politiker des späten Kaiserreiches und der frühen Republik. Er war 1885 bis 1894 als Hochkommissar der mächtigste Mann in Korea und besetzte zwischen 1895 und 1911 zahlreiche bedeutende Positionen in der Armee und der Verwaltung des Kaiserreiches. Bei der Ausrufung der Republik wechselte er die Seiten und wurde schnell zum mächtigsten Mann Chinas. Die Übernahme der Präsidentschaft und die Proklamierung zum Kaiser führten aber zu so starkem Widerstand, dass er schließlich entmachtet wurde.

---

[1] Zu Konfuzius siehe nochmals Seite 25.

Chiang Kaishek (1887–1975): seit Mitte der 1920er-Jahre Führer der Guomindang und einer der wichtigsten Staatsmänner Chinas. Er stand an der Spitze der Nanjing-Regierung und kämpfte im Zweiten Weltkrieg gegen Japan. Im anschließenden Bürgerkrieg gegen die Kommunistische Partei unterlag die Guomindang. Aber ein Teil der Partei konnte sich 1949 unter Führung von Kaishek nach Taiwan absetzen, wo sie einen bis heute existierenden unabhängigen Staat gründeten. Chiang Kaishek war bis zu seinem Tod Präsident Taiwans.

Internettipp
Den Artikel „Chiang Kaishek. Ein Diktatorenleben" der Bundeszentrale für politische Bildung finden Sie unter dem Code **32037-28**.

inneren Konflikte beenden würde. Da die Guomindang ideologisch nicht festgelegt war und die Kommunistische Partei auf Anraten der kommunistischen Regierung in Moskau sich Bündnispartner suchte, verbanden sich die beiden Parteien im Jahre 1924, um gemeinsam die Macht zu übernehmen und China zu erneuern.

Die Nanjing-Dekade (1927-1937) | Das Bündnis von Guomindang und Kommunistischer Partei gewann nach und nach an Einfluss. Aber 1927 erklärte die Guomindang das Bündnis für beendet und gleichzeitig die von ihr kontrollierte Stadt Nanjing zur chinesischen Hauptstadt. Um ihre Macht zu sichern, brachte sie Zehntausende von Anhängern der Kommunistischen Partei um. Die Kommunisten mussten sich notgedrungen in die ländlichen Gebiete zurückziehen, von wo aus sie einen zähen Kleinkrieg gegen ihren ehemaligen Verbündeten begannen.[1]

Der Bruch zwischen Guomindang und Kommunisten war durch den frühen Tod von Sun Yat-sen beschleunigt worden. Seine Nachfolge als starker Mann innerhalb der Partei trat Chiang Kaishek an. Chiang hatte eine militärische Ausbildung in Japan erhalten und war durch die Kriege in China geprägt. Wie Sun Yat-sen wollte er einen starken chinesischen Nationalstaat errichten, aber im Gegensatz zu dem Intellektuellen Sun war er vor allem ein Militär und Machtpolitiker. Da die Hauptstadt zwischen 1927 und 1937 in Nanjing lag, werden diese zehn Jahre als *Nanjing-Dekade* bezeichnet. China kam im Vergleich zu der Zeit der Warlords etwas zur Ruhe. Grund hierfür war allerdings nicht, dass die neuen Machthaber der Guomindang die Warlords besiegt hatten. Ganz im Gegenteil: China glich noch immer einem Flickenteppich und zerfiel in rund ein Dutzend große und unzählige kleine von Warlords kontrollierte Gebiete. Aber die Intensität der Kämpfe ließ nach. Die dadurch erzielte Stabilität war zwar brüchig, doch sie erlaubte eine langsame wirtschaftliche Erholung.

Shanghai.
Foto von 1930.
Zum Vergleich: Ein aktuelles Foto der Uferpromenade von Shanghai finden Sie auf Seite 6 im Band.

---

[1] Der Kampf zwischen Guomindang und Kommunisten dauerte bis 1937. In diesem Jahr marschierte Japan in China ein, sodass sich die Erzfeinde für den Kampf gegen den gemeinsamen Gegner verbündeten.

Japanische Interventionen | Der Zerfall Chinas in den ersten Jahrzehnten des 20. Jahrhunderts drückte sich auch in der zunehmenden Einmischung Japans aus. Für die Geschichte Chinas gilt daher nicht, dass der Erste Weltkrieg das Ende des imperialistischen Zeitalters markierte. Im Gegenteil: Zwar beendete der Krieg den deutschen Einfluss im Reich der Mitte, dafür aber spielte Japan eine immer größere Rolle (➔M2). Japan hatte 1910 Korea offiziell in eine Kolonie verwandelt und verfolgte ähnliche Ambitionen in China.[1] Lediglich die USA und die europäischen Mächte verhinderten Japans Pläne im Anschluss an den Ersten Weltkrieg. 1931 aber rief Japan in der Mandschurei auf chinesischem Staatsgebiet den Vasallenstaat *Mandschukuo* ins Leben, der zwar formell unabhängig, tatsächlich aber eine weitere Kolonie darstellte (➔M3). Schließlich überfiel Japan 1937 China und versuchte, das riesige Reich zu unterwerfen. Den Japanern gelang es allerdings zu keinem Zeitpunkt, ganz China zu erobern, denn sie kämpften gleichzeitig gegen die verschiedenen Armeen der chinesischen Bürgerkriegsparteien. China wurde zudem von Russland und den USA mit Waffen und Material unterstützt (➔M4).

Das Japanische Reich (1942). Japanischer Einflussbereich bezeichnet sowohl Japan, von Japan seit Ende des 19. Jahrhunderts kolonisierte Gebiete als auch im Zweiten Weltkrieg eroberte Territorien. China bezeichnet die von der Guomindang-Regierung unter Chiang Kaishek gehaltenen Gebiete.

Der Aufstieg Japans zu einer imperialistischen Macht, die Ende des 19. Jahrhunderts Russland und im 20. Jahrhundert den USA und Großbritannien die Stirn bieten konnte, stellt das genaue Gegenteil der Entwicklung Chinas dar. Während China noch in der ersten Hälfte des 19. Jahrhunderts auf das kleine Inselreich herabschaute, war es 100 Jahre später ein fast wehrloser Gegner. Japans Aufschwung begann erst mit der Meiji-Reform ab den 1860er-Jahren, aber es wäre falsch anzunehmen, dass er sich auf

---

[1] Siehe hierzu nochmals Seite 54.

die Regierungszeit des Meiji-Kaisers von 1868 bis 1912 beschränkte.[1] Vielmehr hatte sich Japan unter dem Meiji so umfassend gewandelt, dass sich das Land auch nach seinem Tod immer weiter industrialisierte. Während China sich also in einer Abwärtsspirale befand, war Japan von einer nicht zu stoppenden Industrialisierungsdynamik geprägt. Trotz verschiedener Krisen in den 1920er- und 30er-Jahren wuchs die industrielle Produktion unaufhörlich und das Land versorgte nicht nur sich selbst mit modernen Industriewaren, sondern einen großen Teil Ostasiens. Gleichzeitig aber war Japans Start in das Industriezeitalter geprägt von der engen Verbindung zwischen wirtschaftlicher Modernisierung und militärischer Expansion. Der wichtigste Grund für die Meiji-Reformen war die imperialistische Bedrohung durch europäische Mächte und die USA gewesen. Der Aufbau einer Industrie zielte daher von Beginn an auf militärische Stärke. Schnell wurde daraus das Bestreben nach eigenen Machtsphären und Kolonien in Ostasien. Innerhalb Japans gewannen nach dem Tod des Meiji-Kaisers 1912 die ultranationalistischen, militaristischen und reaktionären Kräfte immer mehr an Bedeutung. Während man für das Deutsche Reich argumentiert, dass die Niederlage im Ersten Weltkrieg den Revanchismus und damit später auch den Nationalsozialismus beförderte, war es in Japan genau umgekehrt. Hier wurde die extreme Rechte aufgrund der nicht enden wollenden Kette von Siegen immer stärker. Linke und demokratische Parteien und Bewegungen wurden seit den 1920er-Jahren immer mehr verfolgt und schließlich völlig ausgeschaltet. In den 1930er-Jahren hatten in Japan ultranationalistische und antidemokratische Politiker und Militärs die Macht übernommen.

Die Revolution von 1949 | Innenpolitisch stand China am Ende des Zweiten Weltkrieges nicht besser da als am Ende des Ersten. Im Land brach der während der Kriegsjahre aufgeschobene blutige Bürgerkrieg wieder aus, und es stand zu befürchten, dass angesichts der inneren Konflikte die neuen Supermächte USA und Sowjetunion nun an die Stelle der alten imperialistischen Mächte treten würden. Anders als in den 1920er-Jahren gelang es aber in der zweiten Hälfte der 1940er-Jahre der Kommunistischen Partei Chinas relativ rasch, die Oberhand zu gewinnen. Innerhalb von nur vier Jahren besiegte sie vollständig ihren großen Gegner, die Guomindang, und zwang ihn, sich auf die Insel Taiwan zurückzuziehen.

Am 1. Oktober 1949 proklamierte *Mao Zedong* die *Volksrepublik China*. Die Regierung der Kommunisten beendete die Epoche der Bürgerkriege und baute einen stabilen und mächtigen Staat auf (→M5). Dieser Staat bediente sich von Beginn an brutaler und häufig terroristischer Methoden, um Widerstand oder auch nur Kritik zu unterdrücken. Gleichzeitig leitete er grundlegende Reformen ein, z.B. hinsichtlich der Gleichstellung der Frau und der Verteilung der landwirtschaftlich nutzbaren Flächen.

Ausrufung der Volksrepublik China.
Foto vom 1. Oktober 1949. Mao Zedong spricht auf einer Rednertribüne auf dem Tiananmen-Platz (Platz des Himmlischen Friedens) in Peking vor etwa 300 000 Menschen. Er war von 1945 bis 1976 Vorsitzender der Kommunistischen Partei Chinas. Von 1949 bis 1954 stand er der zentralen Volksregierung vor, von 1954 bis 1959 übte er das Amt des Staatspräsidenten der Volksrepublik China aus.

---

[1] Über die Meiji-Reform informiert Seite 53.

China behauptet sich | Die Machtergreifung der Kommunisten führte zu einem selbstbewussteren Auftreten nach außen. Die Mandschurei war schon 1946 an China zurückgefallen, und 1950 besetzte China erneut Tibet, das sich nach der Ausrufung der Republik 1912 mit britischer Hilfe für unabhängig erklärt hatte. Die Äußere Mongolei blieb dagegen ein unabhängiger, eng mit der Sowjetunion verbundener Staat, während die Innere Mongolei 1947 eine autonome Region Chinas wurde. Auch Taiwan bewahrte unter der Führung der Guomindang seine Selbstständigkeit gegenüber dem kommunistischen China.

Der entscheidende Konflikt spielte sich in Korea ab, das bis zur japanischen Besetzung 1894 ein von China abhängiger Staat gewesen war. Hier hatten sich die Sowjetunion und die USA nach dem Zweiten Weltkrieg auf eine Zweiteilung geeinigt, wobei der Süden zur US-amerikanischen Einflusssphäre wurde. In den Augen der chinesischen Führung konnte dies nur als Fortsetzung der imperialistischen Politik Japans verstanden werden. Mit sowjetischer Einwilligung und Unterstützung überfiel Nordkorea 1950 Südkorea. Daraufhin schickten die Vereinten Nationen eine internationale Streitmacht unter amerikanischer Führung. Diese Armee vertrieb nicht nur die nordkoreanischen Streitkräfte, sondern rückte weit nach Nordkorea vor. Dies musste die chinesische Regierung alarmieren, war doch auch der Boxeraufstand gegen die Ausländer fünfzig Jahre zuvor von einer internationalen Streitmacht unterdrückt worden.[1] China war daher an der Existenz eines anti-US-amerikanischen Nordkoreas interessiert und schickte seine Streitkräfte in den Krieg gegen die von den USA geführten Truppen.

Anders als in den Jahrzehnten zuvor erwiesen sich die chinesischen Streitkräfte ihren europäischen und US-amerikanischen Gegnern aber dieses Mal als gleichwertig. Keine der beiden Seiten war in der Lage, sich entscheidende Vorteile zu erkämpfen. Der Krieg endete schließlich 1953 durch einen Waffenstillstand. Er bestätigte im Großen und Ganzen die alten Grenzlinien zwischen Nord- und Südkorea. China hatte seine Feinde zwar nicht vom ostasiatischen Festland vertreiben können. Es war nun aber erstmals seit dem Ersten Opiumkrieg von 1839 in der Lage, ausländische Armeen von seinen Grenzen fernzuhalten. So konnte China wieder beginnen, eine eigenständige Politik innerhalb und außerhalb des Landes zu verfolgen.

Internettipp
Eine Biografie Maos sowie eine Zusammenfassung seiner Regierungszeit von 1949 bis 1976 finden Sie unter dem Code **32037-29**.

---

[1] Zum Boxeraufstand siehe nochmals Seite 63 f.

M1 Der kurzlebige demokratische Aufbruch

Der Sinologe Kai Vogelsang beschreibt die Schwächen der nach dem Ende des Kaiserreiches gegründeten Republik und ihr schnelles Ende:

Die chinesische Revolution war nicht vom gemeinen Volk ausgegangen, das unter der Last der Steuern ächzte, sondern von Kaufleuten, Intellektuellen, Offizieren, Beamten, Landbesitzern – höchstens 5 Prozent des Volks. Das Dilemma der Revolution: Der Aufstand der Eliten garantierte ihren Erfolg und setzte diesem Erfolg zugleich Grenzen. Was diese Eliten vereinte, waren zudem nur zwei Ziele: der Sturz der Manju-Herrschaft[1] und die Schaffung einer Republik. Als die Ziele erreicht waren, wurde alles viel komplizierter.

Die Republik, der die Gründer „10 000 Jahre" gewünscht hatten, war politisch eine Totgeburt. Bereits nach sechs Wochen musste Sun Yat-sen als Präsident zurücktreten und das Amt [...] an Yuan Shikai abgeben. Der „Vater der Republik" zog sich zurück, und ein erzkonservativer Haudegen usurpierte die Revolution. Zwar gab es einen Verfassungsentwurf, der alle Macht dem Volk zusprach, eine Übergangsregierung und ein vorläufiges Parlament, in dem etwa ein Dutzend neugegründete Parteien vertreten waren. Song Jiaoren[2] hatte den „Schwurbund" 1912 zur „Nationalen Volkspartei" (Guomindang, kurz GMD) umgewandelt, im selben Jahr wurde eine sozialistische Partei gegründet, eine anarchistische Partei war schon 1906 in Paris entstanden, Liang Qichao[3] hatte eine „Demokratische Partei" (Minzhu dang) ins Leben gerufen. Diese Gruppierungen traten im Sommer 1912 zu den ersten Parlamentswahlen an. Wahlberechtigt waren Männer – keine Frauen – ab 21 Jahren, die über Schulbildung und ein gewisses Vermögen verfügten, etwa 5 Prozent der Bevölkerung: die ersten halbwegs demokratischen Wahlen eines nationalen Parlaments in der chinesischen Geschichte – und bis heute die letzten. Die Guomindang ging als Sieger hervor, doch das demokratische Experiment wurde schnell zunichtegemacht. Im März 1913 wurde Song Jiaoren, der Kopf der Guomindang, auf dem Bahnhof von Shanghai erschossen, wahrscheinlich im Auftrag von Yuan Shikai. Kurz darauf setzte Yuan drei Gouverneure der Guomindang ab, woraufhin sieben Provinzen sich von ihm lossagten: eine „zweite Revolution", die Yuans Truppen jedoch schnell niederschlugen. Jetzt herrschte Kriegsrecht. Sun Yat-sen musste abermals nach Japan fliehen, im Januar 1914 löste Yuan Shikai das Parlament auf. Der Präsident war zum Diktator geworden.

Kai Vogelsang, Geschichte Chinas, Ditzingen ⁵2013, S. 500f.

---

[1] **Manju-Herrschaft**: Herrschaft der Qing-Dynastie, die aus der Mandschurei stammte
[2] **Song Jiaoren** (1882–1913): Mitbegründer und Vorsitzender der Guomindang
[3] Über **Liang Qichao** informiert Seite 67.

---

1. Geben Sie den Text mit eigenen Worten wieder.
2. Erläutern Sie, warum Kai Vogelsang die Republik für eine „Totgeburt" (Zeile 12) hält.
3. Beurteilen Sie, ob man die Republik zwischen 1912 und 1914 als Demokratie bezeichnen kann.

M2 Die Vierter-Mai-Bewegung

Am 4. Mai 1919 protestieren Studierende in Beijing gegen die China betreffenden Bestimmungen des Versailler Vertrages. Der Vertrag wird im Juni 1919 unterzeichnet und beendet im Anschluss an den Waffenstillstand von November 1918 den Ersten Weltkrieg. Die Vierter-Mai-Bewegung gilt als ein Höhepunkt des kulturellen und politischen Umbruchs in China nach dem Ende des Kaiserreiches. Klaus Mühlhahn fasst die wichtigsten Aspekte der Bewegung zusammen:

Der unmittelbare Anlass [für die Demonstrationen] war, dass die in Versailles versammelten westlichen Staatsmänner bei der Gestaltung der Nachkriegswelt die Besetzung des östlichen Teils der Provinz Shandong (ehemals das deutsche Kiautschou) durch Japan bestätigen und akzeptieren wollten, anstatt es an China zurückzugeben. Die Bewegung begann, als Studenten an Beijinger Schulen und Universitäten von den Verhandlungen in Versailles erfuhren. Sie waren so empört, dass sie am 4. Mai 1919 auf die Straße gingen – nicht nur gegen die Westmächte, weil sie die territorialen Rechte Chinas missachteten, sondern auch gegen die chinesische Regierung, weil sie zu schwach war, um sich für die chinesischen Interessen einzusetzen. Innerhalb weniger Tage kam es zu Demonstrationen im gesamten städtischen China. Auch chinesische Arbeiter und Studenten in Frankreich starteten eigene Aktionen und wollten sich in die internationale Politik einmischen. Zwischen Aktivisten in China und Frankreich wurden Nachrichten ausgetauscht und Petitionen[4] geschrieben. Unter anderem wurden in Paris Sitzblockaden von chinesischen Studenten und Arbeitern veranstaltet, die chinesische Delegierte daran hinderten, zur Konferenz zu gehen und an den Verhandlungen teilzunehmen. Die Demonstranten forderten insbesondere die Wiederherstellung der territorialen Souveränität, die vollständige Anerkennung von Chinas Selbstbestimmungsrecht durch die Aufhebung der sogenannten ungleichen Verträge, die seit den Opiumkriegen bestanden hatten, und ein Ende der Extraterritorialität[5]. Ungeachtet der Proteste hielten die Großmächte [...] jedoch an ihrem Plan fest. Die chinesischen Delegierten weigerten sich wegen der Proteste in China, den Friedensvertrag zu unterzeichnen.

---

[4] **Petition**: Bittschrift, Beschwerde, öffentlicher Aufruf
[5] **Extraterritorialität**: Siehe hierzu Seite 42.

Tatsächlich gehörte China in Versailles zu den Siegermächten. Chinas größte Schwierigkeiten im Jahr 1919 waren die innenpolitischen Probleme, die durch die Uneinigkeit und die internen Kämpfe verursacht wurden. Es entwickelte sich eine Bewegung, die über die politischen Proteste und öffentlichen Demonstrationen in Beijing und anderen chinesischen Städten im Frühjahr 1919 hinausging und in einen sozialen und kulturellen Umbruch mündete. Dieser Umbruch wurde allgemein als „Neue Kulturbewegung" bezeichnet und fand zwischen 1915 und 1925 statt, wobei der Höhepunkt auf 1919 datiert werden kann.

Klaus Mühlhahn, Geschichte des modernen China. Von der Qing-Dynastie bis zur Gegenwart, München 2021, S. 265 f.

1. Fassen Sie die wichtigsten Punkte in eigenen Worten zusammen.
2. Arbeiten Sie heraus, wer die Träger der Bewegung waren und wo die Bewegung stattfand.
3. Diskutieren Sie in der Klasse, welche Gründe die Staatsmänner der Siegermächte bewogen haben könnten, Kiautschou nicht an China zurückzugeben.

Internettipp
Die Bestimmungen des Versailler Vertrages finden Sie unter dem Code **32037-30**. Siehe dort vor allem „Deutsche Rechte und Interessen außerhalb Deutschlands (Artikel 118 bis 158)".

M3 Japans Expansion in die Mandschurei: der Staat Mandschukuo

Seit dem Japanisch-Chinesischen Krieg 1894/95[1] vergrößert Japan seinen Einfluss in der Mandschurei. Der Sieg über Russland im Krieg von 1905 festigt Japans Position in dieser Region.[2] Die dort stationierten Truppen, Kwantung-Armee genannt, sichern Japan eine dauerhafte militärische Präsenz. Die Historikerin Sabine Dabringhaus beschreibt, wie Japan aus der Mandschurei den Staat Mandschukuo kreiert:

Am 18. September 1931 täuschten Mitglieder der Kwantung-Armee einen Sprengstoffanschlag auf die Bahnlinie vor, um unter dem Vorwand der Rebellenbekämpfung mit der Okkupation der gesamten Mandschurei zu beginnen. Die von diesem „Mukden-Zwischenfall" überraschte Regierung in Tokyo erklärte den unverzüglich beginnenden Truppenaufmarsch durch die Notwendigkeit, den Frieden in der Region wiederherstellen zu müssen. Am 1. März 1932 wurde ein neuer Staat, Mandschukuo (Manzhouguo), gegründet. Als Marionettenoberhaupt wurde der letzte Kaiser Puyi eingesetzt und zwei Jahre später zum Kaiser erhoben. Als der Völkerbund[3] das japanische Vorgehen missbilligte, trat Japan aus dem Völkerbund aus. Nur Deutschland und Italien gewährten dem japanischen Marionettenstaat Mandschukuo die völkerrechtliche Anerkennung. Trotz der Fiktion von Autonomie wurde Mandschukuo de facto wie eine japanische Kolonie behandelt. Jedem Minister und Provinzgouverneur wurde ein japanischer Vizebeamter zugeordnet. Der Oberbefehlshaber der Kwantung-Armee war gleichzeitig auch Botschafter seines Landes in Mandschukuo. Ihm unterstand die Leitung des Pachtgebietes. […] Die Mandschurei wurde weiterhin als Pufferzone gegenüber Russland gesehen. Gleichzeitig wurde die Schwerindustrie in dieser Zone ausgebaut, die den Ressourcenmangel der japanischen Inseln ausgleichen sollte. Eine planwirtschaftliche Entwicklungsstrategie erzielte tatsächlich während der zweiten Hälfte der dreißiger Jahre außerordentliche Wachstumsraten. Hinzu kam die teils freiwillige, teils administrativ erzwungene Ansiedlung japanischer Bauern aus den übervölkerten Gebieten des Inselstaates. An das riesige Mandschukuo hefteten sich Utopien, dort einen Kolonialismus neuen Typs errichten zu können.

Sabine Dabringhaus, Geschichte Chinas. 1279–1949, Berlin/Boston ³2015, S. 99 f.

1. Fassen Sie den Text mit eigenen Worten zusammen.
2. Erläutern Sie anhand einer Karte die strategische Position Mandschukuos in der Konkurrenz zwischen Japan, Russland und China. Beachten Sie, dass Japan nach dem Krieg 1905 gegen Russland die südliche Hälfte der Sachalin-Insel zugesprochen wurde. Auf dem Festland war der Fluss Amur seit dem 18. Jahrhundert die Grenze zwischen Japan und Russland. Tipp: Eine Karte zu Mandschukuo finden Sie unter dem Code **32037-31**.
3. Erörtern Sie, ob Mandschukuo eine Kolonie war. Nehmen Sie dazu die Definition von Jürgen Osterhammel von Seite 37 (M5) zu Hilfe.

---

[1] Lesen Sie hierzu nochmals Seite 54.
[2] Vgl. Seite 54.
[3] **Völkerbund:** Nach dem Ersten Weltkrieg im Zusammenhang mit dem Versailler Vertrag 1920 von 32 Staaten gegründete internationale Organisation zur Wahrung des Friedens und zur Zusammenarbeit aller Völker mit Sitz in Genf. Die 1945 gegründeten Vereinten Nationen sind Nachfolgerin des Völkerbundes.

M4 China im Zweiten Weltkrieg und das Ende der ungleichen Verträge

In China regiert seit 1927 die Guomindang unter Chiang Kaisheck. Sie liefert sich einen blutigen Bürgerkrieg mit den Kommunisten, die eine Gegenregierung bilden. In dieser Situation beginnt 1937 der Krieg zwischen Japan und China. Der Historiker Thoralf Klein erläutert diesen Krieg:

Am 7. Juli 1937 brach nach einem Schusswechsel an der Lugou-Brücke unweit von Beijing der Krieg zwischen Japan und China offen aus. Dies war zugleich der Beginn des Zweiten Weltkrieges in Asien. Japan gelang es, weite Teile
5 Chinas entlang der Küste zu besetzen und dort Kollaborationsregierungen zu installieren. Bei ihrem Einzug in die gegnerische Hauptstadt Nanjing[1] am 13. Dezember 1937 richteten die japanischen Truppen ein Massaker an. Die Zahl der chinesischen Opfer ist bis heute umstritten, betrug
10 jedoch schon nach niedrigen Schätzungen etwa 150 000. Die Guomindang-Regierung verlegte ihren Sitz in das für das Heer, wenn auch nicht für die Luftwaffe Japans unerreichbare Chongqing (Sichuan) und ließ auch zahlreiche Produktionsstätten und Bildungseinrichtungen in den un-
15 besetzten Westen Chinas verlegen.

In den folgenden Jahren konnte keine Seite eine kriegsentscheidende Wende herbeiführen. Den Japanern misslang dies trotz ihrer rücksichtslosen Kriegführung, die von den Kommunisten seit 1942 als Politik des Dreifachen Total
20 [...] bezeichnet wurde: „Alles total niederbrennen, total niedermetzeln, total ausplündern." Aber auch die Guomindang war nicht erfolgreicher, obwohl sie von der UdSSR mit Fliegerstaffeln, von Großbritannien zwischen 1938 und 1942 über die Burma-Straße und seit Ende 1941 von den
25 USA aus der Luft mit Kriegsmaterial versorgt wurde. Dabei nahmen die Nationalisten auch auf die eigene Zivilbevölkerung keinerlei Rücksicht. Im Juni 1938 ließ Chiang Kaishek die Deiche des Huanghe ohne Vorwarnung an die Bewohner des Umlandes durchstechen, wodurch Hunderttau-
30 sende ums Leben kamen. Da die Deiche wegen des Krieges nicht erneuert wurden, ereignete sich fünf Jahre später eine weitere Flutkatastrophe. Die Kommunisten mit ihrer Achten Marscharmee [...] waren zu massierten Angriffen nicht in der Lage und verließen sich auf ihre bewährte, von
35 Mao[2] Ende der 1930er-Jahre ausgearbeitete und mit einer massiven propagandistischen Mobilisierung der Zivilbevölkerung verbundene Partisanenstrategie. Selbst die Hundert-Regimenter-Kampagne zwischen August und Dezember 1940, die größte militärische Operation der
40 kommunistischen Streitkräfte gegen die Japaner, war eher eine Serie unkoordinierter Kampfhandlungen.

Japanische Truppeneinheiten kurz nach der Einnahme des Bahnhofs von Shanghai.
Foto (Ausschnitt) vom November 1937.

Der in China so genannte Antijapanische Widerstandskrieg [...] wurde somit letztlich nicht auf chinesischem Territorium entschieden, sondern durch den japanischen Angriff auf Pearl Harbor am 7. Dezember 1941. Der dadurch aus-
45 gelöste Kriegseintritt der USA machte die Kämpfe in China zu einem Teil des Pazifischen Krieges. Die Regierung Chiang Kaisheks wurde nun zu einem wichtigen Verbündeten der Amerikaner; dennoch stand der chinesische Führer im zweiten Glied. Nur an einer der großen Kriegskonferenzen,
50 derjenigen von Kairo 1943, durfte er teilnehmen. Von dem ungleich wichtigeren Treffen in Jalta im Februar 1945, bei dem die entscheidenden Weichen für die Weltordnung nach Kriegsende gestellt wurden, blieb er dagegen ausgeschlossen. Immerhin willigten Amerikaner und Briten an-
55 gesichts der japanischen Erfolge in China 1943 in die formelle Aufhebung der ungleichen Verträge[3] ein, die bereits seit Ende der 1920er-Jahre faktisch zunehmend ausgehöhlt worden waren. Nach dem Eintritt der Sowjetunion in den Pazifischen Krieg, dem amerikanischen Atombomben-
60 abwurf über Hiroshima und Nagasaki und der anschließenden Kapitulation Japans am 15. August 1945 war auch in China der Krieg zu Ende.

Thoralf Klein, Geschichte Chinas. Von 1800 bis zur Gegenwart, Paderborn u. a.
²2009, S. 52 f.

---

[1] Unter der Guomindang-Regierung war die Hauptstadt 1927 von Beijing nach Nanjing verlegt worden.
[2] Über Mao Zedong informiert Seite 78.

[3] Zu den „ungleichen Verträgen" siehe nochmals Seite 41 f.

1. Beschreiben Sie den Verlauf des Krieges zwischen Japan und China (M4). | H
2. Arbeiten Sie heraus, woran man die besondere Brutalität dieses Krieges erkennen kann. | H
3. Diskutieren Sie, wann der Zweite Weltkrieg in China begann und wann er endete. Berücksichtigen Sie dabei, dass in Deutschland in der Regel der 1. September 1939 als Anfang und der 8. Mai 1945 als Ende des Krieges betrachtet werden. Setzen Sie sich mit der Frage auseinander, was für ein Verständnis des Weltkrieges sich durch die Datierung ausdrückt.

M5 Staatsgründung 1949

Anlässlich der Gründung der Volksrepublik China sagt Mao Zedong am 1. Oktober 1949:

Trotz Bildung einer Regierung ist unsere revolutionäre Arbeit nicht beendet. Die imperialistischen Reaktionäre im In- und Ausland werden ihre Niederlage nicht einfach stillschweigend hinnehmen. Sie werden noch versuchen, einen letzten Widerstand zu leisten. Wenn die Ruhe und Ordnung einmal hergestellt sein wird, werden sie zur Sabotage Zuflucht nehmen und auf verschiedene Arten den Versuch machen, wieder an die Macht zu kommen. Wir dürfen daher unsere Wachsamkeit nicht vermindern. China muss mit allen Ländern und Völkern, die den Frieden und die Freiheit lieben, ganz besonders aber mit der Sowjetunion und den osteuropäischen Staaten die Einheit herstellen. Chinas dringlichste Aufgabe besteht im wirtschaftlichen Aufbau.

Der Historiker Helwig Schmidt-Glintzer schreibt über die Gründung der Volksrepublik China unter Mao Zedong:

Trotz der häufigen Verwendung des Föderalismus-Begriffs *lianbang* durch Mao Zedong in den 30er- und 40er-Jahren des 20. Jahrhunderts – noch im Jahre 1945 sprach Mao Zedong von der föderalen Struktur eines zukünftigen China – gab es doch niemals einen ernsthaften Zweifel daran, dass für China der Einheitsstaat das Ziel sein müsse. Nach der langen Dauer eines Einheitsstaates auf chinesischem Boden hatten am Ausgang der Qing-Zeit zentralistische bzw. integrationistische Vorstellungen überwogen. Hinzu trat im späten 19. Jahrhundert die Forderung eines Großteils der Elite, die Nation müsse gestärkt werden. Die Restrukturierung des Staates im Zuge der Niederwerfung sozialer Unruhen zusammen mit dem Auftreten der imperialistischen Mächte ließ es daher nicht zu einer Ausdifferenzierung lokaler und regionaler Interessen einerseits und einer Beschränkung der zentralen Staatsmacht andererseits kommen. Denn obwohl sich nach dem Ende des Kaiserreiches zunächst kein neues nationales Machtzentrum herausbildete und man daher von einer Zeit der Zersplitterung sprechen muss, begünstigte dies nicht die Bildung und das Anwachsen einer bürgerlichen Schicht, die zum Träger einer bürgerlichen Revolution hätte werden können. Die ideologischen Kämpfe und die wirtschaftliche und administrative Entwicklung förderte eher eine Fragmentierung innerhalb der Elite.

Erster Text: Keesings Archiv der Gegenwart, XVIII./XIX. Jg. (1948/49), S. 2074; zweiter Text: Helwig Schmidt-Glintzer, Kleine Geschichte Chinas, Frankfurt am Main 2008, S. 186 f.

1. Beschreiben Sie die innen- und außenpolitischen Ziele der kommunistischen Regierung.
2. Erklären Sie, was Mao Zedong mit „imperialistischen Reaktionäre[n] im In- und Ausland" (vgl. Zeile 2 f.) gemeint haben könnte.
3. Analysieren Sie, warum es nach Schmidt-Glintzer keinen Zweifel daran geben konnte, dass Mao Zedong und die Kommunistische Partei Chinas eine zentralistische Staatsform bevorzugen würden. | H
4. Laut dem Historiker Helwig Schmidt-Glintzer ging 1949 das „Jahrhundert der chinesischen Revolution" zu Ende. Erläutern Sie diese Aussage. | F

Autobiografien analysieren

Der Begriff **Autobiografie** bezeichnet entsprechend seiner griechischen Wortherkunft die *Beschreibung* (graphein: schreiben) *des eigenen* (autos: selbst) *Lebens* (bios: leben). Idealerweise ist mit Autobiografie also ein buchlanger Text gemeint, in dem der Autor bzw. die Autorin sein bzw. ihr eigenes Leben möglichst vollständig beschreibt. Schriften, die sich vor allem auf die eigene berufliche oder öffentliche Tätigkeit konzentrieren, werden dagegen in der Regel als **Erinnerungen** oder **Memoiren** bezeichnet. Beinhaltet der Text in der 1. Person auch erfundene Geschichten, kann es sich um eine **Mischung aus autobiografischem Roman und Autobiografie** handeln. Um definitorische Probleme zu vermeiden, wird häufig von **autobiografischen Texten** oder **Selbstzeugnissen** statt von Autobiografien gesprochen. Damit sind alle Texte gemeint, bei denen davon ausgegangen wird, dass der Verfasser oder die Verfasserin nicht fiktional über das eigene Leben schreibt – egal wie umfangreich und über welche Teile des eigenen Lebens.

Bei der **Interpretation** von autobiografischen Texten hat sich in den letzten Jahrzehnten ein deutlicher Wandel vollzogen. Früher hielt man autobiografische Texte für den Ausdruck des selbstbestimmten Individuums, das frei von äußeren Einflüssen und Prägungen das eigene Leben und seine Zeit beschreiben konnte. Die Angaben und Sichtweisen dieser Texte wurden also mehr oder weniger ungeprüft für wahr gehalten. Heute werden autobiografische Texte als Ausdruck einer bestimmten Zeit und der spezifischen Prägung des Verfassers bzw. der Verfasserin betrachtet. Die Epoche, das Geschlecht, die Bildung, die soziale Position und die Kultur haben erheblichen Einfluss auf die Art und Weise, wie jemand sein eigenes Leben oder einen Teil davon beschreibt. Daher werden heute autobiografische Texte sowohl danach befragt, was wir über die Sichtweisen des Verfassers bzw. der Verfasserin zum Zeitpunkt der Niederschrift des Textes erfahren, als auch darüber, was wir über die beschriebene Zeit erfahren. Diese **zeitliche Doppelstruktur** („Zeit des Schreibens" und „Zeit des Beschriebenen") macht die Interpretation von autobiografischen Texten besonders interessant und anspruchsvoll.

Arbeitsschritt	Leitfragen
1. beschreiben	• Wer ist der Verfasser bzw. die Verfasserin? • Wann, wo und aus welchem Anlass wurde der Text verfasst und veröffentlicht? • Über welche vergangenen Ereignisse und Kontexte wird berichtet bzw. nicht berichtet? • Welche Merkmale kennzeichnen den Text (Sprache, Stil, Wertungen)?
2. erklären	• Was sagt der Text über die beschriebene Zeit? • Welchen Zeitraum, welche Ereignisse oder Entwicklungen und welche Personen behandelt der Text? • Welche Sichtweise des Autors bzw. der Autorin steckt in seiner bzw. ihrer Darstellung? • An welchen Adressatenkreis wendet sich der Text?
3. beurteilen	• Wie lässt sich der Text einordnen und bewerten? Ist er glaubwürdig? • Wie ist der Quellenwert des Textes zu beurteilen? • Gibt es alternative oder ergänzende Quellen, mit denen sich die Aussagen des Verfassers bzw. der Verfasserin überprüfen lassen?

M Die Inthronisation des Kindkaisers Aisin Gioro Puyi

Aisin Gioro Puyi (1906–1967) gelangt als kleines Kind 1908 auf den Kaiserthron und wird schon drei Jahre später abgesetzt. Nach einem wechselvollen Leben kommt er in der kommunistischen Volksrepublik China in Haft. Dort wird von ihm erwartet, dass er sich den neuen Machthabern unterwirft und sich als einfacher Staatsbürger im kommunistischen System betrachtet. Nach seiner Freilassung verfasst er eine Autobiografie, die trotz strenger Zensur in China erscheinen darf. In dieser schildert er auch sein Leben als Kindkaiser:

Zwei Jahre und zehn Monate alt, wurde ich am 2. Dezember 1908 unter dem Regierungstitel Hsüan Tung auf den Drachenthron gehoben. Es war dies eine feierliche Zeremonie – wenngleich sie auch infolge meines unkaiserlichen Schreiens und Brüllens der letzten Würde entbehrt haben mag …
5 Vor der eigentlichen Inthronisation hatte ich bereits der Reihe nach die Ehrenbezeigungen der Kommandanten der Palastwache und der Superintendenten der Internen Palastverwaltung in der Thronhalle der Zentralen Harmonie entgegennehmen müssen, und das lange Stillehalten in bitterer Kälte hatte mich so ungnädig gestimmt, dass ich, nachdem ich endlich für
10 die „Große Zeremonie" selbst in die Halle der Höchsten Harmonie getragen worden war, mich mit Händen und Füßen dagegen wehrte, auf den übergroßen Drachenthron dort gehoben zu werden. Mein Vater kniete, wie es die Etikette für den Prinzregenten verlangte, auf einem Bein unter mir nieder, ohne indes seinen Versuch aufzugeben, mich mit ausgestreckten Armen so
15 gut es ging auf dem Thronsitz zu halten – bis ich zwischen trotzigem Schluchzen laut schrie: „Ich will aber nicht! Ich will wieder nach Hause!" Väterliche Gewalt trug letztlich den äußeren Sieg davon, und darauf begann das Defilee der zivilen und militärischen Würdenträger, die mir, einer nach dem andern, mit den vorgeschriebenen drei Verbeugungen und neun Kotau[1]
20 ihre Huldigung erwiesen. Je länger sich die Zeremonie hinzog – und sie dauerte Stunden –, desto vernehmlicher wurde mein erneuter Protest, und schließlich gebärdete ich mich so wild, dass mein Vater, trotz Kälte nunmehr schweißgebadet, mir in äußerster Verzweiflung zurief: „So sei doch ruhig! Es dauert ja nicht mehr lange, bald ist doch alles vorbei!"
25 Nachdem die „Große Inthronisation" zu Ende gegangen war, hob unter den Würdenträgern ein entsetztes Geflüster an. Wie konnte der Regent bloß sagen: „Bald ist alles vorbei!" Und der Kaiser, hatte er nicht gerufen, er wolle „wieder nach Hause"? Das konnte doch für die Zukunft nur Schlimmstes bedeuten! – Die unglücklichen Worte meines Vaters sind später, als für die
30 Qing-Dynastie tatsächlich „alles vorbei" und der Kindkaiser „nach Hause" zurückgekehrt war, in vielen Tagebüchern der Zeit als böses Omen ausgelegt worden.

Pu Yi, Ich war Kaiser von China. Vom Himmelssohn zum Neuen Menschen, München/Wien 4 1987, S. 33 (übersetzt von Mulan Lehner und Richard Schirach)

---

[1] **Kotau:** Demutsgeste, bei der kniend der Kopf den Boden berührt

---

1. Analysieren Sie den Text mithilfe der Arbeitsschritte auf Seite 84. Ihre Ergebnisse können Sie mit der Beispiellösung auf Seite 157 vergleichen.
2. Erklären Sie, warum die Inthronisation nicht reibungslos verläuft.
3. Erläutern Sie, warum die Zeremonie ein schlechtes Licht auf das Kaiserreich zu Beginn des 20. Jahrhunderts wirft.
4. Beurteilen Sie, ob die Darstellung glaubwürdig ist. Berücksichtigen Sie dabei das Alter von Puyi und Ihre Kenntnisse über die „zeitliche Doppelstruktur" der Autobiografie.

China – vom Kaiserreich zur Republik

Krisen

- **Industrialisierung in Europa**: Europa „überholt" China
- **konservative Qing-Dynastie**: keine grundlegenden Reformen
- **massiver Bevölkerungsanstieg**: Herausforderungen für Wirtschaft und Gesellschaft
- **korruptes politisches System**: Interessen der Mehrheit werden ignoriert
- **zahlreiche Aufstände**: Destabilisierung und zusätzliche ökonomische Probleme

Ausländische Interventionen

1839–1842: Erster Opiumkrieg

1856–1860: Zweiter Opiumkrieg

1884/85: Chinesisch-Französischer Krieg

1894/95: Chinesisch-Japanischer Krieg

1897: Das Deutsche Reich besetzt die Bucht von Kiautschou.

1900: Internationale Truppen schlagen den Boxeraufstand nieder.

1931: Japanische Truppen besetzen die Mandschurei; Ausgangspunkt für weitere japanische Expansion auf dem chinesischen Festland.

Veränderungen des politischen Systems

19. Jahrhundert: Machtverlust des Kaisers
= Machtgewinn lokaler „Provinzfürsten"

1911/12: Ende des Kaiserreiches
= Beginn der Republik

1912–1949: instabile Republik
= Bürgerkriege und ausländische Interventionen

1949: Sieg der Kommunistischen Partei
= Beginn einer neuen Epoche

WISSENS CHECK
Ein interaktives Quiz erwartet Sie unter dem Code **32037-32**.

M Das Ende des Kaiserreiches

Der Sinologe Kai Vogelsang fasst die wichtigsten Gründe für den Zusammenbruch des Kaiserreiches zusammen:

In der späten Qing-Zeit[1] erlebte die chinesische Gesellschaft den radikalsten Strukturwandel seit der „Rituellen Revolution"[2] […]: Mit dieser war eine stratifizierte[3] Gesellschaft entstanden, die sich in den folgenden drei Jahrtausenden vielfach umformte, aber in ihrer Grundstruktur erhalten blieb. Jetzt löste sie sich auf und wurde ersetzt durch eine moderne, funktional differenzierte Gesellschaft. Traditionelle Ordnungsmuster wichen offeneren Formen der Partizipation, ausländische Einflüsse beschleunigten die Emanzipation von Wissenschaft, Technik, Militär und Wirtschaft, Zeitungen wurden zum Medium einer neuen Öffentlichkeit, in den offenen Küstenstädten bildete sich eine urbane Gesellschaft, in der soziale Ungleichheit zunehmend zum Problem wurde. […] Auf dem Höhepunkt ihrer Macht wurden die Qing von verdrängten Problemen eingeholt: Bevölkerungsdruck führte zu großen Aufständen, die der nahezu bankrotte, von Korruption geschwächte Staatsapparat kaum mehr niederschlagen konnte. Militärische Macht ging zunehmend an regionale Milizen und Provinzgouverneure über, während politisches Mitspracherecht auf Interessengruppen außerhalb der Regierung ausgeweitet wurde. Diese neuen Akteure spielten eine wichtige Rolle beim Konflikt mit den Engländern, die ihr „Recht auf freien Handel" mit Opium in China mit Militärgewalt durchsetzten. Zweimal, 1840 und 1856, griffen sie China mit modernen Kanonenbooten an und zwangen die hoffnungslos unterlegenen Qing zur Öffnung von Küstenstädten für den Handel. Dieser Überfall der westlichen Moderne, so schockartig er kam, fiel in China auf wohlbereiteten Grund. Die Auflösung der ständischen Gesellschaft, Verbreitung des Buchdrucks, kritische Gelehrsamkeit und eine neue Öffentlichkeit hatten China schon lange an die Schwelle der Moderne gebracht. Westliche Lehren, die sich jetzt durch Reisen, Zeitungen und direkte Interaktion in Städten wie Shanghai verbreiteten, wurden zum Katalysator dieser Moderne. […]

Während die Qing-Regierung, seit 1861 unter der Führung der Kaiserinwitwe Cixi[4], bemüht war, westliche Technik zu „Selbststärkung" und Erhalt der Dynastie zu nutzen, war es den Eliten des Südens darum zu tun, ihr Land zu retten. Nicht Regierungstruppen, sondern Provinzgouverneure […] trugen auch die Hauptlast der Kriege gegen Frankreich (1884/85) und Japan (1894/95), welche die militärische Schwäche Chinas schonungslos offenbarten. In den nächsten Jahren wurde China fast kolonial zwischen Japan, Russland und den Westmächten aufgeteilt. Spätestens jetzt wurde deutlich, dass technisch-militärische „Selbststärkung" nicht die Lösung für Chinas Schwäche bot. Die Probleme saßen tiefer: in einer Gesellschaft, die als zunehmend fragmentiert und haltlos empfunden wurde. Weder die hierarchische Ordnung noch das kaiserliche Regierungssystem oder die konfuzianische Ideologie entsprachen dieser neuen Gesellschaft. Was China brauchte, waren Freiheit, Gleichheit, Brüderlichkeit: Nur das Selbstverständnis als Nation, organisiert in einem Nationalstaat, konnte Zusammenhalt im Innern und Stärke nach außen bewirken, die China so dringend brauchte.

Während manche Intellektuelle an der Reform von Staat und Gesellschaft innerhalb des bestehenden Systems laborierten, bekämpften andere das System selbst. Revolutionäre wie Sun Yatsen[5] probten immer wieder Aufstände, bis 1911 – fast wie durch Zufall – ein Aufstand in Wuhan tatsächlich zur Revolution führte: Der letzte Qing-Kaiser dankte ab, und das chinesische Kaiserreich fiel zusammen wie ein Kartenhaus.

Kai Vogelsang, Geschichte Chinas, Ditzingen ⁵2013, S. 440 f.

---

1. Fassen Sie die Kernaussagen des Textes in eigenen Worten zusammen.
2. Geben Sie aufgrund Ihres Sachwissens die wichtigsten Aspekte der Krise der späten Qing-Zeit wieder.
3. Erläutern Sie ausgehend vom Text und auf der Basis Ihres Sachwissens die Gründe für die Krise der Qing-Herrschaft im 19. und frühen 20. Jahrhundert.
4. **Gruppenarbeit:** Diskutieren Sie in der Gruppe, welche Rolle die ausländischen Invasionen beim Zusammenbruch der Monarchie in China spielten.

---

[1] Die Qing-Dynastie herrschte von 1644 bis 1911.
[2] Als **„Rituelle Revolution"** wird ein im 9. Jahrhundert v. Chr. einsetzender, allmählicher struktureller Wandel der chinesischen Gesellschaft bezeichnet. Er lässt sich heute nur noch anhand der Änderungen bei den für den Ahnenkult eingesetzten Ritualgefäßen nachvollziehen. Teil einer bestimmten Verwandtschaftsgruppe zu sein, verlor nach und nach an Bedeutung. Für das Selbstverständnis der Chinesinnen und Chinesen wurde vielmehr die Zugehörigkeit zu einer gesellschaftlichen Schicht wie bspw. „die Bauern" oder „der Adel" ausschlaggebend.
[3] **stratifiziert:** in Schichten eingeteilt
[4] **Cixi** (1835–1908): Siehe Seite 72 f.
[5] **Sun Yatsen** (1866–1925): Siehe Seite 74.

Orientierung

1.5 Wahlmodul: Romanisierung und Kaiserzeit

Seit dem späten 19. Jahrhundert wird der Begriff „Romanisierung" verwendet, um den kulturellen, religiösen, politischen und wirtschaftlichen Einfluss Roms in einem großen Teil Europas und der Welt des Mittelmeers zu beschreiben. Zeitlich bezieht sich der Begriff in der Regel auf die sogenannte Kaiserzeit, also etwa die Jahre von 27 v. Chr. bis 284 n. Chr. In dieser antiken Epoche erreichte die römische Herrschaft ihren Höhepunkt, sowohl hinsichtlich ihrer geografischen Ausdehnung als auch hinsichtlich ihres kulturellen Einflusses. Romanisierungsprozesse fanden daher nicht nur in West- und Mitteleuropa, sondern auch in Teilen Osteuropas, Kleinasiens, des Nahen Ostens und Nordafrikas statt. Die Grenzen der Romanisierung ergaben sich nicht allein aus den politischen Grenzen des Römischen Reiches. Wie stark der Einfluss Roms war, hing auch von den einheimischen Kulturen und deren Verhältnis zu Rom ab.

Das Kapitel beschäftigt sich inhaltlich mit …

der Entwicklung des römischen Kaiserreiches vom augusteischen Prinzipat bis in die Spätantike

den Neuordnungen der Provinzverwaltung

Integrationsprozessen innerhalb der Provinzen und der Idee der „Pax Romana"

der römischen Kultur, Wirtschaft, Armee und Gesellschaftsordnung

dem Umgang des Imperiums mit Kulten und monotheistischen Religionen

dem Weg des Christentums von einer Minderheit zur Staatsreligion

Ohne Worte.
Karikatur aus der englischen Zeitschrift „PUNCH", 1912.

▶ Erläutern Sie, welche Vorzüge der römischen Kultur hier hervorgehoben werden.
▶ Beurteilen Sie die Aussage des Zeichners unter Berücksichtigung des Entstehungszeitpunktes der Karikatur.

Orientierung

Datum	Ereignis	Epoche
27 v. Chr. – 14 n. Chr.	Das Prinzipat des Augustus geht einher mit der Neuordnung der Provinzen und der Vergrößerung des Reiches	Beginn der Kaiserzeit
um 30	Jesus von Nazareth predigt in Palästina. Das Christentum entsteht.	
43	Südbritannien (Britannia) wird unter Kaiser Claudius erobert.	
70	In Jerusalem wird der jüdische Tempel durch die Römer zerstört.	Expansion und Grenzsicherung
98 - 117	Unter Kaiser Trajan erreicht das Imperium Romanum seine größte Ausdehnung.	
212	Kaiser Caracalla gewährt allen freien Bewohnern des Reiches das römische Bürgerrecht.	Integration
ab 250	In den Provinzen entstehen selbstständige Reiche, die sich von Roms Herrschaft lösen.	Übergang zur Spätantike
284 - 305	Unter Diokletian kommt es zur Neuordnung der Provinzen und zur Einführung einer erstmals einheitlichen Münzprägung. Seine Herrschaft markiert den Übergang zur Epoche der Spätantike.	
311 / 313	Das Christentum wird unter den Kaisern Galerius und Konstantin I. erlaubt: „Konstantinische Wende".	Ende des Römischen Reiches
330	Kaiser Konstantin fördert die Stellung von Byzanz/Konstantinopel im Osten des Reiches durch Erhebung zur kaiserlichen Residenzstadt.	
380	Das Christentum wird unter Theodosius I. zur Staatsreligion erklärt.	
410	Die Eroberung und Plünderung Roms durch die Westgoten beschleunigen den Bedeutungsverlust der Stadt und des Weströmischen Reiches.	

1.5 Wahlmodul: Romanisierung und Kaiserzeit

Statue des Augustus im Panzer.
Rund zwei Meter hohe Statue aus Marmor, ca. 20 v. Chr., gefunden in Primaporta bei Rom, farbiger Rekonstruktionsversuch.

▶ Erklären Sie, was die Statue den Betrachtern aus der Ferne und in der Nähe vermitteln sollte.

Senat (lat. senatus: Ältestenrat/Rat erfahrener Politiker): oberster Rat des Römischen Reiches. In ihn wurde nur aufgenommen, wer Magistrat („Regierungsbeamter") gewesen war und über großes Vermögen verfügte. Unter Augustus umfasste der Senat 600 Mitglieder.

Die Kaiserzeit als Epoche | Rom hatte seit seinen Ursprüngen im 5. Jahrhundert v. Chr. als republikanischer Stadtstaat zunächst die Apennin-Halbinsel und anschließend immer größere Teile des Mittelmeerraums und des westlichen Kontinentaleuropas erobert. Die militärische Expansion des Stadtstaates stellte seine politische Ordnung im Laufe der Jahrhunderte immer wieder vor große Probleme. Zunehmend entschieden Kriegszüge darüber, wer in Rom politische Macht erhielt. Ein erfolgreicher Heerführer genoss Ansehen und verfügte über ihm ergebene Truppen, sodass er sich im Zweifelsfall gegen seine Gegner durchsetzen konnte. Die letzten hundert Jahre der *Römischen Republik* waren von Krisen, blutigen Bürgerkriegen zwischen verschiedenen Gruppierungen und ihnen verbundenen Heerführern gekennzeichnet. Als sich einer dieser Heerführer namens *Octavian* (63 v. Chr – 14 n. Chr.) durchsetzte, reformierte er die Republik (*res publica restituta*). Im Jahr 27 v. Chr. beschloss der römische **Senat**, dass Octavian – zunächst für zehn Jahre – die Machtbefugnisse in etwa der Hälfte der Provinzen übertragen wurden und er fortan *Augustus* (dt.: „der Erhabene") genannt werden sollte. Da Augustus die Macht in den noch nicht befriedeten Provinzen erhielt, bedeutete dies, dass er Oberbefehlshaber über den überwiegenden Teil des römischen Heeres war. Dies sicherte seine Macht gegenüber allen Konkurrenten.

Um seine herausgehobene Rolle im Staat zu benennen, nahm Augustus den Titel „*princeps*" (dt.: „Erster unter Gleichen") an. Nach dieser Bezeichnung erhielt die Herrschaftsform des Augustus auch ihren Namen: *Prinzipat*. Damit begann die *Kaiserzeit*. Durch das Kaisertum wurde der Erhalt der römischen Ordnung gesichert. Denn die meisten grundlegenden sozialen und politischen Strukturen änderten sich zunächst nicht. In den folgenden Jahrzehnten bauten Augustus und die nachfolgenden Kaiser ihre Stellung zunehmend aus, wenngleich das Kaisertum sich zu keinem Zeitpunkt in eine Erbmonarchie nach frühneuzeitlichen Vorstellungen verwandelte.

Das Ende der Kaiserzeit wird gewöhnlich als eine längere Übergangsphase beschrieben. In der Regel werden die Reformen des Kaisers *Diokletian* (236/45 – 312 n. Chr.) zwischen 284 und 305 als Beginn der Epoche der *Spätantike* betrachtet. Diese war durch grundlegende Veränderungen der römischen Herrschaft in Europa, der Mittelmeerwelt und Vorderasien gekennzeichnet. In der zweiten Hälfte des 3. Jahrhunderts entstanden erste Reiche innerhalb des Römischen Reiches, und einzelne Provinzen wurden von Rom aufgegeben.

Das Imperium Romanum | Das Römische Reich erlebte unter Kaiser *Trajan* (53–117) seine größte Ausdehnung. Sie übertraf die aller bis dahin existierenden Reiche. Nie wieder sollten die Welt des Mittelmeers, große Teile Kleinasiens und Europas eine politische Einheit bilden. Die territoriale Entwicklung war nicht allein der Verdienst der Kaiser, denn ein Großteil des Reiches entstand bereits in Zeiten der Republik. Aber in der Kaiserzeit gelang es, die Expansion weiter voranzutreiben und die römische Herrschaft über mehrere Jahrhunderte zu festigen (→M1). Das Römische Reich teilte die eroberten Gebiete in *Provinzen* als Verwaltungseinheiten ein. Deren Grenzen ergaben sich dabei weniger aus naturräumlichen Bedingungen (z. B. Flüsse oder Berge) oder aus ethnischen Kriterien (z. B. Sprachgruppen), sondern aus militärischen und verwaltungstechnischen Überlegungen. Unter der Regierungszeit von Kaiser Diokletian (284 – 305) kam es zur Neugestaltung der Provinzordnung. Die Gesamtzahl der Provinzen im Reich wurde erheblich erhöht und auch das bis dahin privilegierte römische Italien in Provinzen eingeteilt, womit es seine Sonderstellung (u. a. Steuervorteile) verlor. Der dann einsetzende Zerfallsprozess des *Imperium Romanum* war daher weniger der Überle-

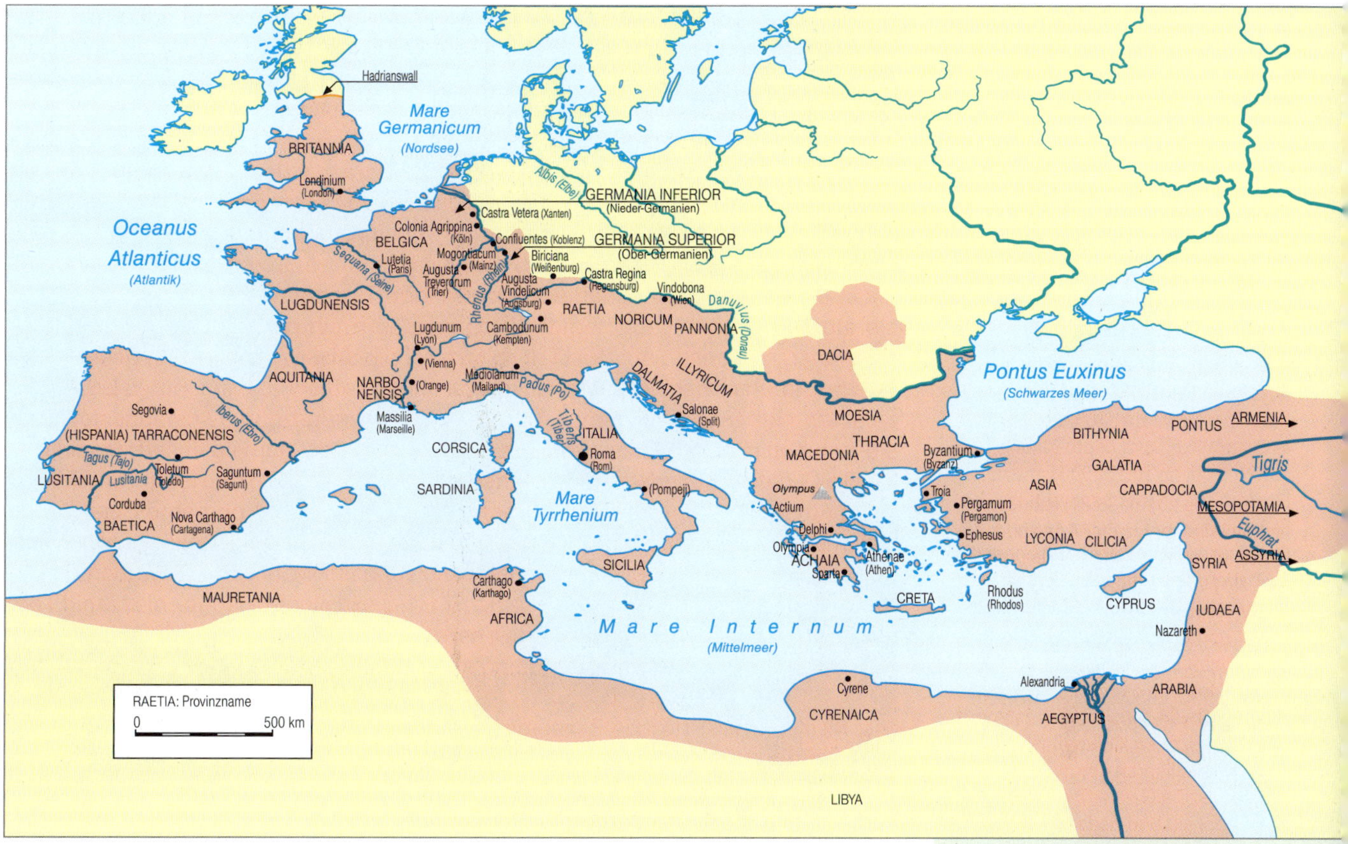

Das Römische Reich zur Zeit seiner größten Ausdehnung, um 117 n. Chr.

▶ Analysieren Sie die Karte mithilfe der Leitfragen auf Seite 48.

genheit eines anderen Großreiches geschuldet, als vielmehr der allmählichen Machtverschiebung zwischen verschiedenen Teilen des Reiches. 330 wurde mit Konstantinopel eine zweite gleichberechtigte Hauptstadt eingerichtet, und im Osten wie im Westen entstanden zahlreiche mit Rom konkurrierende Städte (Antiochia, Alexandria, Mediolanum-Mailand). Als die Westgoten im Jahr 410 Rom eroberten, triumphierten sie nicht über das Zentrum eines Weltreiches. Denn Rom hatte schon viele Machtbefugnisse an zahlreiche Städte und Provinzen des Reiches abgetreten.

Romanisierung und „Selbst-Romanisierung" | Die Ausdehnung der römischen Herrschaft basierte auf der Stärke der Streitkräfte. In unzähligen Kriegen wurden die Gegner Roms besiegt. Die Beherrschung der eroberten Gebiete stützte sich aber nicht allein auf Waffengewalt. Zwar hatte Rom auch in Friedenszeiten Dutzende von Truppeneinheiten im ganzen Reich stationiert, doch wurden sie häufig nicht im Kampf, sondern für den Bau von Straßen, Brücken, Aquädukten und ähnlichen Infrastrukturprojekten eingesetzt. Die Stabilität der römischen Herrschaft verdankte sich vor allem jenem Prozess, den die historische Forschung als *Romanisierung*, also als „Römisch-Werden" bezeichnet. Im Laufe der Jahrhunderte glichen sich die Lebensweisen in den römischen Provinzen immer stärker an (→M2). Die Städte erhielten ähnliche Bauten, Latein als Kommunikationsmedium gewann an Gewicht, römische Gesetze galten und römische Münzen kursierten. Vor allem die Elite übernahm römische Gepflogenheiten: Mahlzeiten, Kleidung, Baderituale, den Festkalender und viele andere alltägliche Verrichtungen.

Romanisierung wurde sowohl von oben erzwungen als auch von unten gewünscht. Dass römisches Recht galt und der Kaiser verehrt wurde, waren Anliegen Roms, die notfalls auch mit Gewalt vertreten wurden. Allerdings konnte den Menschen nicht vorgeschrieben werden, römische Mode und Sitten zu übernehmen. Vielmehr wurde die römische Kultur oft bereitwillig übernommen und kopiert. Romanisierung war daher häufig kein Zwang, sondern aktives Handeln, eben *„Selbst-Romanisierung"*. Dabei

Internettipp
Eine virtuelle Tour durch das antike Rom finden Sie unter dem Code **32037-33**.

Wandelhalle mit Medusenmedaillons im Severischen Forum in Leptis Magna (Libyen).
Foto vom Dezember 2007.
In der antiken Stadt Leptis Magna lebten wohl bis zu 100 000 Einwohner. Der römische Kaiser Septimius Severus (146–211) stammte von dort. Er ließ seine Heimatstadt umfangreich ausbauen. Seit 1982 zählt Leptis Magna zum UNESCO-Weltkulturerbe.

▶ Recherchieren Sie weitere Informationen über die Ruinenstätte aus Nordafrika. Erläutern Sie, inwiefern im Falle von Leptis Magna von einer erfolgreichen Romanisierung gesprochen werden kann.

verband sich die Bewunderung für Rom mit der Hoffnung, durch Übernahme des römischen „way of life" die eigene Stellung, die Position der Familie, des Clans oder der eigenen Provinz verbessern zu können.

Am Ende wendete sich die Romanisierung gegen Rom selbst. Da die Provinzen mehr und mehr Rom glichen, verschwanden die Unterschiede und in mancherlei Hinsicht auch die Überlegenheit Roms. Romanisierung und Widerstand gegen Rom waren daher keine sich ausschließenden Gegensätze. Zwar gab es auch Völker, die sich gegen alle römischen Einflüsse wehrten. Häufig übernahmen aber auch die Gegner Roms Elemente römischer Kultur, zum einen weil dies in Jahrhunderten römischer Herrschaft unausweichlich war, zum anderen weil die römischen Techniken und Verfahren sich als nützlich erwiesen hatten. Der Niedergang Roms seit dem 4. Jahrhundert war also auch Ausdruck der erfolgreichen Romanisierung. Rom hatte die Völker, die es besiegt hatte, im Laufe seiner Herrschaft erheblich geprägt, sodass die nun neu entstehenden Reiche – wie z. B. das der Westgoten – auf die eine oder andere Weise die römische Tradition weitertrugen. Romanisierung war daher ein Prozess, dessen Folgen wir bis heute beobachten können: in den romanischen Sprachen, im Christentum römischer Prägung, in den auf Rom zurückgehenden Vorstellungen unseres Rechtssystems und in den bis heute existierenden römischen Stadtgründungen. Romanisierung ist daher nicht nur für Europa und die Mittelmeerwelt von Bedeutung. Denn ab 1492 trugen die europäischen Erben Roms ihre Sprachen, ihre Religion, ihr Recht und ihre Weltbilder nach Amerika.

Rekonstruktion der Saalburg bei Bad Homburg v. d. Höhe (Hessen).
Zeitgenössisches Foto.
Der ursprüngliche Bau stammt aus dem 2. Jahrhundert. Auf antiken Fundamenten wurde zwischen 1897 und 1907 das einstige Römerkastell rekonstruiert. Dieses bewachte und schützte damals wie viele andere Kastelle den rund 550 Kilometer langen Limes (Grenzwall), der das Römische Reich vom wenig erschlossenen Siedlungsgebiet kleinerer Völker trennte.

Heer und Provinzverwaltung | In der Kaiserzeit verfügte Rom über Truppen von insgesamt ca. 350 000 Mann. Diese waren in *Legionen* unterteilt, die vor allem in den Randprovinzen des Reiches standen. Schon in der frühen Kaiserzeit wurde ein *stehendes Heer* geschaffen. Es war Rom bzw. dem Kaiser verpflichtet, während zur Zeit der Römischen Republik die Truppen vor allem ihren jeweiligen Feldherren die Treue hielten. Da das Heer der Kaiserzeit nicht mehr demobilisiert wurde, kam es zur Einrichtung von festen Legionsstandorten und unter Kaiser *Hadrian* (76–138) zur Errichtung eines festen Verteidigungssystems an den Reichsgrenzen. Die Standorte der Legionen dienten als Zentrale einer oder mehrerer Legionen und glichen mit ihren Gebäuden aus Holz oder Stein kleinen „Lager"-Städten. Tatsächlich hielten sich aber häufig viele der jeweils 5 500 bis 6 000 Mann starken Legionen nicht am eigentlichen Standort auf. Ihnen waren zahlreiche Aufgaben zugeteilt, die heute die Polizei übernimmt. Sie bewachten Straßen, Brücken und selbst Bergwerke oder Steinbrüche. Darüber hinaus wurden sie in befriedeten Gebieten zunehmend zum Ausbau der Infrastruktur eingesetzt. Die Legionen romanisierten die Provinzen aber nicht allein durch Polizeitätigkeit und Bauvorhaben. Sie verschmolzen auch zunehmend mit der Provinzbevölkerung. In der Regel bestanden die Heereseinheiten etwa zur Hälfte aus *Hilfstruppen (auxilia)*, die aus den verschiedensten Provinzen kamen. Diese Hilfstruppen wurden von Rom ausgehoben und unterstanden römischen Offizieren oder wurden zumindest von Römern überwacht. Sie trugen langfristig auch zur Romanisierung der Einheimischen bei. Denn in der Armee eigneten sich die Soldaten die römische Sprache und Lebensweise an. Nach Ende ihrer Dienstzeit erhielten sie das römische Bürgerrecht und ein Stück Land. Die Zugehörigkeit zu den Hilfstruppen in römischen Provinzen wurde von vielen Einheimischen als Möglichkeit gesehen, die eigene Position zu verbessern. Als Soldat und eventuell sogar Offizier Roms konnten sie Ansehen und Einfluss erwerben (→M3).

Internettipp
Die Homepage des Museums informiert u. a. über die Geschichte der Saalburg und den archäologischen Park.
Siehe dazu den Code 32037-34.

1.5 Wahlmodul: Romanisierung und Kaiserzeit

Im Vergleich zur Armee war die zivile Verwaltung Roms winzig. Sie bestand zu Beginn der Kaiserzeit bestenfalls aus wenigen Tausend und in der Spätantike aus etwa 35 000 Personen. An der Spitze einer Provinz stand ein römischer *Statthalter*, der dort die Herrschaft Roms repräsentierte. Da er über keine Verwaltung im heutigen Sinne verfügte, beschränkten sich seine Aufgaben auf die Erhaltung der öffentlichen Ordnung und die Verteidigung der Provinz. In der Finanzverwaltung waren *Prokuratoren* tätig. Diese kaiserlichen Beauftragten kontrollieren die Eintreibung der Steuern in den Provinzen, um eine Ausbeutung durch die Statthalter zu unterbinden.

Stadtplan von Trier im 4. Jahrhundert.
Rekonstruktionszeichnung.
Die in Rheinland-Pfalz liegende Stadt Trier wurde von den Römern um 16 v. Chr. unter dem Namen „Augusta Treverorum" (dt.: „Stadt des Augustus im Land der Treverer") gegründet. Von 293 bis 392 war sie eine der kaiserlichen Residenzen im Westen des Römischen Reiches.

▶ Beschreiben Sie den Stadtgrundriss. Suchen Sie anschließend auf einem modernen Stadtplan die Steinbrücke und die Porta Nigra in Trier.

▶ Erklären Sie anhand des Stadtplans die Bedeutung der Stadt für Handel und Kultur.

Internettipp
Informationen zur Porta Nigra, den Kaiserthermen und zu weiteren Überresten römischer Baukunst im heutigen Trier finden Sie unter dem Code **32037-35**.

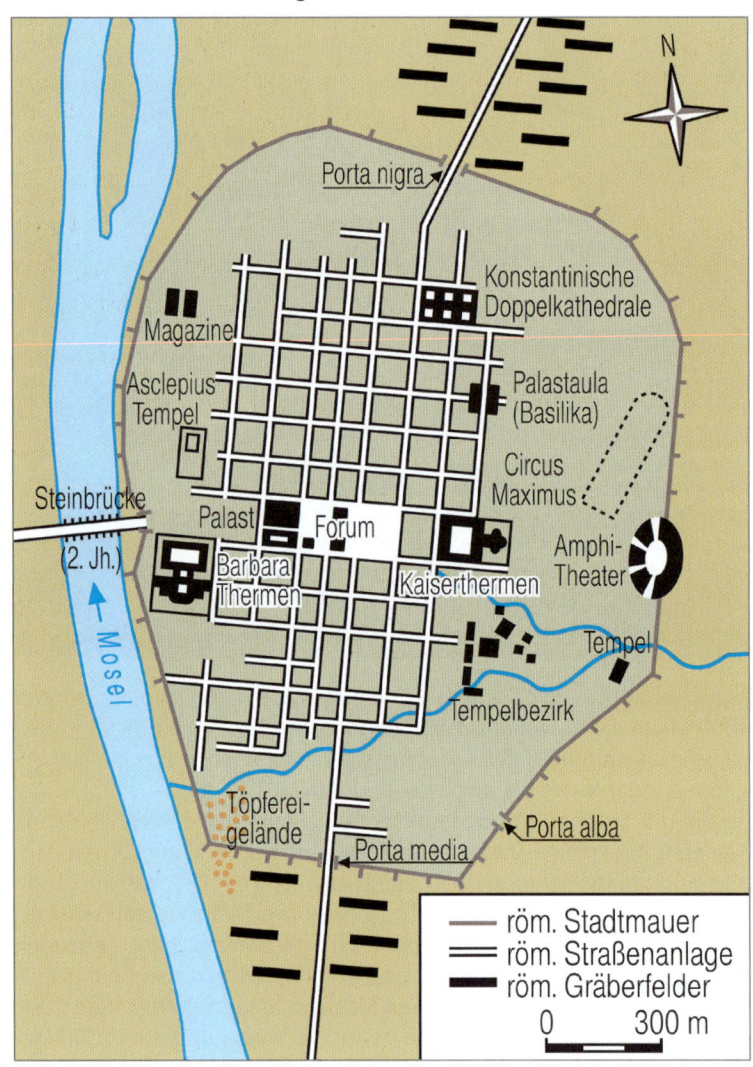

Die Städte | Städte bildeten neben der Armee eine wichtige Säule der römischen Herrschaft. Im Osten und an der Küste der Iberischen Halbinsel hatte Rom Gebiete erobert, in denen das politische Leben bereits in Städten und Siedlungen konzentriert war. Rom bemühte sich, an die bestehenden städtischen Ordnungen anzuknüpfen. Dazu gehörte vor allem, dass die Städte sich mithilfe eines *Stadtrates* selbst verwalteten, der sich aus den Angehörigen der lokalen Elite zusammensetzte. Dies beinhaltete auch, dass sich die Städte mit Eingaben oder gar Beschwerden an den Kaiser wenden durften.

Rom schuf in den Provinzen eine Hierarchie von Städten, die sich vor allem an deren Loyalität orientierte. Wer Rom treu diente, wurde ausgezeichnet. Städte, die gegen Rom gekämpft oder sich erhoben hatten, wurden bestraft oder gar zerstört.

In jenen Teilen des Reiches, in denen es keine Städte im römischen Sinne gab, kam es zu neuen Stadtgründungen. Insbesondere an den Grenzen des Reiches schufen die Römer *Kolonien (coloniae)*, in denen sie römische Bürger ansiedelten, die die neu eroberte Region sichern sollten. Die Gründung von Kolonien diente von Beginn an der Versorgung von ausgemusterten Soldaten, den *Veteranen*. Diese ließen sich in einer neu gegründeten Stadt (einer Kolonie) nieder und erhielten dann häufig das römische Bürgerrecht, was gleichbedeutend mit einem gewissen sozialen Status war.

Alte und neue Städte bildeten Zentren römischer Lebensart. Dies ließ sich schon an zahlreichen Gebäuden, häufig der gesamten Anlage einer Stadt beobachten. Es gab einen Hauptplatz (*forum*), an dem große Gebäude wie Markthallen und/oder Tempel standen. Es waren Brunnen und häufig auch Thermen vorhanden, deren Wasserzufuhr hölzerne oder steinerne Wasserleitungen sicherstellten. Gepflasterte und mit Säulenreihen/Kolonnaden (Säulengängen) geschmückte Straßen durchzogen teilweise die Städte.

In einer römischen Stadt leben hieß, auf römische Art und Weise zu leben. Dies galt nicht nur für eine kleine Elite, die sich einen exklusiven Lebensstil leisten konnte und die lokalen Schaltstellen der politischen Macht besetzte. Dies traf auch für einen großen Teil der einfachen Leute zu. Denn auch sie lebten innerhalb einer von römischer Architektur geprägten Stadt, besuchten Märkte und Feste auf den römisch gestalteten Plätzen oder Theateraufführungen und Kämpfe in römischen Amphitheatern. So wurde die Stadt für breite Bevölkerungsschichten zum Raum und zum Motor der Romanisierung (→M4).

Die Eliten | Der Beginn der Kaiserzeit bedeutete keine grundlegende Veränderung der sozialen Strukturen des Reiches. Die Zusammensetzung der Eliten im Kaiserreich entsprach daher zunächst im Großen und Ganzen ihrer Zusammensetzung in republikanischer Zeit. Sie bestanden aus der *Reichsaristokratie* und den *lokalen Eliten*.

Die Reichsaristokratie umfasste einen Teil der Ritterschaft und der Senatoren. Der Senat hatte zwar seine herausragende Stellung an den Kaiser abgetreten. Dennoch stützte sich auch die kaiserliche Herrschaft auf die Zusammenarbeit mit dem Senat und den Rittern als Funktionselite, die die Stabilität der Kaiserzeit sicherte. Um vom Kaiser zum Ritter ernannt zu werden, musste man nicht nur wohlhabend sein, sondern dem Kaiser auch lange treu gedient haben.

Die lokalen Eliten setzten sich vor allem aus den Großgrundbesitzern in den Provinzen zusammen. Inhaber politischer und religiöser Ämter auf lokaler und provinzialer Ebene wurden als *Magistrate* bezeichnet, Mitglieder des Stadtrates als *Dekurionen*. Auch hier fanden sich vom Kaiser ernannte Ritter.

Es waren diese Eliten, die maßgeblich zur Romanisierung im Imperium Romanum beitrugen. Die dem römischen Lebensstil nacheifernden lokalen Eilten zeigten damit, dass sie ein Teil der herrschenden Ordnung waren, und drückten gleichzeitig gegenüber Rom ihre Loyalität und Verbundenheit aus. Dies führte im Laufe der Jahrhunderte dazu, dass die römischen Kaiser immer mehr Angehörige aus den Provinzen in die Reichsaristokratie beriefen. Ritter aus den eroberten Gebieten erhielten Aufgaben in Rom und wurden schließlich in den Senat aufgenommen. Dies stieß zwar anfangs auf Widerstand, wurde aber mit zunehmender Romanisierung der eroberten Gebiete ein übliches Verfahren. Selbst die römischen Kaiser stammten nicht zwangsläufig aus Rom: Hadrian (76–138) war in Italica auf der Iberischen Halbinsel geboren, *Septimius Severus* (146–211) in Leptis Magna in Nordafrika, *Caracalla* (188–217) im heutigen Lyon und *Verus Maximinus* (172/73–238) auf der östlichen Balkanhalbinsel. Letztgenannter Kaiser trug sogar den Beinamen „Thrax", der auf seine thrakische Herkunft verwies. Auch wenn Rom bis Ende des 3. Jahrhunderts das unbestrittene Zentrum des Imperium Romanum blieb, so waren es doch nicht nur Römer oder Italiker, die im Reich herrschten. Vielmehr rekrutierte Rom die Eliten aus allen Teilen seines Herrschaftsgebietes, sofern sie römische Lebensart und Wertvorstellungen übernahmen. Da sie im kulturellen und politischen Sinn Römer wurden, konnten sie ins Zentrum der Macht vorstoßen (→M5).

Handel an der römischen Limesgrenze.
Szene aus dem Zinnfigurendiorama im Limesmuseum Aalen.

▶ Beschreiben Sie das Geschehen auf dem Bild. Was erfahren Sie über den Handel?

Internettipp
Mehr über das Wirtschaftssystem im Römischen Reich erfahren Sie unter dem Code **32037-36**.

Handel und Wirtschaft | Die relative politische Stabilität während der hohen Kaiserzeit schuf gute Voraussetzungen für die Wirtschaftsentwicklung. Der überwiegende Teil der Bevölkerung war in der Landwirtschaft beschäftigt und von ihr hing das Wohlergehen des Reiches maßgeblich ab. Die Blüte der Städte basierte großenteils auf der Tatsache, dass das jeweilige Umland ausreichend Lebensmittel produzierte, um die Stadtbewohner zu ernähren. Die *pax Romana* (→M1) (dt.: römischer Frieden) half der Landwirtschaft dadurch, dass sie den Handel über weite Entfernungen begünstigte. So wurde aus Sizilien und vor allem Ägypten, der „Kornkammer" Roms, Getreide auf die Italische Halbinsel exportiert, während von der Iberischen Halbinsel Olivenöl in viele Regionen des Reiches gelangte. Begünstigt wurde der Handel nicht nur durch die langen Friedenszeiten im Reich sowie die Eindämmung von Piraterie und Bandenwesen, sondern auch durch Straßenbau und Münzprägungen. Rom baute in fast allen Provinzen Straßen, die als Kommunikationsnetze innerhalb und zwischen den Provinzen dienten (→M6). Das römische Münzwesen stellte schließlich über Jahrhunderte sicher, dass Handel auf Geldbasis getrieben werden konnte. Das Römische Reich war jedoch kein einheitlicher Wirtschaftsraum. Dazu war die Bedeutung der Subsistenzwirtschaft (Selbstversorgung) und der rein lokalen Märkte zu groß. Allerdings ermöglichte es das Imperium Romanum, dass regionaler Handel und Fernhandel in einem Umfang betrieben werden konnten, wie dies vorher nicht möglich war. Dies führte dazu, dass der Handel sich romanisierte. Denn er beruhte auf römischen Münzen und häufig auch auf römischem Recht und römischer Sprache (→M7).

Die Sprache | Die Sprache ist jener Bereich, in dem die Romanisierung bis heute am leichtesten zu sehen (und zu hören) ist. In großen Teilen des ehemaligen Imperium Romanum werden auch heute noch Sprachen gesprochen, deren Wurzel das von Rom aus verbreitete Latein ist. Hierzu gehören u.a. Spanisch, Französisch, Portugiesisch und Rumänisch. Die iberische Kolonialherrschaft in Amerika und später der französische Kolonialismus in Nordamerika, Afrika und Asien haben die romanischen Sprachen über die ganze Welt verbreitet.

Die römischen Kaiser hatten weder Interesse noch die Mittel, um Latein als Sprache für die 50 bis 60 Millionen Menschen im Römischen Reich durchzusetzen. Für die allermeisten Bewohner gab es keinen Schulunterricht, und überall wurden die alten, regionalen Sprachen gesprochen. Die Eliten in den Provinzen hatten dagegen ein großes Interesse, Latein zu erlernen, war es doch für die Kommunikation mit Rom unerlässlich und zugleich ein Ausweis der eigenen Nähe zur römischen Kultur. So gab es auf der einen Seite einen jahrhundertelangen Spracherwerb aufseiten der provinzialen Eliten. Auf der anderen Seite siedelten Latein sprechende Kolonisten in unzähligen Provinzen des Reiches und brachten die Sprache mit. Für beide Prozesse war die Armee ein wichtiger Katalysator, denn der Aufstieg in der Armee erforderte die Beherrschung der lateinischen Sprache. Gleichzeitig brachten die Armee und ausgemusterte Soldaten Latein in die Provinzen (→ M8).

Trotz der enormen Verbreitung der lateinischen Sprache überlebten zahlreiche Sprachen das Römische Reich. Zum Teil waren dies Sprachen ohne Schriftsysteme, aber auch einige wenige Schriftsprachen überdauerten die römische Herrschaft (z. B. Hebräisch). In der Spätantike entwickelten sich dann angesichts der nachlassenden Bedeutung Roms in manchen Gegenden neue Schriften (z. B. Koptisch). Unter allen Sprachen stellte das Griechische eine Ausnahme dar, da es im Osten als zweite offizielle Sprache fungierte. Die spätere Teilung in ein West- und ein Oströmisches Reich führte zu einem weitgehenden Niedergang des Lateinischen im Osten. Mit Ausnahme des Rumänischen finden sich heute in Osteuropa keine romanischen Sprachen von Bedeutung.

Römisches Recht | Roms Herrschaft beruhte auf schriftlichem Recht, also auf schriftlich fixierten Regeln mit allgemeinem Geltungsanspruch. Seit den Anfängen Roms hatte sich eine lange, viele Bereiche des Lebens umfassende Tradition römischen Rechts entwickelt, die im Laufe der Jahrhunderte ständig erweitert und verändert wurde.

Römische Herrschaft in einer Provinz drückte sich dadurch aus, dass Rom schriftliche Rechtsverordnungen für die entsprechende Provinz erließ (→ M9). Sie regelten die Beziehung zwischen der Provinz und Rom, aber auch die Verhältnisse innerhalb einer Provinz. Vor allem im Osten waren verschiedene Städte einander nicht wohlgesonnen, sodass die römischen Verordnungen darauf abzielten, die Konflikte in den Provinzen zu reduzieren. Gleichzeitig dienten sie dazu, jene Städte und Gruppen zu belohnen, die Rom treu ergeben waren, während die Gegner Roms rechtlich bestraft wurden. Römische Rechtsverordnungen regelten aber auch die Rechte und Pflichten von Privatpersonen. Dies galt sowohl für politische (z. B. Bürgerrechte) als auch für private Fragen (z. B. Eigentumsrechte). Als Kaiser Caracalla 212 die reichsweite Vergabe des Bürgerrechts für alle freien Bewohner einführte, hob er auf rechtlicher Ebene die Trennung zwischen Römern, Italikern und den anderen Bewohnern des Imperium Romanum auf. Ein Bürger einer Provinz verfügte fortan über die gleichen Bürgerrechte wie ein Römer.

Ein zentraler Aspekt des Römischen Rechts war die Rechtsprechung. Diese unterstand in den Provinzen dem Statthalter, der dazu einen Rat (bzw. ein Gericht) einberief, welcher sich während der Gerichtstage versammelte. Aufgrund des großen Einflusses des vorsitzenden Statthalters entsprachen die Verfahren zwar nicht unserem heutigen Verständnis von Fairness und Gleichbehandlung der Parteien, aber sie fußten auf geschriebenem Recht und Provinzen konnten z. B. gegen Statthalter Klage erheben, die sie ausgebeutet hatten.

Die jahrhundertelange Praxis von schriftlicher Rechtsetzung und Rechtsverfahren beeinflusste das Rechtsverständnis in den Provinzen nachhaltig. Römisches Recht stabilisierte die Herrschaft und überdauerte sie. Bis heute ist ein großer Teil des europäischen Rechts von den ursprünglich in Rom entwickelten Rechtsvorstellungen geprägt.

Das Pantheon in Rom zur Kaiserzeit.
Undatierte Rekonstruktionszeichnung von Peter Connolly.
Das bereits in vorchristlicher Zeit angelegte und von Kaiser Hadrian fertiggestellte Pantheon gehört zu den am besten erhaltenen Bauten der römischen Antike. Dies liegt vor allem an der frühen Umweihung zur katholischen Kirche.

Pantheon: Bezeichnung sowohl für die Gesamtheit der Götter als auch für das ihnen geweihte Heiligtum

Der Kaiserkult | Die kultische Verehrung des Herrschers war eine gängige Praxis vieler Völker des Altertums. In Rom begann die göttliche Verehrung der Herrscher nach dem Tod von *Gaius Julius Caesar* (100 v. Chr. – 44 v. Chr.), als dieser zum Gott erklärt wurde. Lebende Kaiser wurden in Rom nicht als Götter verehrt, während dies in verschiedenen Provinzen durchaus üblich war. Dort huldigten die Bewohner den Kaisern wie auch ihren lokalen Gottheiten. Da die religiösen Vorstellungen der Zeit die Göttlichkeit von Menschen und die Verehrung einer Vielzahl von Gottheiten (*Polytheismus*) gestatteten, war es kein großes Problem, den Kaiserkult in die religiösen Praktiken der meisten unterworfenen Völker zu integrieren. Die Aufnahme des lebenden oder der verstorbenen Kaiser in das **Pantheon** der lokalen Gottheiten verband Rom mit den unterworfenen Völkern und drückte gleichzeitig Roms Überlegenheit aus (→M10).

Der Bau von Tempeln zu Ehren des lebenden oder verstorbenen Kaisers löste im Osten des Reiches häufig handfeste Machtkämpfe zwischen lokalen Eliten aus. Denn solche Tempel demonstrierten die Nähe und Loyalität zu Rom, das jeden Bau genehmigen musste. Die Vorrangstellung durch einen Tempel kam auch dadurch zum Ausdruck, dass sie Orte von Feiern und Festlichkeiten waren. Hier versammelten sich die politischen Machtträger und auch das einfache Volk, um dem Kaiser zu huldigen. Dies konnte einhergehen mit Opfern, Festen und Wettkämpfen, sodass eine Tempelanlage die gesellschaftliche und zum Teil auch wirtschaftliche Stellung einer Stadt unterstrich. Während der Feierlichkeiten repräsentierten Statthalter, Priester und andere Amtspersonen die römische Ordnung. Der Kaiserkult diente daher nicht nur dazu, einen Gott oder eine göttliche Person zu verehren. Er diente auch dazu, den Menschen die soziale und politische Ordnung zu demonstrieren sowie die Eliten und das einfache Volk an Rom zu binden.

Umgang des Imperiums mit Kulten und Religionen | Im Laufe der Jahrhunderte vermischten sich römische Kultpraktiken mit lokalen Religionen. Nicht nur dem Kaiser, sondern auch den eigenen lokalen Göttern wurde immer stärker auf römische Art und Weise gehuldigt. Vielfach kam es zur Aufnahme fremder Götter anderer Völker in die religiöse Vorstellungswelt der Römer. Während der Kaiserzeit erfreute sich der aus dem Orient stammende *Kult des Mithras*, eines Gottes des Lichtes, insbesondere beim römischen Heer großer Beliebtheit.

Der grundsätzliche offene Umgang der Römer mit Religionen und Göttern wurde durch das *Judentum* (→M11) und das *Christentum* infrage gestellt. Da es sich bei ihnen um *monotheistische Religionen* handelt, verbieten sie anderen Göttern zu huldigen (erstes der Zehn Gebote). Aufgrund dessen lehnten sie es auch ab, die römischen Kaiser als Götter zu verehren. Nachdem *Jesus von Nazareth* um 30 in Palästina gepredigt hatte, versuchte Rom zunächst, die neue Religion in ihre Glaubensvorstellungen zu integrieren. Die Christen aber blieben bei ihrer Intoleranz gegenüber anderen religiösen Ansichten und machten einen Kompromiss unmöglich. Schon im 1. Jahrhundert nach Christus kam es vereinzelt zu Christenverfolgungen. Die bekannteste ist sicherlich die unter dem oft zu Unrecht als Tyrann auf dem Kaiserthron bezeichneten Kaiser *Nero* (37–68). Im zweiten nachchristlichen Jahrhundert erfolgte die Christenverfolgung dann systematisiert.

Mithras-Kultbild (Ausschnitt).
Um 200 n. Chr.
Unter einem Rundbogen mit den zwölf Tierkreiszeichen ist der Gott Mithras mit römischer Tunika dargestellt, wie er einen Stier erdolcht. Blut galt als Quelle des Lebens. Der Mithras-Kult erreichte im Römischen Reich im 2. und 3. Jahrhundert seinen Höhepunkt. Im 4. Jahrhundert wurde er vom Christentum verdrängt.

▶ Der Mithras-Kult zählt zu den Mysterienkulten (Mysterien: geheime religiöse Feiern). Recherchieren Sie, welche weiteren Mysterienkulte im Römischen Reich existierten. Erklären Sie vor diesem Hintergrund, inwiefern der Kontakt mit anderen Kulturen die religiösen Vorstellungen der Römer veränderte.

Die seit 250 einsetzenden reichsweiten Christenverfolgungen fanden mit dem Toleranzedikt des Kaisers *Galerius* (um 250–311) ihr Ende (→M12). Im Jahre 311 hatte dieser das Christentum als Religion erlaubt. Damit tolerierte nun auch Rom eine Religion, die römische Vorstellungen nicht akzeptierte und den Kaiserkult explizit ablehnte. Auf der Gegenseite hatte das Christentum schon lange von seinen Vorstellungen Abstand genommen, das Ende der Welt – und das hieß: das Ende des Imperium Romanum – stünde unmittelbar bevor. Dies führte zu der Auffassung, dass die Verteidigung der bestehenden Ordnung einhergehen konnte mit einem gottgefälligen christlichen Leben. Ein solches Verhalten konnte sich auch auf das vermutlich in der zweiten Hälfte des 1. Jahrhunderts entstandene Matthäusevangelium (22, 21) berufen: „Gebt dem Kaiser, was des Kaisers ist, und Gott, was Gottes ist."

Die spätere Integration des Christentums in Herrscherkult und Herrscherpraxis durch Kaiser *Konstantin I.* (272/73–337) war durchaus auch im Interesse Roms. Er bestätigte 313 im *Toleranzedikt von Mailand* nicht nur die Anerkennung des Christentums, sondern privilegierte und praktizierte es sogar. Zugleich hielt Konstantin an alten Kultpraktiken fest und wurde nach seinem Tod als Gott verehrt. Gleichwohl bedeutete die sogenannte *Konstantinische Wende*, dass das Christentum sich von nun an innerhalb des Römischen Reiches massiv verbreiten konnte.

Das Christentum kann als Teil der jahrhundertelangen Romanisierungsprozesse betrachtet werden, da es sich seit dem 4. Jahrhundert gerade dank der Strukturen des Imperium Romanum ausdehnen konnte. Gleichzeitig war es den alten römischen religiösen Vorstellungen so fremd, dass die Christianisierung auch zum Ende des Reiches, so wie es viele Jahrhunderte bestanden hatte, beitrug.

M1 Pax Romana

*Der Althistoriker Werner Dahlheim (*1938) erklärt die Langlebigkeit des Römischen Reiches:*

Alle Segnungen, die die Kaiser in den Augen der Zeitgenossen gebracht haben, gipfelten in der Vorstellung des Friedens, der *pax Romana*. Seit Augustus ist pax eine Gottheit mit Anspruch auf kultische Verehrung: Der 13–9 v. Chr.
5 gebaute Altar der pax Augusta stellte durch das Beiwort zugleich unmissverständlich die Beziehung zur Person und zur Herrschaft des Kaisers her. Die Formel vom Kaiser als Friedensbringer betonte zunächst die Wiederherstellung der Eintracht (*concordia*) der Bürger, die in der Tat die
10 erste große Leistung des ersten Monarchen gewesen war. Gemeint war damit nicht nur das Ende der Bürgerkriege, sondern das gesamte Spektrum der inneren Befriedung: die Einigung mit dem Senat, die Befriedung des Militärs, die Sicherheit vor Umsturz, Enteignung und politischem Ter-
15 ror. Nicht damit gemeint war der Friede nach außen; im Gegenteil: Die Erfolge der römischen Waffen bildeten die andere Seite des inneren Friedens, den sie sicherten und weiter ausbauten.
Im zweiten Jahrhundert war die römisch gewordene Welt
20 überzeugt, mit dem gewonnenen Frieden den glücklichen Endpunkt aller Geschichte, das goldene Zeitalter erreicht zu haben. Die, welche außerhalb dieser Welt standen, Barbaren und Fremde, waren zum Gegenstand des Bedauerns geworden. Innerhalb dieser Welt bedeutete das Ende der
25 Kriege der Völker die Gewissheit, allein die zivilisierte Welt zu verkörpern: Nur in ihr war die städtische Zivilisation vorherrschend, nur sie kannte die umfassende Sicherheit des Rechts, und nur innerhalb ihrer Grenzen war der freie Austausch von Gütern und Meinungen möglich.

Werner Dahlheim, Die griechisch-römische Antike, Bd. 2: Rom, Paderborn ³1997, S. 237

1. Erläutern Sie, welche Vor- und Nachteile die Unterwerfung unter Rom mit sich bringen konnte.
2. Erörtern Sie, inwiefern die Vorstellung einer überlegenen Zivilisation heutigen Auffassungen widerspricht. | F

M2 Die Iberische Halbinsel wird romanisiert

Der griechische Geograf und Geschichtsschreiber Strabon (um 63 v. Chr. – nach 23 n. Chr.) schildert die Romanisierung verschiedener Volksstämme im heutigen Spanien:

Der Segen des Landes hat bei den Turdetanern auch Zivilisation und Gemeinsinn zur Folge gehabt; auch bei den Keltikern dank ihrer Nachbarschaft [...], aber bei ihnen weniger (sie leben ja meist in Dörfern); die Turdetaner dagegen,
5 besonders die am Baetis, sind ganz zu dem Lebensstil der Römer übergegangen und bewahren nicht einmal mehr eine Erinnerung an ihre eigene Sprache: Ferner sind die meisten Latiner geworden und haben römische Siedler bekommen, sodass nur noch wenig daran fehlt, dass sie
10 sämtlich Römer sind; auch die neuerdings zusammengesiedelten Städte, Pax Augusta bei den Keltikern, Augusta Emerita bei den Turdulern und Caesaraugusta im Gebiet der Keltiberer, und einige andere Siedlungen illustrieren den Umschwung besagter Gemeinwesen; so werden denn auch alle Iberer, die zu dieser Kategorie gehören, *togati*[1] genannt
15 (darunter sind auch die Keltiberer, die ehedem als die wildesten von allen galten).

Strabon, Geographika 3, 2, 15, nach: Strabon, Geographika. Mit Übersetzung und Kommentar, hrsg. von Stefan Radt, Bd. 1, Göttingen 2003, S. 381

1. **Präsentation:** Recherchieren Sie die modernen Namen der genannten Städte bzw. Regionen. Informieren Sie sich, ob in diesen Gebieten bis heute römische Spuren vorhanden sind. Geben Sie Ihre Ergebnisse in einer kleinen Präsentation wieder.
2. Arbeiten Sie die Kriterien der Romanisierung nach Strabon heraus.
3. Nehmen Sie zu der Frage „Romanisierung – Fluch oder Segen?" Stellung. Beziehen Sie dabei auch die Sichtweise Strabons mit ein. | F

M3 Wie trägt das Militär zur Romanisierung bei?

Der griechische Schriftsteller Plutarch (um 45 – um 125 n. Chr.) beschreibt, wie der römische Feldherr Quintus Sertorius (123 – 72 v. Chr.) unterworfene Völker an Rom zu binden versucht:

Durch solche Taten erwarb sich Sertorius die Bewunderung und Liebe der Barbaren und ebenso dadurch, dass er durch Einführung römischer Bewaffnung, Formierung und Befehlserteilung ihre wilde und rohe Kampfweise beseitigte
5 und ihre Streitmacht aus einer großen Räuberbande zu einem wirklichen Heer machte. Auch sparte er nicht mit Gold und Silber, womit er ihre Helme schmücken und ihre Schilde reich verzieren ließ, lehrte sie, buntgestickte Waffenröcke und Mäntel zu tragen, und indem er ihnen dabei
10 half und ihre Wünsche förderte, schmeichelte er sich bei ihnen ein. Am meisten aber gewann er sie für sich durch sein Verfahren mit ihren Söhnen. Er ließ nämlich die vornehmsten Knaben aus den Stämmen in der großen Stadt Osca[2] zusammenziehen, bestellte für sie Lehrer in Griechisch und Latein und machte sie so tatsächlich zu Geiseln,
15 während er vorgab, er lasse sie dazu erziehen, dass sie,

---
[1] **togati:** Personen, die die Toga tragen. Die Toga war ein typisches Kleidungsstück des römischen Bürgers.
[2] **Osca:** die heutige, im Nordwesten Spaniens liegende Stadt Huesca

Männer geworden, an der Regierung und Staatsverwaltung teilnehmen könnten. Die Väter freuten sich dann außerordentlich, wenn sie ihre Söhne in purpurverbrämten Kleidern wohlgeordnet zur Schule gehen sahen, wo Sertorius die Lehrer für sie besoldete, häufig Prüfungen abnahm, an diejenigen, die sich auszeichneten, Preise verteilte und ihnen die goldenen Umhängekapseln schenkte, die die Römer *bulla* nennen.

Plutarch, Sertorius 14, 1 ff., nach: Plutarch, Große Griechen und Römer, eingeleitet und übersetzt von Konrat Ziegler, Bd. 5: Die Bibliothek der Alten Welt, Griechische Reihe, Zürich/Stuttgart 1960, S. 196

1. Beschreiben Sie, wie Sertorius laut Plutarch das Militär einsetzte, um die Loyalität der Unterworfenen zu erlangen.
2. Erläutern Sie, wer in der Darstellung Plutarchs durch die Unterwerfung der „Barbaren" Vorteile erzielt.
3. Überprüfen Sie, welche allgemeinen Elemente der Rechtfertigung von Herrschaft sich in dem Text von Plutarch finden.

Pont del Diable (dt.: Teufelsbrücke) bei Tarragona (Spanien).
Das Aquädukt wurde vermutlich im 1. Jahrhundert erbaut und versorgte noch bis ins Mittelalter die Stadt mit Wasser. Seit 2000 gehört es zum UNESCO-Weltkulturerbe.

M4 Städte strahlen in Glanz und Anmut

Der griechische Schriftsteller und Redner Aelius Aristides (117–um 181) hält Mitte des 2. Jahrhunderts vor Kaiser Antoninus Pius (86–161) in Rom folgende Rede:

So sind denn die Städte frei von Besatzungen, kleine Reiter- und Infanterieabteilungen genügen als Aufsicht für ganze Völker, […] viele Völker wissen überhaupt nicht, wo ihre Besatzungen stehen. […] An Kriege, ja, dass es sie je gegeben hat, glaubt man nicht mehr, wie man sonst von Mythenerzählungen hört, hört die Menge von ihnen. Und wenn auch einmal Kämpfe an den Grenzen des Reiches stattfinden […], dann gehen sie wie Mythen schnell vorüber und mit ihnen das Gerede über sie. […] Reich besetzt sind die Küsten am Meere und das Binnenland mit Städten, teils neu gegründeten, teils solchen, die unter eurer Herrschaft und von euch gefördert worden sind. […] Wie an einem Festtage hat der ganze Erdkreis sein altes Gewand, das Eisen, abgelegt, sich festlichem Schmucke und allem, was das Leben froh macht, nach Lust und Belieben zugewandt. Jeder andere Wettstreit ist den Städten fremd geworden: Nur darum eifert mit Macht jede einzelne, als die schönste und anmutigste dazustehen. Überall Gymnasien[1], Springbrunnen, Vorhallen, Tempel, Werkstätten, Schulen […]. Städte stehen strahlend in Glanz und Anmut, die ganze Erde ist wie ein Paradiesgarten geschmückt: Brandrauch aus den Ebenen und Signale von Freund und Feind sind verschwunden, als hätte sie ein Wind davongetragen, jenseits von Land und Meer. An ihre Stelle traten anmutige Schauspiele aller Art und festliche Wettspiele ohne Zahl. So hören, wie ein heiliges, unauslöschliches Feuer, die festlichen Zusammenkünfte nicht auf, sie gehen von Stadt zu Stadt. […] Ja, das vielgesprochene Wort, dass die Erde die Mutter von allen und gemeinsames Vaterland ist, ihr habt es aufs Schönste zur Wahrheit werden lassen. Denn heute können Hellenen[2] wie Barbaren, mit und ohne Habe, ziehen, wohin es jeden verlangt, ohne alle Schwierigkeiten, gerade als zögen sie von einer Heimatstadt zur anderen. […] [Es] bedeutet Sicherheit genug, ein Römer zu sein oder, besser gesagt: einer von denen, die unter eurer Herrschaft stehen.

Aelius Aristides, Rede auf Rom, 67, 70, 94, 97, 99f., nach: Walter Arend (Bearb.), Altertum. Geschichte in Quellen, München ³1978, S. 679f.

1. Fassen Sie zusammen, wie Aelius Aristides die römischen Städte beschreibt.
2. Erklären Sie, wie sich das (städtische) Leben unter römischer Herrschaft verändert hat.
3. Erörtern Sie, warum nur wenige Soldaten zur Sicherung der Herrschaft im Innern des Reiches benötigt wurden.

---

[1] **Gymnasien:** Sportstätten

[2] **Hellenen:** Griechen

M5 Römischer Lebensstil bei den Briten

Der römische Senator und Schriftsteller Tacitus (um 55 – um 120) ehrt seinen Schwiegervater Agricola nach dessen Tod mit einer Biografie. Darin beschreibt er das Vorgehen Agricolas als Statthalter in der Provinz Britannien:

Sobald aber der Sommer nahte, zog er das Heer zusammen, war allenthalben mit auf dem Marsch, lobte die Manneszucht und hielt die Truppe zusammen; den Platz für das Lager bestimmte er selbst, Gewässer und Wälder erkundete
5 er als erster, den Feinden ließ er unterdessen keine Ruhe, unternahm vielmehr ganz plötzlich verheerende Streifzüge; sobald er jedoch genug Schrecken verbreitet hatte, schonte er sie wieder und zeigte ihnen die Lockungen des Friedens. Durch solche Maßnahmen ließen sich viele Stämme, die bis
10 dahin unabhängig geblieben waren, bewegen, Geiseln zu stellen und von ihrer Erbitterung abzulassen. Er belegte ihr Gebiet mit Stützpunkten und Kastellen, und zwar mit derart planmäßiger Sorgfalt, dass kein anderer neu eroberter Teil Britanniens so ruhig in römischen Besitz überging.
15 Der folgende Winter wurde zur Ausführung sehr heilsamer Pläne verwendet. Denn um die verstreuten und primitiv lebenden Menschen, die infolgedessen zum Kriege leicht geneigt waren, durch Annehmlichkeiten an Ruhe und friedliches Verhalten zu gewöhnen, ermunterte er sie persönlich
20 und unterstützte sie mit staatlichen Mitteln, Tempel, öffentliche Plätze und Häuser in der Stadt zu bauen, lobte die Eifrigen und tadelte die Säumigen; so trat Anerkennung und wetteiferndes Bemühen an die Stelle des Zwanges. Ferner ließ er die Söhne der Vornehmen in den freien
25 Künsten[1] bilden [...]. So kam es, dass die Menschen, die eben noch die römische Sprache ablehnten, nun die römische Redekunst zu erlernen begehrten. Von da an fand auch unser Äußeres Beifall, und die Toga wurde häufig getragen; und allmählich gab man sich dem verweich-
30 lichenden Einfluss des Lasters hin: Säulenhallen, Bädern und erlesenen Gelagen. Und so etwas hieß bei den Ahnungslosen Lebenskultur, während es doch nur ein Bestandteil der Knechtschaft war.

Tacitus, Agricola, 21, nach: Tacitus, Das Leben des Iulius Agricola, herausgegeben und übersetzt von Rudolf Till, Berlin ⁵1988, S. 35

1. Beschreiben Sie, wie sich das Leben in Britannien unter römischer Herrschaft änderte.
2. Arbeiten Sie Vor- und Nachteile heraus, die sich nach Tacitus für die Britannier aus der Übernahme des römischen Lebensstils ergeben. | H
3. Tacitus steht dem luxuriösen römischen Lebensstil seiner Zeit kritisch gegenüber. Weisen Sie diese Einstellung anhand der Quelle nach.
4. Nehmen Sie Stellung zu Tacitus' Einschätzung, die Übernahme des römischen Lebensstils sei „Bestandteil der Knechtschaft" (vgl. Zeile 31 f.).

M6 Straßen verbinden

Der griechische Geschichtsschreiber Strabon erläutert die Verkehrslage der Stadt Lugdunum (heute Lyon):

Lugdunum liegt durch das Zusammenströmen der Flüsse und durch seine Nähe zu allen Teilen wie eine Burg in der Mitte des Landes; daher hat auch Agrippa[2] die Straßen von dort aus gezogen: die durch das Kemmenon-Gebirge bis zu den Santonern und nach Aquitanien, die zum Rhein und
5 drittens die zum Ozean bei den Bellovacern und den Ambianern; die vierte ist die ins Narbonitische und zu der Massaliotischen Küste. Man kann aber auch Lugdunum und das darüber hinaus liegende Land links liegen lassen, direkt am Poeninus eine Abzweigung nehmen, auf der man nach
10 Überquerung der Rhone oder des Lemenna-Sees in die Ebenen der Helvetier kommt, und von dort über das Iura-Gebirge in das Land der Sequaner und der Lingonen hinübersteigen; bei ihnen teilt die Straße sich in zwei Durchgangsstraßen: eine zum Rhein und eine zum Ozean.
15
Strabon, Geographika 4, 6, 11, nach: Strabon, a.a.O., S. 547f.

1. Erläutern Sie die Bedeutung, die das Straßennetz für Lyon besaß.
2. Suchen Sie das von Strabon beschriebene Straßennetz auf einer modernen Karte. Vergleichen Sie es mit den heutigen Autobahnrouten. Hat sich die Position Lyons verändert?
3. Die Länge des römischen Fernstraßennetzes betrug im 2. Jahrhundert rund 80 000 km. In der Kaiserzeit bestanden Verbindungen nicht nur mit den Provinzen, sondern auch über die Reichsgrenzen hinaus. Beurteilen Sie die Bedeutung des Straßennetzes für den Romanisierungsprozess.

---

[1] Zu den **freien Künsten** zählten Grammatik, Rhetorik, Dialektik, Arithmetik, Geometrie, Musik und Astronomie.

[2] **Marcus Vipsanius Agrippa** (63/64–12 v. Chr.): römischer Feldherr und Politiker, verheiratet mit der Tochter Augustus'

M7 Herstellung und Verbreitung von Terra sigillata-Keramik

Die Alltagskultur in den Provinzen wird in Schriftquellen nur selten ausführlich beschrieben. Die kulturelle Entwicklung des Römischen Reiches fernab des Zentrums muss daher vor allem aus archäologischen Quellen erschlossen werden. Dabei spielen Keramikfunde eine besondere Rolle. Mit diesen Funden können wir den antiken Menschen noch heute direkt auf den Esstisch schauen, denn obwohl die meisten Gefäße zerbrochen sind, bleiben die Scherben aus gebranntem Ton im Unterschied zu anderen Materialien in vielen Fällen selbst nach Jahrhunderten noch gut erhalten. Die teils glattwandige, teils reliefverzierte Terra sigillata (= gestempelter Ton) war vom 1. bis 3. Jahrhundert die beliebteste Geschirrkeramik der Römer. Sehr charakteristisch ist die rot glänzende Oberfläche, die nur mit bestimmten Tonarten und einer gezielten Luftzufuhr während des Brennvorgangs erreicht werden konnte. Aufgrund dieser besonderen Anforderungen war die Terra sigillata trotz einer sehr gut organisierten Produktion keine billige Ware. Da der Hersteller seine Gefäße mit einem Namensstempel versah, lassen sich die Funde bestimmten Herstellungsorten zuordnen.

Terra sigillata-Gefäße aus französischer Herstellung. 4. Jahrhundert, gefunden in der Gegend um Reims.

1. Beschreiben Sie die Entwicklung bei den Herstellungsorten der Terra sigillata (Karte).
2. Vergleichen Sie das Verbreitungsgebiet der Terra sigillata mit dem Gebiet des Römischen Reiches (siehe hierzu auch die Karte auf Seite 91). | F
3. Erklären Sie wichtige Erkenntnisse, die die Verbreitung der Terra sigillata den Archäologen und Historikern heute liefert.

Wichtige Herstellungsorte von Terra sigillata-Keramik.

M8 Latein versus Griechisch

Der Althistoriker Eckhard Meyer-Zwiffelhoffer (*1955) erklärt die Bedeutung der lateinischen Sprache im Römischen Reich:

Rom hatte nie versucht, die lateinische Sprache und Schrift reichsweit durchzusetzen, aber sie war die Sprache der Herrschaft. In den Legionen und Auxiliarverbänden wurde lateinisch geschrieben und gesprochen, ebenso in
5 der Verwaltung, soweit es deren interne Kommunikation betraf. Die Münzlegenden der Reichsprägung waren lateinisch und alle kaiserlichen Gesetze ebenfalls. Doch erkannte Rom das Griechische als zweite offizielle Sprache insofern an, als die Kommunikation des Kaisers und
10 der römischen Amtsträger mit der Provinzialbevölkerung im Osten auf Griechisch erfolgte. Auch in den Gerichtsverhandlungen konnte auf Griechisch gesprochen werden; kaiserliche Edikte[1], Reskripte[2] und andere Dokumente wurden übersetzt. Denn die hohen römischen Amtsträger
15 und auch die meisten Kaiser waren seit der Republik zweisprachig gewesen.
In der östlichen Reichshälfte setzte sich das Lateinische nie als zweite Sprache durch. Nur die provinzialen Aristokraten, die in den Reichsdienst eintreten wollten, und die Sol-
20 daten lernten Latein. In der Spätantike, als das Reich faktisch geteilt war[3], verschärfte sich die sprachliche Trennung: In Rom und den westlichen Provinzen lernten nur noch wenige Aristokraten Griechisch und in der östlichen Hälfte immerhin all diejenigen Latein, die römisches
25 Recht studierten und im Heer und der Ziviladministration Dienst taten. Aber schon die Bischöfe im Osten des Reichs konnten kein Latein mehr, sowenig wie die Bischöfe im Westen Griechisch […]. Unter Justinian[4] schließlich zog dann das Griechische auch in die Reichsverwaltung ein, wie
30 seine noch erhaltenen Gesetze („Novellen") zeigen.

Eckhard Meyer-Zwiffelhoffer, Imperium Romanum. Geschichte der römischen Provinzen, München 2009, S. 115f.

1. Arbeiten Sie vergleichend die Stellung der lateinischen und der griechischen Sprache heraus. | H
2. Analysieren Sie, inwiefern sich der Umgang mit der griechischen Sprache von dem in M3 beschriebenen Vorgehen unterscheidet.

---

[1] **Edikt**: kaiserliche Verordnung
[2] **Reskript**: kaiserlicher Bescheid auf eine Eingabe von Untertanen oder römischen Amtsträgern hin
[3] Im Jahr 395 zerfiel das Römische Reich in eine Ost- und eine Westhälfte.
[4] **Justinian I.** (um 482–565): oströmischer Kaiser von 527 bis 565

M9 Ein Problemfall in der Provinzialverwaltung

Plinius der Jüngere (61/62 – um 113) kommt 111 als römischer Statthalter in die Provinz Bithynien und Pontus an der türkischen Schwarzmeerküste. Er schreibt häufig an Kaiser Trajan, um sich Rat zu holen. Sein Schriftwechsel mit dem Kaiser bietet einen Einblick in die Verwaltung einer Provinz und ist im zehnten Buch seiner „Epistulae" überliefert. Im Zusammenhang mit der Ernennung neuer Ratsherren (Dekurionen) wendet sich Plinius an Trajan:

Das Gesetz des Pompeius, das für die Bewohner von Bithynien und Pontus gilt,[5] fordert keine Geldzahlungen von denjenigen, die von den Zensoren[6] in den Stadtrat gewählt werden. Die Männer aber, die Deiner Huld zufolge in einigen Städten über die gesetzmäßige Zahl hinaus gewählt 5 werden durften, haben teils 1 000, teils 2 000 Denare[7] gezahlt. Der Prokonsul Anicius Maximus hat daraufhin verfügt – was freilich nur für einige wenige Städte gilt –, dass auch die von den Zensoren gewählten Ratsherren jeweils verschiedene Summen zu zahlen hätten. Darum bleibt 10 nichts anderes übrig, als dass Du selbst entscheidest, ob in sämtlichen Städten alle, die künftig zu Ratsherren gewählt werden, für ihren Eintritt eine bestimmte Summe zu entrichten haben. […]

Trajan antwortet:

Ob alle, die in irgendeiner Stadt Bithyniens Ratsherren 15 werden, ein Antrittsgeld zu entrichten haben oder nicht, das kann ich nicht grundsätzlich entscheiden. Man soll sich also meiner Meinung nach, was immer das sicherste ist, jeweils an das Gesetz der betreffenden Stadt halten. Was die Männer betrifft, die ehrenhalber Ratsherren werden, so 20 meine ich eher, sie sollten so handeln, dass sie aufgrund einer Leistung[8] den übrigen vorgezogen werden.

C. Plinius Caecilius Secundus, Briefe, 10, 112–113, nach: Ders., Sämtliche Briefe, übersetzt und herausgegeben von Heribert Philips und Marion Giebel, Stuttgart 1998, S. 799ff.

1. Geben Sie mit eigenen Worten das rechtliche Problem wieder, das Plinius dem Kaiser vorlegt.
2. Erläutern Sie, inwiefern der Kaiser das „Prinzip der Subsidiarität", nach dem möglichst viel vor Ort geregelt wird, verfolgt.

---

[5] Das Gesetz aus dem Jahre 63 v. Chr. regelte die grundlegenden Aspekte der römischen Herrschaft in der Provinz.
[6] **Zensoren**: Beamte, die neue Ratsherren einsetzen
[7] Im 1. Jahrhundert bekam ein gut verdienender Arbeitnehmer etwa 1 Denar am Tag.
[8] in der Regel eine wohltätige Geldspende

M10 Kaiserkult bei den Galliern

Der griechische Geschichtsschreiber Strabon berichtet von einem Heiligtum im heutigen Lyon:

Lugdunum selber denn, gegründet am Fuß einer Spitze beim Zusammenfluss des Arar-Flusses und der Rhone, haben die Römer in Besitz. Es ist, abgesehen von Narbo, die volkreichste Stadt von allen, denn sie wird als Handelsplatz
5 benutzt, und die Statthalter der Römer prägen dort ihre Silber- und Goldmünzen; ferner liegt das von allen Galatern gemeinsam für Caesar Augustus gestiftete Heiligtum vor dieser Stadt an dem Zusammenfluss der Flüsse (es besteht aus einem stattlichen Altar mit einer Inschrift der Namen
10 der Völker – sechzig an der Zahl –, Bildnissen eines jeden dieser Völker).

Strabon, Geographika 4, 3, 2, nach: Strabon, a. a. O., S. 499–501

---

1. Fassen Sie mit eigenen Worten die wichtigsten Aspekte des von Strabon beschriebenen Heiligtums zusammen.
2. Erklären Sie mögliche Gründe für die Nennung der Stämme im Altar.
3. Erörtern Sie die Verbindung von religiöser und politischer Macht anhand dieser Quelle.

Vorder- und Rückseite einer römischen Münze.
▸ Beschreiben Sie Vorder- und Rückseite der Münze.
▸ Erläutern Sie, wer und was dargestellt sind.
▸ Ordnen Sie die Münze in ihren historischen Kontext ein.

M11 Umgang mit den Juden

Der Althistoriker Eckhard Meyer-Zwiffelhoffer beschreibt die Stellung der Juden im Römischen Reich:

Die Juden in Palästina und zum Teil auch in der Diaspora[1] waren die einzigen römischen Untertanen, die in ihrer Mehrheit die römische Herrschaft ablehnten. Zwar gestanden ihnen die Kaiser eine Lebensweise gemäß dem jüdischen Gesetz zu, doch stießen sie mit ihren Sitten und Pri-
5 vilegien – dass sie am Sabbath[2] nicht vor Gericht erscheinen oder keinen Militärdienst leisten mussten – bei ihrer nichtjüdischen Umgebung wie bei den römischen Statthaltern auf wenig Verständnis: Die Aufstände in Mesopotamien, der Kyrenaika und Ägypten (115–117) resultierten aus
10 Konflikten mit den griechischen und ägyptischen Nachbarn. Das jüdische Kernland in Galiläa, Judäa und Samaria war seit der Herrschaft des römischen Vasallenkönigs Herodes und seiner Dynastie die unruhigste Region des gesamten Imperiums geworden. Kleinere Aufstände waren
15 an der Tagesordnung, und das Bandenwesen war allenthalben anzutreffen. Verantwortlich dafür war eine explosive Mischung aus wirtschaftlicher Not vieler Kleinbauern und Pächter, massiven sozialen Spannungen zwischen der lokalen, zum Teil romfreundlichen jüdischen Aristokratie und der breiten Bevölkerung sowie religiösem Fanatismus und 20 Sektenbildung.

Seit der Fremdherrschaft der von Rom eingesetzten Herodes-Dynastie, die entgegen dem Herkommen über das Hohepriesteramt in Jerusalem verfügte, war der Traum von einem eigenen jüdischen Staat wieder virulent geworden. 25 Viele jüdische Sekten hegten Endzeiterwartungen oder hofften auf den Messias[3]. In den ersten Jahrzehnten nach der Zeitenwende traten zahlreiche Messiasfiguren auf und scharten Anhänger um sich; einer von ihnen war Jesus „Christus". Sie suchten zumeist den Konflikt mit der etab- 30 lierten Orthodoxie der Pharisäer, der jüdischen Aristokratie und den römischen Behörden – die Statthalter ließen Tausende von ihnen mitsamt ihren Anführern kreuzigen. Die gewaltsamen sozialen Spannungen unter den Juden und der religiöse Fanatismus der Zeloten („Eiferer")[4] und 35 anderer Gruppen führte – entzündet durch die Ignoranz und Verachtung der römischen Präfekten und später der

---

[1] **Diaspora** (griech.: Zerstreuung): die jüdischen Gemeinden außerhalb Palästinas
[2] **Sabbath**: wöchentlicher jüdischer Feier- und Ruhetag zur Erinnerung an die Schöpfung der Welt und an Israels Befreiung aus der ägyptischen Sklaverei
[3] Der erwartete Messias sollte die Juden von der römischen Fremdherrschaft befreien und das jüdische Reich wiedererrichten.
[4] jüdische Widerstandsbewegung

Plünderung des jüdischen Tempels in Jerusalem.
Ausschnitt aus einem Relief am Titusbogen auf dem Forum Romanum in Rom, nach 81.
Der Triumphbogen wurde vom Senat zu Ehren Kaiser Titus' (39–81) errichtet. Er eroberte mit seinem Heer im Jahre 70 die Stadt Jerusalem und zerstörte den jüdischen Tempel. Damit verloren die Juden ihr politisches und religiöses Zentrum. Das Relief zeigt römische Soldaten, wie sie ihre Beute aus dem jüdischen Tempel tragen. Dazu zählten u. a. der goldene Schaubrottisch mit den Silbertrompeten (rechts) sowie der goldene siebenarmige Leuchter (Menora; links von der Bildmitte).

▶ Erörtern Sie, warum die Soldaten mit den erbeuteten Kultgeräten auf dem Triumphbogen dargestellt wurden.

Prokuratoren von *Iudaea*[1] – zum Ausbruch der beiden großen jüdischen Aufstände, die tatsächlich die römische Herrschaft infrage stellten (66–70/73 und 132–135). Sie mussten mit einem großen Aufgebot an Legionen, Auxiliarverbänden und Hilfstruppen der Vasallenfürsten niedergekämpft werden.

Eckhard Meyer-Zwiffelhoffer, Imperium Romanum, a.a.O., S. 84f.

1. Fassen Sie zusammen, was die Stellung des Judentums nach Meyer-Zwiffelhoffer charakterisierte.
2. Erklären Sie, warum die Juden oft unterdrückt worden sind, obwohl die Römer in religiösen Fragen in der Regel tolerant waren.
3. *Präsentation:* Erläutern Sie Gemeinsamkeiten und Unterschiede der Konflikte mit Rom im Juden- und im Christentum. Ziehen Sie dazu auch das Internet oder Lexika sowie M12 heran. Stellen Sie Ihre Ergebnisse in einem Kurzreferat vor.
4. Beurteilen Sie, inwiefern sich der jüdische Widerstand gegen Rom mit heutigen religiös begründeten Kriegen vergleichen lässt.

[1] Von 6 bis 70 n. Chr. war Iudaea Teil der römischen Provinz Syria, dann bis 135 n. Chr. eine eigenständige Provinz, die nach dem zweiten Aufstand in „Syria Palaestina" umbenannt wurde.

M12 Toleranzedikt des Kaisers Galerius

Der aus Nordafrika stammende christliche Autor Laktanz (um 250 – nach 317) beschreibt in seiner Schrift „Über die Todesarten der Verfolger" die gewaltsamen Tode der Christenverfolger als Beweis für deren Fehlverhalten. Darin zitiert er einen aus dem Jahre 311 stammenden Erlass des Kaisers Galerius:

Unter den übrigen Verordnungen, die wir immer zu Nutz und Frommen des Staates erlassen, hatten wir seinerzeit den Willen bekundet, alles entsprechend den alten Gesetzen und der staatlichen Ordnung der Römer einzurichten
5 und dafür zu sorgen, dass auch die Christen, die die Religion ihrer Väter verlassen hatten, wieder zur Vernunft zurückkehren. Aus irgendeinem Grunde hatte diese Christen ein solcher Eigensinn erfasst und solche Torheit befallen, dass sie nicht mehr den Grundsätzen der Alten folgten, die
10 vielleicht ihre eigenen Vorfahren zuerst eingeführt hatten, sondern sich nach eigenem Gutdünken und Belieben selbst Gesetze machten, an die sie sich hielten, und da und dort bunte Menschenmengen zu einer Gemeinde vereinigten. Nachdem dann von uns der Befehl ergangen war, dass sie
15 zu den Grundsätzen der Alten zurückkehren sollten, wurden viele in Prozesse auf Leben und Tod verwickelt, viele auch von Haus und Herd vertrieben. Da aber die meisten bei ihrem Vorsatz beharrten und wir sahen, dass sie weder den Göttern den Kult und die Verehrung zollten, die ihnen
20 gebührt, noch den Kult des Christengottes ausübten, so haben wir in Anbetracht unserer großen Milde und im Hinblick auf unsere ständige Gepflogenheit, allen Menschen Verzeihung zu gewähren, diese unsere bereitwilligst gewährte Nachsicht auch auf die Christen ausdehnen zu
25 müssen geglaubt. Sie sollen also erneut Christen sein und ihre Versammlungsstätten wiederherstellen, jedoch unter der Bedingung, dass sie nicht der Ordnung zuwiderhandeln. In einem weiteren Schreiben werden wir den Provinzstatthaltern Weisung erteilen, wie sie sich zu verhalten
30 haben. In Ansehung dieser unserer Gnade sollen die Christen daher zu ihrem Gott für unser Wohlergehen, das des Staates und ihr eigenes beten, auf dass der Staat in jeder Hinsicht unversehrt bleibe und sie sorglos in ihren Wohnsitzen leben können.

Laktanz, Über die Todesarten der Verfolger, 34, 1–5, nach: Hans Jürgen Hillen (Bearb.), Die Geschichte Roms. Römische und griechische Historiker berichten, Düsseldorf 2006, S. 384f.

Kaiser Konstantin I. („der Große").
Nachzeichnung eines Silbermedaillons, Durchmesser 2,5 cm, um 315. Zwei Jahre nach dem Toleranzedikt von Kaiser Galerius bestätigte Kaiser Konstantin I. die Anerkennung des Christentums als erlaubte Religion.

▶ Interpretieren Sie die Aussage des Medaillons. Beachten Sie dabei die am Helmbusch vorne und am Schild angebrachten Symbole.

1. Beschreiben Sie den Umgang des Römischen Reiches mit den Christen vor dem Umdenken Kaiser Galerius'.
2. Arbeiten Sie heraus, was Kaiser Galerius gegenüber den Christen beschließt und wie er dies begründet.
3. Nehmen Sie dazu Stellung, inwieweit den von Galerius genannten Gründen geglaubt werden kann.
4. Beurteilen Sie, ob der Erlass von Kaiser Galerius einen Neuanfang der römischen Religionspolitik bedeutet. Informieren Sie sich in diesem Zusammenhang über das Vorgehen Roms gegenüber den Christen vor allem ab der Mitte des 3. Jahrhunderts.

Säulen der Romanisierung im Kaiserreich

SPRACHE
- Tolerierung verschiedener Sprachen
- Verbreitung von Latein als Sprache Roms
- im Osten starke Stellung des Griechischen
- romanische Sprachen heute unter anderem: Italienisch, Französisch, Spanisch, Portugiesisch, Rumänisch

RELIGION
- Tolerierung verschiedener Religionen
- Verbreitung des Kaiserkults
- Probleme mit Monotheismus (Judentum und Christentum)
- Übernahme und Verbreitung des Christentums ab 311/313

STÄDTEBAU
- Gründung und Ausbau von Städten
- Bau von Brunnen, Thermen und Wasserleitungen
- Bau von Tempeln und Amphitheatern
- Anlage von Plätzen als Stadtzentren

WIRTSCHAFT
- Verbreitung von Geld (Münzen)
- Handel innerhalb des Römischen Reiches
- Interesse an Luxusgütern
- Ausbau der Verkehrswege

POLITIK
- Einrichtung von Provinzen
- Vergabe des Bürgerrechts außerhalb Roms
- politischer Aufstieg bis hin zum Kaiser
- Gültigkeit des römischen Rechts in den Provinzen

MILITÄR
- Eroberung
- Stationierung von Truppen
- Rekrutierung von Einheimischen
- Ansiedlung von Veteranen

WISSENS CHECK
Ein interaktives Quiz erwartet Sie unter dem Code **32037-37**.

M Das Imperium Romanum

Der Althistoriker Eckhard Meyer-Zwiffelhoffer schreibt über die Romanisierung im Römischen Reich:

Das Römische Reich zeichnet sich vor anderen Imperien dadurch aus, dass es seine provinziale Peripherie im Laufe der Zeit vollständig integrierte und den Unterschied zwischen herrschender Gesellschaft und unterworfenen Gemeinwesen aufhob. Dabei entsprach der wachsenden Integration der Provinzialbevölkerung eine schleichende Entwertung des römischen Bürgerstatus in politischer wie rechtlicher Hinsicht. […] Wie bereits […] Zeitgenossen gesehen hatten, spielten für diese Integrationsleistung die Beteiligung provinzialer Gruppen an der Herrschaftsausübung und die Bürgerrechtsvergabe die entscheidende Rolle. Eine Partizipation einzelner indigener Gruppen an der über sie ausgeübten Kolonialherrschaft hat es zwar in vielen Imperien gegeben, doch Rom ging hier noch einen Schritt weiter: Während sich die meisten Kolonialherrschaften auf die Kollaboration bzw. Kooperation der lokalen Aristokratie stützten, beließ es Rom nicht bei einer Zusammenarbeit auf lokaler oder provinzialer Ebene, sondern gestattete Teilen der kolonialen Elite, in das Zentrum der Macht aufzusteigen und dort selbst die Position des Kaisers einzunehmen. […] Die mit diesem politischen und sozialen Aufstieg verbundene Bürgerrechtsvergabe beschränkte sich nicht auf einzelne Ausnahmefälle für besondere Verdienste, wie dies auch in anderen Kolonialherrschaften vorkam. Rom setzte seit der Kaiserzeit systematisch auf die politische Integration aller für die Herrschaftsausübung wichtigen Gruppen, nicht nur auf die kolonialen Eliten, sondern auch auf Provinziale einfacher Herkunft. Möglich wurde diese enorme Ausweitung des Bürgerverbandes, weil die mit dem Bürgerrecht verbundenen politischen Privilegien nur denjenigen Neubürgern, die in den Senat oder die kaiserliche Verwaltung aufstiegen, Einfluss auf die Herrschaftsausübung einräumten. Ein weiterer Grund lag darin, dass das römische Bürgerrecht weder ethnisch noch religiös fundiert war, sondern rechtlich-politischen Charakter besaß. […] Rom setzte nicht nur auf die Kooperation der kolonialen Eliten, sondern formte diese nach seinen eigenen Vorstellungen. Dem diente die reichsweite Schaffung städtischer Selbstverwaltungseinheiten, die sich zugleich nach dem Muster bestehender griechischer Poleis[1] und italischer Munizipien urbanistisch entwickelten oder entwickelt wurden. Diese (Selbst-)Romanisierung brachte eine reichsweit ziemlich homogene Führungsschicht hervor, die sich durch einen gemeinsamen Habitus[2] auszeichnete, über eine gemeinsame Bildungswelt und Werteorientierung gebot und in den Städten einen repräsentativen Lebensstil pflegte, der sich im Prinzip nicht von dem in der Metropole Rom unterschied. Zusätzlich stärkte Rom die soziale Position der lokalen Eliten (*honestiores*[3]) gegenüber dem Rest der städtischen und ländlichen Gesellschaften und zog damit die zentrale gesellschaftliche Trennlinie weniger zwischen Römern und Provinzialen, als zwischen Römern und provinzialen Eliten auf der einen Seite und den provinzialen (und später auch römischen) *humiliores*[4] auf der anderen.

Eckhard Meyer-Zwiffelhoffer, Imperium Romanum. Geschichte der römischen Provinzen, München 2009, S. 117–120

---

1. Fassen Sie die Kernaussagen des Textes in eigenen Worten zusammen.

2. Erläutern Sie, inwiefern sich das Imperium Romanum laut Meyer-Zwiffelhoffer von anderen Imperien oder Kolonialreichen unterschied.

3. Erläutern Sie, warum die Ausdehnung des Imperium Romanum „eine schleichende Entwertung des römischen Bürgerstatus" (vgl. Zeile 6f.) verursachte.

4. Gruppenarbeit/Präsentation: Analysieren Sie ausgehend vom Text und auf der Basis Ihres Sachwissens, welche Folgen die Romanisierung in den Bereichen Gesellschaft, Wirtschaft, Politik und Kultur nach sich zog. Entwerfen Sie dazu in Gruppenarbeit eine Mindmap.

5. Gruppenarbeit: Diskutieren Sie in der Gruppe, inwiefern das Imperium Romanum durch die Romanisierung stabilisiert und gleichzeitig infrage gestellt wurde. Begründen Sie Ihre Meinung.

---

[1] **Poleis**: Plural von Polis: Stadtstaat
[2] **Habitus**: Art und Weise sich zu verhalten, Umgangsform
[3] **honestiores**: die Angehörigen der Elite
[4] **humiliores**: die Angehörigen der unteren Schichten

Orientierung

Das Kapitel beschäftigt sich inhaltlich mit ...

den wirtschaftlichen, sozialen und geistigen Rahmenbedingungen

den wirtschaftlichen Veränderungen und ihren Folgen für die Gesellschaft und Umwelt

der Arbeitsmigration und Urbanisierung

den Lösungsversuchen der Sozialen Frage

den politischen Folgen der Industrialisierung

 Bildinformation
31000-40

1.6 Wahlmodul: Industrialisierung

Um die Mitte des 18. Jahrhunderts begannen in Großbritannien tiefgreifende Veränderungen der Gesellschaft und der wirtschaftlichen Strukturen. Dieser Wandlungsprozess wird als Industrialisierung bezeichnet (von lat. *industria*: Fleiß, Betriebsamkeit). Maschinelle Massenproduktion und Arbeitsteilung in Fabriken wurden zu Grundprinzipien einer hochleistungsfähigen Wirtschaftsweise. Sie verdrängte die bisherigen Handwerks- und Verlagsbetriebe und wurde im 19. Jahrhundert ebenso in anderen Ländern Europas, in Nordamerika und Japan prägend, im 20. Jahrhundert dann weltweit. Von einer „Industriellen Revolution" sprachen Historiker schon um 1840, da die wirtschaftlichen und technischen Neuerungen auch Gesellschaft und Staat erfassten und in ein neues Zeitalter beförderten.

Die Industrialisierung sorgte nachhaltig für wirtschaftliches Wachstum, mehr Beschäftigung, verbesserte Infrastruktur und Mobilität, größeren Konsum sowie Bildung und höhere Lebenserwartung für breite Schichten. Zugleich entstanden in allen Industrieländern neue Formen von Armut, Ausbeutung und sozialer Benachteiligung, neuartige gesellschaftliche und politische Konflikte und ein bislang nicht gekanntes Ausmaß der Zerstörung der Umwelt. Die Bilanz dieser gewaltigen Umwälzungen fällt daher zwiespältig aus.

Das Eisenwalzwerk.
Ölgemälde von Adolph Menzel, 1872/75.
Das Bild zeigt eine Walzhalle für Eisenbahnschienen im Betrieb „Königshütte" in Oberschlesien.

▶ Beschreiben Sie die Eindrücke, die das Bild vermittelt.

▶ *Gruppenarbeit:* Diskutieren Sie in der Klasse, ob das Bild als Kritik oder Verherrlichung der Industrialisierung zu verstehen ist.

Orientierung

um 1760	Beginn der Industrialisierung in Großbritannien	**Industrieller Aufbruch**
1807-1811	Reformen in Preußen führen zur Bauernbefreiung und zur Gewerbe- und Niederlassungsfreiheit. Andere deutsche Staaten folgen dem Beispiel.	
1825	In England eröffnet die erste Eisenbahnstrecke für den Personenverkehr.	
1834	Durch den Deutschen Zollverein entsteht ein Binnenmarkt ohne Handelsbarrieren.	
1835	Erste deutsche Eisenbahnverbindung zwischen Nürnberg und Fürth	
ca. 1840	Die Industrialisierung gelangt auf dem europäischen Kontinent und in Teilen Nordamerikas zum Durchbruch.	
1848	Karl Marx und Friedrich Engels veröffentlichen das „Kommunistische Manifest".	**Gesellschaftliche Umwälzungen und Soziale Frage**
ca. 1860-1914	Etwa 16 Millionen Menschen wandern auf der Suche nach Arbeit vom Osten in den industrialisierten Westen Deutschlands (Arbeitsmigration).	
1865	In den USA wird die Sklaverei per Gesetz abgeschafft.	
1869	Wilhelm Liebknecht und August Bebel gründen die Sozialdemokratische Arbeiterpartei (SDAP).	
um 1875-1910	In Deutschland entstehen industrielle Ballungszentren, Wohn- und Arbeitsbedingungen der Arbeiterschaft verschlechtern sich.	
1878-1890	Mit dem „Sozialistengesetz" geht die deutsche Reichsregierung gegen die Arbeiterbewegung vor.	
1883-1889	Staatliche Sozialgesetze schaffen einen Rechtsanspruch auf finanzielle Leistungen im Alter, bei Krankheit oder Unfall.	
ab 1890/95	Durch den Aufschwung in den „neuen" Industrien (Elektrotechnik, Chemie und Maschinenbau) steigt Deutschland zu einer der größten Industrienationen auf.	**Hochindustrialisierung**
nach 1900	In Deutschland sind erstmals mehr Menschen in Industrie und Handwerk als in der Landwirtschaft beschäftigt.	
1913	Henry Ford setzt in den USA das erste Fließband in der Automobilfertigung ein.	
1913/14	In Deutschland leben rund 60 Prozent der Bevölkerung in Städten. Die Arbeitszeit sinkt durchschnittlich auf etwa neun Stunden pro Tag.	
1914-1945	Das Ruhrgebiet wird in beiden Weltkriegen zur deutschen „Rüstungsschmiede".	**Die industrialisierte Welt im 20. Jahrhundert**
1952	Sechs westeuropäische Länder, darunter die Bundesrepublik, gründen die Europäische Gemeinschaft für Kohle und Stahl (Montanunion).	
seit 1950/60	Nach der Auflösung der früheren Kolonialreiche entwickeln sich zahlreiche Länder in Asien, Afrika und Lateinamerika zu Industrieländern.	
um 1970	Höhepunkt der industriellen Beschäftigung in der Bundesrepublik. Zugleich erfolgt ein Wandel von der Industrie- zur Dienstleistungsgesellschaft.	

Vorreiter Großbritannien | Ihren Anfang nahm die *Industrialisierung* in Großbritannien. Hier gab es schon im frühen 18. Jahrhundert günstige Bedingungen für die Entfaltung einer fortschrittlichen Wirtschaft. Die Bevölkerung wuchs stetig, vor allem dank besserer Ernährung und Hygiene. Dadurch stieg sowohl die Nachfrage nach Lebensmitteln und gewerblichen Gütern als auch das Angebot an Arbeitskräften. Die Landwirtschaft bot nicht mehr genügend Beschäftigung, seit Großgrundbesitzer die meisten Nutzflächen übernahmen und die Agrarproduktion in großen, hochleistungsfähigen Farmen konzentrierten. Viele Landarbeiter und Bauern, die nach britischem Recht nicht an Grundherren gebunden waren, suchten und fanden dafür Arbeit entweder im gewerblichen Bereich, vornehmlich in der Textilherstellung, oder im Transportwesen.

Handel und Verkehr blühten in Großbritannien dank einer weit entwickelten Schifffahrt, gut befestigter Landstraßen sowie schiffbarer Flüsse und Kanäle. Das Land besaß Kolonien in Übersee, die zum Bezug von Rohstoffen und als Absatzmärkte genutzt wurden. Im Inland gab es Vorkommen an Steinkohle als Energieträger und an Erzen zur Herstellung von Eisen und Stahl.

Bergmann.
Druckgrafik von Robert und Daniel Havell, nach einer Vorlage von George Walker, 1813.
Gezeigt wird ein Bergarbeiter auf dem Heimweg von der Kohlegrube Middleton nahe Manchester. Der Einsatz von Dampflokomotiven begann ab 1812, bis dahin wurden die Kohlenwaggons mit Pferden gezogen.

▶ Interpretieren Sie das Bild als Werbemittel für die damalige Bergarbeit. | **H**

Wissen und technischer Fortschritt | Einen wichtigen Entwicklungsschub lieferte das Bildungswesen. Britische Wissenschaftler und Konstrukteure brachten Erfindungen hervor, die die technischen Möglichkeiten für die Wirtschaft revolutionierten. Dazu gehörten Spinnmaschinen wie die um 1765 von *James Hargreaves* (um 1720–1778) entwickelte „Spinning Jenny" und ihre verbesserten Nachfolgemodelle („Waterframe", „Spinning Mule"), die das einfache Spinnrad ablösten und Textilfasern auf einer Vielzahl von Spindeln gleichzeitig aufzogen. *Edmund Cartwright* (1743–1823) stellte 1761 den ersten mechanischen Webstuhl vor, der nach und nach die Handarbeit bei der Herstellung von Tuchen ersetzte. Im Bereich der Energiegewinnung gelang zwischen 1765 und 1782 unter Federführung von *James Watt* (1736–1819) die Konstruktion einer Dampfmaschine. Durch Dampfdruck mittels Verbrennung stand nun ein Antrieb zur Verfügung, der sich unabhängig von Zugtieren, Wind- oder Wasserkraft einsetzen ließ.

Diese neuen Technologien gaben in der zweiten Hälfte des 18. Jahrhunderts den Weg frei für die Produktion von Gütern in bisher nicht gekanntem Umfang. *Massenproduktion*, *Massenbeschäftigung* und der Einsatz von Maschinen an einem Betriebsort (*Fabrik*) wurden zu Kennzeichen der neuen Wirtschaftsform, die man als „industriell" bezeichnete (➔ M1). Als erster Gewerbebereich wurde zwischen etwa 1780 und 1800 die Textilherstellung industrialisiert (*Textilindustrie*). Nachdem im 18. Jahrhundert der

Internettipp
„The World's First Industrial City" – das Science and Industry Museum in Manchester stellt online die Industrialisierung der Stadt vor. Siehe dazu den Code **32037-38**.

Bergbau intensiviert und technisch verbessert worden war, entfaltete sich seit Anfang des 19. Jahrhunderts die industrielle Produktion von Eisen und Stahl (*Schwerindustrie*). Aufgrund des wachsenden Bedarfs an Maschinen wurde auch der *Maschinenbau* zu einem eigenen Industriezweig.

Der Aufbau großer Fabrikanlagen und die Anschaffung von Maschinen waren kostspielig. Um den Bedarf an **Kapital** für die Gründung oder Erweiterung von Unternehmen zu decken, gab es in Großbritannien große Finanzreserven des Adels und des vermögenden Bürgertums. Diese Gesellschaftsschichten investierten in den Bergbau, den Überseehandel und die entstehenden Industriebetriebe. Das Finanzwesen wurde von staatlichen Zentralbanken (Bank of England, Bank of Scotland) beaufsichtigt.

Wirtschaft ohne staatliche Fesseln | Adel und Besitzbürgertum, die sich als Geldgeber oder Privatunternehmer betätigten, besaßen über den Zugang zum britischen Parlament auch einen Weg, ihre Interessen politisch zu vertreten. Der Ruf nach einem möglichst ungehinderten und rationalen (von Vernunft geleiteten) Wirtschaftsgeschehen wurde damals auch wissenschaftlich begründet. Auf den englischen Ökonomen und Moralphilosophen *Adam Smith* (1723–1790) gehen Theorien zurück, die später als *Wirtschaftsliberalismus* Verbreitung fanden. Smith sah die menschliche Arbeit und Arbeitsteilung als eine Quelle des Wohlstands. Das Gewinnstreben jedes Einzelnen diene der Wirtschaft als Antrieb. Die Gesetze des „Marktes" (der freie Wettbewerb und das Wechselspiel von Angebot und Nachfrage) würden das Gemeinwohl fördern, da nur solche Güter und Dienstleistungen bestehen blieben, für die auch eine Absatzmöglichkeit vorhanden sei. Um diese Mechanismen zur Anwendung zu bringen, müsse sich der Staat zurücknehmen und darauf beschränken, günstige Rahmenbedingungen für die Wirtschaft zu schaffen. Der bisher verbreitete **Merkantilismus** sollte vom System einer freien **Marktwirtschaft** abgelöst werden.

Aufbruch im übrigen Europa | Auf dem europäischen Festland setzte die Industrialisierung deutlich später ein als in Großbritannien – zunächst in Belgien, dann auch in Frankreich, der Schweiz und den Staaten des Deutschen Bundes. Dennoch holten diese Länder den Rückstand immer schneller auf. Die zuvor rein landwirtschaftlich und handwerklich geprägten Staaten wandelten sich binnen eines Jahrhunderts zu modernen Industrienationen.

In Deutschland begann die Industrialisierung zu Anfang des 19. Jahrhunderts. Damals trat an die Stelle des Heiligen Römischen Reiches deutscher Nation zunächst eine Anzahl souveräner Einzelstaaten. Sie waren oftmals das Produkt einer – teils gewaltsamen – Zusammenlegung kleiner und kleinster Territorien und Städte. Neben die Großmächte Österreich und Preußen traten Zentralstaaten wie Bayern, Württemberg, Sachsen oder das Königreich Hannover. Ihre alten und neuen Gebietsteile wurden um 1800 erstmals mit modernen Methoden rechtlich und verwaltungstechnisch vereinheitlicht, etwa durch die Einführung gleicher Maße und Gewichte, allgemeiner Schulpflicht und landesweiter Besteuerung, von der auch Adel und Geistliche nicht länger ausgenommen blieben.

Neben der Einführung von Religionsfreiheit und der formalen Gleichstellung der jüdischen Bevölkerung wurden einschneidende wirtschaftliche Reformen verfügt. So entfiel der *Zunftzwang*, die ausschließliche Kontrolle der einzelnen Handwerksberufe und ihres Personals durch örtliche Zünfte. Stattdessen führten die deutschen Staaten nach und nach die *Gewerbe- und Niederlassungsfreiheit* ein, das Recht zu freier Berufs- und Ortswahl. Im Bereich der Landwirtschaft kam es schon um 1810 zur *Bauernbefreiung*, wonach die bisher unfreien Bauern aus der persönlichen Abhängigkeit von ihrem Grund- oder Gutsherrn (Leibeigenschaft) entlassen wurden.

Kapital (von lat. *caput*: Haupt, Kopf; ital. *capitale*: Kopfzahl, Vermögen): Sammelbegriff für Mittel, die zur Produktion von Gütern oder Dienstleistungen zur Verfügung gestellt werden, etwa Bargeld, Kredite oder Wertpapiere, Grundbesitz, Maschinen und Geräte, Betriebsstätten usw.

Merkantilismus (von lat. *mercator*: Kaufmann): staatlich gelenkte Wirtschaftsform in Europa im 16. bis 18. Jahrhundert, die auf hohe Ausfuhren heimischer Fertigprodukte angelegt ist, um Handelsgewinne zu erzielen, während die Binnenwirtschaft von Importen anderer Staaten möglichst abgeriegelt wird

Marktwirtschaft (auch: Kapitalismus): System, das auf freien Wettbewerb setzt und dem Grundsatz von Angebot und Nachfrage folgt, um möglichst großen wirtschaftlichen Gewinn zu erzielen

chemische Industrie: seit etwa 1850 aufkommender Wirtschaftsbereich, in dem Rohstoffe in chemischen Fertigungsprozessen zu Produkten wie künstlichen Farben, Kunststoffen, Kunstdünger, Reinigungs- oder Konservierungsmitteln und Medikamenten verarbeitet werden

Elektroindustrie: Industriezweig, der gegen Ende des 19. Jahrhunderts entstand und auf die Herstellung etwa von Stromgeneratoren, Kabeln, Batterien und elektrisch betriebenen Anlagen, Geräten und Bauteilen spezialisiert ist

Entwicklung des Deutschen Zollvereins seit 1834.

▶ Vergleichen Sie die Grenzen des Zollvereins mit denjenigen des Deutschen Bundes von 1815 bis 1866. Eine Karte zum Deutschen Bund können Sie unter dem Code **32037-39** abrufen.

▶ Die deutsche Einigung im 19. Jahrhundert – eine wirtschaftliche Notwendigkeit? Nehmen Sie dazu Stellung.

Deutschland wird zu einem Wirtschaftsraum | Um 1815 bestand Deutschland aus etwa vierzig Staaten und freien Städten, die im *Deutschen Bund* locker miteinander verknüpft waren. Zwischen ihnen galten weiterhin Zollschranken, unterschiedliche Währungen, abweichendes Handelsrecht usw. Vonseiten des Bundes gab es kaum Schritte zur wirtschaftlichen Integration. Dafür erwies sich ein Einzelstaat, das Königreich Preußen, als Impulsgeber. Seit 1815 im Besitz des *Ruhrgebietes*, dessen reiche Steinkohlevorkommen damals entdeckt wurden, nahm Preußen eine Vorreiterrolle für die Industrialisierung in Deutschland ein. 1834 wurde unter preußischer Führung der *Deutsche Zollverein* gegründet, dem bis 1854 die meisten deutschen Staaten beitraten.

Damals begann auch die Einführung eines neuen Transportmittels in Deutschland, der *Eisenbahn*. Sie zeigt, wie sich der Aufholprozess gegenüber Großbritannien immer mehr beschleunigte: Nach der Inbetriebnahme der ersten regulären Eisenbahnstrecke überhaupt, die 1825 vom englischen Stockton nach Darlington verlief, vergingen nur zehn Jahre, bis zwischen Nürnberg und Fürth die erste deutsche Bahnlinie eröffnete. Von da an wuchs das Eisenbahnnetz stetig. Schienen und Züge verbanden wie die damals neu angelegten Kanäle und Überlandstraßen neben Hauptstädten und Handelszentren auch die Industriestandorte mit ihren Absatzmärkten.

Mit der Gründung des *Deutschen Kaiserreiches* 1871 war nicht nur die staatliche Einheit Deutschlands vollzogen, sondern auch der letzte Schritt zur Schaffung eines deutschen Binnenmarktes. Deutschland wurde von einem Spätstarter in Sachen Industrialisierung zum Zentrum einer *Zweiten Industriellen Revolution*. Um 1900 waren deutsche Unternehmen bereits führend in den damals neuen Industriezweigen des Maschinenbaus, der **chemischen** und der **Elektroindustrie**.

Grenzen werden überschritten | Die Industrialisierung erfasste neben Europa ebenso die Neue Welt. Auch im von Einwanderern besiedelten Nordamerika entstanden im Lauf des 19. Jahrhunderts Fabriken und Eisenbahnnetze. Während der Norden der USA und Teile Kanadas Industriestandorte ausbildeten, blieb der Süden der USA agrarisch geprägt. Auf riesigen Plantagen wurde hier neben Tabak oder Zuckerrohr vor allem Baumwolle angebaut. Die Arbeit verrichteten Sklavinnen und Sklaven, die zumeist aus Afrika stammten. Am *transatlantischen Sklavenhandel* beteiligten sich bis ins frühe 19. Jahrhundert Länder wie Großbritannien, Frankreich oder Spanien. Sklavenjäger verschleppten Afrikanerinnen und Afrikaner in die Karibik oder nach Nordamerika, um sie dort als billige Arbeitskräfte zu verkaufen. Großbritannien verbot 1807 den Sklavenhandel, während die USA erst 1865 die Sklaverei gesetzlich aufhoben. Die Südstaaten der USA wurden zum weltweit größten Baumwollproduzenten, der die Textilindustrie im eigenen Land wie auch in Europa versorgte. Nach dem Ende des organisierten Menschenhandels mussten die bisherigen Sklavinnen und Sklaven zumeist als Pachtbauern Baumwolle und andere Rohstoffe für viel zu geringe Löhne liefern. Dieses System der Ausbeutung war nicht nur in den USA verbreitet, sondern ebenfalls in den Kolonien europäischer Mächte, in Indien und Afrika (→M2).

Allgemein sorgte die Industrialisierung für eine wachsende Verflechtung von Rohstoff- und Energielieferung, Fertigung und Warenabsatz auch zwischen entfernten Regionen und über Ländergrenzen oder Kontinente hinweg. Die *transnationale Arbeitsteilung* wurde durch die im 19. Jahrhundert entwickelten neuen Technologien im Bereich des Verkehrswesens (Eisenbahn, Dampfschifffahrt, um 1900 auch erste Automobile und Flugzeuge) und der Kommunikation (Telegrafie, Telefonie) ganz wesentlich befördert (→M3).

Neue Arbeitsweisen | Mit der Industrialisierung gingen tiefgreifende Veränderungen der Arbeitswelt einher. Die Massenproduktion in den Fabriken führte zu verbilligten Erzeugnissen. Damit wurden vor allem kleinere Handwerksbetriebe verdrängt, die der industriellen Konkurrenz erlagen. Viele Menschen verarmten aus Mangel an Beschäftigung. In der Frühphase der Industrialisierung entstand daher eine bislang nicht gekannte *Massenarmut* (*Pauperismus*) in der werktätigen Bevölkerung.

Wer Beschäftigung in einem Industriebetrieb fand, musste sich auf Maßregeln und Arbeitsbedingungen einstellen, die in Landwirtschaft und Handwerk traditionell nicht üblich waren. In den Fabriken herrschte ein System strenger *Arbeitsteilung*. Massengüter wurden rationell und unter Einsatz von Maschinen hergestellt. Der Produktionsprozess wurde in einzelne Arbeitsschritte zerlegt. Folglich mussten die Beschäftigten genaue Zeit- und Ablaufpläne einhalten. Hatte sich die menschliche Arbeit früher an den Jahres- und Tageszeiten, dem Wetter oder der Belastbarkeit von Nutztieren orientiert, so gab nun der Rhythmus der Maschinen den Takt. Im Vordergrund stand eine möglichst hohe Auslastung der Maschinen, damit sich deren Anschaffung bezahlt machte. Daher arbeiteten Fabrikbelegschaften oft im Schichtbetrieb. Stechuhren und stichprobenartige Kontrollen von Vorarbeitern verzeichneten jeden Verstoß gegen die strengen Fabrikordnungen und das kalkulierte Arbeitssoll.

Die Tätigkeit in den Fabriken verlangte vor allem Gehorsam und Ausdauer von den vielen Beschäftigten, die wie „Rädchen im Getriebe" ihre eng definierte betriebliche Rolle erfüllen sollten. Unternehmen bildeten eine strenge *personelle Hierarchie* aus – mit dem Besitzer oder Geschäftsführer an der Spitze, danach den Werkleitern, Vorarbeitern und Aufsehern, schließlich der Masse der Arbeiterinnen und Arbeiter, unter ihnen lange Zeit auch Minderjährige (→M4).

Uhr, Signaltafel, Spinde und Stechuhr: Maßnahmen zur Disziplinierung der Arbeiter.
Holzstich aus der „Illustrirten Zeitung" vom 18. Mai 1889.

▶ Interpretieren Sie die Darstellung.

Arbeitsdruck, Arbeitsrisiken | Die industrielle Arbeitsteilung wurde immer weiter perfektioniert. US-Firmen wie der Automobilhersteller Ford begannen 1913 mit dem Betrieb von *Fließbändern*. Die Fertigung sollte möglichst ohne Unterbrechung ablaufen, wobei die Beschäftigten nur noch wenige, stets gleiche Handgriffe ausführten. Dadurch ließen sich noch mehr als bislang un- oder angelernte Arbeitskräfte einsetzen, während der einzelne Beschäftigte desto eher austauschbar schien.

Erschwert wurde das hohe Arbeitspensum in Fabriken durch Lärm, Hitze, Schmutz, Gestank, Licht- und Luftmangel. Fehlende Sicherheitsvorkehrungen an den Maschinen verursachten immer wieder schwere Unfälle. Hinzu kamen Berufskrankheiten. Bei Arbeitsunfähigkeit oder Verlust des Arbeitsplatzes drohte den Familien der Ruin, denn Unfall- oder Krankenversicherungen, Kündigungsschutz oder Arbeitslosenhilfe wurden erst gegen Ende des 19. und zu Beginn des 20. Jahrhunderts eingeführt. Fabrikarbeit bedeutete ein durch Arbeitsvertrag und Lohnarbeit geprägtes Abhängigkeitsverhältnis der Beschäftigten. Dagegen blieb der Wunsch nach Mitbestimmung, Rücksicht auf individuelle Bedürfnisse oder Identifikation mit der Arbeit weitgehend unerfüllt.

Die industriellen Arbeitsbedingungen strahlten langfristig auf andere Wirtschaftsbereiche ab. Um dem Konkurrenzdruck der neuen Industrien standhalten zu können, griffen auch die kleineren Gewerbe- und Handwerksbetriebe zu Maßnahmen der *Rationalisierung*. Diese Tendenz erfasste in den 1920er- und 30er-Jahren selbst die Büroarbeit: Die Arbeitsvorgänge wurden zerlegt, normiert und etwa durch Rechen- und Buchungsmaschinen mechanisiert.

Arbeitszeiten und Löhne | Zu Anfang der Industrialisierung hatte die durchschnittliche Arbeitszeit rasch zugenommen: Männer, Frauen und auch Kinder arbeiteten nicht unter zwölf Stunden täglich, oft sogar 15 bis 17 Stunden an mindestens sechs Tagen der Woche. Seit den 1860er-Jahren verkürzte sich die Arbeitszeit etwa in Deutschland schrittweise auf zwölf, bis 1914 auf neun Stunden. Urlaub oder Erholung waren vonseiten der Arbeitgeber in der Regel nicht vorgesehen. Auch das 1891 in Deutschland eingeführte Verbot der Sonn- und Feiertagsarbeit wurde vielfach nicht beachtet.

Die *Lohnarbeit* wurde im 19. Jahrhundert zur überwiegenden Entgeltform. Statt Jahreslöhnen wurden oft streng leistungsabhängige Monats-, Wochen- oder selbst Tagelöhne berechnet, die den Beschäftigten kein sicheres Einkommen boten. Für einen gewissen Ausgleich sorgten seit Mitte des 19. Jahrhunderts steigende **Reallöhne**. Allerdings bestanden große Abweichungen je nach Industriezweig, Tätigkeit und Region, und besonders zwischen gelernten und ungelernten Beschäftigten herrschte ein deutliches Gefälle. So verdienten die meist als Vorarbeiter und Fabrikmeister tätigen ausgebildeten Handwerker das Vier- bis zuweilen Sechsfache der ungelernten Kräfte.

Oft reichte das Einkommen ungelernter Arbeiter nicht zum Lebensunterhalt der Familie aus, sodass Frauen und Kinder hinzuverdienen mussten, deren Verdienst zudem erheblich unter dem der Männer lag. Seit der Jahrhundertmitte ging die Kinderarbeit zwar wegen der wachsenden Kritik und der Durchsetzung der Schulpflicht allmählich zurück. Viele Familien blieben jedoch auf den Zuverdienst der Kinder angewiesen. Arbeitslosigkeit oder Krankheit konnten schnell das Einkommen einer Familie aufzehren und sie an den Rand des Existenzminimums bringen. Lohnfortzahlung im Krankheitsfall oder Invalidenrente waren nicht vorgesehen. Die oft schwere körperliche Arbeit konnte von Beschäftigten über 40 Jahren nur selten bewältigt werden. Ältere Arbeiterinnen und Arbeiter fielen fast zwangsläufig unter die Armutsgrenze.

Wandel der sozialen Schichtung | Von der Industrialisierung profitierten zunächst vor allem mittlere und höhere Schichten der Gesellschaft. Die Massenproduktion sorgte für ein größeres Warenangebot und für mehr Konsum durch einen wachsenden Teil der Bevölkerung. Seit den 1840er-Jahren wurde die Gründung von Aktiengesellschaften in Preußen und im Deutschen Zollverein gesetzlich erleichtert. Daraufhin entstand eine Vielzahl neuer Banken und Versicherungen, Eisenbahn- und Schifffahrtsgesellschaften, Bau- und **Montanunternehmen**. An diesen Firmen beteiligten sich immer mehr Aktio-

---

Reallöhne: statistische Höhe von Einkommen, bei denen das erhaltene Entgelt (Nominallohn) mit den bestehenden Lebenshaltungskosten verrechnet wird, Gradmesser für die tatsächliche Kaufkraft

Montanunternehmen (von lat. *mons*: Berg): Industriebetriebe des Bergbaus sowie der Produktion oder Verarbeitung von Eisen und Stahl

näre, vorwiegend aus dem vermögenden Adel und bürgerlichen Schichten. Sie versorgten die Industrie mit dem nötigen Kapital, um im Gegenzug ihren Wohlstand zu vergrößern.

Der Aufstieg des Finanz- und Versicherungswesens, der wachsende Verwaltungsaufwand der Unternehmen wie auch der Betrieb der modernen Infrastruktur (Bahnen, Post, Telegrafie und Telefonie, Energieversorgung usw.) brachte seit Ende des 19. Jahrhunderts ein Anwachsen der *Dienstleistungsberufe* mit sich. Die Beschäftigten in diesem Bereich der Wirtschaft bildeten die neue Berufsgruppe der *Angestellten*, die sich von den Industriearbeiterinnen und -arbeitern abzugrenzen suchten.

Zwischen 1882 und 1907 verdoppelte sich die Industriearbeiterschaft in Deutschland. Bis zum Ersten Weltkrieg wurde sie zur größten sozialen Gruppe. Zudem überholten Industrie und Handwerk um 1900 die Land- und Forstwirtschaft in Deutschland als beschäftigungsstärksten Sektor. Damit hatte sich Deutschland endgültig von einer Agrar- zu einer Industriegesellschaft entwickelt. Mit diesem Wandel ging auch eine Veränderung der Gesellschaftsstruktur einher. Die Industriegesellschaft war nicht länger eine ständische Gesellschaft, in der sich die Angehörigen einer bestimmten Schicht über ererbte, gruppenspezifische Vorrechte definierten. Diese Schranken waren durch die Garantie persönlicher Freiheit und Rechtsgleichheit schon früh im 19. Jahrhundert gefallen. Seither gab es mehr Chancen für gesellschaftlichen Auf- und Abstieg. Über den sozialen Status entschieden nun vorrangig die persönlichen Lebensverhältnisse, Bildung und Qualifikation sowie das eigene Vermögen. In dieser Schichten- oder *Klassengesellschaft* hing oft sogar die politische Mitbestimmung vom Besitz ab: Viele Länder Europas, darunter Preußen, hielten lange an einem *Zensuswahlrecht* fest, das den Zugang zu Wahlen oder das Gewicht einer Wählerstimme nach der Steuerleistung bemaß.

Lasten für Umwelt und Natur | Nicht nur Arbeit und Gesellschaft erfuhren Umwälzungen durch die Industrialisierung, sondern auch Umwelt und Natur. Während die Wirtschaftsleistung wie auch die Bevölkerung ständig zunahmen, veränderten sich die allgemeinen Lebensbedingungen.

In den Städten wuchs mit der Beschäftigten- und Einwohnerzahl die Belastung der Wasserversorgung. Fäkalien, Schmutz und Unrat aus privaten Haushalten wurden in der Regel entweder durch Gräben entfernt oder mit Fässern abtransportiert. Wassertoiletten und Schwemmkanalisationen waren noch so gut wie unbekannt. Erst um die Mitte des 19. Jahrhunderts begann man in Europa mit dem Bau von *Kanalisationssystemen* in den großen Städten. Kanalisation und sauberes Trinkwasser sorgte für eine enorme Verbesserung der sanitären und hygienischen Verhältnisse. Diese Art der Abwasserentsorgung brachte jedoch bald ein neues Problem mit sich. Durch das Einleiten von Abwässern aus Haushalten und Fabriken in die Flüsse wurden diese so stark verschmutzt, dass sie kaum noch als Trinkwasserreservoirs infrage kamen. Gerade viele kleinere Flüsse verkamen zu Kloaken.

Gegen die negativen Folgen der Industrialisierung für Mensch und Umwelt regte sich bereits früh Protest. Die Anwohner von Fabriken klagten häufig gegen Belästigungen und Gefährdungen, die von den gewerblichen Anlagen ausgingen. Allerdings blieben ihre Beschwerden in der Regel erfolglos. Das Wissen um die Auswirkungen der *Umweltverschmutzung* war noch gering, man betrachtete den Rauch und Gestank als lästiges, aber im Grunde notwendiges „Culturübel". Geeignete Messverfahren und wissenschaftlich gesicherte Erkenntnisse über die Folgen der Umweltbelastung entwickelten sich erst seit Ende des 19. Jahrhunderts (→ M5).

Umweltschutz? | Für die meisten Unternehmer war der *Umweltschutz* in erster Linie eine Kostenfrage. Solange es keine gesetzlichen Regelungen gab, wollte niemand die eigene Produktion durch einen höheren Aufwand bei der Vermeidung oder Entsor-

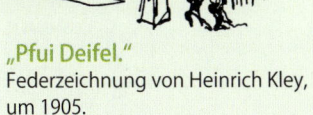

„Pfui Deifel."
Federzeichnung von Heinrich Kley, um 1905.

▶ Präsentation: Verfassen Sie einen Beitrag für ein Online-Lexikon, der das Bild und seine Aussage geschichtlich einordnet.

gung von Schadstoffen verteuern. Der Versuch der Behörden, mit Gewerbeordnungen die Beeinträchtigungen durch die Fabriken zu vermindern, erwies sich als unzulänglich. Die Luftverschmutzung in den großen Städten verringerte sich erst mit der aufkommenden Elektrifizierung am Ende des 19. Jahrhunderts. Viele Fabriken stellten den Antrieb ihrer Maschinen von Dampfkraft und Transmissionssystemen auf Elektromotoren um. Trotzdem blieb mit der Verbrennung von Kohle und den Schadstoffen der Fabriken die hohe Belastung von Luft, Boden und Gewässern bestehen.

Der Ruf nach Umweltschutz als Reaktion auf die Industrialisierung betraf im 19. Jahrhundert vor allem die Lebensqualität bewohnter Gegenden. Dabei führte die neue Wirtschaftsstruktur ebenso zu erheblichen Eingriffen in vormals unberührte Landschaften – durch die Zersiedelung infolge wachsenden Raumbedarfs für Fabriken und Wohngebiete, durch den Bau von Eisenbahntrassen, Straßen und Kanälen, die Begradigung von Flüssen, die Rodung von Wäldern sowie durch die Erschließung immer neuer Flächen für die Landwirtschaft.

Dynamik der Bevölkerung | Auf dem Gebiet des späteren Deutschen Kaiserreiches wuchs die Bevölkerung zwischen 1816 und 1871 von gut 23 auf 41 Millionen. Die stetige Zunahme wie auch die Umstellungen in der Arbeitswelt zwangen die Menschen zu mehr Mobilität. Ströme von Arbeitsuchenden brachen in die entstehenden Industrieregionen auf. In der Regel bedeutete das die Abwanderung aus ländlichen Gegenden in Städte. Noch zu Beginn des 19. Jahrhunderts waren zwei Drittel der deutschen Bevölkerung auf dem Land beheimatet. Am Vorabend des Ersten Weltkrieges lebten rund 60 Prozent der Bevölkerung Deutschlands in Städten, ein Anteil, der damals nur noch von Großbritannien übertroffen wurde (→ M6).

Die industriellen Standorte in Deutschland und manchen Nachbarregionen um 1900.

▶ Präsentation: Recherchieren Sie über einen der auf der Karte gezeigten Standorte und das Anwachsen seiner Bevölkerung im späten 19. und frühen 20. Jahrhundert. Gehen Sie dabei auch auf die Herkunft von Zuwanderern ein. Stellen Sie Ihre Ergebnisse in einer Statistik vor. | H

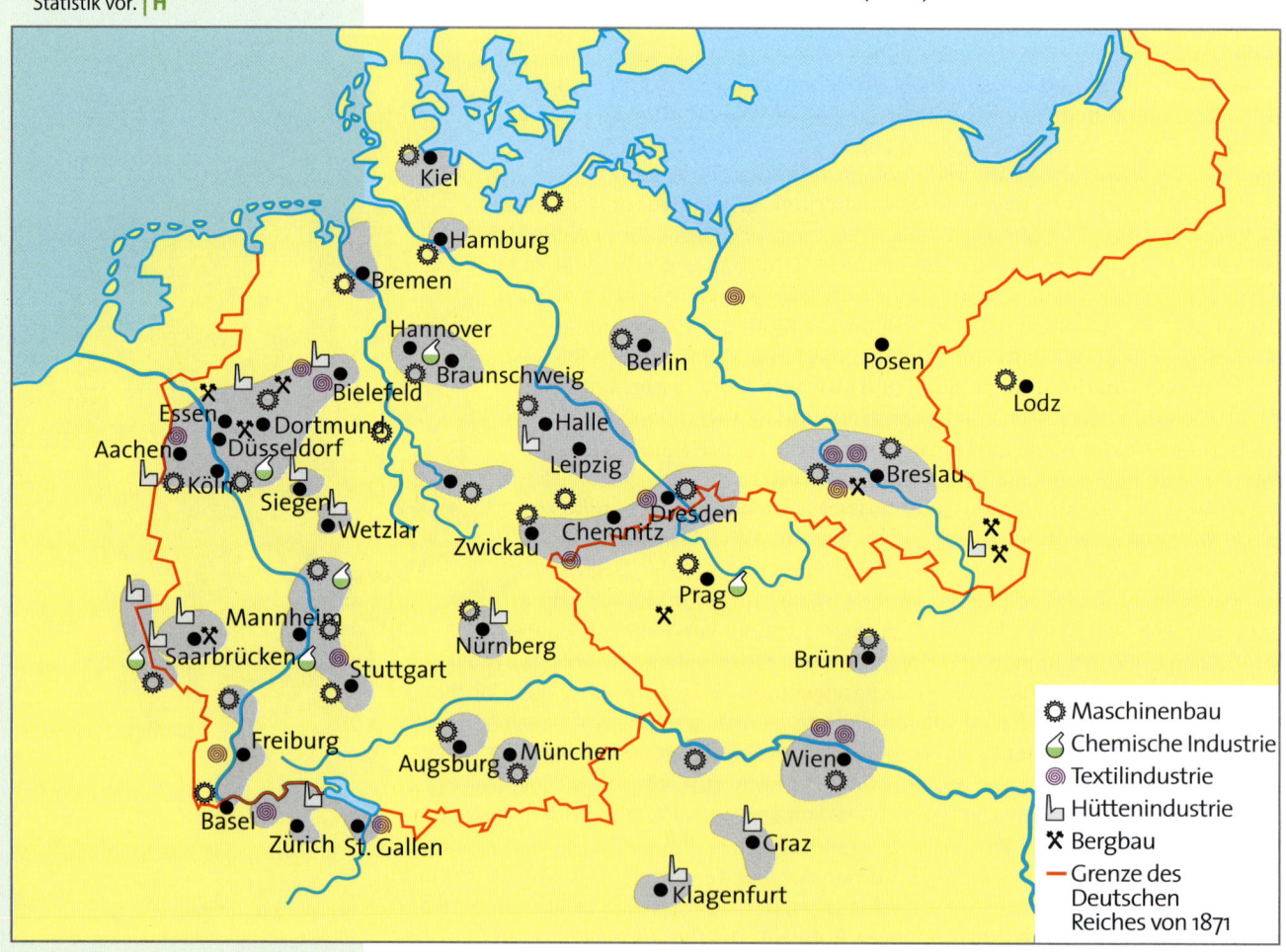

Neben der damals als „Landflucht" bezeichneten Entwicklung bedingte oder beförderte die Industrialisierung weitere Formen der *Migration*[1]. Zwischen 1860 und 1914 verließen etwa 16 Millionen Menschen die eher gering industrialisierten ostdeutschen Gebiete in Richtung Westen. In die Industrieregionen Deutschlands, Frankreichs und der Schweiz zog es auch viele Arbeitskräfte aus Süd-, Südost- und Osteuropa. Schlechte Lebensbedingungen, Arbeitslosigkeit oder der Mangel an politischer Freiheit waren überdies Anlässe zu massenhafter Auswanderung aus Europa. In der zweiten Hälfte des 19. Jahrhunderts verließen etwa 40 bis 45 Millionen Menschen den alten Kontinent. Allein aus Deutschland emigrierten zwischen 1830 und 1913 über fünf Millionen Menschen in die USA, deren schnell wachsende Industrie immer mehr Arbeitskräfte aufnehmen konnte.

In Deutschland führte die Binnenwanderung zu einem Anwachsen der Städte sowie zum Wandel bisher ländlicher Gebiete in Räume mit städtischer Struktur. Die *Urbanisierung* betraf zunächst Standorte der Textilproduktion, des Bergbaus und der Schwerindustrie. Kaum eine Region veränderte sich so schnell wie das Ruhrgebiet, in erster Linie bedingt durch den Kohlebergbau. Das vormals ländlich und kleinstädtisch geprägte Ruhrgebiet wuchs bis Ende des 19. Jahrhunderts zum größten industriellen Ballungszentrum Europas an. Auch Städte wie Berlin, Hamburg, Köln, Frankfurt am Main, Hannover und Nürnberg sowie das sächsisch-oberschlesische Industrierevier entwickelten sich zu urbanen Großräumen (→M7). Verbesserte Hygiene und medizinische Versorgung sowie der Zuzug jüngerer Menschen waren der Grund für mehr Geburten. In vielen Städten verdreifachte sich die Einwohnerzahl in wenigen Jahrzehnten. Gleichfalls nahm die Anzahl der Großstädte zu: 1871 gab es im Deutschen Reich sieben, 1918 bereits mehr als 50.

Verändertes Wohnen | Durch den enormen Andrang in die Städte wurde der Wohnraum knapp. Dies betraf zumal Arbeiterinnen und Arbeiter und ihre Familien. Zunächst hatten die Zuwandernden in den meist heruntergekommenen Vierteln der Altstädte eine Bleibe gefunden, ehe dort der Platz aufgebraucht war. Daher entstanden Siedlungen in der Nähe der Fabriken, die sich meist außerhalb der Stadtkerne befanden – weit ab von den Villenvierteln und bürgerlichen Wohngegenden. Wohnlage und stark abweichende Mietpreise sorgten für einen hohen Grad an sozialer Differenzierung.

Die Städte dehnten sich ins Umland aus. Sie verloren dabei ihre teils noch mittelalterliche Gestalt: Stadtmauern und Befestigungsanlagen wurden niedergerissen, die Stadtgräben aufgefüllt und kleinere benachbarte Orte eingemeindet. Um die neuen Fabriken und Bahnhöfe bildeten sich eigene Stadtviertel. Trotz allem blieb das Angebot an Wohnraum hinter dem ständig wachsenden Bedarf zurück. Zudem war die Qualität der Unterkünfte häufig unzureichend, in den überfüllten Altstadtwohnungen ebenso wie in den Arbeiterkolonien an den Stadträndern und in neuartigen Industriedörfern.

Viele kinderreiche Arbeiterfamilien mussten in „*Mietskasernen*" leben, Massenunterkünften, die weder Komfort boten noch privaten Rückzugsraum gewährten. Ein Großteil der Gebäude war aus Kostengründen mit minderwertigem Baumaterial angefertigt, erwies sich als schlecht beheizbar und verfügte kaum über sanitäre Versorgung. Gleichwohl lagen die Mieten hoch und fraßen einen Großteil des Einkommens auf. Der Aufenthalt in den Arbeiterquartieren wurde nicht nur durch Enge und schlechte Ausstattung belastet, sondern ebenso durch Rauch und Lärm der Industrieanlagen. Vielfach lag die Lebenserwartung deutlich niedriger als in den Wohnvierteln des Bürgertums (→M8).

„Heimweh".
Postkarte, um 1910/20.
Die fremde und anonyme großstädtische Lebens- und Arbeitswelt weckte bei vielen vom Land Zugewanderten Heimwehgefühle und führte zu einer romantischen Verklärung und Idealisierung des Landlebens.

▶ Interpretieren Sie die Postkarte.

---

[1] Zum Thema „Migration" siehe auch das Kernmodul auf den Seiten 16 bis 19.

1.6 Wahlmodul: Industrialisierung

Berliner Mietskasernen.
Foto von 1910.
Die Berliner Mietskasernen waren berüchtigt für ihre Blockbebauung, bei der meist drei oder vier Höfe aufeinanderfolgten. Hierhin fiel kaum Tageslicht, weil die Höfe nach Polizeivorschrift nur 5,30 Meter im Quadrat groß sein mussten, damit die pferdebespannten Spritzenwagen der Feuerwehr gerade noch darin wenden konnten.

▶ Partnerarbeit: „Mietskaserne" erinnert an militärische Unterkünfte. Finden Sie alternative Begriffe für die damaligen Wohnanlagen.

Proletarier (von lat. *proles*: Nachkomme): im Alten Rom Bezeichnung für die Angehörigen der Unterschicht, die nichts außer ihren eigenen Kindern besaßen

Die Stadtverwaltungen reagierten auf das verbreitete Wohnungselend lange nur zögerlich. Da die Arbeiterschaft in den politischen Gremien kaum vertreten war, konnte sie sich wenig Gehör verschaffen. Erst seit den 1890er-Jahren suchten Kommunen in Deutschland verstärkt nach Lösungen. Sie legten Bebauungspläne fest und erarbeiteten städtebauliche Konzepte, um die innerstädtische Entwicklung zu lenken und die Wohn- und Hygieneverhältnisse zu verbessern. Doch erst um die Jahrhundertwende entspannte sich die Lage.

Die Entstehung der „Sozialen Frage" | Für die Arbeiterinnen und Arbeiter in Industrie und Landwirtschaft, die für ihren Lebensunterhalt nichts als ihre Arbeitskraft besaßen, wurde zeitgenössisch der Begriff **Proletarier** üblich. Deren Lebenserwartung war wegen der schwierigen Arbeits- und Lebensbedingungen gering. Um 1914 bildeten Arbeiterinnen und Arbeiter in Deutschland bereits die größte gesellschaftliche Gruppe. Trotz ihres wachsenden Anteils an der Bevölkerung blieben sie lange ohne politische Mitbestimmung. Die prekären Lebensverhältnisse der Arbeiterschaft sowie ihre gesellschaftliche Ausgrenzung schufen eine langfristige Herausforderung, die als *Soziale Frage* bekannt wurde. Zu ihrer Lösung beschritten Unternehmer und Intellektuelle, Parteien und Gewerkschaften, Hilfsorganisationen und Kirchen sowie der Staat im 19. und frühen 20. Jahrhundert unterschiedliche Wege.

Der Streik.
Ölgemälde (181,6 x 275,6 cm) des deutsch-amerikanischen Künstlers Robert Koehler, 1886.
Das auf zahlreichen Ausstellungen präsentierte Gemälde wurde zu einem Wahrzeichen der Arbeiterbewegung in vielen Ländern, etwa in den USA, wo Anfang Mai 1886 Massenstreiks stattfanden, gegen die die Polizei teils mit brutaler Gewalt einschritt.

▶ Interpretieren Sie das Gemälde. | **H**

Angebote der Unternehmer | Nur wenige Arbeitgeber entschieden sich, die Lage ihrer Beschäftigten zu verbessern. Großunternehmer wie *Alfred Krupp* (1812–1887) oder *Friedrich Harkort* (1793–1880) gründeten in ihren Betrieben im Ruhrgebiet ab 1836 erste Betriebskrankenkassen, ließen Werkswohnungen bauen und ordneten Hygiene- und Sicherheitsvorschriften am Arbeitsplatz an. Eigene Konsumvereine boten den Beschäftigten Güter des täglichen Bedarfs zu günstigen Preisen. Diese betriebliche Vorsorge sollte die Arbeiterinnen und Arbeiter an das Unternehmen binden. Im Gegenzug wurde von den Beschäftigten erwartet, dass sie sich von Streiks, Protesten und politischen Vereinigungen fernhielten.

Umsturzvisionen | Einen wissenschaftlichen und zugleich revolutionären Ansatz entwarfen der Philosoph und Journalist Karl Marx in Zusammenarbeit mit dem Unternehmersohn Friedrich Engels. Marx und Engels beschrieben die Verhältnisse seit der Industrialisierung als *Kapitalismus*. In diesem System konzentriere sich alles Eigentum und alle wirtschaftliche Kontrolle bei den Unternehmern. Die Beschäftigten würden zwar immer mehr produzieren, aber selbst immer weniger besitzen. Damit spalte sich die Gesellschaft in eine Klasse der Eigentümer und der recht- und besitzlosen Arbeiterschaft. Der Kapitalismus untergrabe durch seine ausbeuterischen Methoden zunehmend die eigenen Grundlagen. Ab einem gewissen Punkt werde sich die Arbeiterklasse in einer Revolution gegen die Besitzenden erheben. Danach würde aller Privatbesitz in öffentliches Eigentum überführt und gemeinschaftlich verwaltet. Auf den Kapitalismus folge somit der *Sozialismus*, in dem alle Klassengegensätze nach und nach wegfielen und zuletzt auch die Existenz des Staates überflüssig werde. Der Sozialismus führe schließlich zum *Kommunismus*, einer Art Naturzustand ohne Staat, Ausbeutung und gesellschaftliche Unterschiede (→ M9).

Arbeiterbewegung und Politik | Im Lauf des 19. Jahrhunderts entstanden in den industrialisierten Ländern organisierte Arbeiterbewegungen. In den deutschen Staaten galt lange das Verbot politischer Versammlungen und Vereine, daher kam es hier erst in der Märzrevolution von 1848/49 zu namhaften Zusammenschlüssen. Eine im September 1848 aus 30 Arbeitervereinen gegründete *Allgemeine Deutsche Arbeiterverbrüderung* forderte neben besseren Arbeitsbedingungen und Versorgungsleistungen auch ein allgemeines Wahlrecht. Nach dem Scheitern der Revolution dauerte es bis zum Beginn der 1860er-Jahre, ehe deutsche Staaten wieder die Bildung von Arbeiterparteien zuließen. 1863 gründete der Journalist, Philosoph und Politiker *Ferdinand Lassalle* (1825–1864) in Leipzig den „*Allgemeinen Deutschen Arbeiterverein*" (ADAV). Im Gegensatz zu Marx hielt Lassalle es für möglich, die Soziale Frage durch Reformen zu lösen und dabei die staatliche Grundordnung und das Privateigentum beizubehalten. Gefordert wurde dafür Mitbestimmung in den Betrieben und in der Gesetzgebung.

1869 gründeten *Wilhelm Liebknecht* (1826–1900) und *August Bebel* (1840–1913) in Eisenach eine zweite Arbeiterpartei: die *Sozialdemokratische Arbeiterpartei* (SDAP). Sie orientierte sich anfangs an den Lehren von Marx und Engels. Erst 1875 gab sich die Partei in Gotha, nun unter dem Namen *Sozialistische Arbeiterpartei Deutschlands* (SAP) ein Programm, das auf eine gewaltsame Revolution verzichtete und friedliche Reformen auf dem Weg der Gesetzgebung empfahl. Dennoch sah die Reichsleitung unter Kanzler *Otto von Bismarck*[1] die Sozialdemokratie als politische Gefahr. Bismarcks umstrittenes „*Sozialistengesetz*" verhängte von 1878 bis 1890 ein Verbot über die Partei. Nach ihrer Wiederbegründung als *SPD* (1890) wurden die Sozialdemokraten im Reichstag zu einer immer stärkeren Kraft. Am Ende des Kaiserreiches stellten sie die größte Fraktion im Parlament.

Karl Marx (1818–1883): Wirtschaftswissenschaftler, Philosoph und Publizist aus Trier, Begründer der Wirtschafts- und Gesellschaftstheorie des Marxismus, brachte als politisch Verfolgter 1845 bis 1848 in Brüssel zu, ging nach der Revolution von 1848/49 ins Exil nach London

Friedrich Engels (1820–1895): Kaufmann, Philosoph und Publizist aus Barmen, enger Weggefährte und Mitarbeiter von Karl Marx

Internettipp
Zum „Sozialistengesetz" siehe auch den Code **32037-40**.

---

[1] Siehe Seite 122.

Gewerkschaften: Nach dem Vorbild der britischen *trade unions* gegründete Arbeitervereinigungen, die die Interessen der Beschäftigten gegenüber Arbeitgebern und Regierung vertreten

Enzyklika (von altgriech. *kyklos*: Ring, Kreis): Rundschreiben des Papstes an die katholischen Gemeinden in aller Welt, mit Lehrinhalten zu Fragen des Glaubens, der Lebensführung oder über gesellschaftliche Themen

Otto von Bismarck (1815–1898): Ministerpräsident Preußens von 1862 bis Januar 1873 und November 1873 bis 1890, von 1867 bis 1871 Kanzler des Norddeutschen Bundes, danach bis 1890 Deutscher Reichskanzler

Sozialstaat: Gesamtheit von Gesetzen, öffentlichen Einrichtungen und Angeboten zur Unterstützung für sozial Schwache

In enger Zusammenarbeit mit der politischen Arbeiterbewegung wirkten manche **Gewerkschaften**. Auch sie traten erst seit den 1860er-Jahren nennenswert in Erscheinung. Als Arbeitnehmervertreter versuchten sie Reformen in den Betrieben sowie bessere Löhne und Arbeitsschutz durchzusetzen. Ein wichtiges Druckmittel war der Arbeitskampf, die Ankündigung oder Durchführung von Streiks. Vor allem die sozialdemokratisch orientierten *Freien Gewerkschaften* hatten großen Zulauf unter den Beschäftigten. Weit weniger Einfluss besaßen die bürgerlich geprägten Arbeitnehmerverbände sowie christliche Gewerkschaften.

Initiativen von kirchlicher Seite | In der Sozialen Frage fehlte es lange an einem wahrnehmbaren Engagement der Amtskirchen. Ausschlaggebend waren u. a. weltanschauliche Gegensätze zur Sozialdemokratie und zu den Anhängern des Kommunismus. Hinzu kam ein generelles Misstrauen vor der Industrialisierung und den von ihr verursachten sozialen Umbrüchen. Daher blieb es vorerst bei den Initiativen Einzelner. Der evangelische Pastor *Johann Hinrich Wichern* (1808–1881) gründete 1833 in Hamburg das „*Rauhe Haus*", das sich um alleinstehende Jugendliche und ihre Ausbildung bemühte. Wichern regte auch die „*Innere Mission*" an, die für die Sozialarbeit in den evangelischen Kirchen richtungweisend wurde.

Auf katholischer Seite traten besonders der Kölner Domvikar *Adolph Kolping* (1813–1865) und der Mainzer Erzbischof *Wilhelm von Ketteler* (1811–1877) hervor, um die Lage der Handwerker und der Arbeiterschaft zu verbessern. Die von Kolping angestoßenen katholischen Gesellenvereine unterstützten seit 1846 vor allem junge Handwerksgesellen bei der Suche nach geistiger Betreuung. Daraus ging das *Kolpingwerk* hervor, ein Netzwerk an Fürsorge- und Bildungseinrichtungen (→ M10). Erst Ende des 19. Jahrhunderts bezog auch das Papsttum zu sozialen Problemen Stellung und forderte etwa in der **Enzyklika** „Rerum Novarum" („Die neuen Dinge") von 1891 Arbeitsschutz und gerechten Lohn.

Staatliches Vorgehen | Von staatlicher Seite herrschte lange Zurückhaltung, der Sozialen Frage zu begegnen. Die Arbeiterbewegung und viele ihrer Forderungen galten in den bürgerlichen und adligen Kreisen Deutschlands als Gefahr für die bestehende gesellschaftliche Ordnung. Nach der Gründung des Deutschen Reiches 1871 ging Reichskanzler **Otto von Bismarck** daran, Sozialdemokratie und Arbeiterbewegung zu schwächen. Durch das „Sozialistengesetz" von 1878 sollten die Arbeiterparteien politisch ausgeschaltet werden.

Gleichzeitig nahm Bismarck sozialpolitische Forderungen der Arbeiterbewegung auf und versuchte, durch eine fortschrittliche *Sozialgesetzgebung* die Arbeiterschaft mit dem Staat zu versöhnen. Hierzu wurde 1883 reichsweit eine gesetzliche Krankenversicherung für Arbeiterinnen und Arbeiter sowie einen Teil der Angestellten eingeführt (→ M11). 1884 folgte eine Unfallversicherung für Beschäftigte, die von den Arbeitgebern zu tragen war. Zuletzt entstand 1889 eine staatliche Rentenversicherung. Ehemalige Beschäftigte mit niedrigem Einkommen hatten ab dem 70. Lebensjahr Anspruch auf eine Rente, ebenso Invaliden nach mehr als einem Jahr Arbeitsunfähigkeit.

Mithilfe dieser Gesetze verbesserte sich die soziale Sicherheit der Beschäftigten spürbar. Alter und Krankheit waren nun nicht mehr gleichbedeutend mit dem Verlust jeglichen Einkommens. Hingegen erreichten weder das Verbot der Sozialdemokratie bis 1890 noch die Sozialgesetze das von Bismarck angestrebte Ziel, den Arbeiterparteien und Gewerkschaften die Anhängerschaft zu entziehen.

Wachsende staatliche Verantwortung | Einmal eingeführt, waren soziale Sicherungssysteme nicht mehr aus der Industriegesellschaft wegzudenken. Der Auf- und Ausbau eines **Sozialstaates** wurde zu einem Hauptanliegen von Regierung und Parlament, im Deutschen Reich wie in anderen Industrieländern. In den 1920er-Jahren wurde eine *Arbeitslosenversicherung* eingeführt, nach dem Zweiten Weltkrieg traten weitere Sozialleistungen hinzu.

Zu Beginn der Industrialisierung hatte der Staat in den Augen der Unternehmer noch als Hindernis für die wirtschaftliche Entwicklung gegolten. Gegen Ende des 19. Jahrhunderts wurde der Ruf nach einer staatlich gelenkten Wirtschaftspolitik immer lauter. Das betraf etwa die Errichtung von Außenzöllen zum Schutz heimischer Wirtschaftszweige (*Protektionismus*) oder umgekehrt den Abschluss internationaler Handelsverträge zur Öffnung von Märkten (*Freihandel*). Staatliche Kredite oder Großaufträge an Industriebetriebe sollten über Krisen des Wirtschaftswachstums hinweghelfen. Viele Unternehmer gründeten seit dem späten 19. Jahrhundert nationale Interessenverbände, um organisierten Einfluss auf Gesetzgebung, Lohnentwicklung, Handels- und Außenpolitik des eigenen Landes auszuüben. Bis heute spielen Arbeitgeber- und Arbeitnehmerverbände eine wichtige Rolle in der öffentlichen Meinung, bei Wahlkämpfen und politischen Entscheidungen.

Internationale und globale Gegensätze | Seit den 1880er-Jahren gingen europäische Staaten, die USA und Japan dazu über, mit einer Politik des *Imperialismus* Kontrolle über Länder in Afrika, Asien oder Lateinamerika zu erlangen, um sie als Rohstofflieferanten, Handelsstützpunkte und Absatzmärkte zu nutzen. Die Mehrzahl der Industrienationen verfügte am Vorabend des Ersten Weltkrieges über Kolonien, deren Bevölkerung, Landschaft und Bodenschätze oft rücksichtslos ausgebeutet wurden. Erst nach dem Zweiten Weltkrieg lösten sich die noch vorhandenen Kolonialreiche in Asien, Lateinamerika und Afrika auf. Die damals neu entstehenden Staaten oder auch das kommunistisch regierte China waren noch überwiegend vorindustriell geprägt. Als *Entwicklungs- und Schwellenländer* auf dem Weg zu modernen Industrienationen durchliefen sie – teils bis in die Gegenwart – vergleichbare Schwierigkeiten wie die europäischen Länder im 19. Jahrhundert (starkes Bevölkerungswachstum, unkontrollierte Zunahme städtischer Ballungsräume, verschärfte soziale Gegensätze). Der *Nord-Süd-Konflikt*, das Gefälle zwischen Ländern hoher und geringer wirtschaftlicher Entwicklung, hängt eng mit der Industrialisierung der verschiedenen Teile der Welt zusammen.

Schon seit Ende des Ersten Weltkrieges ergab sich aus den Folgen der Industrialisierung ein anderer globaler Gegensatz. Während viele Industrieländer auf das System eines politischen und wirtschaftlichen Liberalismus setzten, schlug die nach 1917 entstandene Sowjetunion den Weg eines revolutionären Sozialismus ein. Dieser *Ost-West-Konflikt* kam jedoch erst am Ende des Zweiten Weltkrieges voll zur Geltung, als die USA wie die Sowjetunion ihren jeweiligen Machtbereich erheblich ausdehnten. Die industrialisierte Welt teilte sich bald darauf in gegnerische Blöcke mit unterschiedlicher Wirtschaftsform und Weltanschauung. Erst der Zusammenbruch der kommunistischen Regime in Osteuropa 1989/91 hob den Konflikt auf.

Internationale und globale Zusammenarbeit | Damit wurde auch der Weg frei für einen europäischen Binnenmarkt als Bestandteil der Europäischen Union. Der 1993 geschaffene *EU-Binnenmarkt* ist die Fortsetzung der schrittweisen wirtschaftlichen Integration europäischer Industrieländer, ein Prozess, der in den 1950er-Jahren begann und zunächst nur auf den Westen Europas begrenzt blieb (→M12).

Wie in Europa beförderten Industrialisierung, wirtschaftliches Wachstum und technischer Fortschritt auch weltweit grenzüberschreitende Verknüpfungen. Die **Globalisierung** ist seit den 1990er-Jahren immer deutlicher wahrnehmbar, vor allem als Bewusstsein zunehmender Abhängigkeit zwischen den Erdteilen – in Hinsicht auf die Beachtung der Menschenrechte, den Bedarf an Ressourcen, Nahrung, Energie und Kapital, den Austausch von Wissen sowie den Schutz der Umwelt und der weltweiten Lebensgrundlagen.

Internettipp
Zum Nord-Süd-Konflikt siehe den gleichnamigen Artikel im „Staatslexikon" unter dem Code **32037-41**.

Globalisierung: Prozess einer fortschreitenden Annäherung und Verflechtung zwischen den verschiedenen Weltregionen durch Handel, Kapitalverkehr und sonstige Wirtschaftsbeziehungen, Migration und Tourismus, Medien und Kommunikation oder zwischenstaatliche Vereinbarungen

M1 Aufschwung und Technologie

Der Historiker Toni Pierenkemper (1944–2019) verweist auf grundsätzliche Neuerungen, die in der Industrialisierung zum Durchbruch gekommen sind:

Dies erscheint als das historisch Einmalige des europäischen Industrialisierungsprozesses. Die betroffenen Nationen erzielten ein langfristiges und stetiges Wirtschaftswachstum. Immerhin erlebte Großbritannien seit den 1760er-Jahren, d.h. seit mehr als zweihundert Jahren, eine durchschnittliche jährliche Steigerung des Pro-Kopf-Sozialprodukts[1] von 1,2 Prozent, und Deutschland und Frankreich folgten mit ähnlichen Raten, nämlich mit 1,7 Prozent seit den 1830er- (Frankreich) bzw. seit den 1850er-Jahren (Deutschland). [...]

Nun hat es allerdings auch zu vorindustriellen Zeiten bemerkenswerte ökonomische Aufschwungphasen gegeben. Diese vollzogen sich jedoch immer in kleinräumig organisierten traditionellen Gesellschaften, in denen Ernteschwankungen, Krankheiten und Seuchen sowie Kriege und Eroberungen diesen gelegentlichen Aufschwüngen bald ein Ende setzten. Die traditionellen Gesellschaften stießen bei ihren Versuchen, zu einer langfristigen ökonomischen Expansion zu kommen, immer wieder an quasi natürliche Grenzen. Vielversprechenden Aufschwüngen folgten bald enttäuschende Abschwünge. Entscheidend für die Befangenheit in dem durch die Natur gesetzten Rahmen waren vor allem technische Gründe. Innovationen erfolgten nur vereinzelt und bauten nicht aufeinander auf. Der Mensch hatte die „Methode der Erfindung" noch nicht erfunden. Dies gelang erst in der Industriellen Revolution. Hier erfolgte erstmals, und von nun an andauernd, die systematische Anwendung von Wissenschaft und Technologie auf die Produktion von Gütern und Dienstleistungen. Hinzu traten in den traditionellen Gesellschaften kulturelle Faktoren und soziale Werte, die einer beschleunigten ökonomischen Expansion entgegenstanden. Sie blieben in einem Teufelskreis der Armut befangen, die eine Expansion der Produktion nur bei steigenden Inputs[2] und sinkenden Erträgen ermöglichte. Realisierte Zuwächse wurden bald wieder durch eine wachsende Bevölkerung aufgezehrt. Diese latente[3] Armut der vorindustriellen Welt konnte erst durch die Industrialisierung überwunden werden.

Toni Pierenkemper, Umstrittene Revolutionen. Industrialisierung im 19. Jahrhundert, Frankfurt am Main 1996, S. 26f.

---

[1] **Sozialprodukt**: Gesamtwert der in einem bestimmten Zeitraum von einer Volkswirtschaft hergestellten Güter, Gradmesser für die wirtschaftliche Leistungsfähigkeit eines Landes
[2] **Input** (engl.: Eingabe): (hier) Zufuhr (bspw. an Rohstoffen) oder Einsatz (von Personal, Energie usw.) für einen wirtschaftlichen Herstellungsprozess
[3] **latent** (von lat. *latere*: verborgen sein): unterschwellig, nicht offen zutage tretend

---

1. Erstellen Sie anhand des Textes eine Übersicht, die die Gegebenheiten in vorindustriellen Gesellschaften mit den Bedingungen seit der Industrialisierung vergleicht.
2. Erklären Sie, was mit der „Methode der Erfindung" (Zeile 25) gemeint ist.
3. Arbeiten Sie heraus, welche grundsätzlichen Hindernisse vor der Industrialisierung einem dauerhaften Wirtschaftswachstum entgegenstanden.

M2 Das Reich der Baumwolle

*Der Historiker Sven Beckert (*1965) urteilt kritisch über die Entwicklung der Marktwirtschaft im Weltmaßstab:*

Wir glauben für gewöhnlich, dass der Kapitalismus[4] – zumindest in seiner globalisierten[5], von der Massenproduktion geprägten Form – um 1780 mit der Industriellen Revolution aufkam. Aber er existierte lange vor den Maschinen und den Fabriken. Der Kriegskapitalismus gedieh nicht in den Fabriken, sondern auf Feldern; er war nicht mechanisiert, sondern flächen- und arbeitsintensiv, da er auf der gewaltsamen Enteignung von Land und Arbeitern in Afrika, Asien und den Amerikas beruhte. Diese Enteignungen brachten großen Wohlstand und neue Erkenntnisse mit sich, was wiederum den Reichtum, die Institutionen und Staaten Europas stärkte – alles zentrale Voraussetzungen für Europas herausragende wirtschaftliche Entwicklung im 19. Jahrhundert. [...]

Wenn wir an Kapitalismus denken, dann denken wir an Lohnarbeiter – aber diese erste Phase des Kapitalismus basierte im Wesentlichen nicht auf freier Arbeit, sondern auf der Sklaverei. Wenn wir an Kapitalismus denken, dann denken wir an Verträge und Märkte, aber die erste Phase des Kapitalismus gründete sich häufig auf den Einsatz von Gewalt und körperlichem Zwang. Wenn wir an Kapitalismus denken, dann denken wir an einen Rechtsstaat und einflussreiche Institutionen, die durch diesen gestützt werden, aber diese erste Phase des Kapitalismus, wenngleich zur Errichtung weltumspannender Imperien auf staatliche Unterstützung angewiesen, basierte häufig auf Enteignung und dem skrupellosen und ungebremsten Vorgehen privater Individuen – etwa von Plantagenbesitzern, die über Sklaven herrschten, oder von Kapitalbesitzern in der nordamerikanischen Peripherie[6], die sich die Ureinwohner unterwarfen. Dies alles führte dazu, dass die Europäer in der Lage waren, die jahrhundertealten Welten der Baumwolle

---

[4] **Kapitalismus**: Siehe dazu die Definition auf Seite 113.
[5] **globalisiert**: weltweit wirtschaftlich verflochten
[6] **nordamerikanische Peripherie**: Umschreibung für die Länder Nordamerikas, von Europa als Zentrum aus betrachtet

zu dominieren, sie zu einem einzigen Imperium mit dem Zentrum Manchester[1] zu verschmelzen und schließlich auch die globale Ökonomie aufzubauen, die uns heute selbstverständlich erscheint. Mit anderen Worten: Der Kriegskapitalismus brachte den Industriekapitalismus hervor. […]
Baumwolle begann den globalen Handel zu dominieren. Baumwollfabriken übertrumpften jede andere Industrie in Europa oder Nordamerika. Der Baumwollanbau beherrschte die Wirtschaft der Vereinigten Staaten während eines Großteils des 19. Jahrhunderts. Zahlreiche neue industrielle Herstellungsmethoden kamen zuerst im Bereich der Baumwollfabrikation auf. Die Fabrik selbst war eine Erfindung der Baumwollindustrie, ebenso wie die Verknüpfung der Sklavenplantagen in Nord- und Südamerika mit der Verarbeitung in Europa. Da die Baumwollindustrie für viele Jahrzehnte Europas wichtigster Industriezweig war, wurde sie zur Quelle für riesige Gewinne, die wiederum zum Aufbau anderer Segmente der europäischen Wirtschaft beitrugen. Die Baumwolle war auch die Wiege der Industrialisierung in praktisch jedem anderen Teil der Erde – den Vereinigten Staaten und Ägypten, Mexiko und Brasilien, Japan und China. Zugleich führte Europas beherrschende Stellung in der weltweiten Baumwollindustrie zu einer Welle der Zerstörung handwerklichen Spinnens und Webens fast überall sonst auf der Welt, was eine neue und sehr einseitige Form der Integration der Weltwirtschaft ermöglichte.

Sven Beckert, King Cotton. Eine Geschichte des globalen Kapitalismus, München 2014, S. 12–15 (übersetzt von Annabel Zettel; Auszüge)

1. Erläutern Sie die Rolle Europas und der übrigen Weltteile in Hinblick auf die Produktion, Verarbeitung und Vermarktung von Baumwolle.
2. Präsentation: Recherchieren Sie im Internet, wie und in welchen Regionen Baumwolle gewonnen wird. Stellen Sie Ihre Ergebnisse in einem Referat vor.
3. Untersuchen Sie die Bedeutung anderer wichtiger Rohstoffe für Wirtschaft und Politik in aller Welt.
4. Gruppenarbeit: „Die Industrialisierung: Wohlstand für Europa auf Kosten der übrigen Welt?" Diskutieren Sie in der Klasse über diese Streitfrage. | F

M3 Industrialisierung in Zahlen

a) Anteil bestimmter Regionen an der Weltindustrieproduktion[2], 1750–1900 (in Prozent):

	Europa	USA, Kanada, Japan	China, Indien, Brasilien, Mexiko
1750	23,2	3,9	73,0
1800	28,1	4,2	67,7
1830	34,2	5,3	60,5
1860	53,2	10,2	36,6
1880	61,3	17,8	20,9
1900	62,0	26,9	11,0

Aus: Handbuch der europäischen Wirtschafts- und Sozialgeschichte, hrsg. von Wolfram Fischer, Jan A. van Houtte, Hermann Kellenbenz, Ilja Mieck und Friedrich Vittinghoff, Bd. 4, Stuttgart 1993, S. 151

b) Roheisenproduktion je Einwohner in einzelnen Ländern, 1800–1910:

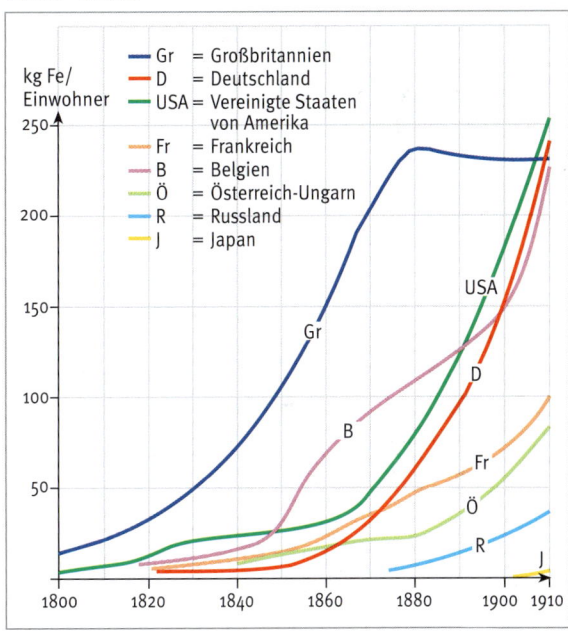

Nach: Friedrich-Wilhelm Henning, Die Industrialisierung in Deutschland 1800 bis 1914, Paderborn/München/Wien/Zürich [9]1995, S. 153

---

[1] Manchester: Die Stadt im Nordwesten Englands war Dreh- und Angelpunkt der britischen Textilindustrie.

[2] Gesamtheit der Güterproduktion durch Industrie und Handwerk, ausgenommen die Erzeugnisse von Landwirtschaft, Bergbau, Baugewerbe sowie Versorgungsleistungen

c) *Produktion von Roheisen und Stahl in Deutschland 1800–1870 (in tausend Tonnen):*

	Deutscher Bund[1]		Preußen	
	Roheisen	Stahl	Roheisen	Stahl
um 1800	80,8	60,0	30,0	21,4
1830	–	–	59,3	41,6
1840	190,7	122,0	111,6	92,1
1850	214,6	196,9	135,0	149,3
1860	530,3	426,3	394,7	352,5
1870	1390,5	1044,7	1155,5	916,7

Nach: Wolfram Fischer, Jochen Krengel und Jutta Wietog, Sozialgeschichtliches Arbeitsbuch, Bd. I: Materialien zur Statistik des Deutschen Bundes 1815–1870, München 1982, S. 68–71

1. Fassen Sie die zentralen Aussagen der drei Statistiken zusammen. | H
2. Arbeiten Sie anhand von a) und b) jeweils „Vorreiter" und „Nachzügler" der gewerblichen Produktion bzw. der Industrialisierung heraus. | F
3. Erläutern Sie unter Verweis auf c) die Rolle Preußens für die Industrialisierung in Deutschland.

M4 Jugendarbeit

Die preußische Regierung erlässt im März 1839 erstmals ein „Regulativ über die Beschäftigung jugendlicher Arbeiter in Fabriken". Die Bestimmungen werden in einem Lexikonartikel über „Fabrikwesen" von 1861 wie folgt zusammengefasst:

Unterm 9. März 1839 erging ein „Regulativ über die Beschäftigung jugendlicher Arbeiter in Fabriken", welches aber durch ein Gesetz vom 16. Mai 1853 mehrfach abgeändert wurde. Danach ist es untersagt, Kinder vor zurückgelegtem zwölften Lebensjahr in Fabriken, Berg-, Hütten- und Pochwerken[2] regelmäßig zu beschäftigen (das Regulativ hatte das neunte Jahr bestimmt). Bis zum vierzehnten Altersjahre ist die Arbeitszeit auf sechs Stunden (nach dem Regulativ 10 Stunden) beschränkt, und sie darf auch vom vierzehnten bis nach beendigtem sechzehnten Lebensjahre nicht über 10 Stunden ausgedehnt werden. Für die noch nicht Vierzehnjährigen ist ein dreistündiger Schulunterricht vorgeschrieben.

In außerordentlichen Fällen darf die Ortspolizei eine Verlängerung der Arbeitszeit bis zu einer Stunde täglich, jedoch höchstens auf vier Wochen bewilligen.
Die Beschäftigung jugendlicher Arbeiter vor 5½ Uhr morgens und nach 8½ Uhr abends sowie an Sonn- und Feiertagen ist gänzlich untersagt. Zwischen den Arbeitsstunden ist freie Zeit zu lassen, und zwar vor- und nachmittags je eine halbe Stunde, mittags eine ganze Stunde, wobei jedesmal Bewegung in freier Luft gestattet sein muß.
Für den Religionsunterricht muß die nöthige Zeit gelassen werden. Die Fabrikeigenthümer haben über die von ihnen beschäftigten jungen Leute genaue Register zu führen und der Polizei mitzutheilen. […]
Die Ministerien bestimmen die Art der örtlichen Aufsicht. Strafen: 1–5 Th[a]l[e]r für jedes vorschriftswidrig beschäftigte Kind; das zweite mal 5–50 Th[a]l[e]r. Nach drei verschiedenen Übertretungsfällen innerhalb fünf Jahren kann der Richter beim vierten Falle die Beschäftigung von Kindern unter 16 Jahren auf bestimmte Zeit oder für immer untersagen. Sind in fünf Jahren sechs Übertretungsfälle bestraft worden, so muß diese Untersagung wenigstens auf drei Monate ausgesprochen werden.

Georg Friedrich Kolb, Fabrikwesen, in: Das Staats-Lexikon. Encyklopädie der sämmtlichen Staatswissenschaften für alle Stände, hrsg. von Karl von Rotteck und Karl Welcker, Bd. 5, Leipzig ³1861, S. 216–245, hier S. 243

1. Erläutern Sie, worauf die hier beschriebenen Bestimmungen besonderen Wert legen. | F
2. Arbeiten Sie heraus, welche mutmaßlichen Zustände in den Fabriken vor Erlass des Regulativs herrschten.
3. Beurteilen Sie, welche Gefahren für jugendliche Beschäftigte in den Bestimmungen nicht oder nicht ausreichend berücksichtigt sind.
4. Präsentation: Entwerfen Sie ein Poster, das die genannten Anordnungen grafisch und einfach nachvollziehbar darstellt.
5. Präsentation: Recherchieren Sie über Länder, in denen Kinder- und Jugendarbeit heute noch existiert. Stellen Sie ein Beispiel in einem Referat vor. Gehen Sie dabei auch auf die Wirtschaftslage des Landes und die Problematik der Beschäftigung Minderjähriger ein.

M5 Vorrang für den Fortschritt

Konrad Wilhelm Jurisch (1846–1917), Chemiker an der Technischen Hochschule Berlin, verfasst 1890 ein Gutachten über die Gewässerverschmutzung durch die chemische Industrie. Was die Nachteile für die Fischerei betrifft, lautet sein Befund:

Es hat sich herausgestellt, daß für ganz Deutschland der wirthschaftliche Werth der Industrien, welche Abwässer liefern, ca. 1000 mal größer ist, als der Werth der Binnenfischerei in Seen und Flüssen […]. Nun ist hierbei noch zu

---

[1] Angaben für 1870: ohne Österreich, Böhmen und Luxemburg
[2] **Hüttenwerk**: Industriebetrieb zur Herstellung von Metallen, Schwefel oder Glas aus Rohstoffen (Verhüttung); **Pochwerk**: Anlage, meist innerhalb eines Hüttenbetriebs, zur Zerkleinerung von Rohstoffen für die weitere Verarbeitung

bedenken, daß die Flußfischerei sich über das ganze Deutsche Reich ziemlich gleichmäßig verteilt, während die Industrien sich auf einzelne Gegenden concentriren. […] Haben sich an einem kleinen Fluß wie z.B. Wupper oder Emscher, Bode und anderen, so viele Fabriken angesiedelt, daß die Fischzucht in denselben gestört wird, so muß man dieselbe preisgeben. Die Flüsse dienen dann als die wohlthätigen, natürlichen Ableiter der Industriewässer nach dem Meere. […] Die Fischerei hat auf ein Flußgebiet, an dem gewerbliche und industrielle Anlagen errichtet worden sind, oder werden, keinen Anspruch auf alleinige Berechtigung; und wenn die besten Einrichtungen für Reinigung und Abwässer getroffen, und diese vom Staat durch seine technischen Beamten gutgeheißen worden sind, so hat die Fischerei kein weiteres Vorrecht zu beanspruchen. […] Dieser Grundsatz entspricht nicht nur den Anforderungen des Nationalwohlstandes, sondern auch den wirthschaftlichen Interessen der örtlichen Bevölkerung. Denn wo ein Landstrich vor dem Entstehen der Industrie nur eine spärliche und ärmliche Bevölkerung trug, welche zwar ungehinderten und reichlichen Fischfang trieb, aber nur geringen Absatz und geringen Verdienst fand, und an die Scholle gebunden[1], an den Fortschritten der Civilisation nur geringen Anteil nehmen konnte; – da verdichtet sich die Bevölkerung durch das Aufblühen der Industrie, Arbeiterschaaren strömen herbei; Verkehrswege werden geschaffen; ein fortwährendes Kommen und Gehen Fremder bringt die ortsansässige Bevölkerung in lebendige Berührung mit dem kräftig pulsierenden Leben der Nation; neuer Absatz, vermehrter Verdienst öffnen sich; Bildungsanstalten entstehen und gestatten der Bevölkerung, sich auf eine höhere Stufe der Kultur zu heben. Es liegt daher im wohlverstandenen Interesse eines jeden armen Landstriches, das Aufblühen der Industrie zu fördern, selbst auf Kosten der Fischerei.

Konrad Wilhelm Jurisch, Die Verunreinigung der Gewässer. Eine Denkschrift im Auftrag der Flusscommission des Vereins zur Wahrung der Interessen der chemischen Industrie Deutschlands, Berlin 1890, S. 103

1. Fassen Sie die Argumentation des Gutachtens in eigenen Worten zusammen. | H
2. Vergleichen Sie die Gegenüberstellung von vorindustrieller und Industriegesellschaft mit den Ausführungen in M1.
3. Setzen Sie sich mit der abschließenden Behauptung des Textes (Zeile 36–38) auseinander.
4. Präsentation: Recherchieren Sie im Internet über Fälle, in denen Unternehmen der chemischen oder Pharmaindustrie in Geschichte oder Gegenwart für Umweltschäden haftbar gemacht wurden. Stellen Sie ein Beispiel in der Klasse vor.

M6 Urbanisierung

Verteilung von Stadt- und Landbevölkerung im Deutschen Reich, 1871–1910:

	Prozentualer Anteil an der Gesamtbevölkerung in Gemeinden mit				
	weniger als 2 000 Einwohnern	2 000 bis 5 000 Einwohnern	5 000 bis 20 000 Einwohnern	20 000 bis 100 000 Einwohnern	über 100 000 Einwohnern
1871	63,9	12,4	11,2	7,7	4,8
1880	58,6	12,7	12,6	8,9	7,2
1890	53,0	12,0	13,1	9,8	12,1
1900	45,6	12,1	13,5	12,6	16,2
1905	42,6	11,8	13,7	12,9	19,0
1910	40,0	11,2	14,1	13,4	21,3

Nach: Gerd Hohorst, Jürgen Kocka und Gerhard A. Ritter, Sozialgeschichtliches Arbeitsbuch, Bd. II: Materialien zur Statistik des Kaiserreichs 1870–1914, München 1975, S. 52

1. Präsentation: Setzen Sie die Statistik in eine geeignete Diagrammform um, die das Verhältnis von Stadt- und Landbevölkerung anzeigt.
2. Erläutern Sie die hier gezeigte Entwicklung.
3. Die Industrialisierung – ein Abschied von der ländlichen Welt? Setzen Sie sich mit dieser Frage auseinander.

---

[1] **an die Scholle gebunden**: veraltete Bezeichnung für die Bindung der bäuerlichen Bevölkerung an ihr eigenes oder von einem Grundherrn gepachtetes Land

M7 Vom Dorf zur Stadt

Linden im Westen von Hannover ist zu Beginn des 19. Jahrhunderts eine Dorfgemeinde mit etwas mehr als tausend Einwohnerinnen und Einwohnern. Seit Mitte der 1830er-Jahre entsteht hier ein Standort der Textilindustrie, des Lokomotiv- und Maschinenbaus. Der enorme Zuzug von Beschäftigten sorgt für Wohnungsnot, seit 1845 werden erste Arbeitersiedlungen in Linden errichtet. 1865 versucht die Gemeinde den Anschluss an die Stadt Hannover, wird jedoch abgewiesen, ebenso 1885, als sich der Ort noch weiter vergrößert hat. Über die damalige Situation heißt es in einer lokalgeschichtlichen Darstellung:

Wollte man für das 25 000 Einwohner zählende Linden in dieser Entwicklungsphase eine treffende Bezeichnung finden, so stößt man auf Schwierigkeiten. In rechtlichem Sinne war Linden noch ein Dorf, und darauf bezugnehmend nannte man Linden zu dieser Zeit scherzhafterweise „das größte Dorf Preußens". Man wusste natürlich sehr wohl, dass dieses Gebilde im Westen Hannovers seinen dörflichen Zustand längst verlassen hatte. Linden war einem allgemein im 19. Jahrhundert sich entwickelnden Siedlungstyp zuzuordnen, der gekennzeichnet war durch ursprünglich dörfliche Strukturen, die durch Arbeiterwohnungen und Industrie überwuchert wurden. Häufiger entstand dieser Siedlungstyp im Einzugsbereich großer Städte oder an Standorten intensiver industrieller Produktion, wie im Ruhrgebiet, in Sachsen, im Saarland und in Oberschlesien. In der Statistik wurden diese Orte, solange sie weder von benachbarten Großstädten eingemeindet worden waren oder selbst Stadtrechte verliehen bekamen, als industrialisierte Landgemeinden geführt. In Preußen konzentrierten sich diese Gemeinden im Ruhrgebiet und auch rund um Berlin. Linden war in Preußen eine der größten dieser Landgemeinden. Nur drei andere Orte (Rixdorf bei Berlin, Altendorf und Borbeck bei Essen) erreichten um 1885 ebenfalls mehr als 20 000 Einwohner. Gemessen an der Einwohnerzahl hatten diese Orte längst den Schritt zur Stadt vollzogen. Doch infrastrukturelle Versorgung und kommunale Verwaltung waren vom städtischen Status noch weit entfernt. Auch das im Wesentlichen durch zerstreut liegende Häusergruppen geprägte Ortsbild ähnelte in der Regel wenig dem herkömmlichen Bild einer Stadt. Nur noch bedingt ließen sich diese typischen Agglomerationen[1] des 19. Jahrhunderts in jenen Formen regieren und verwalten, die eigentlich für ländliche Gemeinden vorgesehen waren.

In Linden waren die Verhältnisse des Ortes schon längst nicht mehr mit den Mitteln der alten Dorfverfassung zu re-

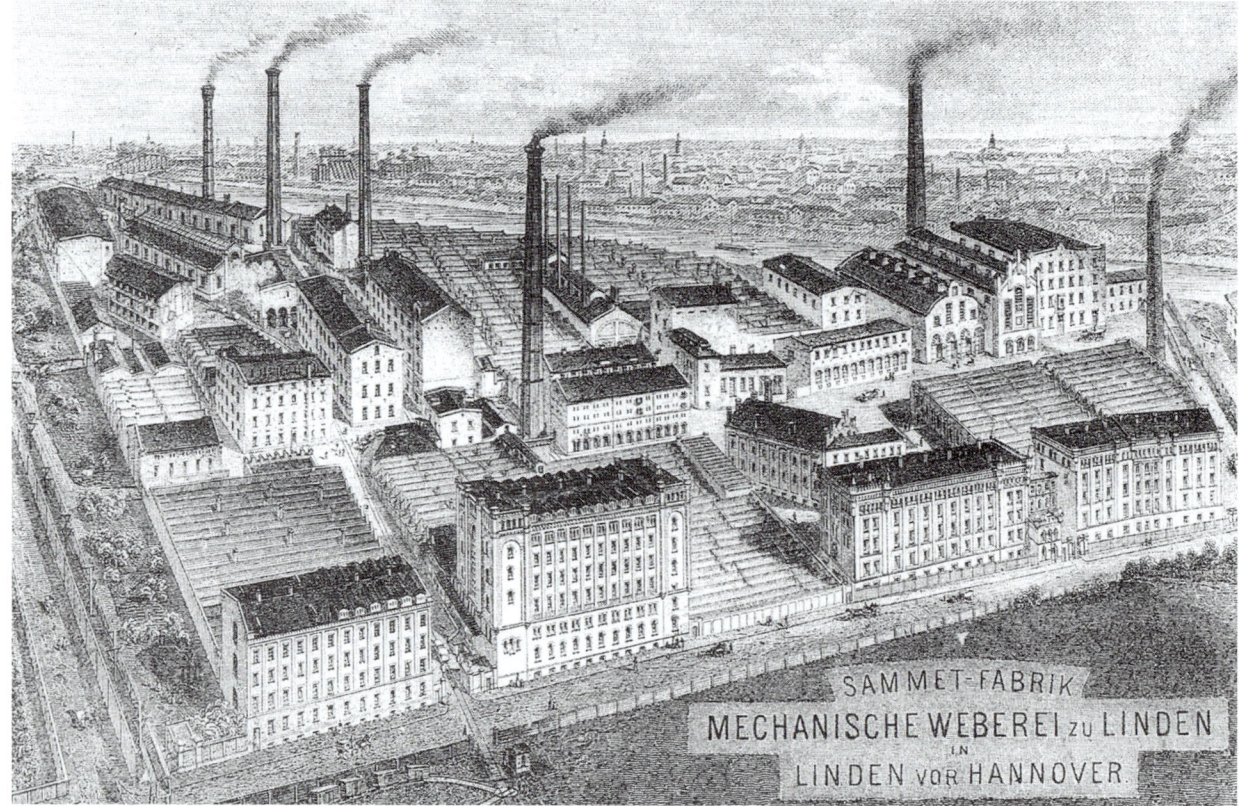

Ansicht der Mechanischen Weberei in Linden.
Stahlstich, um 1890.
Im Hintergrund die Ihme, dahinter die Stadt Hannover. Erst 1920 wurde die Stadt Linden in Hannover eingemeindet.

[1] **Agglomeration:** Anhäufung, Ballungsgebiet

geln gewesen. [...] Zur Bewältigung der kommunalen Aufgaben waren höhere Steuereinnahmen und eine tatkräftigere Verwaltungsorganisation notwendig. Der Übergang Lindens zur städtischen Verfassung war unumgänglich geworden. [...] Die Frage nach einer neuen Ortsverfassung war noch drängender geworden, seitdem bekannt geworden war, dass Linden nach der jetzt fälligen Kreisreform dem neugebildeten Kreis Hannover zugeordnet worden wäre. Diese Verwaltungsreform hätte dem Ort zusätzliche Lasten, aber keine Vorteile gebracht. Als selbstständige Stadt wollte Linden vielmehr Mittelpunkt eines eigenständigen Landkreises werden. [...] Schließlich gelang es der Lindener Gemeindeverwaltung, sich durchzusetzen. Als Übergangslösung erhielt die Gemeinde Linden das Recht, einen juristisch ausgebildeten Bürgermeister einzustellen. Und später zum 1. April 1885 sollten endgültig die Stadtrechte verliehen werden. [...]
Die finanzielle Situation Lindens besserte sich erheblich. Allein die Einnahmen aus Gewerbesteuern stiegen um das Vierfache. Es war nun möglich, eine effektivere städtische Verwaltung zu begründen. Ein Stadtphysikus[1] wurde angestellt zur Beobachtung der Morbiditäts- und Mortalitätsverhältnisse[2] und auch zur Organisation der öffentlichen Gesundheitspflege. Es entstand ein Stadtbauamt, an dessen Spitze 1888 der Architekt Theodor Krüger (1852–1926) gewählt wurde. Krüger, der in Hannover studiert hatte und vor dem Stellenantritt in Linden langjähriger Stadtbaumeister in Peine war, konnte gerade in dieser Anfangszeit einer organisierten Bauverwaltung wesentliche Grundlagen für die weitere Entwicklung Lindens schaffen.

Walter Buschmann, Linden. Geschichte einer Industriestadt im 19. Jahrhundert, Hildesheim 1981 [Nachdr. Hannover 2012], S. 302 f. und 307

1. Beschreiben Sie die Merkmale einer „industrialisierte[n] Landgemeinde" (Zeile 18 f.).

2. Arbeiten Sie heraus, welche Vorteile die Verleihung des Stadtrechts für eine wachsende Landgemeinde besaß. Machen Sie dabei Vorzüge für die Verwaltung wie für die Einwohnerinnen und Einwohner geltend.

3. Präsentation: Recherchieren Sie über die Entwicklung Lindens um die Jahrhundertwende bis zur Eingemeindung in Hannover 1920. Stellen Sie Ihre Ergebnisse in einem Schaubild dar.

M8 Wohnungselend

Der Journalist und spätere SPD-Reichstagsabgeordnete Albert Südekum (1871–1944) begleitet Mitte der 1890er-Jahre einen Amtsarzt bei dessen Besuch in einer Berliner Mietskaserne. Seine Eindrücke hält er in persönlichen Aufzeichnungen fest:

Ein heißer, schwüler Augustnachmittag. [...] Die stagnierende Luft des engen Hofes lag bleischwer auf dem unsauberen Pflaster, die Wände des Hauses strömten eine brütende Hitze aus, nachdem schon tagelang die Sonne ihre Glutpfeile unbarmherzig auf die Stein- und Asphaltwüste der staubigen Großstadt herniedergesandt hatte. Ein Gefühl der Beklemmung legte sich mir auf die Brust, als wir durch die enge Tür zum Treppenhaus traten und die Stiegen emporklommen. Fast jede Stufe knarrte und ächzte laut unter unserem Tritt, und obschon wir beide nur leichtes Schuhwerk trugen, vollzog sich der Aufstieg nicht ohne beträchtliches Geräusch. Wie es erst in einem solchen Hause kracht und dröhnt, wenn ein müder, schwerer Mann mit derben Nagelstiefeln die Stufen hinaufstapft, davon macht sich der „herrschaftlich" Wohnende keine Vorstellung.
Auf jeden Treppenpodest gingen drei Türen, die meisten mit mehreren Schildern oder Karten behängt. In diesem Quergebäude gab es fast nur zweiräumige Wohnungen, aus Stube und Küche bestehend. Viele Mieter teilten ihre Räume noch mit Schlafburschen oder Logiermädchen[3]. Die Patientin meines Freundes, die Frau eines Gelegenheitsarbeiters, hatte der furchtbaren Hitze wegen die Tür der Küche, in der sie lag, und die Tür nach dem Treppenhause hin offen gelassen. [...] Die Atmosphäre in dem Raum war fürchterlich, denn wegen des Lärms der spielenden Kinder konnte die Kranke das Fenster den ganzen Tag nicht öffnen. [...]
Nur wenig ärmlicher Hausrat fand sich in dem unwohnlichen Raum. Auf der kleinen eisernen Kochmaschine standen ein paar Töpfe, die nach dem letzten Gebrauch noch nicht gereinigt waren; den einzigen Tisch bedeckten ein paar Teller und Gläser, Zeitungsblätter, Kamm, Bürste und Seifenschale, eine Schachtel mit Salbe zum Einreiben, Teller mit Speiseresten und andere Gegenstände. Der geringe Kleidervorrat der Familie hing an den Wänden; ein paar halbverblasste Familienbilder und ungerahmte Holzschnitte aus einer illustrierten Zeitung bildeten den einzigen Schmuck. Außer der Frau und ihrem Manne lebten in dieser Küche noch drei Kinder, von denen das älteste, ein Mädchen, 14 Jahre, die beiden Knaben etwa 7 und 4 Jahr alt waren. Das Bett der Kranken, die einzige sichtbare Schlafgelegenheit, war etwas quer geschoben, sodass sie von ihm aus, ohne sich zu erheben, den Wasserzapfhahn erreichen konnte; hinter dem Bett eine Kommode; in der

---

[1] **Stadtphysikus**: Amtsarzt einer Stadt
[2] **Morbidität**: Häufigkeit einer bestimmten Erkrankung; **Mortalität**: Häufigkeit von Sterbefällen aufgrund einer bestimmten Krankheit

[3] **Schlafbursche, Logiermädchen**: Personen, die sich mit den Mietern einer Wohnung abwechselnd eine Schlafstelle teilen

45 Ecke ein Korblehnstuhl, sonst nur zwei hölzerne Schemel ohne Lehne. [...]
Ich fragte die Frau nach ihren „Wohnschicksalen" in der Großstadt. [...] Meistens hatten sie nur einen Raum ermieten können, seit sie in Berlin selbst wohnten; nur etwa zwei
50 Jahre lang im Ganzen, bei etwas höherem Verdienst und regelmäßiger Arbeit des Mannes, konnten sie in besser ausgestatteten Zweizimmerwohnungen weilen. Jedesmal, wenn es schien, als ob es ihnen dauernd etwas besser gehe, waren sie durch eine Krankheit oder durch ein, manchmal
55 verfrühtes, Wochenbett – die Frau hatte im Ganzen deren sechs durchgemacht – oder einen Todesfall wieder zurückgeworfen worden. Armenunterstützung hatten sie noch nicht in Anspruch genommen, waren dagegen wiederholt gelegentlich beschenkt worden, nachdem die Kranke einst
60 in der Frau eines rasch zu Vermögen gelangten ehemaligen Maurerpoliers eine Jugendfreundin entdeckt hatte. [...]
Wie die Familie schlief? Mann und Frau in einem einzigen Bett. Die Kinder wurden auf ausgebreiteten Kleidungsstücken untergebracht und durften erst dann ins Bett krie-
65 chen, wenn Vater und Mutter – gewöhnlich vor 5 Uhr morgens – aufgestanden waren. Die kleinsten Kinder waren jeweils in einem Korbe, gelegentlich auch, wenn die Frau zu irgendeinem Gange das Zimmer verlassen musste, in einem halbaufgezogenen Schub der Kommode gebettet gewesen.

Zitiert nach: Jens Flemming, Klaus Saul und Peter-Christian Witt (Hrsg.), Quellen zur Alltagsgeschichte der Deutschen 1871–1914, Darmstadt 1997, S. 237–239

1. Arbeiten Sie aus Südekums Beschreibung (M8) die Hauptprobleme der Wohnsituation in damaligen Mietskasernen heraus.
2. Analysieren Sie allgemein mögliche Wechselwirkungen zwischen Wohnverhältnissen, Bildungschancen und Aussichten auf dem Arbeitsmarkt.
3. Gruppenarbeit: Diskutieren Sie in der Klasse, ob und inwieweit das Leben in der Stadt für sozial Schwache damals mehr Vorteile bot als auf dem Land.

M9 Das Kommunistische Manifest

Karl Marx und Friedrich Engels unterhalten im Exil in Brüssel Beziehungen zum „Bund der Kommunisten", einer Untergrundorganisation, die das private Eigentum an Kapital (Fabriken, Maschinen usw.) abschaffen will. In deren Auftrag veröffentlichen sie im Februar 1848 das „Manifest der Kommunistischen Partei". Darin heißt es:

Die Geschichte aller bisherigen Gesellschaft ist die Geschichte von Klassenkämpfen.
Freier und Sklave, Patrizier und Plebejer, Baron und Leibeigener, Zunftbürger und Gesell, kurz, Unterdrücker und Unterdrückter standen in stetem Gegensatz zueinander, führ- 5 ten einen ununterbrochenen, bald versteckten, bald offenen Kampf, einen Kampf, der jedes Mal mit einer revolutionären Umgestaltung der ganzen Gesellschaft endete oder mit dem gemeinsamen Untergang der kämpfenden Klassen. [...] 10
Unsere Epoche, die Epoche der Bourgeoisie[1], zeichnet sich jedoch dadurch aus, dass sie die Klassengegensätze vereinfacht hat. Die ganze Gesellschaft spaltet sich mehr und mehr in zwei große feindliche Lager, in zwei große, 15 einander direkt gegenüberstehende Klassen: Bourgeoisie und Proletariat[2]. [...]
Im Anfang kämpfen die einzelnen Arbeiter, dann die Arbeiter einer Fabrik, dann die Arbeiter eines Arbeitszweiges an einem Ort gegen 20 den einzelnen Bourgeois, der sie direkt ausbeutet. Sie richten ihre Angriffe nicht nur gegen die bürgerlichen Produktionsverhältnisse, sie richten sie gegen die Produktionsinstrumente selbst; sie vernichten die fremden kon- 25 kurrierenden Waren, sie zerschlagen die Maschinen, sie stecken die Fabriken in Brand [...]. Auf dieser Stufe bilden die Arbeiter eine über das ganze Land zerstreute und durch die Kon-

Blick in ein Berliner Hinterhofzimmer.
Foto von 1903.
Der sieben Quadratmeter große Raum diente der ganzen Familie als Wohn- und Schlafstube zugleich. In Berlin wurden um 1900 rund 2 000 Haushalte gezählt, die nur aus einem Raum bestanden.

[1] **Bourgeoisie** (frz.): Besitzbürgertum
[2] Siehe hierzu auch die Begriffserklärung „Proletarier" auf Seite 120.

kurrenz zersplitterte Masse. [...] Aber mit der Entwicklung der Industrie vermehrt sich nicht nur das Proletariat; es wird in größeren Massen zusammengedrängt, seine Kraft wächst, und es fühlt sie mehr. [...] Es werden ferner [...] durch den Fortschritt der Industrie ganze Bestandteile der herrschenden Klasse ins Proletariat hinabgeworfen oder wenigstens in ihren Lebensbedingungen bedroht. Auch sie führen dem Proletariat eine Masse Bildungselemente zu. In Zeiten endlich, wo sich der Klassenkampf der Entscheidung nähert, nimmt der Auflösungsprozess innerhalb der herrschenden Klasse, innerhalb der ganzen alten Gesellschaft, einen so heftigen, so grellen Charakter an, dass ein kleiner Teil der herrschenden Klasse sich von ihr lossagt und sich der revolutionären Klasse anschließt [...].

Wenn das Proletariat im Kampfe gegen die Bourgeoisie sich notwendig zur Klasse vereinigt, durch eine Revolution sich zur herrschenden Klasse macht und als herrschende Klasse gewaltsam die alten Produktionsverhältnisse aufhebt, so hebt es mit diesen Produktionsverhältnissen die Existenzbedingungen des Klassengegensatzes, die Klassen überhaupt, und damit seine eigene Herrschaft als Klasse auf. An die Stelle der bürgerlichen Gesellschaft mit ihren Klassen und Klassengegensätzen tritt eine Assoziation, worin die freie Entwicklung eines jeden die Bedingung für die freie Entwicklung aller ist. [...]

Mögen die herrschenden Klassen vor einer kommunistischen Revolution zittern. Die Proletarier haben nichts zu verlieren als ihre Ketten. Sie haben eine Welt zu gewinnen. Proletarier aller Länder, vereinigt euch!

Karl Marx und Friedrich Engels, Werke, Bd. 4, Berlin 1974, S. 459–493, hier S. 461, 462, 463, 470, 471, 482 und 493

1. Erklären Sie, wie sich nach Marx und Engels eine gesellschaftliche Klasse herausbildet. | H
2. Überprüfen Sie die Aussage, in der bürgerlichen Wirtschaftsgesellschaft habe sich der Klassenkampf auf eine Konfrontation Bourgeois – Proletarier zugespitzt.
3. Erklären Sie, worin sich die erwähnte proletarische Revolution von allen früheren Revolutionen in der Geschichte unterscheidet.

M10 Gesellenvereine

Im November 1846 entsteht in Elberfeld der „Katholische Jünglingsverein", ein Verein zur Erziehung junger Handwerkergesellen. Sein Vorsitzender, der katholische Geistliche und Religionslehrer Adolph Kolping, schildert in einer Schrift von 1849 die ersten Erfolge der Vereinsarbeit und wirbt für die dahinterstehende Idee:

Es fehlt dem jungen Arbeiter ein Zufluchtsort außer der Herberge und dem Wirtshause, wo er recht eigentlich eine Weile rasten und Nahrung für seinen Geist erhalten könnte, die auf ihn berechnet, ihm zusagen müßte. Es fehlt ihm ferner die Gelegenheit, sich für seinen Beruf, für seine Zukunft gewissermaßen auszubilden, abgesehen von der technischen Fertigkeit, welche ihm die Werkstätte des Meisters mitgeben soll. Noch mehr fehlt ihm: eine passende, Geist und Gemüth wahrhaft aufrichtende und stärkende Unterhaltung und Erheiterung, wie er sie weder zu Hause, noch im Wirthshause noch an öffentlichen Vergnügungsorten erhält. [...]

Man richte nun in allen Städten [...] einen freundlichen, geräumigen Saal ein, sorge am Sonn- und Feiertage wie am Montag-Abend für Beleuchtung und im Winter für behagliche Wärme dazu und öffne dann dies Lokal allen jungen Arbeitern, denen es mit ihrem Leben und ihrem Stande nur immer Ernst ist. Da die jungen Leute, die der Einladung folgen, Gemeinsames mit ziemlich gleichen Kräften wollen; bilden sie dadurch einen Verein, für dessen Bestehen und Gedeihen ein Vorstand von achtbaren Bürgern, die dem guten Zwecke zu dienen entschlossen sind, zu sorgen hätte, und an dessen Spitze ein Geistlicher stehen soll, der dieser Stelle mit all der persönlichen Hingebung und Aufopferung vorzustehen hat, welches sein heiliges, grade dem Volke gewidmetes Amt und die gute Sache erheischen. Je nützlicher und angenehmer, je freier und würdiger der Aufenthalt in dem Vereinslokale für die jungen Leute gemacht wird, um so größer wird die Theilnahme sein, um so fester werden sie bei der guten Sache halten. Da dürfte es nicht an guten Büchern, Schriften und Zeitungen fehlen, nicht blos, die das religiöse Interesse vertreten, sondern die auch [...] dem bürgerlichen Leben gelten, die gewerbliche Gegenstände behandeln und, so viel möglich, jedem Handwerker von Nutzen sein können. Dazu muß das lebende Wort treten. Da wäre die Gelegenheit günstig, die Religion, als die Grundlage des Volks- und Menschenglückes, wieder anzubauen und den Herzen nahe zu bringen, wie überhaupt auf alle Lebensverhältnisse einzugehen, die den Gesellen berühren [...]. Wenn man einestheils dahin zu wirken hätte, die jungen Leute mit nützlichen und passenden Gebieten des Wissens zu bereichern: würde man von der andern Seite sie warnen, führen und leiten können auf den Wegen, die sie gegenwärtig wandeln. Erfahrung und Beispiel würde eindringlicher durch das lebendige Wort wirken. Klar und unabläßig könnte man ihnen ihren wahren Beruf, ihr rechtes Lebensziel vor Augen halten, wie die Mittel besprechen, dies Ziel auf die sicherste Weise zu erreichen. Tüchtige Bürger sollen sie werden, zu tüchtigen Bürgern muß man sie erziehen. Ein tüchtiger Bürger muß ein tüchtiger Christ und ein tüchtiger Geschäftsmann sein, nun, dann muß man der betreffenden Jugend wenigstens in so weit zur Hand gehen, daß sie beides werden können. Tüchtige Bürger gedeihen aber nur in einem tüchtigen Familienleben. Wenn das für unsere Jugend anderwärts fehlt, und daß es fehlt, wissen wir Alle sehr gut, dann suchen wir unsern jungen Leuten durch einen solchen Verein wenigstens annähernd die Vortheile zu gewähren und darauf mit allen Kräften hinzuwirken, daß diejenigen, welche sich um uns schaaren, einst eine bessere, an Leib und Seele gesündere Generation in besserm Familienleben erziehen.

Adolph Kolping, Der Gesellen-Verein. Zur Beherzigung für Alle, die es mit dem wahren Volkswohl gut meinen, Köln/Neuß 1849, S. 18–21 (gekürzt)

1. Nennen Sie die Missstände und Gefahren für junge Handwerker, auf die Kolping hinweist (M10).
2. Analysieren Sie die Vereinsidee, für die im Text geworben wird. Stellen Sie dabei die vorgeschlagenen Mittel dem Ziel und Zweck der Einrichtungen gegenüber.
3. Kolping bezeichnet an anderer Stelle in seiner Schrift die Geistlichen als „geborne Volkserzieher", den Gesellenverein als eine „Volksakademie". Setzen Sie sich mit seinem Engagement vor dem Hintergrund einer damaligen Abwendung vieler Arbeiterinnen und Arbeiter von den christlichen Kirchen auseinander.

M11 Pflicht zur Versicherung

Der preußische Regierungsbeamte Theodor Lohmann (1831–1905) verfasst im Juli 1881 eine Denkschrift betreffend das geplante Gesetz über eine Krankenversicherung für Arbeiterinnen und Arbeiter:

Die Krankenversicherung ist für die wirtschaftliche Lage des Arbeiterstandes im ganzen noch wichtiger als die Unfallversicherung, wenn sie so geregelt ist, dass sie dem durch Krankheit zeitweilig erwerbsunfähigen Arbeiter nicht bloß ein kümmerliches Almosen gewährt, sondern wirklich die Aufrechterhaltung des geordneten Haushaltes ermöglicht. Die Verarmung zahlreicher Arbeiterfamilien hat ihren Grund darin, dass sie in Krankheitszeiten des Ernährers, wenn überhaupt eine Unterstützung, nur so viel erhalten als erforderlich ist, um sie nicht Hungers sterben zu lassen. Dabei geht alles, was sie an Arbeitsgerät, häuslicher Einrichtung, Kleidung und Sparpfennig besitzen, rettungslos durch Verpfändung oder Verkauf verloren, u. wenn der Ernährer wieder erwerbsfähig ist, so hat er oft jahrelang unter Entbehrung zu arbeiten, um wieder in geordnete Verhältnisse zu kommen, u. dazu fehlt meistens die Energie, sodass eine durch Krankheit – namentlich durch wiederholte Krankheit – heruntergekommene Familie meist niemals wieder auf einen grünen Zweig kommt. [...]

Das Hauptbedenken, welches gegen den Krankenkassenzwang geltend gemacht wird, geht dahin, dass die erzwungene Versicherung dem Arbeiter Opfer auferlege, ohne die Erreichung des Zwecks unter allen Umständen zu sichern. Dieses Bedenken ist begründet, solange der Kassenzwang ein durch Örtlichkeit und Berufszweig bedingter ist, d.h. wenn der Arbeiter durch Wechsel des Wohnorts oder der Beschäftigung die Mitgliedschaft der Krankenkasse, welcher er zwangsweise angehört, verliert u. an dem neuen Wohnort oder in der neuen Beschäftigung die Versicherung überhaupt nicht oder nicht sofort ohne außerordentliche oder erhöhte Opfer wieder Platz greift. Solange der Kassenzwang auf Ortsstatut[1] oder wie bei Fabrikkassen auf Anordnung des Arbeitgebers beruht, ist dieser Übelstand nicht zu vermeiden. Wenn der Arbeiter den Ort, wo Kassenzwang besteht, oder die Fabrik mit Fabrikkasse verlässt, hat er keine Sicherheit, an dem neuen Wohnort oder an der neuen Arbeitsstelle wieder eine Krankenkasse zu finden, welche ihn aufnimmt, u. wenn er eine solche findet, so muss er sich gewöhnlich einer längeren oder kürzeren Karenzzeit[2] u. der Zahlung eines Eintrittsgeldes unterwerfen. Dagegen fällt das Bedenken im Wesentlichen weg, sobald der Kassenzwang ein schlechthin allgemeiner wird u. in Verbindung damit bestimmt wird, dass jeder Arbeiter, welcher irgendeiner anerkannten Krankenkasse angehört hat, ohne Karenzzeit und ohne Eintrittsgeld in diejenige Krankenkasse wieder eintritt, zu welcher er nach Wohnort u. Beschäftigung gehört. [...]

Der allgemeine Kassenzwang und die Gemeindekrankenkasse als die in subsidium[3] zur Durchführung des Kassenzwanges bestimmte Zwangskasse werden zunächst zu regeln sein in der Weise, dass jeder Arbeiter, welcher nicht einer anderen im Gesetz vorgesehenen Krankenkasse angehört, kraft des Gesetzes Mitglied der Gemeindekrankenkasse wird.

Aus: Quellensammlung zur Geschichte der deutschen Sozialpolitik 1867 bis 1914, I. Abteilung, Bd. 5, bearb. von Florian Tennstedt und Heidi Winter unter Mitarbeit von Elmar Roeder und Christian Schmitz, Darmstadt 1999, Nr. 203, S. 615–620 (Auszüge)

1. Beschreiben Sie die Problematik, die sich für Arbeiterinnen und Arbeiter vor Einführung eines Krankenversicherungsgesetzes ergab.
2. Präsentation: Ermitteln Sie die näheren Bestimmungen des Krankenversicherungsgesetzes von 1883, und stellen Sie sie in der Klasse vor.
3. Charakterisieren Sie die in der Denkschrift angestrebte Rolle des Staates gegenüber Beschäftigten, Arbeitgebern und Gemeinden.
4. Präsentation: Informieren Sie sich über die Person Theodor Lohmanns, seine Herkunft und sein Wirken als Staatsbeamter und Sozialreformer. Präsentieren Sie Ihre Arbeitsergebnisse in einem Kurzreferat in der Klasse. |F

---

[1] **Ortsstatut**: Bestimmungen einer Gemeinde
[2] **Karenzzeit**: Wartezeit, Übergangsfrist (hier: bis zur Geltung des neuen Versicherungsschutzes)
[3] **in subsidium** (lat.): ersatzweise, unterstützend

M12 Montanunion

Am 9. Mai 1950 stellt der damalige französische Außenminister Robert Schuman (1886–1963) einen Plan zur Verklammerung der westeuropäischen Schlüsselindustrien vor. Die Initiative führt 1952 zur Gründung der Europäischen Gemeinschaft für Kohle und Stahl (EGKS oder „Montanunion"), mit Belgien, der Bundesrepublik, Frankreich, Italien, Luxemburg und den Niederlanden als Gründungsmitgliedern. In der deutschen Fassung des Schuman-Plans heißt es:

Der Friede der Welt kann nicht gewahrt werden ohne schöpferische Anstrengungen, die der Größe der Bedrohung entsprechen. […] Europa lässt sich nicht mit einem Schlage herstellen und auch nicht durch eine einfache Zu-
5 sammenfassung: Es wird durch konkrete Tatsachen entstehen, die zunächst eine Solidarität der Tat schaffen. Die Vereinigung der europäischen Nationen erfordert, dass der Jahrhunderte alte Gegensatz zwischen Frankreich und Deutschland ausgelöscht wird. […]
10 Die französische Regierung schlägt vor, die Gesamtheit der französisch-deutschen Kohle- und Stahlproduktion einer gemeinsamen Hohen Behörde zu unterstellen, in einer Organisation, die den anderen europäischen Ländern zum Beitritt offensteht. Die Zusammenlegung der Kohle- und
15 Stahlproduktion wird sofort die Schaffung gemeinsamer Grundlagen für die wirtschaftliche Entwicklung sichern – die erste Etappe der europäischen Föderation – und die Bestimmung jener Gebiete ändern, die lange Zeit der Herstellung von Waffen gewidmet waren, deren sicherste
20 Opfer sie gewesen sind.
Die Solidarität der Produktion, die so geschaffen wird, wird bekunden, dass jeder Krieg zwischen Frankreich und Deutschland nicht nur undenkbar, sondern materiell unmöglich ist. Die Schaffung dieser mächtigen Produktions-
25 gemeinschaft, die allen Ländern offensteht, die daran teilnehmen wollen, mit dem Zweck, allen Ländern, die sie umfasst, die notwendigen Grundstoffe für ihre industrielle Produktion zu gleichen Bedingungen zu liefern, wird die realen Fundamente zu ihrer wirtschaftlichen Vereinigung
30 legen. […]
Durch die Zusammenlegung der Grundindustrien[1] und die Errichtung einer neuen Hohen Behörde, deren Entscheidungen für Frankreich, Deutschland und die anderen teilnehmenden Länder bindend sein werden, wird dieser
35 Vorschlag den ersten Grundstein einer europäischen Föderation bilden, die zur Bewahrung des Friedens unerlässlich ist. […]
Die der gemeinsamen Hohen Behörde übertragene Aufgabe wird sein, in kürzester Frist sicherzustellen: die Modernisierung der Produktion und die Verbesserung der 40 Qualität, die Lieferung von Stahl und Kohle auf dem französischen und deutschen Markt sowie auf dem aller beteiligten Länder zu den gleichen Bedingungen, die Entwicklung der gemeinsamen Ausfuhr nach den anderen Ländern, den Ausgleich im Fortschritt der Lebensbedingungen der 45 Arbeiterschaft dieser Industrien. […]
Im Gegensatz zu einem internationalen Kartell[2], das nach einer Aufteilung und Ausbeutung der nationalen Märkte durch einschränkende Praktiken und die Aufrechterhaltung hoher Profite strebt, wird die geplante Organisation 50 die Verschmelzung der Märkte und die Ausdehnung der Produktion gewährleisten.
Die Grundsätze und wesentlichen Vertragspunkte, die hiermit umrissen sind, sollen Gegenstand eines Vertrages werden, der von den Staaten unterzeichnet und durch die 55 Parlamente ratifiziert wird.

Nach: https://european-union.europa.eu/principles-countries-history/history-eu/1945-59/schuman-declaration-may-1950_de (Zugriff: 1. März 2022)

---

1. Fassen Sie die Aussagen des Schuman-Plans in Stichpunkten zusammen.

2. Erläutern Sie den Zusammenhang zwischen Industriewirtschaft, Rüstung und Politik, an den Schuman hier erinnert. | H

3. Gruppenarbeit: Der Schuman-Plan gilt als ein Gründungsdokument der späteren Europäischen Union. Diskutieren Sie darüber, ob und inwieweit eine Vereinigung Europas erst durch die Industrialisierung möglich wurde. Ziehen Sie dabei auch die Aussagen in dem Kapitel heran, die auf rechtliche, gesellschaftliche und technische Fortschritte seit dem Ende des 18. Jahrhunderts verweisen.

---

[1] **Grundindustrien**: Industriezweige zur Herstellung von Grundstoffen (z. B. aufbereitetes Erdöl, Stahl, Eisen, Leichtmetall, Kunststoffe, Baustoffe usw.)

[2] **Kartell**: Gruppe von Unternehmen, die ihr Verhalten aufeinander abstimmen, um gemeinsam das Marktgeschehen zu kontrollieren. Gegen zu weitreichende Kartellbildungen gelten in vielen Ländern Gesetze zum Schutz des Wettbewerbs.

Statistiken auswerten

Eine **Statistik** (von lat. *status*: Stand, Verfassung, Zustand) stellt eine systematische Bestandsaufnahme in Form von Zahlenangaben dar. Statistische Daten sind entweder in einer **Tabelle** verzeichnet oder grafisch als **Diagramm** aufbereitet (von altgriech. *diágramma*: Zeichnung, Umriss). Diagramme sind unterschiedlich gestaltet, als Linien- und Kurvendiagramme, Kreisdiagramme („Tortendiagramme"), Säulen- und Balkendiagramme oder auch als detailliert abgestufte Einfärbungen einer Fläche („Heatmaps").

Die in Statistiken genannten Zahlen können **absolute Größenangaben** sein, also exakte Werte einer Messeinheit, z. B. Tonnen, Euro, Stück. Ebenso werden **relative** Werte verwendet, also Prozentanteile oder Verhältniszahlen mit Bezug auf einen Ausgangs- oder Zielwert (Index).

Aus Statistiken lassen sich **Zustände**, **Entwicklungen** und **Zusammenhänge** ablesen. Bei Statistiken aus der Vergangenheit ist zu beachten, dass sich ihre Zahlen oft auf Maße, Gewichte, Währungen oder Räume beziehen, die im Lauf der Zeit verändert wurden. Statistiken über lange Zeiträume müssen gegebenenfalls auch die Abnahme des Geldwertes (Inflation), das Bevölkerungswachstum, den Anstieg der Lebenserwartung oder ganz allgemein die Verbesserung der Datenerhebung in Rechnung stellen. Um anhand von Statistiken gültige Aussagen zu treffen, sollten die verwendeten Angaben möglichst lückenlos, unbedingt aber miteinander vergleichbar sein.

> Weitere Anwendungsbeispiele finden Sie u. a. auf den Seiten 37, 125 f. und 127.

Arbeitsschritt	Leitfragen
1. beschreiben	• Um welchen Gegenstand (Thema, Zeitraum) geht es in der Statistik? • Wer hat die Statistik erstellt/in Auftrag gegeben und wo wurde sie veröffentlicht? • Wann und zu welchem Anlass ist die Statistik entstanden (Erhebung in der betreffenden Zeit oder nachträgliche Forschungsarbeit)? • Woher stammen die Daten? • In welcher Form werden die Daten präsentiert (Tabelle oder Diagramm, bestimmte Gestaltungselemente)?
2. erklären	• Worüber informiert die Statistik (Angaben, erfasster Raum, Messgrößen)? • Welche Zustände oder Entwicklungen werden wiedergegeben? • Welche Fachbegriffe müssen erläutert werden?
3. beurteilen	• Auf welchen historischen Zeitraum/welches Ereignis bezieht sich die Statistik? • Wie zuverlässig sind die Daten? Bestehen wesentliche Lücken? • Welche Gesamtaussagen oder Thesen lassen sich ableiten? • Gibt es ergänzende Statistiken oder alternative Erfassungsmethoden zum Thema?

M Strukturwandel im internationalen Vergleich

Als Strukturwandel bezeichnet man langfristige Umschichtungen in einer Volkswirtschaft, insbesondere Verschiebungen des Anteils der Erwerbstätigen zwischen den drei Bereichen Landwirtschaft, Industrie und Handwerk sowie Dienstleistungen. Die Industrialisierung hat in vielen Ländern einen solchen Strukturwandel in Gang gesetzt. Wann und in welchem Ausmaß, darüber gibt die folgende Statistik Auskunft:

Prozentualer Anteil der Erwerbstätigen in Landwirtschaft (L), Industrie und Handwerk (I) sowie Dienstleistungen (D) in ausgesuchten Ländern, 1800 bis 1980/90:

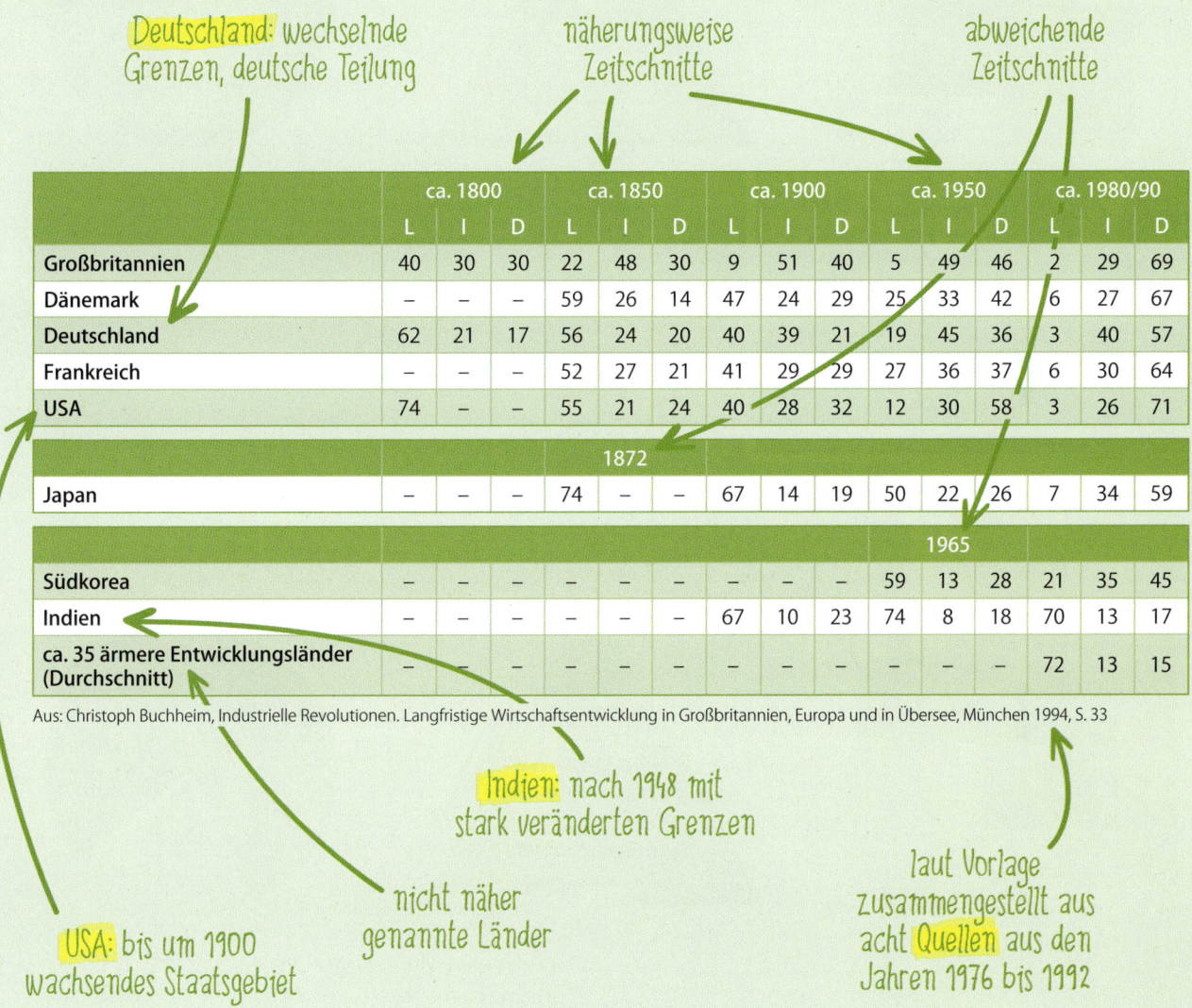

	ca. 1800			ca. 1850			ca. 1900			ca. 1950			ca. 1980/90		
	L	I	D	L	I	D	L	I	D	L	I	D	L	I	D
Großbritannien	40	30	30	22	48	30	9	51	40	5	49	46	2	29	69
Dänemark	–	–	–	59	26	14	47	24	29	25	33	42	6	27	67
Deutschland	62	21	17	56	24	20	40	39	21	19	45	36	3	40	57
Frankreich	–	–	–	52	27	21	41	29	29	27	36	37	6	30	64
USA	74	–	–	55	21	24	40	28	32	12	30	58	3	26	71
				1872											
Japan	–	–	–	74	–	–	67	14	19	50	22	26	7	34	59
										1965					
Südkorea	–	–	–	–	–	–	–	–	–	59	13	28	21	35	45
Indien	–	–	–	–	–	–	67	10	23	74	8	18	70	13	17
ca. 35 ärmere Entwicklungsländer (Durchschnitt)	–	–	–	–	–	–	–	–	–	–	–	–	72	13	15

Aus: Christoph Buchheim, Industrielle Revolutionen. Langfristige Wirtschaftsentwicklung in Großbritannien, Europa und in Übersee, München 1994, S. 33

Anmerkungen:
- Deutschland: wechselnde Grenzen, deutsche Teilung
- näherungsweise Zeitschnitte
- abweichende Zeitschnitte
- USA: bis um 1900 wachsendes Staatsgebiet
- nicht näher genannte Länder
- Indien: nach 1948 mit stark veränderten Grenzen
- laut Vorlage zusammengestellt aus acht Quellen aus den Jahren 1976 bis 1992

▶ Analysieren Sie die Statistik mithilfe der Arbeitsschritte auf Seite 134. Verwenden Sie dabei auch die Begriffe „Agrar-", „Industrie-" und „Dienstleistungsgesellschaft". Ihre Ergebnisse können Sie mit der Beispiellösung auf Seite 158 vergleichen.

Kompetenzen anwenden

Industrialisierung

Wirtschaft

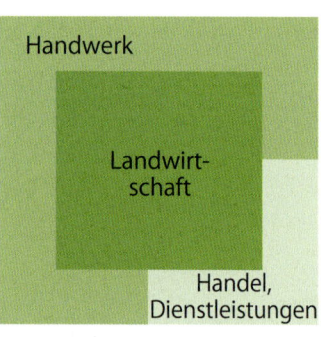

Gesellschaft

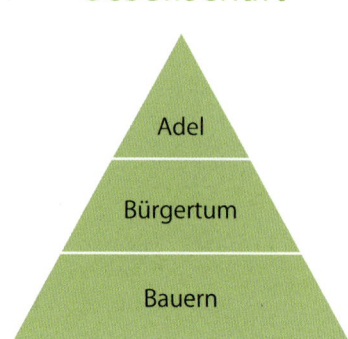

Umwelt

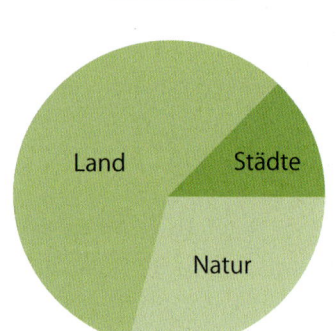

INDUSTRIALISIERUNG

Wirtschaft	Gesellschaft	Umwelt
	wirtschaftliche, soziale, politische Reformen	Bevölkerungswachstum
Marktwirtschaft	Herausbildung einer Klassengesellschaft	Landflucht
technischer Fortschritt	Soziale Frage	Urbanisierung
Massenproduktion	Arbeiterbewegung	transnationale Migration
Massenbeschäftigung	kirchliche, betriebliche Fürsorge	Umweltverschmutzung
Fabrikarbeit	Sozialgesetzgebung	Umweltzerstörung
Lohnarbeit		

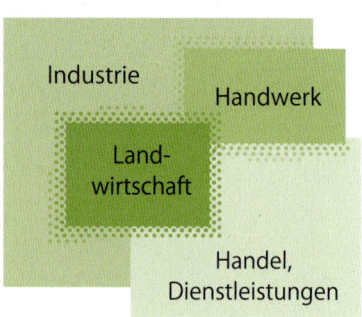

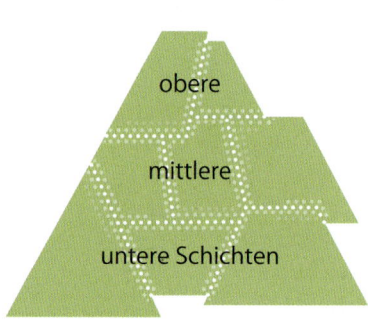

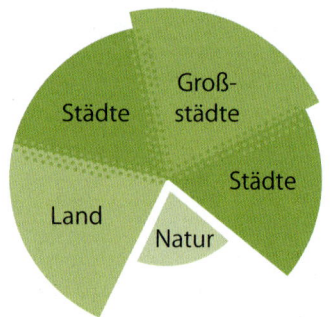

Massenkonsum

wirtschaftliche Verflechtung (transnational, global)

Sozialstaat

Entwicklungsprobleme
Bedrohung der Lebensgrundlagen

Rationalisierung

WISSENS CHECK
Ein interaktives Quiz erwartet Sie unter dem Code **32037-42**

M Das Ruhrgebiet neu erfinden

*Seit den 1980er-Jahren ist die Kohleproduktion in der Bundesrepublik angesichts internationaler Konkurrenz und günstigerer Energieträger kaum noch rentabel. Trotz staatlicher Unterstützung stellen langfristig immer mehr Bergbaubetriebe im Ruhrgebiet und den übrigen Kohlerevieren ihre Arbeit ein. Zur Schließung des letzten deutschen Steinkohlebergwerks in Bottrop findet am 21. Dezember 2018 eine zentrale Abschiedsveranstaltung statt. Bundespräsident Frank-Walter Steinmeier (*1956) hält dabei eine Ansprache:*

Bevor der Bergbau, bevor die Steinkohle die Welt so rasant verändert haben, da war das Gebiet, das wir heute Ruhrgebiet nennen, eine Ansammlung kleiner, bescheidener Städtchen und Dörfer. Idyllisch flossen Ruhr und Emscher und Lippe durch grünes Land in den Rhein. Ackerbau trieben die Menschen. Auch Handel: Immerhin ging die große West-Ost-Verbindung Europas, jene Straße die seit Jahrhunderten Brügge mit Nowgorod verband, als der Hellweg mitten hindurch. Ein Stück davon heißt heute A 40. In Essen regierten noch, wie seit 1000 Jahren, Fürstäbtissinnen. […]

Nein, die Geschichte des Reviers hat nicht erst im 19. Jahrhundert begonnen. In Essen nicht, aber auch nicht in Duisburg und auch nicht in Bottrop oder Bochum. Und auch Gelsenkirchen gab es schon lange, bevor es die „Stadt der tausend Feuer" wurde. […] Denn dann kam die Kohle und sie hat eine ganze Region von Grund auf verändert und die Welt revolutioniert.

Aber die Kohle kam nicht von selbst. Dieser unterirdische Schatz, seit Millionen von Jahren vergraben – er musste von Menschen mühselig nach oben befördert werden. Von Menschen, denen keine Arbeit zu hart war und die vom Traum eines besseren Lebens angetrieben wurden. Sie kamen aus allen Teilen Deutschlands, das es ja als einiges Land bis 1871 noch gar nicht gegeben hatte. Immerhin gab es seit 1834 den „Zollverein", der erste ökonomische Schritt zur Einigung Deutschlands. […]

Die Menschen kamen aus den Ostprovinzen Preußens, aus Masuren[1] und Schlesien, darunter zahlreiche Polen; andere wanderten aus Bayern, Hessen und weiteren Regionen Deutschlands zu, aber auch aus Italien, Belgien und Großbritannien, später aus ganz Südeuropa, aus der Türkei, aus Nordafrika und, wie einige hier wissen: aus Korea. […]

Die große Wirtschaftsmacht, die Deutschland vom Ende des 19. Jahrhunderts an wurde: ohne die Kohle, ohne den Bergmann völlig undenkbar. Und auch die Wurzeln der Europäischen Gemeinschaft liegen hier, durch die Gründung der Montanunion. […]

Nach dem zweiten Weltkrieg kam dann die bedeutendste Zeit der Kohle. Mehr als eine halbe Million Bergleute waren Tag und Nacht auf Schicht, um die Grundlagen des Wohlstands zu produzieren; eines Wohlstands, von dem wir – und nicht nur hier im Ruhrgebiet – immer noch leben. […] Dank der starken Gewerkschaften, dank der verantwortungsvollen Werksleitungen konnte man im Rahmen der Mitbestimmung gemeinsame Interessen finden. Und letztlich mit dem Staat gemeinsam und partnerschaftlich ein friedliches, sozialverträgliches Auslaufen der Steinkohlenförderung gestalten. […]

Mit dem Ende der Steinkohlenförderung kommt die Rolle des Ruhrgebiets in der Energiewirtschaft keineswegs zu einem Ende. Die Unternehmen der Energiewirtschaft haben sich verändert, aber sie bleiben – und mit ihnen das in Generationen angewachsene Wissen. Auf Zollverein[2] entsteht gerade ein neuer Verbund von Forschungseinrichtungen und Unternehmen, ein integrierter Forschungscampus für die Zukunft der Energieversorgung. Optionen für eine energiepolitische Zukunft sollen hier erarbeitet werden, die stabil, nachhaltig und auf weitere Dekarbonisierung[3] der Energieversorgung ausgerichtet ist.

Nach: https://www.bundespraesident.de/SharedDocs/Reden/DE/Frank-Walter-Steinmeier/Reden/2018/12/181221-Abschied-Steinkohlebergbau.html (Zugriff: 1. März 2022)

---

1. Beschreiben Sie die Entwicklung des Ruhrgebiets vom frühen 19. Jahrhundert bis in die Gegenwart, wie in der Rede dargestellt.

2. Überprüfen Sie anhand Ihrer Ergebnisse aus der ersten Aufgabe, ob und inwieweit der Wandel des Ruhrgebiets stellvertretend für die Industrialisierung in ganz Deutschland gelten kann.

3. Ordnen Sie das Bemühen um ein „sozialverträgliches Auslaufen der Steinkohlenförderung" (Zeile 49 f.) in die Tradition a) marktwirtschaftlicher Überlegungen und b) sozialpolitischer Maßnahmen ein.

4. Präsentation: Recherchieren Sie zur Entwicklung der Energieversorgung in Deutschland bis in die Gegenwart, unter Berücksichtigung der heimischen Kohleförderung. Führen Sie Ihre Ergebnisse in einem Referat aus.

5. Präsentation: Informieren Sie sich über Museen und Gedenkstätten im Ruhrgebiet, die an die Geschichte der Industrialisierung erinnern. Stellen Sie ein Beispiel in der Klasse vor.

---

[1] **Masuren**: Gegend im heutigen Nordosten Polens

[2] **Zollverein**: (hier) Name eines Kohlebergwerks in Essen, das 1986 den Betrieb einstellte. Die Schachtanlagen gehören seit 2001 zum UNESCO-Welterbe.

[3] **Dekarbonisierung** (von engl. *carbon*: Kohlenstoff): Übergang zu kohlenstoffarmen Energieträgern mit dem Ziel, CO_2-Emissionen zu senken

2.1 Anforderungsbereiche und Operatoren

Anforderungsbereich I (Reproduktion)
Er verlangt in erster Linie die geordnete Wiedergabe von Sachverhalten und die (eventuell chronologische) Auflistung von Kenntnissen ohne Kommentierung. Dabei wird die Anwendung eingeübter Arbeitstechniken, z. B. die Zusammenfassung von Quelleninhalten, sowie die Reduzierung auf wesentliche Aussagen erwartet.

beschreiben
strukturiert und fachsprachlich angemessen Materialien vorstellen und/oder Sachverhalte darlegen

gliedern
einen Raum, eine Zeit oder einen Sachverhalt nach selbst gewählten oder vorgegebenen Kriterien systematisierend ordnen

wiedergeben
Kenntnisse (Sachverhalte, Fachbegriffe, Daten, Fakten, Modelle) und/oder (Teil-)Aussagen mit eigenen Worten sprachlich distanziert, unkommentiert und strukturiert darstellen

zusammenfassen
Sachverhalte auf wesentliche Aspekte reduzieren und sprachlich distanziert, unkommentiert und strukturiert
→ *wiedergeben*

Anforderungsbereich II (Reorganisation und Transfer)
Er fordert das eigenständige Erklären, Bearbeiten und Ordnen bekannter Inhalte und die Anwendung des Eingeübten auf andere Sachverhalte.

analysieren
Materialien, Sachverhalte oder Räume → *beschreiben*, kriterienorientiert oder aspektgeleitet erschließen und strukturiert darstellen

charakterisieren
Sachverhalte in ihren Eigenarten → *beschreiben*, typische Merkmale kennzeichnen und diese dann ggf. unter einem oder mehreren Gesichtspunkten zusammenführen

einordnen
begründet eine Position/ein Material zuordnen oder einen Sachverhalt begründet in einen Zusammenhang stellen

erklären
Sachverhalte so darstellen – ggf. mit Theorien und Modellen –, dass Bedingungen, Ursachen, Gesetzmäßigkeiten und/oder Funktionszusammenhänge verständlich werden

erläutern
Sachverhalte → *erklären* und in ihren komplexen Beziehungen an Beispielen und/oder Theorien verdeutlichen (auf Grundlage von Kenntnissen bzw. Materialanalyse (→ *analysieren*))

gegenüberstellen
Sachverhalte, Aussagen oder Materialien kontrastierend darstellen und gewichten

herausarbeiten
Materialien auf bestimmte, explizit nicht unbedingt genannte Sachverhalte hin untersuchen und Zusammenhänge zwischen den Sachverhalten herstellen

in Beziehung setzen
Zusammenhänge zwischen Materialien/Sachverhalten aspektgeleitet und kriterienorientiert herstellen und
→ *erläutern*

nachweisen
Materialien auf Bekanntes hin untersuchen und belegen

vergleichen
Gemeinsamkeiten, Ähnlichkeiten und Unterschiede von Sachverhalten kriterienorientiert darlegen

Anforderungsbereich III (Reflexion und Problemlösung)

Er umfasst den kritischen und reflektierten Umgang mit neuen Problemstellungen, den eingesetzten Methoden und den gewonnenen Erkenntnissen. Ziel sind eigenständige Begründungen, Folgerungen, Deutungen und Wertungen.

beurteilen
den Stellenwert von Sachverhalten oder Prozessen in einem Zusammenhang bestimmen, um kriterienorientiert zu einem begründeten Sachurteil zu gelangen

entwickeln
zu einem Sachverhalt oder zu einer Problemstellung eine Einschätzung, ein Lösungsmodell, eine Gegenposition oder ein begründetes Lösungskonzept darlegen

erörtern
zu einer vorgegebenen Problemstellung eine reflektierte, abwägende Auseinandersetzung führen und zu einem begründeten Sach- und/oder Werturteil kommen

sich auseinandersetzen
zu einem Sachverhalt, einem Konzept, einer Problemstellung oder einer These usw. eine Argumentation → *entwickeln*, die zu einem begründeten Sach- und/oder Werturteil führt

Stellung nehmen
Beurteilung (→ *beurteilen*) mit zusätzlicher Reflexion individueller, sachbezogener und/oder politischer Wertmaßstäbe, die Pluralität gewährleisten und zu einem begründeten eigenen Werturteil führen

überprüfen
Inhalte, Sachverhalte, Vermutungen oder Hypothesen auf der Grundlage eigener Kenntnisse oder mithilfe zusätzlicher Materialien auf ihre sachliche Richtigkeit bzw. auf ihre innere Logik hin untersuchen

Operator, der Leistungen in allen drei Anforderungsbereichen verlangt:

interpretieren
Sinnzusammenhänge aus Quellen erschließen und ein begründetes Sachurteil oder eine Stellungnahme abgeben, die auf einer Analyse beruhen

Operatoren zusammengestellt nach: http://db2.nibis.de/1db/cuvo/datei/ge_go_kc_druck_2017.pdf (Zugriff: 11. November 2019)

Tipps für den richtigen Umgang mit den Operatoren und den Aufgaben im Buch:

- Ausführliche Erklärungen mit Beispielen zu den einzelnen Operatoren bietet die Übersicht auf Seite 140 bis 147.
- Zu Aufgaben, die mit einem **H** (= Helfen) oder **F** (= Fordern) im Schulbuch gekennzeichnet sind, finden Sie auf Seite 159 bis 162 Hinweise und weitere Informationen.

2.2 Hilfen zum richtigen Umgang mit den Operatoren

Anforderungsbereich I (Reproduktion)

Operator	Was ist zu beachten?	Wie ist vorzugehen?
beschreiben	Der Operator wird häufig sowohl bei Bildquellen wie Gemälden, Karikaturen oder Fotografien als auch bei Statistiken verwendet. Als Vorbereitung für eine anschließende Analyse soll das Material in **nachvollziehbarer** und **strukturierter Form** in seinen **Einzelheiten** (in der Regel Bildelemente und deren Beziehungen zueinander) vorgestellt werden. Eine Analyse oder Erklärung ist hier noch nicht vorzunehmen, also was z. B. die einzelnen Elemente einer Bildquelle oder einer Statistik im historischen Kontext für eine Bedeutung haben oder wie die Darstellung zu beurteilen ist. Klar identifizierbare Personen dürfen aber bereits als solche benannt werden.	Kreisen Sie das Ihnen wesentlich erscheinende Element des Materials ein und verfassen Sie ausgehend davon eine Beschreibung. Das zentrale Element ist z. B. bei einer **Bildquelle** daran zu erkennen, dass es oft in klarer Beziehung zu den anderen Bildelementen steht. Davon ausgehend können Sie dann die übrigen Bestandteile des Materials und die Bildebenen (Vordergrund, Hintergrund) in ihrem Inhalt beschreiben. Bei **Statistiken** empfiehlt es sich, auf die dort oft dargestellte Entwicklung einzugehen. Das gilt auch für dynamische **Karten** (z. B. eine Karte, die die Expansion Roms oder die „Entdeckungsfahrten" der Frühen Neuzeit zeigt). **Beispiel:** Im Zentrum des um 1877 entstandenen Historiengemäldes des Künstlers Anton von Werner steht Martin Luther in aufrechter Haltung und legt seine rechte Hand aufs Herz. Sein Blick ist Kaiser Karl V., der auf seinem Thron im Schatten sitzt, zugewandt. Im Bildhintergrund befinden sich … usw.
gliedern	Der Operator ist dafür gedacht, einen **Sachverhalt vorzustrukturieren** und zu **ordnen**, um ihn leichter greifbar zu machen. Das kann zum Beispiel die Einteilung eines zeitlichen Verlaufes in bestimmte Phasen sein. In Bezug auf einen vorgegebenen Text wird durch die Gliederung die Vorarbeit für eine Zusammenfassung bzw. eine Textwiedergabe geleistet. Oft wird der Operator daher bei Texten verwendet, in denen die zugrunde liegende inhaltliche Struktur zunächst nicht so einfach zu erkennen ist oder sich verschiedene Aspekte überlagern.	Falls keine Gliederungskategorien durch die Aufgabenstellung vorgegeben sind, wählen Sie **prägnante Begriffe** aus, die aus dem Text heraus deutlich werden. Geben Sie dann die **Zeilen** an, in denen Informationen, die zu diesen Begriffen gehören, benannt werden. Die Begriffe können dann jeweils den Ausgangspunkt für eine Textwiedergabe oder Zusammenfassung bilden. Zusätzlich werden auch Wertungen und Einstellungen der Autorin/des Autors wiedergegeben bzw. zusammengefasst. **Beispiel:** In einem Brief an seine Ordensbrüder in Europa berichtet der Franziskaner Pedro de Gante aus Mexiko-Stadt 1529 über die Missionierung der indigenen Bevölkerung. Der Autor schreibt zunächst über den alten Glauben der Einheimischen (Belegstelle: Zeilenangabe). Anschließend thematisiert er die verschiedenen Strategien der Missionierung der indigenen Bevölkerung. Dabei nennt er die Massentaufen (Belegstelle: Zeilenangabe), den Unterricht und die Ausbildung der Einheimischen zu Missionaren (Belegstelle: Zeilenangabe) und deren Vorgehen bei der Missionierung (Belegstelle: Zeilenangabe).
wiedergeben	Ähnlich wie beim Operator „zusammenfassen" (siehe Seite 141) geht es hier darum, zu zeigen, dass Sie den **Inhalt** eines vorgegebenen Textes **verstanden** haben. Allerdings sollen die Inhalte dabei nicht reduziert, sondern **strukturiert** in ihrer Gänze wiedergegeben werden. Meist wird dieser Operator bei Texten verwendet, die einen hohen Informationsgehalt und wenige Wiederholungen aufweisen, oft auch sprachlich anspruchsvoller sind und quasi „übersetzt" werden müssen. Dies kann z. B. für Quellen gelten, die aus einer weiter zurückliegenden Epoche stammen. Auch hier soll der Inhalt des vorliegenden Textes weder von Ihnen erläutert noch bewertet werden. Sie verfassen Ihre Textwiedergabe also wie ein **distanzierter Beobachter**.	Teilen Sie den Text, der wiedergegeben werden soll, in **Sinnabschnitte** ein. Notieren Sie an den Rand des jeweiligen Sinnabschnitts einen Satz, der die Inhalte des Abschnitts in die moderne Fachsprache „übersetzt". Um die sprachliche Distanz zum Ausdruck zu bringen, verwenden Sie bei der anschließenden Formulierung der Wiedergabe den **Konjunktiv**. **Beispiel:** Der portugiesische Seefahrer Vasco da Gama berichtet, dass bei der Ankunft seiner Flotte an der Küste von Kalikut im Jahre 1498 zunächst Abgesandte in vier Booten zu ihm gekommen seien, die ihn und sein Gefolge nach ihrer Herkunft gefragt hätten.

Operator	Was ist zu beachten?	Wie ist vorzugehen?
zusammenfassen	Der Operator ist oft in der ersten Aufgabe bei schriftlichen Arbeiten anzutreffen. Hier sollen Sie zeigen, dass Sie den **Inhalt** eines Textes **verstanden** haben und damit in der Lage sind, diesen **gekürzt** und **in eigenen Worten** wiederzugeben. Zu beachten ist dabei, dass Sie den Text auf die **wichtigsten Aussagen** reduzieren und diese dann anführen. Die Inhalte des zu untersuchenden Textes sollen weder von Ihnen erläutert noch bewertet werden. Sie schreiben Ihre Zusammenfassung wie ein **distanzierter Beobachter**.	Teilen Sie den Text, der zusammengefasst werden soll, im Vorfeld in **Sinnabschnitte** ein. Schreiben Sie an den Rand des jeweiligen Sinnabschnitts eine **Überschrift** oder einen Satz, der den Inhalt des Abschnitts auf den Punkt bringt. Um die sprachliche Distanz zu unterstreichen, verwenden Sie bei der anschließenden Formulierung der Zusammenfassung den **Konjunktiv**. **Beispiel:** Der Historiker Manfred Hettling erläutert in einer Fachpublikation, dass der Begriff „Wende" passender als der Begriff „Revolution" für die Zeit von 1989/90 sei.

Anforderungsbereich II (Reorganisation und Transfer)

Operator	Was ist zu beachten?	Wie ist vorzugehen?
analysieren	Mithilfe dieses Operators soll ein Material auf bestimmte Aspekte hin untersucht werden, um seine **inhaltliche Aussagekraft** thematisch **zielgerichtet zu erfassen**. Die Aspekte sind in der Regel direkt aus dem Material zu ersehen. Bei manchen Materialien bietet es sich auch an, diese in Hinblick auf mehrere Aspekte zu analysieren und dann zu einem Gesamtbild zusammenzufügen. Wichtig ist es, die Untersuchungsergebnisse anschließend zu **ordnen** und **strukturiert darzustellen**. Außerdem muss – zum Beispiel durch ein Zitat mit Zeilenangabe bzw. ein Bildelement oder einen Zahlenwert – das entsprechend erfasste Ergebnis der Untersuchung am Material **belegt** werden. Genau wie bei „charakterisieren" und „herausarbeiten" (siehe Seite 142 und 143) wird der Operator „analysieren" zur **inhaltlichen Erschließung** eines Materials genutzt. Damit werden diese Operatoren seltener in normalen schriftlichen Arbeiten eingesetzt. Allerdings können sie in umfangreicheren schriftlichen Arbeiten (z. B. im Abitur) als **Vorbereitung**, **Nachbereitung** oder **Verbindung** zu einer anderen weiteren Aufgabe aus dem Anforderungsbereich II (wie „erläutern"; siehe Seite 142 f.) genutzt werden. So kann z. B. eine inhaltliche Erläuterung der jeweils erschlossenen Aspekte gefordert sein oder eine Untersuchung eines Materials in Bezug auf zuvor in einer anderen Aufgabe erläuterte Inhalte.	Gehen Sie das Material durch, indem Sie Ihre „Analysebrille" aufsetzen und die Elemente (Textpassagen, Bildelement oder Zahlenwerte) **markieren**, in denen Aussagen zu ihrem Untersuchungsaspekt auftauchen. Fügen Sie diese Elemente zusammen und wählen Sie eine **geeignete Struktur**, mit der Sie Ihre Ergebnisse geordnet darstellen wollen. **Beispiel:** Analysieren Sie die Motive (Kriterium) der handelnden Gruppen, die in der spätmittelalterlichen Chronik in Bezug auf den Umgang mit der jüdischen Bevölkerung genannt werden. Eine denkbare Antwort: In der Chronik wird ein entscheidendes Motiv für die Ermordung der jüdischen Bevölkerung durch die Stadtbevölkerung genannt: „Was man den Juden schuldete, galt als bezahlt" (Belegstelle: Seiten- und/oder Zeilenangabe). Die Pest bot den Stadtbürgern einen Anlass, die Juden als Sündenböcke darzustellen und sich so ihrer Schulden zu entledigen. Dies gilt auch für die „Landesherren", die als „Schuldner" (Belegstelle: Seiten- und/oder Zeilenangabe) erwähnt werden. Die ablehnende Haltung der Stadträte gegenüber den Mordaktionen gegen die jüdische Bevölkerung, die in … (Belegstelle: Seiten- und/oder Zeilenangabe) nachzulesen ist, erklärt sich daraus, dass die jüdische Gemeinde in den Städten regelmäßig Schutzgeldzahlungen an den jeweiligen Stadtrat leistete.
charakterisieren	Ähnlich wie beim Operator „analysieren" soll auch hier **ein Aspekt** in einem Material **zielgerichtet untersucht** werden. Während bei einer Analyse eher sachorientiert vorzugehen ist, stehen bei einer Charakterisierung **Eigenarten und Merkmale** im Vordergrund, die sich häufig auf einer Werteebene bewegen. Die untersuchten Eigenschaften lassen sich oft mit **Adjektiven** belegen, die die Eigenarten beschreiben und sich im Endergebnis zu einem „Gesamtbild" bzw. einer Gesamtwirkung zusammenfügen. Dazu ist es wichtig, die Untersuchungsergebnisse zu **ordnen** und **strukturiert darzustellen** und auch ein **Fazit** zu ziehen. ▶ nächste Seite	Betrachten Sie das Material durch Ihre „Analysebrille" und **markieren** Sie die Elemente (Textpassagen), in denen Aussagen zu Ihrem Untersuchungsaspekt auftauchen. **Belegen** Sie die Aussagen auch mit passenden Adjektiven, die sich z. B. aus der Bewertung des Autors oder Ihrem eigenen Eindruck ergeben. Fügen Sie anschließend die Elemente zusammen und suchen Sie eine **Struktur**, mit der Sie Ihre Ergebnisse geordnet darstellen wollen. Wichtig ist dabei, auch die **Gesamtwirkung** zu erfassen, die der Sachverhalt nach der Untersuchung entfaltet. **Beispiel:** Charakterisieren Sie die Vorgehensweise (Kriterium) der Franziskaner bei der Missionierung der indigenen Bevölkerung in Spanischamerika. Eine mögliche Antwort: Die Vorgehensweise lässt sich als oberflächlich (Adjektiv) charakterisieren, da in … ▶ nächste Seite

Operator	Was ist zu beachten?	Wie ist vorzugehen?
charakterisieren	Dabei kann eine erste Bewertung der Ergebnisse erfolgen. Außerdem ist – zum Beispiel durch ein Zitat mit Zeilenangabe – das **Ergebnis** der Untersuchung auf Basis des Materials zu **belegen**.	(Belegstelle: Seiten- und/oder Zeilenangabe) deutlich wird, das Teile der indigenen Bevölkerung, die zuvor mit dem christlichen Glauben noch nicht in Berührung gekommen sind, sehr schnell zu Missionaren ausgebildet werden. Sie gehen wiederum auch gewalttätig (*Adjektiv*) vor, da sie „Götzenbilder" und „Tempel" des alten Glaubens ohne Zögern zerstören (Belegstelle: Seiten- und/oder Zeilenangabe). Insgesamt erscheint die Missionierung eher darauf abzuzielen, möglichst viele Menschen zu erfassen. Die Akzeptanz des christlichen Glaubens durch die einheimische Bevölkerung aus Überzeugung und dessen Durchdringung scheinen eher zweitrangig zu sein.
einordnen	Dieser Operator ist verwandt mit dem Operator „erläutern" (siehe weiter unten), aber von der Aufgabenstellung hier enger gefasst. Es geht darum, **Einzelaspekte** in einen größeren **historischen Zusammenhang** zu stellen. Durch eine Erläuterung dieser Zusammenhänge, in den der Aspekt eingeordnet wird, zeigen Sie dann, dass Sie **wissen** und **begründen** können, warum der Aspekt in diesen Zusammenhang passt. Daher wird dieser Operator auch gern für schriftliche Arbeiten gewählt.	Es bietet sich zunächst an, eine **Mindmap** zu erstellen. Gehen Sie dabei von einem Einzelaspekt aus, der sich z. B. in einem vorgegebenen Material findet, und suchen Sie weitere Aspekte, die mit ihm in Beziehung stehen. Oft geht es dabei um historische Ereignisse und Prozesse, die als Ursache des Sachverhalts zeitlich vorher abliefen oder als Wirkungen und Folgen zeitlich danach stattfanden. So ergibt sich der **Gesamtzusammenhang**, den Sie dann umfassend in Ursachen und Folgen erläutern. **Beispiel:** In seiner Schrift „An den christlichen Adel deutscher Nation von des christlichen Standes Besserung" aus dem Jahre 1520 erklärt Martin Luther, dass alle Christen geistlichen Standes seien. Er erkennt damit die Überordnung des geistlichen Standes über den weltlichen Stand nicht mehr an. Für ihn sind alle Getauften Priester (*Ausgangspunkt*). Diese Feststellung ist eine Reaktion auf die Missstände innerhalb der Kirche z. B. in Bezug auf Simonie (Ämterkauf) und kanonische Gerichtsbarkeit, die die folgenden Auswirkungen hatten … (*Ursachen*). Mit seiner Lehre vom allgemeinen Priestertum erhöht Luther den Status des Laien und verhilft dem weltlichen Stand, sich aus seiner Unmündigkeit zu befreien. Diese Erkenntnis aus Luthers Adelsschrift ermöglicht z. B. den Fürsten des Heiligen Römischen Reiches sich als „Notbischöfe" zu verstehen, die somit die Struktur der Kirche in ihren Territorien ganz neu ordnen konnten … (*Folgen*).
erklären	Der Operator ist eine **Vorstufe des Erläuterns**, daher sind im Prinzip dieselben Aspekte zu beachten (siehe unten). Allerdings steht der Materialbezug hier weniger im Vordergrund. Gleichwohl geht es aber auch darum, **Wissen gezielt anzuwenden**. Ein Sachverhalt ist so darzustellen, dass seine Voraussetzungen, Ursachen und Folgen verständlich werden. Sie sollen also die **Gründe** oder die **Zusammenhänge** von etwas **aufzeigen**.	Grundsätzlich gelten hier dieselben Anregungen wie beim Operator „erläutern" (siehe unten). Allerdings können die Sachverhalte abgekoppelt von konkreten Materialbezügen dargestellt werden. So kann z. B. die **Gesamtaussage eines Materials** Ausgangspunkt einer Erklärung sein. **Beispiel:** Erklären Sie, was das vom spanischen Kronjuristen Palacios Rubios 1513 entworfene Requerimiento für die Gebietsansprüche anderer europäischer Mächte bedeutet. Eine denkbare Antwort: Der Text des Requerimiento gaukelt vor, die indigene Bevölkerung hätte eine Möglichkeit, sich mit den Spaniern friedlich zu einigen. Dadurch erhielt die spanische Eroberung den Anschein der Rechtmäßigkeit. Das Requerimiento etablierte also ein Verfahren, welches der spanischen Krone gegenüber anderen europäischen Mächten die Behauptung ermöglichte, die Eroberung sei rechtmäßig, weil sie erst nach Unterweisung der Einheimischen vollzogen worden sei.
erläutern	Der Operator taucht häufig in schriftlichen Arbeiten auf. Dabei sollen Sachverhalte, die in Textquellen, aber auch in Materialien wie Statistiken oder Bildern angesprochen werden, in ihren **Hintergründen erklärt** werden. ▶ nächste Seite	Bei diesem Operator ist es wichtig, *nicht* nur einfach **Wissen** unstrukturiert und aneinandergereiht wiederzugeben. Sie sollen zeigen, dass Sie Ihr Wissen, das zur Bearbeitung der Aufgabe benötigt wird, abrufen können, um dann zielgerichtet die Sachverhalte zu erläutern. ▶ nächste Seite

2.2 Hilfen zum richtigen Umgang mit den Operatoren

Operator	Was ist zu beachten?	Wie ist vorzugehen?
erläutern	Das eigene Sachwissen ist zu nutzen, um zielgerichtet z. B. einzelne relevante Textpassagen, Bildelemente oder Daten in ihrer **tieferen Bedeutung** umfassend darzustellen. Hier zeigen Sie also, dass Sie Ihre **Kenntnisse kompetent anwenden** können. Der Operator beinhaltet zwar auch den Operator „erklären" (siehe Seite 142), geht jedoch über ihn hinaus. So sollen nicht nur **Theorien** (wie z. B. Theorien zu Krisen oder Transformationsprozessen), sondern auch **historische Beispiele** herangezogen werden, um die entsprechenden Sachverhalte zu veranschaulichen.	In einem ersten Schritt ist das vorgegebene Material daraufhin zu untersuchen, zu welchen Textpassagen, Bildelementen oder Daten Sie **Hintergründe** erläutern könnten. Zur Vorstrukturierung bietet es sich an, z. B. eine **Mindmap** zu erstellen und den gewählten Passagen schlagwortartig Sachinhalte zuzuordnen. Diesen Sachinhalten können noch weitere Inhalte zugeordnet werden, sodass sich ein umfassendes Beziehungsgeflecht ergibt. Nach einer von Ihnen gewählten Reihenfolge kann dann ausgehend vom Material die Erläuterung mit **Beispielen und Belegen** formuliert werden. **Beispiel:** Den Ausgangspunkt der Erläuterung bildet eine Textpassage aus dem 1513 verfassten Requerimiento. Dort wird von der indigenen Bevölkerung verlangt, die Kirche als obersten Herrn der gesamten Welt anzuerkennen. Eine mögliche Erläuterung dazu könnte folgendermaßen aussehen: Die spanische Krone will damit eine Rechtsgrundlage für ihre Herrschaft in Amerika schaffen. Sie hatte durch die päpstliche Bulle „Inter caetera divinae" (1493) und den Vertrag von Tordesillas (1494) die Herrschaft in den „neu entdeckten" Territorien, die sich in dem ihnen zugewiesenen Bereich befanden, zugesprochen bekommen – also letztlich auch vonseiten der Kirche. Daher ist es wichtig, dass die indigene Bevölkerung missioniert wird und sich zum „heiligen katholischen Glauben" bekennt (Belegstelle: Seiten- und/oder Zeilenangabe), um damit – in der Vorstellung der spanischen Krone – auch die neue Herrschaftsordnung verbindlich anzuerkennen. Deswegen wird sogar mit Vergünstigungen und Rechten im Fall eines Übertritts zum Christentum geworben (Belegstelle: Seiten- und/oder Zeilenangabe).
gegenüberstellen	Dieser Operator ist eine **Vorstufe zum Operator** „vergleichen" (siehe Seite 144 f.). Hier geht es aber ausschließlich darum, die **Unterschiede und Gegensätze** von Sachverhalten oder Materialien anhand **bestimmter Kriterien** herauszustellen.	Es empfiehlt sich, zunächst eine **Tabelle** anzulegen. Eine Spalte sollte sich auf den ersten Sachverhalt bzw. das erste Material und die andere auf den zweiten Sachverhalt bzw. das zweite Material beziehen. Anhand des in der Aufgabe formulierten Kriteriums werden nun beide Sachverhalte bzw. Materialien auf die gegensätzlichen Aspekte hin untersucht und diese jeweils in den entsprechenden Sichtweisen – am besten mit **Belegstellen** aus dem Material – stichpunktartig in die Tabelle eingetragen. Mithilfe dieser Vorstrukturierung können Sie dann die Gegenüberstellung ausformulieren. **Beispiel:** Während der sowjetische Staatspräsident Michail Gorbatschow Reformen (*Kriterium*) in der Sowjetunion anmahnt, schließt Erich Honecker auf einer Politbürositzung im Februar 1989 diese für die DDR mit den Worten „wir sind doch nicht daran interessiert, dass wir Rückstände wieder […] als Ziel angehen […]" aus (Belegstelle: Seiten- und/oder Zeilenangabe).
herausarbeiten	Während beim Operator „analysieren" (siehe Seite 141) die Aspekte, die aus einem Material erschlossen werden sollen, direkt zu erkennen sind, muss beim Operator „herausarbeiten" erst „**zwischen den Zeilen**" gelesen werden, um die Aussage eines Materials zu erfassen. Genauso wie beim Operator „analysieren" werden dabei **bestimmte Kriterien** an die Hand gegeben, anhand derer die Untersuchung erfolgen soll.	Wie bei den Operatoren „analysieren" und „charakterisieren" ist es auch beim Operator „herausarbeiten" hilfreich, sich das **Untersuchungskriterium**, das in der Aufgabenstellung genannt wird, klar zu machen. Achten Sie bei der Bearbeitung des Textes auf **Andeutungen** oder **subtile Bewertungen**, die der Autor/die Autorin vornimmt, und ziehen Sie daraus Ihre Erkenntnisse. **Beispiel:** Arbeiten Sie aus dem Bericht des Sekretärs des Herzogs von Aragón im Jahre 1517 heraus, wie er Leonardos Arbeiten beurteilt (*Kriterium*). Die relevante Textstelle in dem Bericht lautet: „Dieser Herr hat eine besondere (*Wertung*) Abhandlung über den Körperbau zusammengestellt […], so wie noch kein anderer Mensch es jemals getan hat (*Wertung*)" (Belegstelle: Seiten- und/oder Zeilenangabe). ▶ nächste Seite

Operator	Was ist zu beachten?	Wie ist vorzugehen?
	◀ vorherige Seite	**Fazit:** Der Sekretär stellt das einzigartige Talent Leonardos heraus. Er hat etwas geschaffen, was noch niemand vor ihm geschafft hat, seine Arbeit ist also besser als die Anderer.
in Beziehung setzen	Wenn dieser Operator in einer Aufgabe verwendet wird, sind **Zusammenhänge** zwischen Sachverhalten, die in **verschiedenen Materialien** zu finden sind, herzustellen. Häufig soll dabei untersucht werden, in welcher Art der Sachverhalt in dem jeweils anderen Material erscheint und ob sich ggf. in der inhaltlichen Aussage Veränderungen zeigen. Es kann aber auch sein, dass in einem Material der Sachverhalt selbst analysiert wird und dann in Beziehung zu einem Material gesetzt werden soll, welches bereits die Folgen oder Ursachen dieses Sachverhaltes thematisiert. In jedem Fall ist es notwendig, die jeweils herausgestellten Zusammenhänge nachvollziehbar zu **erläutern**.	Analysieren Sie zunächst das Ausgangsmaterial nach den gesuchten Aspekten und listen Sie diese **stichpunktartig** auf (ähnlich wie beim Operator „nachweisen", siehe unten). Untersuchen Sie dann das andere Material daraufhin, inwiefern ein **Zusammenhang** zu den herausgestellten Aspekten erkennbar ist. Fassen Sie anschließend den jeweiligen Zusammenhang in Worte und erläutern Sie ihn. **Beispiel:** In dem Ende des 16. Jahrhunderts veröffentlichten Kupferstich von Theodor de Bry „Kolumbus betritt amerikanischen Boden" (*Ausgangsmaterial*) sind gleich mehrere Ereignisse zu erkennen, die sich in dem durch Bartolomé de Las Casas überlieferten „Bordbuch des Kolumbus" (*Bezugsmaterial*) an verschiedenen Tagen wiederfinden. So wird die Flucht der indigenen Bevölkerung vor der ankommenden Flotte des Kolumbus, die im Hintergrund des Kupferstiches zu sehen ist, im Bordbuch am ... erwähnt. Der Stich soll also in der Rückschau einen visuellen Überblick über verschiedene Ereignisse geben (*Erläuterung*).
nachweisen	Hier wird verlangt, ein Material auf **bekannte historische Inhalte** hin zu untersuchen (z. B.: Finden sich Aspekte von Martin Luthers Lehre in dem vorliegenden Text?). Außerdem ist genau aufzuzeigen, an welcher Stelle im Material die gesuchten Aspekte stehen. In schriftlichen Arbeiten ist dieser **Beleg** dann auch durch eine **Erläuterung** zu begründen.	Vergewissern Sie sich zunächst, welche **Aspekte** den historischen Inhalt, der nachgewiesen werden soll, ausmachen. Notieren Sie sich diese Aspekte und untersuchen Sie das Material daraufhin, ob der Inhalt direkt oder indirekt angesprochen wird. Formulieren Sie dann den Nachweis und nennen Sie die **Belegstelle**. Erläutern Sie anschließend, warum Sie diese Stelle gewählt haben. **Beispiel:** Das Motto der Humanisten „ad fontes", was übersetzt so viel wie „zu den Quellen" bedeutet (*Aspekt des gesuchten historischen Inhaltes*), lässt sich in Luthers Adelsschrift von 1520 nachweisen. Der Reformator bezieht sich bei seiner Aussage, dass alle Christen geistlichen Standes sind, auf eine Textpassage aus der Bibel (Belegstelle: Seiten- und/oder Zeilenangabe). Seine Überlegungen gehen also – wie es die Humanisten forderten – auf ein Studium der Quellen zurück, um der Wahrheit näher zu kommen. Dies steht auch in Verbindung zu dem auf Luther zurückgehenden Begriff „sola scriptura" (dt.: „allein durch die Schrift"), wonach die Bibel als einzige Quelle des christlichen Glaubens gilt (*Erläuterung*).
vergleichen	Bei einem Vergleich ist es wichtig, **Unterschiede**, **Ähnlichkeiten** und **Gemeinsamkeiten** zwischen Sachverhalten bzw. Materialien anhand **bestimmter Kriterien** darzustellen. Oft bleibt die Bearbeitung unvollständig, da z. B. nur auf die Unterschiede Bezug genommen wird.	Erstellen Sie eine **Tabelle** mit den Spalten „Gemeinsamkeiten", „Ähnlichkeiten" und „Unterschiede". Untersuchen Sie nun die Sachverhalte bzw. Materialien anhand des **Vergleichskriteriums** und tragen Sie Ihre Ergebnisse stichpunktartig – am besten mit den **Belegstellen** aus dem Material – in die Tabelle ein. Im Anschluss können Sie anhand dieser Vorstrukturierung den Vergleich ausformulieren. **Beispiel:** Der um 1450 erfundene Buchdruck mit beweglichen Lettern weist in seiner Wirkung (*Kriterium*) insofern *Gemeinsamkeiten* mit dem heutigen Internet auf, dass er eine Eigendynamik in der Verbreitung von Medien und Informationen auslöste. Was heute E-Mails oder Tweets leisten, erfüllten damals Flugschriften und -blätter als Massenmedien. Beiden Entwicklungen gemein ist zudem eine stärkere Vernetzung der Welt (*Ähnlichkeit*), auch wenn das Internet in viel größerem Ausmaß dazu beigetragen hat. *Unterschiede* ergeben sich hinsichtlich der Autorenschaft und des Konsums: Die Kosten des Drucks von Schriften und Flugblättern waren immer noch so hoch, ▶ nächste Seite

2.2 Hilfen zum richtigen Umgang mit den Operatoren

Operator	Was ist zu beachten?	Wie ist vorzugehen?
vergleichen	◀ vorherige Seite	dass nicht jeder Mensch sich diese leisten konnte. Hinzu kam auch noch die geringe Alphabetisierungsrate zu Beginn der Entwicklung. Informationen und Nachrichten wurden also nur von einem Teil der Bevölkerung veröffentlicht und je nach Adressaten von einem größeren oder kleineren Kreis rezipiert. Das Internet ermöglicht jedoch, dass jeder Mensch zum Autor werden kann, ungeachtet der finanziellen oder literarischen Fähigkeiten.

Anforderungsbereich III (Reflexion und Problemlösung)

Operator	Was ist zu beachten?	Wie ist vorzugehen?
beurteilen	Es soll zu einem historischen Sachverhalt oder Prozess ein **begründetes Sachurteil** formuliert werden. Ein persönlicher Wertebezug wird nicht verlangt. Der Fokus ist in der Regel auf die Vergangenheit gerichtet. Es wird geprüft, ob der Sachverhalt/Prozess in der betrachteten Zeit in der Gesellschaft gerechtfertigt (legitim) bzw. stimmig oder nützlich (effizient) war, z. B. in Bezug auf wirtschaftliche oder politische Vorgänge. Wichtig ist aus der **Perspektive der Zeit** zu urteilen, in der der Gegenstand, der beurteilt werden soll, in Erscheinung tritt. Entscheidend sind vor allem die **Argumente** bei der Beurteilung. Anhand **bestimmter Kriterien** wie beispielsweise Effizienz, Stimmigkeit oder Legitimität sollen historische Fakten und Beispiele angeführt werden und als Begründungen für das Urteil dienen. Je deutlicher erläutert wird, warum das Beispiel oder der Sachverhalt das eigene Urteil unterstützt, umso besser. Es können übrigens sowohl Argumente für als auch gegen die eigene Position in die Bearbeitung einfließen. Anders als bei „erörtern" (siehe Seite 146) muss dies aber nicht zwingend sein.	Wählen Sie – falls es nicht schon durch die Aufgabenstellung vorgegeben ist – ein für die Beurteilung sinnvoll erscheinendes **Sachkriterium** (z. B.: Effizienz, Stimmigkeit oder Legitimität) aus. Es sollte dann bei der späteren Formulierung der Beurteilung auch explizit genannt werden. Überprüfen Sie, in welcher Ausprägung die Kriterien bei dem zu untersuchenden Gegenstand vorliegen, und überlegen Sie anschließend, welche **Position** Sie vertreten wollen. Sammeln Sie im Anschluss daran Ihre Argumente stichpunktartig und achten Sie darauf, **historische Sachverhalte und Beispiele** anzuführen. Generell müssen Sie (insbesondere in schriftlichen Arbeiten) auch das Material, zu dem die Aufgabe gestellt ist, zur Unterstützung Ihrer Argumentation oder als Ausgangspunkt für die Beurteilung einbeziehen. Beim Verfassen der Beurteilung sollten Sie daher mit **Zitaten** aus oder **Bezügen** zum Material (Zeilenangaben) arbeiten. Am Ende der Bearbeitung sollte ein **Fazit** stehen, das die zentralen Argumente noch einmal prägnant zusammenfasst und die eigene Position auf den Punkt bringt. Als **Faustregel** gilt: Nicht das Urteil an sich entscheidet darüber, ob die Bearbeitung gelungen ist, sondern die Qualität und Nachvollziehbarkeit der Argumente, anhand derer das eigene Urteil begründet wird. **Beispiel**: Die Umsiedlung der indigenen Bevölkerung in Dörfern und Gemeinden, wie es auch der Vizekönig von Peru im 16. Jahrhundert dem spanischen König berichtete (Belegstelle: Seiten- und/oder Zeilenangabe), war in Bezug auf die Ziele der Spanier durchaus effizient (*Kriterium*). Auf diese Weise konnte die indigene Bevölkerung besser durch die Spanier kontrolliert und missioniert werden. Mit der Annahme des christlichen Glaubens wurde so auch die gottgegebene Herrschaft der Spanier von der indigenen Bevölkerung akzeptiert (*Argument*).
entwickeln	Anders als bei den anderen Operatoren im Anforderungsbereich III verbleibt der Operator „entwickeln" nicht nur bei einer **Beurteilung** eines Sachverhalts oder einer Problemstellung. Darüber hinaus sind Sie hier aufgefordert, eine **eigene Einschätzung** des Sachverhalts darzulegen und ggf. sogar ein **Lösungsmodell** für die vorliegende Problemstellung zu konstruieren. Oft ist hier das Einnehmen einer **Gegenposition** hilfreich, um aus dieser eine Alternative zu dem vorgelegten Problem oder dem Sachverhalt zu gewinnen. Formate wie die Gegenrede oder der Leserbrief bieten sich hier als Rahmen zur Ausformulierung der Ergebnisse an.	Machen Sie sich zunächst die **Sachverhalte**, die **Problemstellungen** und **Wertungen** klar, die sich aus dem Material, das Sie bearbeiten, ergeben (z. B. durch die Analyse eines Textes oder einer Karikatur). Überlegen Sie nun jeweils Möglichkeiten, die Aspekte anders zu sehen bzw. anders mit ihnen umzugehen. Finden Sie **Argumente** dafür, dass diese Alternativen eine tragfähigere Strategie darstellen, das vorliegende Problem zu lösen. Gehen Sie dabei auf prägnante Punkte im vorliegenden Material ein, und stellen Sie daraufhin Ihre **Alternative** begründet vor. Im abschließenden **Fazit** bringen Sie Ihr Lösungsmodell dann noch einmal auf den Punkt. **Beispiel**: In seiner Rede am 10. Oktober 1991 zum bevorstehenden Kolumbus-Tag verweist US-Präsident George Bush darauf, dass die „Entdeckung" Amerikas ▶ nächste Seite

Operator	Was ist zu beachten?	Wie ist vorzugehen?
entwickeln	◂ vorherige Seite	durch Christoph Kolumbus zu einem „Austausch von Wissen, Ressourcen und Ideen zwischen der Alten und der Neuen Welt" geführt habe (Belegstelle: Seiten- und/oder Zeilenangabe). Seine Aussage erweckt den Eindruck, hier habe ein gleichberechtigter Austausch bzw. Handel stattgefunden (*Bezug zum Text*). Das war aber nicht der Fall (*Gegenposition*). Wissen aus der „Alten Welt" wie z. B. der Bergbau wurden von Spaniern vorrangig in die „Neue Welt" gebracht, um Ressourcen der indigenen Bevölkerung einseitig und unter menschenunwürdigen Arbeitsbedingungen auszubeuten (*Argument*). In einer Rede zum Kolumbus-Tag muss auf dieses ungerechte Missverhältnis aus Gründen der Wahrhaftigkeit hingewiesen werden, auch wenn langfristig die „Neue Welt" auch von neuen Techniken profitieren konnte. Zudem wäre hier eine Entschuldigung für die Ausbeutung der einheimischen Bevölkerung angebracht (*alternatives Lösungsmodell*).
erörtern	Eine Erörterung erfolgt zu einer vorgegebenen Problemstellung, die meist als eine **These/Position** vorgegeben ist. Wie beim Operator „sich auseinandersetzen" (siehe unten) steht es einem offen, ob man ein **Sach- oder Werturteil** verfassen möchte, es sei denn, die Aufgabenstellung gibt dies bereits vor. Anders als bei den Operatoren „beurteilen", „Stellung nehmen" oder „sich auseinandersetzen" ist es hier zwingend erforderlich, eine **abwägende Auseinandersetzung/Beurteilung** zu gestalten. Bevor die eigene Position im abschließenden **Fazit** auf den Punkt gebracht wird, müssen also sowohl Argumente für als auch gegen die vorgegebene These/Position gesammelt, gewichtet und begründet werden.	Wählen Sie – falls es nicht schon durch die Aufgabenstellung vorgeben ist – ein Ihnen für die Aufgabe sinnvoll erscheinendes **Sach- oder Wertekriterium** für die Beurteilung aus (z. B. Effizienz, Stimmigkeit oder Legitimität bzw. Freiheit, Sicherheit etc.). Es sollte später bei der Formulierung der Erörterung auch genannt werden. Überprüfen Sie anhand des ausgewählten Kriteriums, welche Argumente für und welche gegen die formulierte These oder die problemorientierte Fragestellung sprechen. Listen Sie die **Pro- und Kontra-Argumente** stichpunktartig mithilfe einer Tabelle auf. Achten Sie auch darauf, historische Sachverhalte *und* Beispiele anzuführen sowie das zur Erörterung vorgegebene Material – wie bei den Operatoren „beurteilen", „Stellung nehmen" und „sich auseinandersetzen" – einzubeziehen. Überlegen Sie anschließend, welche **Position** Sie vertreten wollen. Gewichten Sie die gesammelten Pro- und Kontra-Argumente – beginnend mit dem schwächsten Argument (für die eigene Position) bzw. stärksten Argument (gegen die eigene Position). In dieser Reihenfolge formulieren Sie dann Ihre Erörterung nach dem sogenannten „**Sanduhrprinzip**". Am Ende der Bearbeitung sollte ein **Fazit** stehen, das die zentralen Argumente noch einmal prägnant zusammenfasst und die eigene Position auf den Punkt bringt. Generell gilt als **Faustregel** auch hier: Nicht das Urteil an sich entscheidet darüber, ob die Bearbeitung gelungen ist, sondern die schlüssige Argumentation, anhand derer das eigene Urteil begründet wird.
		Beispiel: Erörtern Sie, ob es sich bei dem „Thesenanschlag" Martin Luthers um einen Wendepunkt in der Geschichte handelt (*problemorientierte Fragestellung*). Mögliche Antwort: Im Sinne der Stimmigkeit (*Sachkriterium*) der These vom „Wendepunkt in der Geschichte" ist festzuhalten, dass bereits vor dem Thesenanschlag von 1517 Reformer wie John Wyclif und Jan Hus ähnliche Ansichten wie Martin Luther gegenüber der Kirche vertraten, z. B. … Luthers Thesenanschlag hatte aber deutlich gravierendere Auswirkungen auf das Heilige Römische Reich und Europa als das Wirken seiner Vorgänger, wie z. B. …
sich auseinandersetzen	Bei diesem Operator steht es Ihnen frei, ob Sie ein **Sach- oder Werturteil** bilden. Anders als beim Operator „Stellung nehmen" (siehe Seite 147) ist es für das Verfassen eines Werturteils also nicht erforderlich, zuvor noch ein Sachurteil zu formulieren. Oft lässt sich bereits schon aus der Aufgabenstellung ablesen, welche Art von Urteil verlangt wird.	Es sind die gleichen Anregungen und Hilfen, wie bei den Operatoren „beurteilen" und „Stellung nehmen" zu beachten. Bei einem **Sachurteil** würden dann jeweils Sachkriterien wie z. B. Legitimität, Stimmigkeit oder Effizienz gelten, während bei einem **Werturteil** Maßstäbe wie Freiheit, Gerechtigkeit etc. herangezogen werden könnten. Wie bereits weiter oben erwähnt, ist auch hier nicht das Urteil entscheidend darüber, ob es sich um eine gelungene Bearbeitung handelt, sondern die **schlüssige Argumentation**, anhand derer das **eigene Urteil** begründet wird.

2.2 Hilfen zum richtigen Umgang mit den Operatoren

Operator	Was ist zu beachten?	Wie ist vorzugehen?
Stellung nehmen	Der Operator geht über ein **begründetes Sachurteil** hinaus, da hier zusätzlich ein **Werturteil** gefordert wird. Eine Stellungnahme besteht also im Grunde genommen aus zwei Teilen: Im ersten Teil geht es um Aspekte, die schon unter dem Operator „beurteilen" erklärt worden sind (siehe Seite 145). Im zweiten Teil ist ein Werturteil zu formulieren, bei dem eine Beurteilung aus **heutiger Perspektive** und anhand von **heutigen Wertmaßstäben** (z. B.: Freiheit, Sicherheit, Recht und Gerechtigkeit, Gleichberechtigung, politische Teilhabe, Solidarität) verlangt wird. Entscheidend beim Werturteil sind auch hier die **Argumente**. Je überzeugender diese sind, umso besser.	Zu beachten ist, dass dem Werturteil ein Sachurteil vorgeschaltet ist. Daher gelten hier die gleichen Hinweise wie beim Operator „beurteilen". Im Prinzip kann für das Werturteil das Vorgehen genauso erfolgen, nur dass **heutige Wertmaßstäbe** als Kriterien dienen, die in der Stellungnahme auch benannt werden sollten. Außerdem gilt wieder die **Faustregel**: Nicht das Sach- und anschließende Werturteil an sich entscheiden darüber, ob die Bearbeitung gelungen ist, sondern die Qualität und Nachvollziehbarkeit der Argumente, anhand derer die eigenen Urteile begründet werden. **Beispiel:** Die Umsiedlung der indigenen Bevölkerung in Dörfern und Gemeinden im 16. Jahrhundert war in Bezug auf die Ziele der Spanier durchaus effizient (*Kriterium*). Auf diese Weise konnte die indigene Bevölkerung besser kontrolliert und missioniert werden. Mit der Annahme des christlichen Glaubens wurde so auch die gottgegebene Herrschaft der Spanier von der indigenen Bevölkerung akzeptiert (*Argument für das Sachurteil*). Im Hinblick auf das Kriterium „Freiheit" ist das Vorgehen aus heutiger Sicht abzulehnen. Die Freizügigkeit (freie Wahl des Wohnortes) und die Glaubensfreiheit (*Wertmaßstäbe*) der indigenen Bevölkerung wurden stark eingeschränkt. Es wurde ein willkürlicher Zwang ausgeübt (*Argument für das Werturteil*).
überprüfen	Hier soll ein Sachverhalt daraufhin untersucht werden, ob er die Voraussetzungen für die **Gültigkeit einer Hypothese** erfüllt. Oft wird anhand von Materialien überprüft, ob historische Theorien und Modelle einen Prozess passend beschreiben – z. B. ob ein Sachverhalt als Krise oder Revolution einzuschätzen ist. Anders als beim Operator „nachweisen" (siehe Seite 144) ist nicht sicher, dass sich die Hypothese am Ende wirklich bestätigen lässt bzw. der Prozess nachweisbar ist. Die Überprüfung ist also **offen** und muss auch nicht zu einem eindeutigen Ergebnis führen. Umso wichtiger ist es hier, die Erkenntnisse, die Sie bei der Überprüfung gewonnen haben, durch eine **Erläuterung** zu begründen. Je präziser erläutert wird, warum das Beispiel oder der Sachverhalt die zu überprüfende Hypothese unterstützt oder entkräftet, umso besser.	Formulieren Sie **zentrale Kriterien**, die erfüllt sein müssen, damit die zu überprüfende These Gültigkeit besitzt. Bearbeiten Sie den Sachverhalt/das Material daraufhin, inwieweit diese Kriterien nachweisbar sind. Erfolgt die Überprüfung anhand eines Materials, sollten Sie **relevante Textstellen** oder **Zahlenwerte** vermerken, die Sie später zitieren können. Verfassen Sie strukturiert ihr „**Prüfgutachten**", indem Sie ausgehend vom Sachverhalt/dem Material darlegen, inwieweit die Hypothese erfüllt ist. Begründen Sie Ihre Einschätzung durch Beispiele/Sachwissen. **Beispiel:** Die Entwicklungen in der DDR 1989 brachten einen fundamentalen Systemwechsel (*Kriterium einer Revolution*) für die Bevölkerung. Aus einer faktischen Einparteienherrschaft wurde eine parlamentarische Demokratie, aus einer zentralistischen Planwirtschaft schließlich eine freie Marktwirtschaft (*Argumente*). In diesem Aspekt ist das Kriterium einer Revolution also erfüllt.

Operator, der Leistungen in allen drei Anforderungsbereichen verlangt:

Operator	Was ist zu beachten?	Wie ist vorzugehen?
interpretieren	Der Operator erfordert **Leistungen aus allen drei Anforderungsbereichen**. Zuerst ist nachzuweisen, dass das Material verstanden worden ist. Das bedeutet, dass zunächst eine Beschreibung, Zusammenfassung oder Wiedergabe der Inhalte des Materials in eigenen Worten erfolgt. Danach soll anhand von bestimmten Kriterien das Material auf seine Inhalte hin analysiert und diese mithilfe des eigenen Fachwissens erläutert werden. Die Kriterien können in der Aufgabenstellung vorgegeben sein oder müssen selbst festgelegt werden. Zum Schluss sind die Aussagen, die sich aus dem Material ergeben, zu beurteilen. Dabei soll immer ein Sachurteil erfolgen, das noch um ein Werturteil ergänzt werden kann, aber nicht muss.	Es empfiehlt sich, **schrittweise vorzugehen** und die jeweiligen **Teile der Bearbeitung auszuformulieren**. Beginnen Sie mit der Beschreibung, Zusammenfassung oder Textwiedergabe, anschließend folgen die Analyse und Erläuterung bezogen auf ein Untersuchungskriterium. Zuletzt ist die Beurteilung oder Stellungnahme in Hinblick auf das zuvor Untersuchte vorzunehmen. **Hilfen** zur jeweiligen Vorstrukturierung befinden sich bei den entsprechenden Operatoren. **Beispiel** *(für eine Aufgabenstellung):* Interpretieren Sie die Wandmalerei „Landung der Spanier in Veracruz" von Diego Rivera aus dem Jahre 1951 im Hinblick auf ihre Aussagekraft bezüglich der Folgen der spanischen Kolonisation (*Untersuchungskriterium*).

2.3 Gewusst wie: Lerntipps fürs Abitur

Kennen Sie das auch: Sie stehen kurz vor der Abiturprüfung und wissen nicht, wie Sie sich die ganze Stofffülle merken sollen? Typische Eselsbrücken aus dem Geschichtsunterricht wie „Sieben, fünf, drei – Rom schlüpft aus dem Ei" oder „Zehn, sieben, sieben – Heinrich muss nach Canossa schieben" helfen beim Abitur nur bedingt weiter. Daher wollen wir Ihnen auf dieser Seite ein paar ausgewählte Techniken und Hilfen vorstellen, mit denen Sie sich den Lernstoff besser aneignen können.

Lerntipp 1

Was hat mein Stuhl mit der konstitutionellen Monarchie zu tun?
Stellen Sie sich folgende Situation vor: Sie gehen durch Ihr Zimmer und legen gedanklich an bestimmten Orten jeweils eine Information zu den Hauptphasen der Französischen Revolution ab. Wie soll das funktionieren? Ganz einfach! Hier ein Beispiel: Stuhl – Konstitutionelle Monarchie, Schreibtisch – Republik und „Schreckensherrschaft", Regal – Direktorium. Ausgewählte **Orte** werden also mit verschiedenen **Inhalten** verbunden. Und nicht nur das. Sie sind zudem durch kleine **Geschichten** miteinander zu verknüpfen. Der Fantasie sind dabei keine Grenzen gesetzt. Am Beispiel des Stuhles kann das Ganze dann so aussehen: Eigentlich bräuchte ich dringend einen neuen Stuhl. Seine „Konstitution" ist nicht mehr gut. Lieber würde ich wie ein „Monarch" auf einem neuen Stuhl thronen (= Konstitutionelle Monarchie).

Zudem ist es wichtig, dass der von Ihnen festgelegte Weg in der richtigen **Abfolge** wiederholt wird, um sich die Begriffe dauerhaft merken zu können. Dabei müssen Sie Ihre Route im Zimmer nicht immer selbst abschreiten, sondern können diese auch in Gedanken durchlaufen.

Lerntipp 2

Werden Sie kreativ und fertigen Sie Gedankenlandkarten an!
Bei dieser Methode geht es darum, Ihre Gedanken zu einem Thema aufs Papier zu bringen. Die Gedankenlandkarten – auch **Mindmaps** genannt – helfen Ihnen, Ideen zu ordnen, übersichtlich darzustellen und Wissen zu verknüpfen. Welche Schritte bei der Gestaltung einer Mindmap zu beachten sind, finden Sie unter dem Code **32037-74**. Im Internet gibt es übrigens kostenlose **Programme** (z.B.: Free Mind, FreePlane und Mindmapping), mit denen sich ganz einfach und schnell Mindmaps kreieren lassen.

Lerntipp 3

Reden ist Silber, Schweigen ist Gold – stimmt das überhaupt?
Das bekannte Sprichwort kann beim Lernen ignoriert werden. Hier ist es sogar ratsam, über das Gelernte zu sprechen. **Erzählen** Sie Ihrem Freundeskreis oder Ihrer Familie von dem Thema, mit dem Sie sich gerade beschäftigen. Ein guter Nebeneffekt ist, dass Sie sich damit auch testen, ob Sie alles verstanden haben. Sie können natürlich auch kleine Gruppen mit Ihren Mitschülern bilden und sich gegenseitig abfragen. Lernen Sie lieber alleine, hilft auch **halblautes oder lautes Üben** beim Einprägen neuer Informationen.

Lerntipp 4

Merke: Wiederholung macht den Meister!
Die Themenvielfalt, die Sie für das Abitur beherrschen sollen, ist nicht gerade gering. Daher sollten Sie es unbedingt vermeiden, sich zu überfordern und zu viel auf einmal zu lernen. Effizienter ist es, sich den Lernstoff vorab in **überschaubare Einheiten** einzuteilen und das angeeignete Wissen **regelmäßig zu wiederholen**. Nach nur einmaligem Lernen ist die Wahrscheinlichkeit nämlich hoch, in wenigen Tagen die Hälfte davon wieder zu vergessen. Erst durch häufige Wiederholungen prägen sich die Informationen auch dauerhaft ins Gedächtnis ein.

> **Weitere Tipps:** Verschiedene YouTube-Videos zu Lern- und Merktechniken, darunter auch welche Lernfehler unbedingt vermieden werden sollten, haben wir für Sie unter dem Code **32037-73** zusammengestellt.

2.4 Präsentationsformen

Mit (mediengestützten) Präsentationen können die Ergebnisse von Gruppen-, Partner- oder Einzelarbeiten vorgestellt werden. Ziel ist es, die Zuhörer bzw. die Leser zu informieren und/oder zu überzeugen.

- Rede
- Referat (Vortrag)

Mündlich

Aufgabenbeispiele:
Recherchieren Sie in Lexika, Fachbüchern oder dem Internet weitere Texte und Bilder zum Thema „Missionierung in China bis zum Beginn des 20. Jahrhunderts" und analysieren Sie diese. Tragen Sie anschließend Ihre Ergebnisse in einem Kurzreferat vor. (vgl. Seite 66, Abb., A)

Recherchieren Sie im Internet, wie und in welchen Regionen Baumwolle gewonnen wird. Stellen Sie Ihre Ergebnisse in einem Referat vor. (vgl. Seite 125, M2, A2)

- (offener) Brief
- Essay
- Protokoll
- Thesenpapier
- Zeitungsartikel/Blogbeitrag

Schriftlich

Aufgabenbeispiel:
Entwickeln Sie eine Antwort des englischen Königs in Form eines Briefes an den chinesischen Kaiser. (vgl. Seite 44, M1, A2)

- Fotodokumentation/-reportage
- Mindmap
- Plakat
- Schaubild/Grafik
- Tafelbild

Visuell

Aufgabenbeispiele:
Entwerfen Sie ein Poster, das die genannten Anordnungen grafisch und einfach nachvollziehbar darstellt. (vgl. Seite 126, M4, A4)

Recherchieren Sie über die Entwicklung Lindens um die Jahrhundertwende bis zur Eingemeindung in Hannover 1920. Stellen Sie Ihre Ergebnisse in einem Schaubild dar. (vgl. Seite 129, M7, A3)

- Pro- und Kontra-Debatte
- Interview
- Rollenspiel
- Umfrage

Interaktiv

Aufgabenbeispiel:
Diskutieren Sie in der Klasse, ob und inwieweit das Leben in der Stadt für sozial Schwache damals mehr Vorteile bot als auf dem Land. (vgl. Seite 130, M8, A3)

Hinweis: Einige grundlegende Arbeitshinweise zu einzelnen Präsentationsformen, wie zum Beispiel Referat und Mindmap, finden Sie unter dem Code **32037-74**.

2.5 Hinweise zur Bearbeitung von Klausuren

Klausuren

Ziel
In Klausuren sollen Sie zeigen, dass Sie fachspezifisches Material anhand von Aufgaben angemessen bearbeiten können. Dabei sollen Sie ihr Wissen mit neuen Sachverhalten **problembewusst verknüpfen** und begründet **Stellung nehmen**.

Anforderung

Reproduktion
Im **Anforderungsbereich I** beschreiben Sie geordnet und gerafft historische Zustände oder Entwicklungen.

Reorganisation und Transfer
Im **Anforderungsbereich II** bearbeiten Sie Materialien problem- und methodenbewusst zu einem aus dem Unterricht bekannten Thema.

Reflexion und Problemlösung
Der **Anforderungsbereich III** verlangt gründliches Nachdenken und eine Lösung. Sie müssen auf Grundlage Ihrer Materialienanalyse ein Problem untersuchen und bewerten. Ihre Stellungnahme kann eine abwägende Diskussion gegensätzlicher Standpunkte erfordern. Abschließend müssen Sie dazu selbst Position beziehen.

Tipp
Die **Operatoren** der Anforderungsbereiche I bis III finden Sie auf Seite 138f. im Buch erklärt. **Hilfen** zum richtigen Umgang mit den Operatoren bietet die Übersicht ab Seite 140.

Vorgehen

Aufgaben erfassen
- ☑ Lesen Sie die **Aufgaben** sorgfältig durch; unterstreichen Sie den **Operator**. Versuchen Sie, den Auftrag genau zu erfassen. Machen Sie sich ihn bei Bedarf in eigenen Worten klar. Finden Sie **Schlüsselbegriffe** und klären Sie kurz ihre Bedeutung.

Operatoren beachten
- ☑ Erledigen Sie die Aufgaben streng anhand der Operatoren. Sie zeigen Ihnen, zu welchen **Anforderungsbereichen** Sie jeweils arbeiten sollen.

Kernaussagen ermitteln
- ☑ Lesen Sie den Text zunächst als Ganzes, um Thema und Hauptaussagen im **Zusammenhang** zu begreifen. Im zweiten Durchgang ermitteln Sie aufgabenbezogen die **wesentlichen Aussagen**. Unterstreichen Sie dabei Wörter statt Sätze; so fällt es Ihnen leichter, **eigene Formulierungen** zu finden und sich von der Vorlage zu lösen.

Aussagen strukturieren
- ☑ Stellen Sie zunächst den **Autor** und die **Quelle** (Entstehungszeit, historischer Kontext, Adressaten) vor, wiederholen Sie aber nicht die wissenschaftliche Fundstelle des Textes.

Text gliedern
- ☑ Gliedern Sie Ihren Text folgerichtig. Setzen Sie **Schwerpunkte in Inhalt und Umfang** Ihres Textes. Achten Sie bei Ihrem Zeit- und Arbeitsaufwand auf die Gewichtung der Aufgaben.
- ☑ Geben Sie die Hauptgedanken eigenständig in **indirekter Rede** im **Konjunktiv** wieder.

Aussagen belegen
- ☑ Direkte **Zitate** empfehlen sich, wenn der Operator intensive Textarbeit verlangt und sie einen Kernaspekt in auffälligen Worten ausdrücken. Eine **Erläuterung in eigenen Worten** muss folgen.
- ☑ Halten Sie die **Reihenfolge der Aufgaben** ein. Vermeiden Sie Überschneidungen.

Stil
- ☑ Schreiben Sie **kurze, verständliche Hauptsätze** oder **Satzgefüge**. Drücken Sie sich sachlich aus und benutzen Sie **Fachbegriffe**.

Letzte Kontrolle
- ☑ Planen Sie Zeit für die **Durchsicht** ein. Lesen Sie Ihre Klausur zunächst nur unter **inhaltlichen Gesichtspunkten**; erst in einem zweiten Durchgang achten Sie auf **Rechtschreibung, Grammatik** und **Satzbau**. Achten Sie auf die **Zeitenfolge** (Präsens mit Perfekt; Präteritum mit Plusquamperfekt). Nutzen Sie zulässige **Wörterbücher**.

2.6 Formulierungshilfen für die Textanalyse

Der Verfasser / die Verfasserin (kurze Vorstellung) beschäftigt sich (Zeit / Kontext) mit … / untersucht / setzt sich mit der Frage auseinander / behandelt das Problem … / thematisiert / äußert sich zu / führt aus … **Beispiel**: Der Historiker Klaus J. Bade setzt sich in seiner 2002 erschienenen Publikation „Europa in Bewegung" mit der historischen und aktuellen Bedeutung von Migration auseinander.	Einleitung
Der Autor / die Autorin (Name) hat den Brief / Aufsatz / etc. verfasst / die Rede gehalten, als … Die Quelle lässt sich vor dem Hintergrund von … einordnen / ist im Zusammenhang mit … zu sehen. **Beispiel**: Die Bürgerbewegung „Demokratie Jetzt" startet am 12. September 1989 einen Aufruf, der sich an alle Initiativgruppen und reformfreudigen Kräfte in der DDR richtet und auf aktuelle Probleme im Staat eingeht. Der Aufruf lässt sich vor dem Hintergrund der sich wirtschaftlich und politisch zuspitzenden Krise der DDR im Jahre 1989 einordnen.	Einordnung in den historischen Kontext
Er / sie behauptet / ist der Meinung, dass … / vertritt die These / die Position, dass … **Beispiel**: Der amerikanische Politikwissenschaftler Samuel Phillips Huntington behauptet, dass die Konflikte in der Welt in der Zukunft zwischen verschiedenen Großkulturen verlaufen werden.	Textwiedergabe „Kernthese"
Der Verfasser / die Verfasserin begründet dies, indem er / sie … / belegt dies mit … / erklärt dies mit / hebt hervor / betont / kritisiert / bemängelt / argumentiert **Beispiel**: Der Politikwissenschaftler Samuel Phillips Huntington betont, dass ein „weltweiter Kampf der Kulturen" (Zeilenangabe / Belegstelle) nur zu vermeiden sei, wenn der Westen seine Kultur verteidigt und dieser nicht darauf hoffe, dass die anderen Kulturen sich ihm annähern werden.	Textwiedergabe „Argumentation"
Der Autor / die Autorin fasst seine / ihre Haltung / Sichtweise zusammen, indem er / sie … / sagt abschließend … / kommt zu dem Schluss, dass … **Beispiel**: Eberhard Kolb, Professor für Geschichte, kommt zu dem Schluss, dass jeder Historiker durch die Gewichtung der verschiedenen Faktoren darüber entscheidet, wie er das Scheitern der Weimarer Republik interpretiert.	Zusammenfassung
Ebenso wie (ein anderer Autor / eine andere Autorin) / anders als (die Meinung / Argumentation / Position von) … **Beispiel**: Die Historiker František Graus und Peter Schuster nehmen unterschiedliche Standpunkte in Bezug auf die Krise des Spätmittelalters ein. Während Graus … betont, hebt Schuster … hervor.	Vergleich
Er / sie will darauf hinweisen / erreichen / verdeutlichen / appelliert / zielt auf / verfolgt die Absicht … **Beispiel**: Der britische Mathematiker, Philosoph und Friedensforscher Bertrand Russell will mit seinem in der „Times" am 23. Oktober 1945 erschienenden Leserbrief auf die Geschehnisse im Kontext der Vertreibung der deutschen Bevölkerung aufmerksam machen.	Absicht
Beurteilung: Die Argumentation überzeugt (nicht) / ist widersprüchlich / schlüssig / (nicht) einleuchtend / nachvollziehbar / zutreffend, weil … *Bewertung*: Ich stimme dem Autor / der Autorin zu / teile (nicht) die Haltung des Verfassers / der Verfasserin / schließe mich (nicht) der Argumentation an, weil … / Aus heutiger Sicht / Perspektive lässt sich sagen / festhalten, dass … **Beispiel**: Die Thesen des amerikanischen Politologen Jack A. Goldstone über die Ursachen von Revolutionen überzeugen (nicht) aus folgenden Gründen: …	Stellungnahme (Sach- und Werturteil)

2.7 Übungsklausur: Wechselwirkungen und Anpassungsprozesse

Die Aufgabenstellung bezieht sich auf das **Pflichtmodul** „China und die imperialistischen Mächte", das **Kernmodul** „Kulturkontakt und Kulturkonflikt" und das **Wahlmodul** „Romanisierung und Kaiserzeit" aus dem zweiten Rahmenthema des niedersächsischen Kerncurriculums. Des Weiteren ist ein Semesterübergriff auf das Kernmodul „Krisen" des ersten Rahmenthemas und auf das vierte Rahmenthema „Geschichts- und Erinnerungskultur" vorgesehen.

Pflichtmodul

1. Fassen Sie nach einer quellenkritischen Einführung die Kernaussagen von Li Hongzhang zusammen (M1).
2. Ordnen Sie die Denkschrift (M1) in den historischen Kontext zwischen den Opiumkriegen und dem Ende des Kaiserreiches ein.

Pflicht- und Kernmodul

3. Beurteilen Sie, welche Bedeutung der äußere Kulturkontakt angesichts der inneren Bedrohungen des Kaiserreiches besaß. Nehmen Sie dabei Bezug auf die Ausführungen von John K. Fairbank (M2).
4. Erläutern Sie, ob Theorien des Kulturkontakts und Kulturkonflikts für ein Verständnis der Entwicklungen Chinas zwischen ca. 1800 und 1950 hilfreich sind. Berücksichtigen Sie dabei die Aussagen von Jürgen Osterhammel (M3).

Pflicht-, Kern- und Wahlmodul

5. Vergleichen Sie die Entwicklung Chinas zwischen ca. 1800 und 1950 mit den Ihnen bekannten Prozessen der Romanisierung im Römischen Kaiserreich. Berücksichtigen Sie dabei die Aussagen von John K. Fairbank (M2) und Jürgen Osterhammel (M3).

Semesterübergriff

6. Erörtern Sie, inwiefern das Eindringen ausländischer Mächte in China im 19. und frühen 20. Jahrhundert die Charakteristika einer historischen Krise aufweist.
7. Erörtern Sie ausgehend von M4, welche Rolle die Erinnerung an das 19. und frühe 20. Jahrhundert im heutigen China spielt.

Tipps für die Bearbeitung

- **Aufgabe 1**: Eine quellenkritische Einführung gibt die wichtigsten Informationen über die untersuchte Quelle wieder: Verfasserin/Verfasser, Datum, Ort, Textsorte (z. B.: Brief, Rede, …), Adressatenkreis, Thema, Anlass und Absicht der Verfasserin/des Verfassers.
- **Aufgabe 2**: Über die Zeit zwischen den Opiumkriegen und dem Ende des Kaiserreiches informieren die Kapitel auf den Seiten 38 bis 83.
- **Aufgabe 3**: Hintergrundinformationen zu den in M2 angesprochenen Taiping finden sie auf Seite 50 f. im Kapitel „Das Kaiserreich in der Krise".
- **Aufgabe 3 und 4**: Über Theorien im Bereich „Kulturkontakt und Kulturkonflikt" informiert das Kernmodul auf den Seiten 8 bis 11.
- **Aufgabe 5**: Zur Romanisierung siehe nochmals das Kapitel auf den Seiten 88 bis 109 im Band. Das Schaubild auf Seite 108 fasst die wichtigsten Bausteine der Romanisierung zusammen.

Hinweis: Ihre Arbeitsergebnisse zu den Aufgaben 1 bis 7 können Sie mit den Lösungsvorschlägen unter dem Code **32037-76** vergleichen.

M1 Selbststärkung als Antwort auf die Europäer

Der General und Staatsmann Li Hongzhang (1823–1901) legt 1872 eine Denkschrift vor, in der er die seines Erachtens notwendigen Maßnahmen zur Verteidigung Chinas erläutert:

Wir haben mit Bewunderung des Heiligen Kaisers Einsatz für Selbststärkung und das Entwickeln umfänglicher und weitreichender Pläne gesehen. Unsere Bewunderung kennt keine Worte. Wir denken, dass die verschiedenen europäischen Länder in den letzten Jahrzehnten von Indien zu den südlichen Meeren und von den südlichen Meeren zu den nordöstlichen vorgedrungen sind und dass sie die Grenzen Chinas überschritten und ins Landesinnere vorgedrungen sind. Völker, die in der früheren Zeit unbekannt waren und die seit Menschendenken keinen Kontakt mit uns hatten, sind zu uns gekommen, um um Handelsbeziehungen zu bitten. Unsere Kaiser waren so großzügig wie der Himmel und haben Verträge mit allen von ihnen bezüglich des internationalen Handels abgeschlossen, um sie dadurch zu kontrollieren. Menschen […] aus allen Winkeln der Welt kommen in China zusammen; das ist die größte Veränderung seit dreitausend Jahren und mehr.

Die Menschen aus dem Westen stützen sich besonders auf die Qualität und Effizienz ihrer Gewehre, Kanonen und Dampfer. Deswegen können sie China überrollen. Bogen, Speere, kleine Gewehre, hausgemachte Kanonen, welche bisher von China benutzt wurden, kann deren Gewehren, die von hinten geladen werden, nichts entgegensetzen. Die Segel- und Ruderboote und die bisher von uns benutzten Kanonenboote können ihren dampfgetriebenen Kriegsschiffen nichts entgegensetzen. Deshalb werden wir von den Menschen aus dem Westen kontrolliert.

Heute zu leben und immer noch zu sagen „lehnt die Barbaren ab" und „schmeißt sie aus dem Land", ist sicherlich ein oberflächliches und absurdes Reden. Selbst wenn wir den Frieden bewahren und unser Territorium schützen wollen, können wir das nicht tun, wenn wir nicht die richtigen Waffen haben. Sie stellen täglich ihre Waffen her, um mit uns um Vorherrschaft und den Sieg zu kämpfen, um zu streiten und uns zu beleidigen, wobei sie dann ihre überlegene Technik gegen unsere unzulängliche einsetzen. Also wie können wir das nur einen Tag durchhalten ohne Waffen und Technik?

Die Methode der Selbststärkung besteht darin zu lernen, was sie tun können, und zu übernehmen, worauf sie sich stützen. Außerdem: Ihr Besitz von Gewehren, Kanonen und Dampfern begann erst in ungefähr den letzten 100 Jahren, und ihr Fortschritt war so schnell, dass sie ihren Einfluss bis nach China ausgedehnt haben. Wenn wir ihre Methoden wirklich und in aller Tiefe verstehen – und je mehr wir lernen, desto mehr werden wir verbessern – und diese Methoden immer weiterverbreiten, können wir dann nicht erwarten, dass wir nach ungefähr einem Jahrhundert die Barbaren vertreiben und auf unseren eigenen Füßen stehen können?

Li Hongzhang, Probleme der Industrialisierung, in: Franz Schurmann und Orville Schell, The China Reader, Bd. 1: Imperial China, New York 1967, Seite 237 f. (übersetzt aus dem Englischen von Ulrich Mücke)

M2 Innere und äußere Probleme

Der US-amerikanische Historiker John K. Fairbank (1907–1991) beschreibt das Zusammenspiel zwischen innerer und äußerer Bedrohung des chinesischen Kaiserreiches im 19. Jahrhundert:

Wie sah es zwischen 1861 und 1894 aus? Diese Periode begann mit einer gemeinsamen Politik der Mandschu und Chinesen in Peking wie in den Provinzen. Sie stimmten hinsichtlich des allgemeinen Programms überein, das die Beschwichtigung der anglo-französischen Eindringlinge und zugleich die Unterdrückung chinesischer Aufstände vorsah. […] Um die Mitte der sechziger Jahre waren die Taiping im Zuge einer neuen Offensive in das Yangtse-Delta eingedrungen, hatten die großen Städte Hangzhou und Suzhou erobert und bedrohten Shanghai. Zugleich erschien eine englisch-französische Armee auf zweihundert Schiffen vor Tianjin und kämpfte sich bis Peking durch. Angesichts der doppelten Katastrophe griffen die Mandschu zur doppelten Beschwichtigung. Sie gaben Tseng Kuo-fan den Oberbefehl gegen die Taiping unter Aufgabe des alten Prinzips, dass Zivilisten in den Provinzen keine Armeen befehligen sollten, und sie akzeptierten die englisch-französische Forderung nach weiterer Öffnung Chinas für den ausländischen Handel und ausländische Missionare. Im Rat der Dynastie waren die Taiping ein „organisches Leiden", während die Ausländer „nur ein Leiden an den Gliedern" waren. […] Die Engländer wollten nur Handel. Daher legalisierte man ihr Opiumgeschäft und versprach ihnen Handel auf dem Yangtse, sobald die Taiping, die hartnäckig am Opiumverbot festhielten, vernichtet wären.

John K. Fairbank, Geschichte des modernen China, 1800–1985, München 1989, S. 114 (übersetzt von Walter Theimer)

M3 Widerstandsfähigkeit der chinesischen Kultur

*Der deutsche Historiker Jürgen Osterhammel (*1952) beschäftigt sich mit der Frage, wie stark ausländische Mächte im 19. und 20. Jahrhundert die chinesische Gesellschaft geprägt haben:*

Die außergewöhnlich hohe chinesische Kraft zu kultureller Assimilierung war begleitet von einer schwer durchdringlichen Kompaktheit der chinesischen Zivilisation: einem tief verwurzelten Widerstandsvermögen, das sich dem Ein-
5 bruch des Fremden widersetzte. Sieht man [...] in der Kolonisation, also in der Überlagerung von Zivilisationen und in großen Bevölkerungs- und Siedlungsbewegungen, ein Grundphänomen aller Geschichte, so fällt auf, wie verhältnismäßig bedeutungslos solche Prozesse in China blieben.
10 Dies gilt auch für die neuere Zeit. Im 19. Jahrhundert und in der ersten Hälfte des 20. Jahrhunderts war China eine der wichtigsten Zielregionen imperialistischer Expansion. Es wurde aber nie – mit der zeitweiligen Ausnahme des Nordostens, also der Mandschurei – ein Siedlungs- und
15 Kolonisationsgebiet für Ausländer, wie dies in Amerika, in Ozeanien, in Nord-, Ost- und Südafrika und in vielen Gegenden Asiens der Fall war. Selbst auf dem Höhepunkt des ausländischen Einflusses dürfte es nie mehr als 40 000 in China ansässige westliche Ausländer gegeben haben. China
20 ist auch nie zum Einwanderungsgebiet für andere Asiaten geworden. Die japanisch-koreanische Emigration nach China, besonders diejenige in die nordöstlichen Provinzen seit etwa 1905, war eine unmittelbare Begleiterscheinung der japanischen Infiltration und Kolonisierung und ver-
25 schwand 1945 mit dem Zusammenbruch des japanischen Kolonialreiches. Nach der Gründung der Volksrepublik im Jahre 1949 wurden fast alle westlichen Ausländer vom chinesischen Festland vertrieben. So hatte die Epoche des Imperialismus für China keine lang fortwirkenden eth-
30 nisch-demographischen Folgen. Auch dem Eindringen religiöser Spaltungskräfte wurde erfolgreich Widerstand entgegengesetzt. Die zeitweilig mit großem Aufwand betriebene christliche Mission war schon vor dem Sieg der Kommunisten, der sie abrupt beendete, nur mit bescheide-
35 nen Erfolgen belohnt worden. [...] Die Dichte der Geformtheit der chinesischen Zivilisation, ihre Fähigkeit zur Assimilation wie zur Resistenz, hat politische Kolonisierung, demographische Mobilisierung und religiöse Missionierung weitgehend unterbunden oder in ihren Folgen ent-
40 schärft.

Jürgen Osterhammel, China und die Weltgesellschaft. Vom 18. Jahrhundert bis in unsere Zeit, München 1989, S. 7f.

M4 Xi Jinping und der „Chinesische Traum"

*Der Auslandsrundfunk „Deutsche Welle" beschreibt, wie die chinesische Führung unter Xi Jinping (*1953) die Vergangenheit zur Rechtfertigung ihrer heutigen Politik interpretiert:*

Der Rest der Welt reibt sich verwundert die Augen. In nur knapp drei Jahrzehnten ist China aufgestiegen: Vom bitterarmen Entwicklungsland zur globalen Wirtschaftsmacht. Inzwischen setzt China an, sich zur Weltmacht aufzuschwingen. Spätestens jetzt mischen sich Befürchtungen in die 5 Bewunderung über die Aufbauleistung.
Chinesen aber – und speziell die politische Klasse in Peking – sehen in dem Erstarken ihres Landes vor allem die Korrektur einer historischen Anomalie. Propagandistisch wird diese Haltung bedient durch Xi Jinpings „Chinesischen 10 Traum". Seit seinem Amtsantritt 2012 verspricht Chinas Staats- und Parteichef dem chinesischen Volk die Rückkehr zur Größe vergangener Dynastien. Damit knüpft Xi gleich zweimal an das ausgeprägte Geschichtsbewusstsein der Chinesen an. 15
Zum einen verstehen sich auch moderne Chinesen als Erben einer Jahrtausende alten Zivilisation, die bis ins 16. Jahrhundert hinein in Kultur, Wissenschaft, Technik, Verwaltung weltweit führend war. China [...] lag in dieser Idealvorstellung im Zentrum der Welt, umgeben von Bar- 20 baren, die angezogen von der Leuchtkraft der chinesischen Zivilisation willig Tribut zollten.
Zum anderen hebt sich vor diesem Hintergrund das sogenannte „Jahrhundert der Schande" umso stärker ab. Der klar benannte Anfang: Die von England 1842 mit Waffen- 25 gewalt erzwungene Öffnung chinesischer Häfen für britisches Opium. Im ersten der sogenannten „ungleichen Verträge" wurde China damals unter anderem auch gezwungen, Hongkong an England abzutreten. Und ein vorläufiges Ende hat diese Irrung der Geschichte offiziell und propag- 30 andistisch auch: Die Gründung der Volksrepublik China 1949 durch die Kommunistische Partei. [...]
Der Phantomschmerz über den Verlust imperialer Größe wird wachgehalten im kollektiven Gedächtnis: Geschichtsbücher, Fernsehserien, Zeitungsartikel beschwören immer 35 wieder die Demütigung der chinesischen Nation durch ausländische Mächte herauf, den Niedergang und das Elend. Diese Erinnerungskultur hat den Boden bereitet für die Massenwirksamkeit von Xi Jinpings „Chinesischem Traum". Dabei ist er als von oben verkündete kollektive 40 Vision das genaue Gegenteil des „amerikanischen Traums" von der Verwirklichung individuellen Glücks. Die Pläne für die „Große Wiedergeburt der chinesischen Nation" reichen bis ins Jahr 2049: Zum 100. Geburtstag der Volksrepublik soll China wieder eine wirkliche Weltmacht sein. 45

Matthias von Hein, Xi Jinping und der „Chinesische Traum", in: Deutsche Welle vom 7. Mai 2018, https://www.dw.com/de/xi-jinping-und-der-chinesische-traum/a-43545156 (Zugriff: 26. April 2022)

Quellen und Methoden

Die Vergangenheit hat zahllose Spuren in unserer Gegenwart hinterlassen, die uns überall begegnen. Historiker bezeichnen diese Überreste aus früheren Zeiten als Quellen. Allgemein lassen sich folgende Arten unterscheiden:
- **schriftliche Quellen** (Textquellen): Gesetze, Zeitungen, Briefe etc.
- **visuelle Quellen** (Bildquellen): Gemälde, Karikaturen, Fotografien etc.
- **gegenständliche Quellen** (Sachquellen): Münzen, Fahrzeuge, Bauwerke etc.
- **mündlich überlieferte Geschichte** (mündliche Quellen): Sagen, Mythen, Zeitzeugenberichte etc.

Für jede Quellenart werden eigene Verfahren und Arbeitsweisen benötigt, um möglichst viele und verlässliche Informationen zu erhalten. Die nachstehende Übersicht bietet daher Hinweise auf Erklärungen, wie Sie Schritt für Schritt bei der **Quellenanalyse** vorgehen können. Zum einen wird auf die entsprechende Schulbuchseite verwiesen. Zum anderen finden Sie Codes, die sich auf Methoden beziehen, die nicht im Schulbuch abgedruckt sind.

Methode im Schulbuch

Mit Karten arbeiten	Seite 48
Autobiografien analysieren	Seite 84
Statistiken auswerten	Seite 134

Methoden im Internet

Um auf die folgenden Methoden zuzugreifen, geben Sie bitte in das Suchfeld der Internetseite www.ccbuchner.de den in der Randspalte genannten Code ein.

Essays verfassen	Code 32037-79
Fotografien als Quellen deuten	Code 32205-20
Historiengemälde analysieren	Code 32205-21
Historische Urteile untersuchen	Code 32205-22
Karikaturen interpretieren	Code 32205-23
Lieder auswerten	Code 32037-80
Literarische Texte als Quellen verwenden	Code 32037-81
Mittelalterliche Urkunden untersuchen	Code 32036-84
Politische Plakate auswerten	Code 32205-24
Politische Symbole interpretieren	Code 32037-82
Ton- und Filmdokumente historischer Ereignisse auswerten	Code 32037-83
Umgang mit historischer Fachliteratur üben	Code 32205-25
Zeitzeugen befragen	Code 32037-84

Hinweis: Die Karte „China von der Mitte des 19. bis zum Anfang des 20. Jahrhunderts" finden Sie auf Seite 49.

Lösungsskizze: Mit Karten arbeiten

1. beschreiben | Es handelt sich um eine Geschichtskarte, die von einem Kartografen im Auftrag eines Schulbuchverlages angefertigt wurde. Es ist unklar, wann sie erstellt und publiziert wurde. Die Karte zeigt China und die angrenzenden Länder, Reiche und Gebiete in einem Zeitraum von 1842 (z. B. Vertragshafen von Guangzhou) bis 1945 (Taiwan, 1895–1945 japanisch). Die Zeitspanne ist also größer als in der Kartenunterschrift „China von der Mitte des 19. bis zum Anfang des 20. Jahrhunderts" angegeben. Die Karte stellt die Einflussbereiche und Vertragshäfen von jeweils fünf Ländern dar. Es handelt sich in beiden Fällen um Japan, Großbritannien, Frankreich und Deutschland. Bei den Einflussbereichen ist das fünfte Land Russland, bei den Vertragshäfen ist es die USA. Die Karte gibt auch die Grenzen zu den Nachbarländern zu unterschiedlichen Zeitpunkten wieder. Bei den Vertragshäfen ist genannt, in welchem Jahr die entsprechende Hafenstadt zu einem Vertragshafen wurde. Darüber hinaus ist zu sehen, welche ausländische Macht den jeweiligen Hafen zugesprochen bekam. Die Karte zeigt außerdem die Grenzen des Mandschu-Reiches um 1850, das Gebiet des „Boxeraufstandes" von 1900 und den Verlauf der Chinesischen Mauer. Schließlich sieht man auf der Karte auch die wichtigsten Flüsse und einige große Seen. Es ist auch angegeben, wie die Meere vor Chinas Küsten bezeichnet werden.

2. erklären | Die Karte zeigt die ausländische Durchdringung Chinas zwischen der Mitte des 19. und der ersten Hälfte des 20. Jahrhunderts. Sieht man von den geografischen Angaben (Flüsse, Seen, Bezeichnungen der Meere und der Länder, Reiche und Regionen) und der Darstellung der Chinesischen Mauer ab, so beziehen sich alle Angaben auf den Einfluss von ausländischen Mächten in China. Ausgangspunkt bildet dabei der Grenzverlauf Chinas um 1850. Anhand der orangenen, violetten, grünen, blauen und roten Schraffierungen ist gut zu erkennen, in welchen Gebieten sich ausländische Mächte Einflusszonen sicherten bzw. im Falle Russlands Gebiete annektierten. Die zahlreichen Vertragshäfen zeigen zum einen, dass zahlreiche Häfen tief im Landesinneren lagen und zum anderen mithilfe der Jahreszahlen den Verlauf der Durchdringung Chinas. Die Grenzen des „Boxeraufstandes" wiederum verdeutlichen gut, dass dieser gar nicht in einem Zentrum der ausländischen Machtentfaltung stattfand, sondern lediglich in einem klar umrissenen Gebiet unter der Kontrolle des Kaisers. Sowohl diese Grenzen als auch diejenigen der europäischen, japanischen und US-amerikanischen Aktivitäten zeigen wiederum, in welchen Regionen Chinas die Geschichte der kolonialen Durchdringung zu verorten ist.

3. beurteilen | Die auf der Karte dargestellten Sachverhalte sind richtig und umfangreich. Allerdings sind nicht alle Angaben gleichmäßig genau. Bei Taiwan steht z. B. von wann bis wann es japanisch war. Bei den Vertragshäfen wird lediglich genannt, ab wann es sich um einen Vertragshafen handelte. Nicht angegeben ist aber das Ende des jeweiligen Vertragsverhältnisses. Bei den Einflussbereichen gibt es mit Ausnahme der japanischen und russischen Durchdringung im Osten gar keine Zeitangaben. Schließlich ist auch unklar, warum die Chinesische Mauer eingezeichnet ist. Denn sie spielte für die dargestellten Entwicklungen keine Rolle. Während die Karte den zunehmenden europäischen Einfluss gut darstellt, fehlen alle Hinweise auf innerchinesische Entwicklungen. So wird z. B. nicht gezeigt, wo die großen Aufstände, insbesondere der Taiping-Aufstand, stattfanden. Auch finden sich abgesehen vom „Boxeraufstand" keine Hinweise auf chinesischen Widerstand. Es wäre ja z. B. möglich gewesen, größere Gefechte zu Land oder zu Wasser in der Karte zu verzeichnen. Unklar ist auch, welche Bedeutung die eingezeichneten Städte hatten und ob es noch andere große Städte gab, die nicht unter europäischer Herrschaft standen. Die Karte vermittelt also ein Bild von der chinesischen Geschichte, das stark von den imperialistischen Mächten geprägt ist. Sie zeigt nicht die Rolle der Chinesen und deren Einfluss auf den Gang der Dinge.

Lösungsskizze: Autobiografien analysieren

1. beschreiben | Verfasser des Textes ist Aisin Gioro Puyi, der den Text nach langer Haft kurz vor dem Ende seines Lebens in China schrieb und veröffentlichte. Es ist unklar, aus welchem Grund der Text geschrieben wurde. Aber aufgrund der strengen Zensur und der politischen Verhältnisse in China in den 1960er-Jahren ist es offenkundig, dass der Text mit Einverständnis der politischen Machthaber geschrieben und veröffentlicht wurde. Im vorliegenden Auszug wird die Inthronisation des Kindkaisers 1908 dargestellt. Auch wenn es nicht ganz klar ist, so ist aufgrund der einleitenden und abschließenden Sätze anzunehmen, dass der vorliegende Text alle Aussagen des Buches zur Inthronisation enthält. Bei der Darstellung konzentriert sich der Text auf das Verhalten von Puyi und seines Vaters und den Ablauf der Zeremonie. Im letzten Satz erwähnt der Text auch spätere Beurteilungen des von ihm geschilderten festlichen Aktes. Der Text liefert keine genauere Beschreibung der Örtlichkeiten noch der beteiligten Personen (mit Ausnahme des Vaters). Er konzentriert sich auf den Ablauf der Inthronisation, der in einem sachlichen Ton erzählt wird, wobei die Darstellung leicht ironisch wirkt, da sie darauf abzielt, einen Widerspruch zwischen der Zeremonie und dem altersbedingten Verhalten des Erzählers zu betonen.

Hinweis: Auszüge aus der Autobiografie von Aisin Gioro Puyi finden Sie auf Seite 85.

2. erklären | Der Text stellt eine Inthronisation dar, die aufgrund des Alters des Kaisers und seines altersadäquaten Verhaltens der angemessenen Würde entbehrt. Der Text beschreibt auf der einen Seite das feierliche Zeremoniell und auf der anderen Seite die kindliche Reaktion von Puyi. Im Verhalten des Vaters kommt der Konflikt zum Ausdruck. Denn der Vater möchte als Teil der kaiserlichen Familie, dass die Inthronisation nach dem vorgegebenen Protokoll verläuft. Gleichzeitig versteht er aber als Vater offenkundig auch das Verhalten seines kleinen Sohnes und versucht ihn schließlich durch kindgerechte Ansprache zu einem angemessenen Benehmen zu bewegen („Es dauert ja nicht mehr lange, bald ist doch alles vorbei!", Zeile 24). Dem Autor gelingt es auf diese Weise zu zeigen, dass das chinesische Kaisertum in einem Widerspruch zur Realität stand und in strengen Ritualen und Formeln erstarrt war. Denn es ist unsinnig, von einem so kleinen Kind zu erwarten, dass es die lange Zeremonie ruhig erträgt. Die am Ende erwähnte Sichtweise der anwesenden Würdenträger und die Einträge in „vielen Tagebüchern" (Zeile 31) machen explizit klar, dass sich an der Inthronisation zeigte, dass das Kaisertum keine Zukunft hatte. Sie bestätigen also durch Referierung von Dritten die Darstellung und geben die vom Autor gewünschte Interpretation der beschriebenen Abläufe wieder.

3. beurteilen | Der Text ist in einem totalitären System nach jahrelanger Haft und sogenannter Umerziehung verfasst worden. Es handelt sich um eine von der chinesischen Führung akzeptierte, vielleicht sogar gewünschte Autobiografie. Der Text stellt also in erster Linie die Sichtweise des kommunistischen Regimes dar. Die Schilderung der Abläufe ist daher nicht glaubwürdig. Puyi war noch keine drei Jahre alt, als er gekrönt wurde. Es ist daher sehr unwahrscheinlich, dass er sich so genau an die Abläufe erinnerte, insbesondere an den genauen Wortlaut dessen, was er und sein Vater sagten. Es ist nahezu ausgeschlossen, dass er das „Geflüster" der „Würdenträger" überhaupt hören konnte. Denn schließlich flüsterten sie ja. Der Text zielt darauf ab, das Kaisertum als dekadent und hinfällig darzustellen. Die Überzeugungskraft beruht darauf, dass mit Puyi der ehemals höchste Repräsentant dieses Systems zum Kronzeugen wird. Der Text richtet sich an ein allgemeines Publikum sowohl innerhalb als auch außerhalb Chinas. Aus geschichtswissenschaftlicher Sicht ist der Text vor allem hinsichtlich der Geschichtspolitik Chinas in den 1960er-Jahren interessant, da man sieht, wie die Vergangenheit beschrieben und kritisiert wurde. Der Text liefert aber keine glaubhafte Darstellung der Inthronisation von 1908.

Hinweis: Die Statistik „Strukturwandel im internationalen Vergleich" finden Sie auf Seite 135.

Lösungsskizze: Statistiken auswerten

1. beschreiben | Die Tabelle stammt aus einer wirtschaftsgeschichtlichen Darstellung aus dem Jahr 1994. Der Autor nennt in der Quellenangabe eine Reihe von statistischen Werken, deren Daten er zusammenführt. Dabei werden Länder verschiedener Erdteile im Zeitraum von 1800 bis Ende der 1980er-Jahre verglichen. In Intervallen von jeweils rund fünfzig und zuletzt dreißig bis vierzig Jahren ist der Anteil der Beschäftigten in den drei Sektoren Landwirtschaft, Industrie und Handwerk sowie Dienstleistungen beziffert. Für einige Länder stimmen die Zeitschnitte nicht immer mit der sonstigen Zählweise überein. Während sich die Angaben hauptsächlich auf einzelne Staaten beziehen, sind in der Schlusszeile etwa 35 (nicht genannte) ärmere Entwicklungsländer zu einem Durchschnitt zusammengefasst.

2. erklären | Anhand der statistischen Verteilung aller Erwerbstätigen auf die drei erwähnten Sektoren lässt sich üblicherweise die Struktur einer Volkswirtschaft kennzeichnen. Je nachdem, welcher Bereich am stärksten vertreten ist, gilt ein Land vorwiegend als Agrar-, Industrie- oder Dienstleistungsgesellschaft. Im Zuge der Industrialisierung veränderte sich die Gewichtung der Sektoren, da Industriebetriebe verstärkt Arbeitskräfte benötigten, während die Landwirtschaft dank des technischen Fortschritts immer weniger Personal erforderte.

Die Tabelle macht diesen Strukturwandel augenfällig. In Großbritannien bildeten Industrie und Handwerk bereits um 1850 den beschäftigungsstärksten Sektor. In Deutschland (hier ohne Angabe der jeweiligen Grenzen), Frankreich, den USA oder Japan war der Agrarbereich noch bis um 1900 führend, wenngleich die industrielle und handwerkliche Beschäftigung stark aufholte und im Lauf des 20. Jahrhunderts die Landwirtschaft hinter sich ließ.

Zeitversetzt wuchs auch der Dienstleistungsbereich in den industrialisierten Ländern stark an: Um 1950 lag er in Großbritannien und Frankreich fast gleichauf mit Industrie und Handwerk, in den USA dominierte der Dienstleistungssektor bereits eindeutig den Arbeitsmarkt. Bis um 1980/90 schrumpfte die Landwirtschaft in den genannten Ländern Europas, den USA und Japan auf einstellige Prozentsätze, aber auch Industrie und Handwerk fielen immer weiter hinter den Dienstleistungsbereich zurück.

Südkorea, das bis Ende des Zweiten Weltkriegs zum japanischen Kolonialreich gehörte, verringerte seinen Beschäftigtenanteil im Agrarbereich von 1965 bis um 1980/90 auf etwa ein Fünftel, während sich der Anteil für Industrie und Handwerk verdoppelte. Der Dienstleistungsbereich wuchs von 28 auf 45 Prozent und lag damit deutlich vor dem industriellen bzw. Handwerkssektor. In Indien, das erst 1948 seine Unabhängigkeit erlangte und danach große Teile des vormaligen Staatengebildes einbüßte, blieb der Agrarbereich bis 1980/90 vorherrschend und nahm zwischenzeitlich noch zu, während die Industriebeschäftigung nur langsam anstieg und lange nur einen Bruchteil des Dienstleistungssektors ausmachte. Um 1980/90 ähnelten die Werte für Indien weitgehend dem Durchschnitt von etwa 35 ärmeren Entwicklungsländern.

3. beurteilen | Länder wie Großbritannien und Deutschland durchliefen im 19. und 20. Jahrhundert einen Wandel von der Agrar-, zur Industrie- und schließlich zur Dienstleistungsgesellschaft. Diese Abfolge traf jedoch keineswegs auf alle wirtschaftlich entwickelten Staaten zu. In den USA oder asiatischen Volkswirtschaften wie Japan und Südkorea wuchsen zwar Industrie und Handwerk ebenfalls stark an, blieben jedoch stets geringer als das Arbeitsangebot anderer Sektoren. Länder wie Indien und ärmere Entwicklungsländer verharrten dagegen im 20. Jahrhundert noch weitgehend in agrarischen Verhältnissen. Die vorliegende Statistik erscheint zwar lückenhaft und weist inhaltliche Unschärfen auf. Dennoch kann der hier unternommene internationale und globale Langzeitvergleich zeigen, dass die Industrialisierung zu unterschiedlichen Verlaufsformen eines Strukturwandels führte.

Tipps und Anregungen für die Aufgaben

1.1 Kernmodul: Kulturkontakt und Kulturkonflikt

Diskutieren Sie, wie das Schaubild auf Seite 9 ergänzt bzw. in seiner Gestaltung verändert werden müsste, wenn die Bereiche „Akkulturation" und „Kulturverflechtung" nach Bitterli dort eingebracht werden sollen.

Seite 9, M1, A1, F

1.2 Kernmodul: Transformationsprozesse

Braudel kann mit der Aussage „Die Geschichte stammt gleichzeitig aus dem Gestern, dem Vorgestern und dem Einst!" zitiert werden. Erklären Sie anhand von M1 den Inhalt dieser Aussage.

Seite 13, M1, A1, F

Beachten Sie dabei, dass Globalisierung definiert ist als Prozess, bei dem sich Beziehungen zwischen verschiedenen Gruppen und Regionen, die weit auseinander liegen, so verstärken, dass eine globale Verflechtung in Bereichen wie Wirtschaft, Politik, Kultur und Umwelt entsteht und dadurch Veränderungsprozesse in diesen Bereichen in Gang gesetzt werden. Untersuchen Sie, ob es entsprechende Beispiele in der Geschichte gab, um ihre Stellungnahme zu unterstützen.

Seite 15, M3, A3, H

1.3 Kernmodul: Migration

Charakterisieren Sie die verschiedenen historischen Phasen der menschlichen Migration nach Bacci in ihren Eigenarten und geben Sie jeder Phase eine aussagekräftige Überschrift (z. B. „Verbreitung der menschlichen Spezies" oder „Verbreitung des Ackerbaus" für die erste Phase). Beachten Sie dabei auch die Rolle, die Europa dort jeweils spielt.

Seite 18, M1, A1, H

Beachten Sie hierbei insbesondere die Zeilen 1–16 in Oltmers Ausführungen.

Seite 19, M2, A1, H

1.4 Pflichtmodul: China und die imperialistischen Mächte

Suchen Sie Fotos von Bahnhöfen, die um die Jahrhundertwende in Deutschland entstanden sind und vergleichen Sie deren Architektur mit der des ehemaligen deutschen Bahnhofs in Tsingtau.

Seite 20, Abb., A1 und A2, H

Diskutieren Sie auf Basis Ihrer Ergebnisse der Kartenanalyse, welche Herausforderungen und Problemstellungen die Verwaltung und Regierung des chinesischen Kaiserreiches mit sich gebracht haben könnte.

Seite 23, Abb., A1 und A2, F

Analysieren Sie den Verfassertext (Seite 22 bis 26) in Hinblick auf das dort zum Ausdruck kommende chinesische Selbstverständnis und das Selbstverständnis des Kaisers.

Seite 27, M1, A2, H

Diskutieren Sie hierzu, inwieweit folgende Kriterien der Emanzipation erfüllt sind:
Die Fähigkeit…
- die eigene gesellschaftliche Rolle zu bestimmen und wenn nötig grundlegend zu verändern,
- eine eigenständige Lebensperspektive zu entwickeln,
- am kulturellen Leben teilzunehmen und dies mitzugestalten,
- seine eigenen Bedürfnisse zu befriedigen und die eigene Existenz zu sichern sowie
- selbstbestimmt soziale Beziehungen aufzubauen und daraus einen Nutzen zu ziehen.

Seite 28, M3, A3, H

Beurteilen Sie, inwieweit sich die durch Porzellan und Tee ausgelöste Handelbeziehung zwischen Europa und China als Form eines Kulturkontaktes charakterisieren lässt. Zum Thema „Kulturkontakt" siehe auch das Kernmodul im Band auf Seite 8 bis 11.

Seite 28, M4, A2 und A3, F

Visualisieren Sie die Grundprinzipien des Konfuzianismus (Zeile 24 bis 55) in Form eines Beziehungsdiagramms. Folgende Begriffe sollen dabei mindestens auftauchen: Vater – Sohn – Herrscher – Untertan – Staat – Familie – Volk – Beamter.

Seite 29, M5, A1 und A2, H

Erstellen Sie anhand der in M1 angegeben Daten passende Diagramme (achten Sie auf die Zeitabstände!) und beschreiben Sie mittels der erstellten Graphen die Bevölkerungsentwicklung.

Seite 35, M1, A1, H

Christian Wolff war einer der bedeutendsten Philosophen der Aufklärung. Analysieren Sie, inwieweit er die Gedanken der Aufklärung in der von ihm in M2 dargestellten chinesischen Geisteshaltung nachzuweisen versucht.

Seite 35, M2, A2 und A3, H

Charakteristika der Aufklärung:
- Berufung auf die Vernunft als Maßstab für die Beurteilung aller Dinge
- Vernunftgesteuertes Lösen von althergebrachten, starren und überholten Vorstellungen
- daraus folgend: Widerstand gegen Tradition und Gewohnheitsrecht

	Überprüfen Sie auch im Material (M2), wo Widersprüche zu den Charakteristika der Aufklärung deutlich werden.
Seite 36, M3, A4, H	Vergleichen Sie hierzu zunächst die Charakteristika der Aufklärung mit den Charakteristika des Konfuzianismus (Seite 29, M5) und führen Sie auf Basis des Ergebnisses die Überprüfung durch.
Seite 37, M4, A1, H	Erstellen Sie anhand der in M4 angegebenen Daten passende Diagramme (achten Sie dabei auf die Zeitabstände!) und beschreiben Sie mittels der erstellten Graphen die Industrieproduktion. Neben Balken- und Kurvendiagrammen bieten sich auch Kreisdiagramme an, da es sich bei den vorliegenden Daten um Prozentangaben handelt! Beispiele für Regionen können Europa, Nordamerika und Asien sein.
Seite 37, M4, A2, H	Die Weltindustrieproduktion stellt die gesamte industrielle Produktion auf der Welt dar und welche Länder welchen Anteil an ihr haben. Damit zeigt sie auch die wirtschaftliche Stärke der einzelnen Länder. Nutzen Sie diese Definition für Ihre Erklärung.
Seite 37, M5, A1, F	Finden Sie historische Beispiele, auf die diese Definition anwendbar ist und erläutern Sie diese Beispiele für „Kolonialismus" begründet.
Seite 39, Abb., A, H	Gliedern Sie das Bild in sinnvolle Bereiche (z. B. nach Bildebenen, Handlungen, Personengruppen) und nutzen Sie anschließend die Methode „Karikaturen interpretieren" unter Mediencode 32205-23.
Seite 44, M1, A1, H	Nutzen Sie hierzu die Informationen zum Bereich „Wirtschaft" und „Tributsystem und Handel" auf Seite 24f. sowie die Informationen zu Stellung und Selbstverständnis des Kaisers in M5 auf Seite 29 als Basis.
Seite 44, M1, A3, F	Überprüfen Sie, ob M1 ein Bespiel für einen „Clash of Civilizations" im Sinne Samuel Phillips Huntingtons (Seite 10, M2) darstellt.
Seite 45, M3, A3, H	Überprüfen Sie, inwieweit die Bedingungen aus dem Vertrag von Nanjing (M3) mit der Haltung des chinesischen Kaisers, die in M1 auf Seite 44 zum Ausdruck kommt, verträglich sind. Weitere unterstützende Informationen zum Bereich „Wirtschaft" und „Tributsystem und Handel" finden sich zusätzlich auf den Seiten 24f.
Seite 46, M4, A3, F	Setzen Sie sich mit der These auseinander, dass die „ungleichen Verträge" für China einen unbeabsichtigten Nutzen brachten, der die Nachteile der Verträge für China überwog.
Seite 46, M5, A1, F	Finden Sie historische Beispiele, auf die diese Definition anwendbar ist und erläutern Sie diese Beispiele für „Imperialismus" begründet.
Seite 53, Abb., A1, F	Stellen Sie die im Buch gezeigte Abbildung der Darstellung eines „Tokugawa Shoguns" gegenüber. Recherchieren Sie dazu entsprechende Bildmaterialien im Internet.
Seite 53, Abb., A2, H	Vergleichen Sie die Darstellung mit denen von europäischen Monarchen im selben Zeitraum. Recherchieren Sie weitere geeignete Bildmaterialien im Internet.
Seite 57, M2, A2 und A3, H	Stellen Sie den im Material (M2) beschriebenen Transformationsprozess in Form eines Schaubildes dar.
Seite 58, M5, A1 und A2, F	Stellen Sie die Ursachen und die Umsetzung der Meiji-Restauration in Form eines Schaubildes dar. Beziehen Sie dabei auch die Informationen aus dem Verfassertext auf Seite 53f. mit ein.
Seite 67, M1, A5, H	Listen Sie in Form einer Tabelle die Aspekte der Missionierung auf, die eine stabilisierende bzw. destabilisierende Wirkung auf die chinesische Gesellschaft hatten.
Seite 67, M1, A5, F	Überprüfen Sie, inwieweit man bei den Wirkungen der christlichen Missionierung von einem Modernisierungsprozess sprechen kann.
Seite 68, M2, A4, F	Vergleichen Sie das von Ihnen in Aufgabe 4 konkretisierte Reformprogramm mit den erlassenen Reformen in M3 auf Seite 68. Diskutieren Sie anschließend mögliche Gründe für Abweichungen.
Seite 68, M3, A3, H	Nutzen Sie zur Beurteilung folgende Definition: Eine Revolution von oben beschreibt wesentliche und erhebliche Reformen, die von den Herrschenden veranlasst werden, um eine Revolution aus der Bevölkerung zu verhindern.
Seite 68, M3, A3, F	Erörtern Sie anhand der Informationen des Verfassertextes auf Seite 60ff., inwieweit die in M3 beschriebenen Reformen von vorneherein zum Scheitern verurteilt waren.
Seite 70, M5, A3, H	Analysieren Sie, welche Teile der Rede in der deutschen Bevölkerung und im europäischen Ausland sowie den USA negativ aufgefasst werden konnten.
Seite 71, M6, A2, H	Listen Sie die von den USA geforderten Regelungen im Einzelnen auf und diskutieren Sie danach, welche Nationen jeweils einen Profit daraus ziehen und welche gegebenenfalls benachteiligt werden.

Entwerfen Sie zu beiden Darstellungen eine materialkritische Einleitung, in der Sie den Hintergrund und die Intention der Autoren, die Entstehungszeit des jeweiligen Textes und die Adressaten der Darstellungen analysieren. Beziehen Sie Ihre Erkenntnisse aus dieser Materialanalyse in die Bearbeitung der Aufgaben ein.	Seite 73, M1 und M2, A2-A4, H
Charakterisieren Sie die Handlungen der beteiligten Gruppen (Japan, Guomindang, Kommunisten, Großbritannien, UdSSR, USA). Ziehen Sie dazu auch die Informationen aus dem Verfassertext auf Seite 76f. hinzu.	Seite 83, M4, A1 und A2, H
Arbeiten Sie aus M5 heraus, auf welche historischen Gegebenheiten Chinas Mao in seiner Politik Rücksicht nehmen musste und erläutern Sie auf Basis Ihrer bisher in diesem Modul erworbenen Kenntnisse, warum er dies tun musste.	Seite 83, M5, A3, H
Überprüfen Sie, inwieweit die Ereignisse des „Jahrhunderts der chinesischen Revolutionen" als Krisen und/oder Revolutionen anzusehen sind.	Seite 83, M5, A4, F

1.5 Wahlmodul: Romanisierung und Kaiserzeit

Erörtern Sie die These: „Nur durch die *pax Romana* war die Romanisierung überhaupt möglich!"	Seite 100, M1, A2, F
Vergleichen Sie den in M2 dargestellten Einfluss der römischen Kultur und Sprache auf die einheimische Bevölkerung Spaniens in der römischen Kaiserzeit mit dem gegenwärtigen Einfluss der amerikanischen Kultur und Sprache auf Ihr eigenes Leben. Beziehen Sie dabei auch die jeweiligen Gründe für die Übernahme von Sprache und Lebensweise mit ein.	Seite 100, M2, A3, F
Listen Sie alle Veränderungen in der Lebensweise der Britannier, die in M5 beschrieben werden, auf. Diskutieren Sie dann im Partnergespräch, inwieweit diese Veränderungen Vor- bzw. Nachteile für die Britannier brachten. Unterscheiden Sie dabei zwischen der „vornehmen" und „einfachen" britannischen Bevölkerung und beziehen Sie auch Tacitus' Wertungen ein.	Seite 102, M5, A2, H
Erörtern Sie, inwiefern die Verbreitung der Terra sigillata als Beispiel für eine „antike Globalisierung" gelten kann. Informieren Sie sich dazu zunächst über die Bedeutung des Begriffes „Globalisierung" in der Gegenwart. Weiten Sie die Diskussion danach auf alle Bereiche der Romanisierung in der Kaiserzeit aus.	Seite 103, M7, A2, F
Stellen Sie in Form einer Tabelle dar, von wem und zu welchen Gegebenheiten die lateinische bzw. griechische Sprache und Schrift jeweils genutzt wurde.	Seite 104, M8, A1, H

1.6 Wahlmodul: Industrialisierung

Teilen Sie Abbildung in verschiedene Bereiche ein und analysieren Sie, welche Aussage jeder dieser Bereiche dem Betrachter vermittelt und durch welche gestalterischen Mittel diese Wirkung erzielt wird.	Seite 112, Abb., A, H
Interpretieren Sie die Karte mithilfe der Arbeitsschritte der Methode „Mit Karten arbeiten" auf Seite 48 im Buch.	Seite 118, Abb., A, H
Legen Sie eine Folie über die Abbildung und umranden Sie mithilfe eines Folienstiftes verschiedene Bereiche und Personen. Weisen Sie einzelnen Personen mögliche Gedanken in Form von Denkblasen zu und analysieren Sie anschließend für jede der von Ihnen gewählten Personen bzw. für jeden ausgewählten Bereich die vom Künstler beabsichtige Botschaft an den Betrachter des Gemäldes. Führen Sie dann die Einzelbotschaften zu einer Gesamtaussage zusammen. Nutzen Sie dazu auch die Arbeitsschritte der Methode „Historiengemälde analysieren" unter Mediencode 32205-21.	Seite 120, Abb., A, H
Erklären Sie Sven Beckerts Aussage „Der Kriegskapitalismus brachte den Industriekapitalismus hervor" (Zeile 36f.) und setzen Sie sich mit den Folgen dieses ursächlichen Problemzusammenhangs auseinander.	Seite 125, M2, A4, F
Stellen Sie die Entwicklung der Daten in M3 a) in Form von sechs Kreis- bzw. Tortendiagrammen und analog die Daten in M3 c) in Form eines Graphen dar (Auf Zeitintervalle achten!). Interpretieren Sie anschließend die Statistiken mithilfe der Arbeitsschritte der Methode „Statistiken auswerten" auf Seite 134 im Schulbuch.	Seite 126, M3, A1, H
Arbeiten Sie heraus, was sich aus den Statistiken über die Entwicklung der internationalen Machtverhältnisse entnehmen lässt.	Seite 126, M3, A2, F
Analysieren und erläutern Sie die jeweilige Zielsetzung hinter den in M4 aufgeführten Maßnahmen.	Seite 126, M4, A1, F
Verfassen zu dem Material eine quellenkritische Einleitung, beziehen Sie dabei besonders auch die in der Quellenangabe deutlich werdenden Auftraggeber des Gutachtens mit ein. Nutzen Sie die quellenkritische Einleitung dazu, die dem Gutachten innewohnende Haltung zu erklären.	Seite 127, M5, A1, H

Seite 131, M9, A1, H	Stellen Sie den von Marx und Engels in M9 beschriebenen Verlauf der Geschichte bis hin zur klassenlosen Gesellschaft in Form eines Flussdiagramms dar.
Seite 132, M11, A4, F	Überprüfen Sie begründet, inwieweit die vorliegende Denkschrift ein gutes repräsentatives Beispiel für Lohmanns Wirken und seine Haltung insgesamt darstellt.
Seite 133, M12, A2, H	Stellen Sie den von Robert Schuman in M12 dargestellten Zusammenhang zwischen Industriewirtschaft, Rüstung und Politik in einem Beziehungsdiagram dar.

Lexikon zur Geschichte: Begriffe

chemische Industrie: seit etwa 1850 aufkommender Wirtschaftsbereich, in dem Rohstoffe in chemischen Fertigungsprozessen zu Produkten wie künstlichen Farben, Kunststoffen, Kunstdünger, Reinigungs- oder Konservierungsmitteln und Medikamenten verarbeitet werden

Elektroindustrie: Industriezweig, der gegen Ende des 19. Jahrhunderts entstand und auf die Herstellung etwa von Stromgeneratoren, Kabeln, Batterien und elektrisch betriebenen Anlagen, Geräten und Bauteilen spezialisiert ist

Enzyklika (von altgriech. *kyklos*: Ring, Kreis): Rundschreiben des Papstes an die katholischen Gemeinden in aller Welt, mit Lehrinhalten zu Fragen des Glaubens, der Lebensführung oder über gesellschaftliche Themen

Gewerkschaften: Nach dem Vorbild der britischen *trade unions* gegründete Arbeitervereinigungen, die die Interessen der Beschäftigten gegenüber Arbeitgebern und Regierung vertreten

Globalisierung: Prozess einer fortschreitenden Annäherung und Verflechtung zwischen den verschiedenen Weltregionen durch Handel, Kapitalverkehr und sonstige Wirtschaftsbeziehungen, Migration und Tourismus, Medien und Kommunikation oder zwischenstaatliche Vereinbarungen

Han: Die Han sind eine von vielen ethnischen Gruppen in China. Ihr Anteil an der chinesischen Bevölkerung ist in den letzten Jahrhunderten immer größer geworden. Heute stellen sie über 90 Prozent der Bevölkerung Chinas.

Jesuiten (eigentlich: Gesellschaft Jesu): geistlicher Orden, von dem Spanier Ignatius von Loyola (1491–1556) 1534 gegründet und 1540 von Rom anerkannt. Die Jesuiten widmen sich dem Unterricht in Schule und Universität sowie der Missionierung. Sie tragen keine eigene Ordenskleidung und betonen den Gehorsam gegenüber dem Papst.

Kapital: (von lat. *caput*: Haupt, Kopf; ital. *capitale*: Kopfzahl, Vermögen): Sammelbegriff für Mittel, die zur Produktion von Gütern oder Dienstleistungen zur Verfügung gestellt werden, etwa Bargeld, Kredite oder Wertpapiere, Grundbesitz, Maschinen und Geräte, Betriebsstätten usw.

Marktwirtschaft (auch: Kapitalismus): System, das auf freien Wettbewerb setzt und dem Grundsatz von Angebot und Nachfrage folgt, um möglichst großen wirtschaftlichen Gewinn zu erzielen

Merkantilismus (von lat. *mercator*: Kaufmann): staatlich gelenkte Wirtschaftsform in Europa im 16. bis 18. Jahrhundert, die auf hohe Ausfuhren heimischer Fertigprodukte angelegt ist, um Handelsgewinne zu erzielen, während die Binnenwirtschaft von Importen anderer Staaten möglichst abgeriegelt wird

Montanunternehmen (von lat. *mons*: Berg): Industriebetriebe des Bergbaus sowie der Produktion oder Verarbeitung von Eisen und Stahl

Pantheon: Bezeichnung sowohl für die Gesamtheit der Götter als auch für das ihnen geweihte Heiligtum

Proletarier (von lat. *proles*: Nachkomme): im Alten Rom Bezeichnung für die Angehörigen der Unterschicht, die nichts außer ihren eigenen Kindern besaßen

Provinzgouverneure: hohe Zivilbeamte in den Provinzen, die große Macht besaßen und politische Führungsrollen einnahmen

Reallöhne: statistische Höhe von Einkommen, bei denen das erhaltene Entgelt (Nominallohn) mit den bestehenden Lebenshaltungskosten verrechnet wird, Gradmesser für die tatsächliche Kaufkraft

Senat (lat. *senatus*: Ältestenrat/Rat erfahrener Politiker): oberster Rat des Römischen Reiches. In ihn wurde nur aufgenommen, wer Magistrat („Regierungsbeamter") gewesen war und über großes Vermögen verfügte. Unter Augustus umfasste der Senat 600 Mitglieder.

Sozialstaat: Gesamtheit von Gesetzen, öffentlichen Einrichtungen und Angeboten zur Unterstützung für sozial Schwache

Lexikon zur Geschichte: Personen

Bismarck, Otto von (1815–1898): Ministerpräsident Preußens von 1862 bis Januar 1873 und November 1873 bis 1890, von 1867 bis 1871 Kanzler des Norddeutschen Bundes, danach bis 1890 Deutscher Reichskanzler

Chiang Kaishek (1887–1975): seit Mitte der 1920er-Jahre Führer der Guomindang und einer der wichtigsten Staatsmänner Chinas. Er stand an der Spitze der Nanjing-Regierung und kämpfte im Zweiten Weltkrieg gegen Japan. Im anschließenden Bürgerkrieg gegen die Kommunistische Partei unterlag die Guomindang. Aber ein Teil der Partei konnte sich 1949 unter Führung von Kaishek nach Taiwan absetzen, wo sie einen bis heute existierenden unabhängigen Staat gründeten. Chiang Kaishek war bis zu seinem Tod Präsident Taiwans.

Engels, Friedrich (1820–1895): Kaufmann, Philosoph und Publizist aus Barmen, enger Weggefährte und Mitarbeiter von Karl Marx

Guangxu (1871–1908): Er wurde von seiner Tante Cixi adoptiert und war seit 1875 Kaiser von China. Nach dem Scheitern der Reform der hundert Tage wurde Guangxu entmachtet. Er war zwar formell noch im Amt, konnte aber keine wichtigen Entscheidungen mehr treffen. Untersuchungen aus dem Jahre 2008 ergaben, dass der Kaiser wahrscheinlich mit Arsen vergiftet wurde.

Hong Xiuquan (1814–1864): Der chinesische Revolutionär führte den Taiping-Aufstand an. Er sah sich als jüngerer Bruder Jesu Christi und verband christliche mit chinesischen religiösen Vorstellungen. 1851 nahm er den Titel „Himmlischer König" („Tianwang") an.

Kangxi (1654–1722): In seiner von 1661 bis 1722 dauernden Regierungszeit stabilisierte er die Herrschaft der neuen Dynastie durch zahlreiche Kriege und die Verbindung der alten Gebräuche mit neuen Sitten und Techniken.

Konfuzius (ca. 551 v. Chr. – ca. 479 v. Chr.): Konfuzius ist der bedeutendste chinesische Philosoph, auch wenn von ihm selbst keine Schriften überliefert sind. Etwa 100 Jahre nach seinem Tod begannen seine Schüler, seine Lehren aufzuschreiben. Konfuzius' Vorstellungen vom richtigen Leben hatten unter den Qing und im 20. Jahrhundert große Bedeutung für Geschichte, Gesellschaft und Politik Chinas.

Marx, Karl (1818–1883): Wirtschaftswissenschaftler, Philosoph und Publizist aus Trier, Begründer der Wirtschafts- und Gesellschaftstheorie des Marxismus, brachte als politisch Verfolgter 1845 bis 1848 in Brüssel zu, ging nach der Revolution von 1848/49 ins Exil nach London

Qianlong (1711–1799): Er war der Sohn des Kaisers Yongzheng und regierte offiziell von 1735 bis 1796. Unter seiner Herrschaft stand das chinesische Reich auf dem Höhepunkt seiner Macht und erreichte mit fast zwölf Millionen Quadratkilometern die größte Ausdehnung seiner Geschichte.

Sun Yat-sen (1866–1925): Staatsmann und Vordenker des republikanischen Chinas. Sun Yat-sen lebte schon als Jugendlicher auf Hawaii, studierte in China Medizin und ging nach einem gescheiterten Aufstand 1895 für 16 Jahre ins Exil, das er in Japan, Nordamerika und Europa verbrachte. Als erster Staatspräsident der Republik China und Begründer der sogenannten „Drei Prinzipien" ist er einer der bedeutendsten chinesischen Politiker des 20. Jahrhunderts.

Yongzheng (1678–1735): Er war ein Sohn des Kaisers Kangxi und führte in seiner Regierungszeit von 1723 bis 1735 Reformen in Verwaltung und Regierung durch, die die Position des Kaisers stärkten.

Yuan Shikai (1859–1916): einer der mächtigsten Militärs und Politiker des späten Kaiserreiches und der frühen Republik. Er war 1885 bis 1894 als Hochkommissar der mächtigste Mann in Korea und besetzte zwischen 1895 und 1911 zahlreiche bedeutende Positionen in der Armee und der Verwaltung des Kaiserreiches. Bei der Ausrufung der Republik wechselte er die Seiten und wurde schnell zum mächtigsten Mann Chinas. Die Übernahme der Präsidentschaft und die Proklamierung zum Kaiser führten aber zu so starkem Widerstand, dass er schließlich entmachtet wurde.

Sachregister

Die **fettgedruckten Begriffe und Seitenzahlen** verweisen auf Erläuterungen in der Randspalte des Darstellungsteils.

Acht-Nationen-Armee 64
Akkulturation 8 f., 16
Allgemeiner Deutscher Arbeiterverein (ADAV) 121
Arbeiterbewegung 111, 120-122, 136

Bauernbefreiung 111, 113
Beijing (Peking) 24, 34, 41-43, 51 f., 59 f., 64-66, 68 f., 75, 80-82
Boxeraufstand 21, 49, 63-65, 69, 79, 86, 156
Boxerprotokoll 64 f.
Bürgerkrieg 14, 21, 50 f., 56, 60, 62, 77 f., 82, 86, 90, 100
Bürgerrecht 89, 93, 95, 97, 108 f.

Chemische Industrie 111, **114**, 163
Chinesisch-Französischer Krieg 52, 86
Christentum 10 f., 30 f., 42, 50, 56, 60, 63 f., 66 f., 69 f., 88 f., 92, 99, 107 f.
Co-Hong 38, 45

Deutscher Bund 113 f.
Deutscher Zollverein 111, 114, 116, 137
Diktatur, Diktator 16, 74, 80
Drei Prinzipien 74

École des Annales 12
Elektroindustrie 111, **114**, 163
Enzyklika **122**, 163
Erster Opiumkrieg 6, 20 f., 40-44, 46, 51, 54, 60-62, 79 f., 86
Erster Weltkrieg 17, 21, 74 f., 77 f., 80 f., 111, 117 f., 123
Extraterritorialität 42, 53, 80

Flucht, Flüchtling 7, 16, 19

Gewerkschaft 120, **122**, 137, 163
Globalisierung 10-12, 15, 17, 25, **123**-125, 136, 163
Guangzhou 38, 40-42, 44, 46, 156
Guerillakrieg 50
Guomindang (GMD) 75-80, 82

Han **22**, 163
Hannover-Linden 128 f.
Hongkong 43, 45, 56, 154

Ideologie 9 f., 29, 37, 56, 74, 76, 83, 87
Imperialismus 7, 46 f., 50, 53, 58, 65, 68, 77-79, 83, 123, 154
Industrialisierung 12, 15, 32 f., 53 f., 58, 62, 78, 86, 110-137
Integration 14, 16-18, 58, 83, 88 f., 98 f., 109, 114, 123

Japan 20 f., 53-55, 58-65, 68, 75, 77-79, 81 f., 86, 154
Japanisch-Chinesischer Krieg 54, 58 f., 81
Jesuiten, Jesuitenorden **31** f., 66, 163

Judentum, Juden 89, 99, 105 f., 108, 113

Kalter Krieg 8, 10
Kanton-System 38 f.
Kapital 14, 17, 46, 62, **113**, 117, 123, 130, 163
Kapitalismus 113, 121, 124 f.
Kiautschou 20 f., 54, 75, 80, 86
Klassengesellschaft 117, 121, 130 f., 136
Kolonialismus 33, 37, 47, 81, 96
Kolonien 24, 30, 33, 39, 43, 46, 54 f., 65, 77 f., 81, 95, 112, 115, 123
Kommunismus 85, 111, 121-123, 130 f.
Kommunistische Partei Chinas (KPCh) 20 f., 75 f., 78 f., 82, 86, 154
Konfuzianismus 10, 28 f., 56, 65, 68, 87
Korea 21 f., 24, 54 f., 58, 77, 79, 137
Kulturkonflikt 8 f., 11
Kulturkontakt 8 f., 16

Leibeigenschaft 25, 30, 113, 130
Limes 93, 96

Macau 31, 38, 43
Mandschukuo 77, 81
Mandschurei 21 f., 52, 55 f., 58, 75, 77, 79-81, 86, 154
Marktwirtschaft **113**, 124, 136, 163
Marxismus 121
Massenarmut 115
Meiji-Restauration 53 f., 58, 60, 62, 77 f.
Menschenrechte 11, 123
Merkantilismus **113**, 163
Migration 7, 9, 16-19, 51, 57, 111, 119, 136
Miliz 56, 69, 87
Ming-Dynastie 22, 25
Missionierung 31, 43, 66, 154
Modernisierung 10, 12, 14 f., 21, 61, 63, 65-67, 72, 78, 133
Monotheismus 99, 108
Montanunion 111, 133, 137
Montanunternehmen **116**, 163

Nanjing-Dekade 76
Nationalismus 75, 78, 82
Nationalstaat 32 f., 47, 74, 76, 87
Nian-Aufstand 50, 56

Open Door Policy 21, 65, 71
Opiumhandel 39, 41, 44 f., 87, 153 f.

Pantheon **98**, 163
Pax Romana 96, 100
Polytheismus 98
Prinzipat 89 f.
Proletarier 120, 130 f., 163
Provinzen 23, 30, 50 f., 61, 65, 74 f., 80, 89-98, 102-104, 108 f., 153 f.
Provinzgouverneure 50, 56, 61 f., 64 f., 81, 86 f., 163

Qingdao 20, 43, 54
Qing-Dynastie 21-31, 34, 38, 41, 50, 54, 56 f., 63-65, 69, 74, 80, 85-87

Reallöhne **116**, 163
Reform der hundert Tage 21, 63, 67 f., 72, 74
Reformation 11, 30 f.
Romanisierung 8, 12, 88, 91-97, 99 f., 108 f.
Russisch-Japanischer Krieg 54 f.

Selbststärkungsbewegung 21, 61-63, 66, 87, 153
Senat **90**, 95, 100, 106, 109, 163
Sklaven, Sklaverei 16, 33, 51, 57, 111, 115, 124 f.
Sozialdemokratie 111, 121 f.
Sozialdemokratische Arbeiterpartei (SDAP) 111, 121
Sozialdemokratische Partei Deutschlands (SPD) 121, 129
Sozialgesetzgebung 111, 122, 136
Soziale Frage 111, 120-122, 136
Sozialistengesetz 111, 121 f.
Sozialistische Arbeiterpartei Deutschlands (SAP) 121
Sozialstaat **122**, 136, 163

Taiping-Aufstand 21, 50, 56, 60-62, 153, 156
Tianjin 42, 153
Toleranz 7, 99, 107
Transformation, Transformationsprozess 12-15, 57

Umwelt 19, 110, 117 f., 123, 136
Ungleiche Verträge 21, 41, 47, 53, 66, 80, 82, 154
Urbanisierung 12, 119, 127, 136

Vertrag von Nanjing 21, 40 f., 45
Vertrag von Nertschinsk 34
Vertrag von Portsmouth 54
Vertrag von Shimonoseki 21, 58
Vertragshäfen 41, 43, 46, 49, 71, 156
Vertreibung, Vertriebene 16, 19, 64, 79, 154
Vierter-Mai-Bewegung 80

Warlords 75 f.
Weißer-Lotus-Sekte 26, 56
Wirtschaftsliberalismus 113

Zensuswahlrecht 117
Zweiter Opiumkrieg 21, 41-43, 46, 51 f., 54, 60-62, 80, 86

Personenregister

Die **fettgedruckten Namen und Seitenzahlen** verweisen auf biografische Informationen in der Randspalte des Darstellungsteils.

Augustus   89 f., 100

Bebel, August   111, 121
Bismarck, Otto von   121, **122**, 164
Bitterli, Urs   8 f.
Braudel, Fernand   12 f.

Caesar, Gaius Julius   98
Caracalla   89, 95, 97
Cartwright, Edmund   112
Chiang Kaishek   **76** f., 82, 164
Cixi   63, 65, 68, 72-74, 87

Daoguang   39, 44
Diokletian   89 f.

Engels, Friedrich   111, **121**, 130 f., 164

Feng Guifen   61
Ford, Henry   111, 116

Galerius   89, 99, 107
Guangxu   21, **63**, 68, 72, 74, 164

Hadrian   93, 95, 98
Harkort, Friedrich   121
Herder, Johann Gottfried   36
Hong Xiuquan   **50**, 56, 164
Hsien-feng → Xianfeng
Huntington, Samuel P.   8, 10 f.

Jesus von Nazareth   64, 89, 99, 105

Kangxi   **22**, 26, 164
Kant, Immanuel   31
Ketteler, Clemens von   64, 69
Ketteler, Wilhelm von   122
Kolping, Adolph   122, 131 f.
Konfuzius   **25**, 29, 35 f., 66, 68, 75, 164
Konstantin I. (der Große)   89, 99, 107
Krupp, Alfred   121

Laktanz   107
Leibniz, Gottfried Wilhelm   31
Liang Qichao   67 f., 80
Liebknecht, Wilhelm   111, 121
Lin Zexu   39, 44 f.

Macartney, George   21, 44
Mao Zedong   20, 78 f., 82 f.
Marx, Karl   111, **121**, 130 f., 164
Mutsuhito   53

Napoleon Bonaparte   33
Nero   99

Oltmer, Jochen   18 f.

Plinius der Jüngere   104
Plutarch   100 f.
Puyi   74, 81, 85, 157

Qianlong   21 f., **23**, 25 f., 34, 38, 44, 164

Schuman, Robert   133
Septimius Severus   92, 95
Steinmeier, Frank-Walter   137
Strabon   100, 102, 105
Sun Yat-sen   **74**-76, 80, 164

Tacitus   102
Titus   106
Trajan   89 f., 104

Watt, James   112
Wei Yuan   61
Wilhelm II.   69 f.
Wolff, Christian   35

Xianfeng   69, 72

Yongzheng   **22** f., 66, 164
Yuan Shikai   74, **75**, 80, 164

Zhang Zhidong   63

Bildnachweis

AdobeStock / caifas – S. 121 · akg-images – S. 107, 115, 130; - / Erich Lessing – S. 106; - / Heritage Images, CM Dixon – S. 103; / Peter Connolly – S. 98 · Alamy Stock Photo / Artokoloro – S. 24; - / BibleLandPictures, Zev Radovan – S. 105;- / GRANGER – S. 71; - / Granger Historical Picture Archive – S. 26; - / Ian Dagnall Computing – S. 22; - / Imaginechina Limited – S. 20; - / Robert Fried – S. 25; / The Picture Art Collection – S. 22, 23 · Archäologisches Museum Frankfurt am Main – S. 99 ·bpk-Bildagentur / Deutsches Historisches Museum, Arne Psille – S. 120 · Bridgeman Images – S. 90 · ©/copyright THE CLASH OF CIVILISATIONS, Simon & Schuster, New York 1996, © 1996 Samuel P. Huntington, Mohrbooks AG, Zürich – S. 10 · Graphik rary of Congress S. 96 · Mauritius S. 122; - / Alamy oto, Andy Lane – 6; - / Alamy Stock Photo, CPA Media o, Historic Collection – S. 64; - / Alamy Stock Photo, History_docu_photo – S. 35; - / Alamy Stock Photo, Ian Dgnall Computing – S. 74, 121; - Alamy Stock Photo, Incamerastock – S. 36; - / Alamy Stock Photo, Jonathan Wilson – S. 66; - / Alamy Stock Photo, Peter Hermes Furian – S. 52; - / Alamy Stock Photo, Photo 12 – S. 12; - / Alamy Stock Photo, Pictorial Press Ltd – S. 53, 76; - / Alamy Stock Photo, Signal Photos – S. 73; - / Alamy Stock Photo, The Picture Art Collection – S. 39; - / Alamy Stock Photo, The Picture Art Collection – S. 62/63; - / Alamy Stock Photo, Universal Art Archive – S. 75; - / SuperStock, Fine Art Images – S. 110 · © Peter Palm, Berlin – S. 55, 77 · picture-alliance / akg-images – S. 12, 38, 70, 112, 117; - / CPA Media Co. Ltd, David Henley – Cover, S. 42; - / dpa-Report, dpaweb, Ingo Wagner – S. 6; - / Photoshot – S. 44; - / Zentralbild, euroluftbild.de, Gerhard Laune – S. 93 · © Punch Cartoon Library / TopFoto – S. 8 · Sammlung Karl Stehle – S. 119 · ullstein bild – S. 120; - / AISA – S. 101; - / AKG Pressebild – S. 10; - / imagebroker.net, Konrad Wothe – S. 92; - / Roger Viollet, Bruno de Monès – S. 13 · Verlag C. H. Beck oHG – S. 23 · wikimedia.org – S. 128